U0712193

绿色教育理论研究与实践探索

中国教育专家领航系列丛书（第三辑）

丁国君／著

世界图书出版公司

图书在版编目（CIP）数据

绿色教育理论研究与实践探索 / 丁国君著 . -- 北京：
世界图书出版公司，2021.11
ISBN 978-7-5192-9064-1

Ⅰ.①绿… Ⅱ.①丁… Ⅲ.①小学教育—研究 Ⅳ.
① G62

中国版本图书馆 CIP 数据核字 (2021) 第 220544 号

书 名	绿色教育理论研究与实践探索	
（汉语拼音）	LÜSE JIAOYU LILUN YANJIU YU SHIJIAN TANSUO	
著 者	丁国君	
总 策 划	吴 迪	
责 任 编 辑	王林萍	
装 帧 设 计	包 莹	
出 版 发 行	世界图书出版公司长春有限公司	
地 址	吉林省长春市春城大街 789 号	
邮 编	130062	
电 话	0431-86805551（发行） 0431-86805562（编辑）	
网 址	http://www.wpcdb.com.cn	
邮 箱	DBSJ@163.com	
经 销	各地新华书店	
印 刷	吉林市京源彩印厂	
开 本	787 mm×1092 mm 1/16	
印 张	24.5	
字 数	427 千字	
印 数	1—1 000	
版 次	2021 年 11 月第 1 版 2021 年 11 月第 1 次印刷	
国 际 书 号	ISBN 978-7-5192-9064-1	
定 价	45.00 元	

中国教育专家领航系列丛书（第三辑）

顾问委员会

主　任：黄宪昱

委　员：荣文龙　董　妍　李大伟　吕德辉
　　　　胡培柱　李亚君　朱　峰　张月柱
　　　　王淑琴

编委会

主　编：张月柱　王淑琴

副主编：宋剑锋

编　委：（按姓氏笔画排列）

　　　　王　双　王　惠　王　琦　王伟平
　　　　朱艳秋　刘　俐　刘彦平　刘文学
　　　　关爱民　谷玉宣　杜晓明　李　杰
　　　　李　昤　李文茸　杨秀艳　邹凤英
　　　　辛　枫　张　玲　张　辉　张继会
　　　　苗春义　郝　伟　高　楠　高贤美
　　　　黄　娟　崔　瑜　裴国英　谭　清

总 序

教育大计，教师为本。

《国家中长期教育改革和发展规划纲要(2010—2020年)》(以下简称《纲要》)中要求，"创造有利条件，鼓励教师和校长在实践中大胆探索，创新教育思想、教育模式和教育方法，形成教学特色和办学风格，造就一批教育家，倡导教育家办学"。2012年《国务院关于加强教师队伍建设的意见》(国发〔2012〕41号)在《纲要》精神的基础上，更明确提出要"培养造就高端教育人才"。党的十九大报告也进一步明确强调"优先发展教育事业"，打造教育家型教师是深入贯彻落实党的十九大精神和教育方针，办好人民满意教育的一项重要举措。

教育事业的发展离不开德才兼备的优秀教师。教育家型教师是教师队伍的领军人物，是引领教育事业发展的楷模和榜样，是教育事业改革与创新的核心力量，成为教育家型教师是每位教师的职业追求。

国将兴，必贵师而重傅。多年来，长春市把全面加强教师队伍建设作为一项重大政治任务和根本性民生工程切实抓紧抓好，遵循教师培养的规律，不仅高度重视新教师、骨干教师和名师的培养，也十分重视教育家型教师的打造。《中国教育专家领航系列丛书》选取了在长春教育一线工作，有教育情怀、有教育思想、有教育业绩，在全国有较大影响力的专家型教师，系统地诠释他们的教育主张、教学风格、教育智慧以及在教育教学中的学术成果。

旨在传播这些教育家型教师的思想，推广其教育教学经验，进而感召和引领广大教师专业成长，推动教育事业的发展。

就在本丛书推出的过程中，中共中央、国务院印发了《关于全面深化新时代教师队伍建设改革的意见》（以下简称《意见》）。《意见》指出："到2035年，教师综合素质、专业化水平和创新能力大幅提升，培养造就数以百万计的骨干教师、数以十万计的卓越教师、数以万计的教育家型教师。"本丛书的推出，恰逢其时。希望本丛书能为中国教师领跑，为实现教育现代化领路，为中国教育领航。

黄宪昱

序一

绿色教育　大有可为
于　伟

　　从20世纪90年代的"减负"到今天的"双减"，都体现了一个重要的思想，即还给孩子快乐的童年，给予孩子们会学习、敢探究、能创造的平台，放飞个性，助力成长。丁国君校长从教至今40年，一直致力于基层学校实践，执着践行"绿色教育"理念，并使其成为学校内涵发展的核心动力和现代发展的特色文化。

　　随着我国基础教育改革如火如荼地向纵深发展，丁国君校长的绿色教育也构建了基础教育改革的鲜活生态，她用"专家治校·名师执教·特色兴校"独特的办学韬略，催生了绿色教育持续绽放的活力之花。她在带领西五人构建绿色教育的文化体系中，面对困难不退缩，面对压力不畏惧，那种孜孜以求的探索精神和奋发向上的使命担当都留下了昂扬向上的岁月痕迹。20年的绿色教育之路，她一直坚信"不愧未来，才能赢得未来"。

　　本书《绿色教育理论研究与实践探索》，是丁国君校长教育思想和教育理念的凝炼。2001年，丁国君校长提出了"关爱生命·注重发展·彰显内涵"的绿色教育办学理念，至今整整二十年。二十年间，西五小学兼并了三所薄弱学校，创建了"西五教育集团"品牌办学新格局，开展了中外教育友好交流，创立了"中国绿色教育联盟"，构建了以绿色教育为核心的绿色德育、绿色课堂、绿色文化、绿色管理的文化体系，形成了"向日葵迎着朝阳成长"的学生文化和"太阳鸟向着太阳飞翔"的教师文化，实现了从教育梦想的点燃到品牌璀璨绽放的辉煌。我想，绿色是教育的本色。绿色教育20年，让我们见证了西五小学快速发展、特色发展的春华秋实，让我们体味了一个校长成为"专家型校长"的教育智慧。

绿色教育是培植教师内涵发展的教育，是鼓励教师大胆探索、创新思想与发展模式的新教育，是促进教师形成教学特色和教学风格的好教育，是实现"为学生而设计教学""让孩子们放飞梦想远航"的素质教育。丁国君校长积极创新师培方式，创建了六种"培训模式"，鼓励教师积极参加各种学习、培训、比赛活动，把教师成长作为学校创建教育品牌的重要因素。二十年间，绿色教育让"西五人"受益匪浅，一批又一批教师成长为省、市教学骨干，一批又一批教学骨干成为区域内的校级领导，丁国君校长也成长为"吉林省杰出校长""南关区功勋校长"。

"一个好校长就是一所好学校"，这是教育家型校长思想智慧和创新行动的综合体现。绿色教育成就了西五小学这所百年名校，学校先后在科技教育、健康教育、信息教育、创客教育的改革与发展中，勇立潮头，先后多次代表长春市中小学迎接"国检"，教育部、卫生部、司法部等领导均给予了高度评价。特别是学校充分发挥"互联网＋"，依托国家"三通两平台"，深入开展了"网络学习空间人人通"的建设与应用工作，实现了"网络学习空间"师生通、生生通、家校通、人人通。"空间课堂"被教师广泛运用，学校呈现出"码客码群""码客码墙""码客码书"的新样态。2018年5月，在"第三届全国基础教育信息化应用展示交流"活动中，西五小学师生直接向国家领导人汇报了学校"网络学习空间"的建设及应用取得的丰硕成果，受到了高度评价。这些充分说明了绿色教育是跟上时代步伐的行动研究，是"改革与创新、开发与共享"的深度融合。

时代呼唤教育家。《绿色教育理论研究与实践探索》一书，浓缩了一位校长不断学习、不断完善自我、不断超越教育教学发展的求索足迹，同时也浓缩了一位校长从初为人师到受人尊敬的思想观念和精神追求。透过此书，你会看到一位校长的教育情怀，她用爱和智慧播种的"绿色种子"已开花结果，香飘万里。我们期待绿色教育这个具有西五"草根色彩"的教育理念不断为我国基础教育改革提供丰富的、可资借鉴的精神养料！

未来美好，未来可期。我们相信！

序二

为基础教育插上绿色之翼

赵准胜

我认识丁国君校长多年。同为教育人，又同在一座城市，我们自然有很多机缘学习和讨论。但真正熟悉丁国君校长，应该是在2011年春天，彼时，她提出"绿色教育"已整整十年，作为东道主，她正在紧锣密鼓地筹备"西五小学绿色教育十周年"，以及"全国绿色教育联盟成立大会暨首届绿色教育论坛"。自此，她仿佛成了"绿色教育"符号，提起丁国君，我便自然想到"绿色教育"，看到"绿色教育"四个字，便自然想到丁国君。

世纪之交的新课程改革是关于如何重新认识教育中的"人"的一场思想变革，它颠覆了过去教育活动中以灌输、控制、权威压迫人的精神需求的观念，将"培养身心自由的完整的人"作为新课程改革一切思想的源泉。这场变革为教育工作者带来了全新的机遇和挑战。由此，围绕"以人为本"的诸多办学理念应运而生。譬如，生本教育、潜能教育、生命教育、体验教育，等等。丁国君校长也正是受新课改理念的影响，提出了"关爱生命·注重发展·彰显内涵"的"绿色教育"办学理念，并把"绿色教育"的内涵概括为"以生命孵化生命，以品行影响品行，以博爱成就未来"。在绿色教育理念之下，"尊重、关怀、感悟、理解、关注、服务"是设计教学的前提，"自然、温暖、活泼、和谐"是绿色课堂追求的目标，要构建一种开放的、和谐的、愉悦的、使学生主动意识能够得到真正凸现的、能够调动学生整个精神世界的新型课堂，在课堂教学中最大限度地发挥出学生的主动性和创造性，让学生以积极的心态主动参与，从而培养学生学习的自信心、兴趣、方法、习惯；在绿色教育理念之下，"无声教育"是绿色德育追求的最高境界，没有批评，没有指责，有的只是润物无声的心灵滋润和行为的悄然转变，使学生在无声的教育中实现人格的自我塑造；在绿色教育理念之下，学校逐步形成了"向日葵迎着朝阳成长"的学生文化和"太阳鸟向着太阳飞翔"的教师文化……

近几年来，随着信息化教育的突飞猛进，丁国君逐步将绿色教育融入互联网矩阵。在她的带动下，西五小学突破课堂单一教学形态，充分应用"网络学习空间"，着重培养学生信息化环境下的自主学习能力，把应用网络学习空间作为教育教学常态，运用空间变革课堂教学，组织开展"微课视频"和"导学案"相配合的、以"翻转课堂"为教学新形式的教改研究项目，以及微课大赛、校园NOC等系列活动，激发了教师参与教学改革的积极性和创造性，教师们尝到了"融合"的甜头，探索出了"生活实践""参与对话""游戏沉浸"和"个性探究"等多种"空间应用"学习模式。学校正在实施的"互联网＋绿色教育"课程体系，更加丰富了"为学生而设计教学"的"七彩课程"，构建了信息技术2.0"一师一技·百师百计"师培新模式。因此，作为"西五大学区"龙头校的西五小学，把"网"进一步拉大，延伸出云端"大学区学习家园"，大学区内的6所成员校的所有班级、师生都关联起来，织就了一张更大的"网"。在这张网上，各学校随时可以在线观课、同步听评课，实现了个体探究、集体研修、资源共享的西五大学区教研新生态。"互联网＋绿色教育"课程体系赢得了教育部、中央电教馆有关领导和专家的好评……凡此种种，充分体现出丁国君提出的"绿色教育"理念适应教育新生态，不断推进课堂教学改革的能力。

我曾以教育记者身份两次到西五小学调研采访。第一次是在2011年春天，和中国教育报总部的记者张以瑾老师一起深入西五小学，与丁校长对话，与西五小学教师座谈，还深入班级体验"绿色课堂"。我清晰地记得，当天下午张以瑾老师激动地对我说："真没有想到丁校长研究'绿色教育'如此深刻，西五小学践行绿色教育这样深入……"后来，我们合写了一篇通讯文章《"绿色"是改变学校的力量》。第二次是在2018年秋天，我和同事刘文彧老师一同来到西五小学，见证了绿色教育理念与现代信息化教育的深度融合，写出《小学校"大空间"》一文。

在我看来，"绿色教育"形象地道出了教育的指向以及教育应该实施的策略，即培养人的目标是绿色的，过程也应该是绿色的。"这里的'绿色'是对教书育人的观念、方式方法、目标指向，以及必须观照不断变化着的教育生态环境的哲学意义上的高度概括。因此，绿色教育的办学理念是教育探索的结晶，其中蕴含着对素质教育的提炼和升华、对童年生态危机的观照、对功利性教育的诘问……"

与其他学校编撰的论著有所不同，《绿色教育理论研究与实践探索》不是论文集，也不是办学历程的回忆录，更不是纯粹的理论著作，而是一本集理论与实践为一体的作品，其中充分体现了理论与实践不断交融、相互影响和促进的过程。联系教学实践，书中分别阐释了绿色管理、绿色课堂、绿色德育、绿色文化，这是对绿色教育进行深入研究和广泛实践的结果，这样分解显然有助于呈现绿色教育理念的成长历程和实践脉络。绿色教育、绿色管理、绿色课堂、绿色德育、绿色文化五个部分建构出的理论框架，层次分明，有理有据。每一部分之后的"专家述评"是本书的一大亮点，执笔者都是省级教研员，他们不同于普通高校的教授和学者，在基层多年的教研经验使他们更容易贴近教学一线，因此，这些"述评"读起来更加深入浅出，更适合中小学教师。

一所学校凝聚力的形成很重要的一点是有没有共同的价值观。共同的价值观演绎成师生共同认可的行为准则，这是一种无形的、能动的精神财富。西五小学发展到今天，也许，我们不能说完全是因为实施绿色教育的缘故，但一定与绿色教育的实践和探索有着密切的联系。

如果说 20 年前提出绿色教育的办学理念是丁国君对教育本质问题的一次追问的话，那么，现在可以说，丁国君带领西五小学全体师生扎扎实实地走过了 20 年的理论与实践之旅。伴随着新课改征程，丁国君为基础教育插上了绿色之翼。因此，应该庆贺《绿色教育理论研究与实践探索》这本书的出版，我也愿意为读者朋友推荐这本书。

是为序。

自序

我要飞得更高

丁国君

　　人于一生的流年里，不能缺少回望。我想只有在回首时，才能在前行中理清方向。于是在构筑自己的文字城堡时，我几乎用了十几个晚上重新面对已逝的过往。当往事被一种异样的情结开启，那些影像就会清晰地在心间回放，我仿佛又走回了我的过去，与我的激情、幸福和苦痛统统打了个照面。我不想刻意去雕饰那些往事和那时的思想，我只是尝试着做一种记录，用一种抑或是流水账般的陈述，解读往昔的思想灵光。我想，那些笔触是对我思想教育的一种最纯粹的诠释，或者当你拜读时依然找不到注脚，但那毕竟是真实的过往。我曾想，让春风吹彻我的来路，在我回首时，踏响如歌的行板。

　　执着以往，我要飞得更高！

一、从教师到校长

1979 年 9 月，我考入长春师范学校（首届中师班）。

1982 年 8 月，我毕业于长春师范学校，在西五小学踏上三尺讲台，开始铺设自己教育生涯的满天霞彩。

1994 年 8 月，走上教学副校长的岗位。1996 年 3 月，光荣地加入了中国共产党。1997 年 5 月 29 日，参加了"全国小学创新活动教学大赛"，并获得一等奖第一名的好成绩。2007年7月，荣获"吉林省特级教师"荣誉称号。

1998年12月，我开始主持学校工作。1999年1月，被任命为"西五小学校长"，至今整整23年。

在这23年中，我把对生活的热爱倾注于学校，把对事业的忠诚体现在行动上。2001年1月，受"绿色食品"的启发，我提出了"绿色教育"的办学理念，这标志着西五小学进入了一个新的发展阶段。在西五人共同努力下，绿色教育不断创新与发展，构建了绿色德育、绿色课堂、绿色文化、绿色管理等科学的文化体系，形成了"向日葵迎着朝阳成长""太阳鸟向着太阳飞翔"的师生文化。

二、走向"名校长"

十二年的教师经历、五年的教学校长经历、二十三年的校长经历，从不同角度丰富了我的思想和阅历，提升了我的实践能力和决策水平，使我由教育行为青涩走向教育思想成熟。

四十年的教育坚守、四十年的执着追求，我逐步发展成长为长春市专家型校长、吉林省杰出校长、吉林省科研型名校长，并享受"长春市政府特殊津贴""国务院特殊津贴"。

同时，先后荣获全国教育系统先进工作者、全国教育改革创新优秀校长、全国创新管理优秀校长、全国依法治校先进个人、吉林省劳动模范、吉林省突出贡献专业技术人才、吉林省专业技术拔尖人才、长春市第五批有突出贡献专家、长春市道德模范、长春市"三八"红旗手标兵、长春市百名模范女性、长春市模范教育工作者、长春市教育系统先进工作者、南关区功勋校长等百余项殊荣。在长春市创建"国家健康卫生城市"工作中，荣立"长春市政府三等功"。

2006 年，我荣幸地被列入"长春市教育家群"，并出版个人专著《绿色教育之路》；2008 年，主编了"百年西五"纪念书系《花·枝·俏》；2012 年，主编并出版了《为教育插上绿色之翼》专著和《绿色教育之奇葩竞放》系列丛书。

2015 年，人民教育家研究院将我列入"未来教育家"，并为我出版发行了"教育家成长丛书"《丁国君与绿色教育》。这本书，是我教育生涯中具有里程碑意义的专著，也标志着我从一名专家型校长，逐步成长为一名思想先进、理念超前的教育专家。

2018 年，我主编并出版了西五小学教育信息化发展书籍《未来我来》，荣获长春市基础教育优秀成果评选一等奖。

2020 年 12 月 23 日，在"全国校长会"组织的"校长读书活动"中，我作为领读嘉宾，引领全国教育同仁共读我的专著《为教育插上绿色之翼》。通过读书分享，不仅让全国教育界同仁了解西五小学和我倡导的绿色教育理念，更重要的是让大家感受绿色教育的美好。

40 年的教育生涯，23 年的校长经历，可以说，是美好的梦想和教育的追求，成就了西五小学绿色教育的辉煌。

三、构筑"名校"

一个好校长就是一所好学校。校长的办学思想是学校文化提升和跨越发展的力量和源泉。

（一）创新，使学校快速发展

1999 年，我提出实施"4691"名师建设工程。2001 年，学校开始实施"4691—111"名师强校工程。

1999—2001年三年间，学校由18个教学班发展到28个教学班。最大的收获是2001年1月，受"绿色食品"的启发，我提出了"绿色教育"的办学理念。

2002年1月，接收原六马路小学，成立了西五小学实验幼儿园，建立了"幼小衔接一条龙"的办学新模式。在幼儿园建园庆典上，西五小学与日本友好校签订了教育友好交流协议。

2004年5月，接收了原长春大街小学，建立了西五小学西长校区，实现了"三位一体"的办学新模式。

2007年7月，教育局党委又任命我为四十一中学校长。至此，西五小学从"三位一体"的教育模式步入一个校长、两套班子、四个校区、中小幼一体化的"西五教育集团"品牌办学新格局。

仅2002—2007五年间，学生从1120人发展至2000余人，学校从28个教学班发展至46个教学班，办学规模跨越式发展。

2008年4月，我幸运地经历了西五小学百年校庆。设计《百年西五》画册，编写《百年荣光》校歌和《花·枝·俏》系列书籍，拍摄了大型纪录片，并且开展了"百年西五慰问百岁老人""百年西五书画家笔会"等系列活动。

2010年1月，在教育均衡发展的浪潮中，四十一中学撤并。与此同时，学校再次站在改革发展的前沿，一跃成为区域内"西五大学区"龙头校。

（二）改革，使学校跨越发展

2011—2013年，学校办学规模不断扩大，由46个教学班发展到69个教学班，学生达到2900余人，实现了跨越式发展。绿色教育思想也形成了科学的文化体系。

2011年5月，我带领西五大学区承办了"长春市大学区教学研究汇报活动展示现场会"。

2012 年 7 月，在中国教育报刊社和人民教育家研究院徐启建院长的支持和帮助下，西五小学成功地举办了"首届中国绿色教育论坛暨长春市西五小学绿色教育十周年总结大会"。会上成立了"中国绿色教育联盟"，学校被授予"中国绿色教育创始校"的荣誉，我被授予"中国绿色教育创始人"的称号。同时，承载西五小学绿色教育十年成果的书籍《为教育插上绿色之翼》正式出版。这次盛会，成功地将绿色教育推向全国。至此，绿色教育在西五小学发展的里程碑上又画上了一个惊叹号。

2013 年，"丁国君名校长工作室"正式启动。作为工作室主持人，我注重发挥大学区校长团队的积极性，引领他们进行教育教学改革与创新管理，助力他们成为专家型校长。

（三）拼搏，使学校超前发展

2014 年，我理性地规划西五小学未来发展，将核心发展的主题确定为"团结奋进，拼搏创新，以百年文化的发展促进西五品牌建设的腾飞"。

从 2014 年开始，西五小学信息化教育有了新的突破，学生个性化发展也有了新的提升，全校学生"网络学习空间"建设进入新常态，学校引领西五大学区走向现代化成为现实。

2015 年，学校深入开展了信息教育，探索教学新模式，开发信息技术与学科深度融合的"七彩课堂"，为步入"全国信息教育典型化学校"奠定了坚实的基础。

2016 年，中央电教馆领导多次深入学校，对我校"网络学习空间人人通"建设情况进行调研和实地考察，对学校信息教育工作给予了高度评价。

2016 年 6 月，西五大学区承担了"第十三届全国'6+1'小学教育改革发展联盟研讨会"。同年 10 月 27 日，中央电教馆"国培计划（2016）"骨干校长高级研修班一行100余人来到西五小学，对学校数字化校园建设情况进行实地参观、考察。

这些活动，成功地将西五小学的绿色教育理念以及现代教育思想推向了全国。

四、步入辉煌

2017年，学校成为中央电教馆"网络学习空间人人通"基地校，承担了教育部"全国中小学校长国培班"的开放与展示活动，促进了学校智慧校园建设稳步、快速、可持续发展。

2018年5月，在"全国信息化教育展会"上，西五小学师生近距离向国家领导人汇报学校"网络学习空间人人通"建设与应用情况，受到了国务院副总理孙春兰的高度评价。

2018年11月，学校举办了建校110周年校庆活动，拍摄了大型纪录片《百年锦程》，出版发行了记录学校教育信息化发展历程的书籍《未来我来》，设计了体现绿色教育理念与思想文化的吉祥物——"五娃"，并拍摄了视频片《"五娃"诞生记》。

2019年5月，为了深入推进区域教育优质均衡发展，南关区政府命名的"西五教育集团"正式成立，西五、兴盛、北大三校深度融合，"三校一体"的办学新模式瞬间呈现。"西五教育集团"以绿色教育理念为引领，以"稳定·融合·发展"为目标，充分发挥集团内部成员校传统项目、特色文化和管理发展等各自优势，深入探究新形势下"互融、共融、交融"的工作思路，努力实现以融合促建设，以融合促提升，以融合促发展。

2019—2022年间，学校开发并构建了"互联网+"和"STEM教育"课程新体系，努力探索未来学校教育新模式，致力于把"西五教育集团"打造成教育理念先进、教育资源优化、教育影响力广泛的省、市窗口校、特色校、开放校，为南关区基础教育优质均衡快速发展贡献新的力量！

这个阶段，学校被中国教科院授予中国 STEM 教育 2029 创新行动计划首批"种子学校"、第二批"领航学校"。同时，学校先后荣获长春市中小学教育信息化先进学校、长春市数字化校园建设示范校、吉林省"创客教育研究基地校"、NOC 全国中小学信息技术创新应用示范学校、全国网络学习空间应用普及优秀学校等荣誉称号。国务院办公厅、国家教育部、司法部等部门相关领导多次来学校考察和指导工作，对学校教育信息化工作成果给予高度评价。

在 40 年的教育生涯中，我由教师成长为校长，实现了从校长到名校长到教育专家的教育梦想。2014 年，我被评为"正高级"职称；2018 年，在吉林省人社厅组织的职称评选工作中，职称由正高（四级）破格晋升到正高（二级），实现了我职业生涯的又一次飞跃。同年，我光荣地被评为"全国教育系统先进工作者"。

几年来，我多次担任"省特级教师"评委、"中学高级教师"评委、"长春市政府津贴"评委，被国家教育部、中央电教馆认定为"全国网络学习空间人人通"项目专家、"加油未来"智慧教育培训项目校长导师。同时，还被授予中国移动中西部中小学校长培训项目影子培训实践导师、教育部网络学习空间专项培训专家、省"十三五"首批首席专家、省基础教育特聘首席专家、省中小学校长培训师资库专家、市教育科研首批专家。三次担任"全国网络空间人人通"评审会专家组评委。2022 年，被长春市教育局认定为"长春市首批教育家型校长"。

校长的成长促进了学校的发展。学校多次迎接国培班影子培训任务，成为东北师大和省、市教育学院国培班"影子校长"培训基地，每年接待十几次全国各地校长来校学习、参观、培训，每年学校还多次接待国家、省、市各级各类检查、督导、考察等活动，近五年承办各级各类现场会几十场次。

总之，西五小学践行绿色教育以来，一直是人们探析的亮点，我也一直在努力赋予这个理念体系以崭新的思想和内涵，同时我坚信创造的力量和教育的魅力会绽放百年西五的新希望，因为任何一种教育模式，适应才是准则，实效便是真经，差异化的办学方略只有在实践和总结中，方能彰显实战教育的光芒，找到一个教育品牌美丽蜕变的航向。

面对新时期的"减负"，教育的重任转向"五育并举"和"立德树人"，这正是绿色教育遵循的育人目标，这也是绿色教育倡导的"教育的真谛在于培养人的价值"的核心思想。

我一直在想，为人之师和为校之长都是责任和爱的践行者。但无论角色如何切换，我都会在探索实效教育的心田里执着耕耘，我不会扔下手中的锄。其实，每次荣誉的取得，都构成了我流年里一路前行的逗点。有时审视我个人和西五的荣誉轨迹，我总会油然滋生一种力量，而这种力量驱动我坚定走过辉煌之后的信念。

我深知，只有翻过高山，才能欣赏更加壮丽的风光，因为我懂得追逐不是得到而是学到。所以，有时浏览那些荣誉的过往，都是一些被爱注册过的光芒。罗列是一种印证，同时也是一种最有效的警醒，它让我把所有的痕迹收藏好，追寻自己新的人生使命。

执着以往，我要飞得更高！

目　录

第三章 润泽生命的绿色德育

第四章 绽放异彩的绿色课堂

第五章 助力发展的绿色管理

第六章　绿色教育与教师专业发展

第七章　云端互联，未来我来

第八章　主题愿景，绿程如虹

第九章　绿色教育，价值彰显

第一章

我的成长之路

　　每当回顾自己的成长历程，我总有几分感慨，几分自豪。过去我站在托起朝阳的三尺讲台，用承载着真情与爱的胸怀，铺设内心的满天霞彩；现在我坚守在绿色教育这片纯净的天地，追溯着百年名校的精神内核，在努力开拓、拼搏进取中踏歌而行。有人说"一个好校长就是一所好学校"，而我更想说，一个好校长首先应该是一位好教师，校长的"薄发"一定是源于教师的"厚积"。

　　可以说，从教师到校长，是西五小学缔造了我一生一世的教育情结，是绿色教育成就了我钟爱的事业。在这美好的追求中，我用行动验证了我爱的奉献和无怨无悔的选择，我用心灵体悟了教育的伟大、神圣与光荣。

　　四十年间，无论角色如何变化，我的梦想一直在教育发展的轨道上滑行——向前，上升。

一、从"当教师"开始的教育梦

学高为师,身正为范。真正的教师,要具有园丁呵护花苗的爱心,要具有"传道授业解惑"的素质,要具有高尚品德和政治修养的底蕴。真正的教师不仅要具有正确的人生观、世界观、价值观,还要具有健康的人格、积极的心态、平和开朗的性情,特别要具有懂教育、懂孩子的专业素养。

在师范读书的时候,我们修过《教育学》《心理学》,但课程的目标、意义还远没有今天认识得深刻、到位。站在为国育人的角度,我感受到教育必须遵循教育规律和孩子的身心发展规律,因为教育是影响孩子一生的工程,是决定国家未来兴衰的头等大事,而教师则是担当起这份责任和使命的人。一位著名的教育家曾说:教师的爱是滴滴甘露,即使枯萎了的心灵也能苏醒;教师的爱是暖暖春风,即使冰冻了的感情也能消融。

叶圣陶先生说过:"教育是农业,不是工业。"教育是农业的隐喻让我们回归到教育的原点,我们是培养人,而不是制作"器";教育工作者应该是园丁,不是工程师,也不是出卖知识的商人,更不是服务场所卖艺的艺人。教师应该像农民一样坚守一亩三分地,精耕细作,满怀对土地的敬爱、对种子的期待、对嫩苗的呵护、对果实的耐心,辛勤耕耘,默默奉献。

我,从小到大,从感受教师的神圣到向往教育的美好,心有所向地选择自己喜欢的职业,奋力拼搏地开拓属于自己的天地……

1982 年 8 月,满怀着对"太阳底下最崇高职业"的挚爱,我迈入了西五小学这片沃土,踏上了神圣的三尺讲台,开始了"锄"的耕耘。

那年,我刚好 19 岁。

19岁的年华，青春活力与事业激情进射的年华，创生梦想与执着追求的年华，那一件件的往事，那一次次的追忆……

记得1985年12月8日，西五马路小学召开首届教代会，我受领导的重托，代表全校八十名教职员工讲话。在台上，我感受到了老校长那深情的目光，听到了全体教师们那热烈的掌声。每当我想到这些，心中便激荡起感情的涟漪，同时也坚定了我为教育献青春的决心。教代会结束的那天晚上，我在日记中工工整整地写下这样几行字："人最宝贵的是生命，生命对人来说只有一次。人的一生应当这样度过：当他回首往事时，不会因为碌碌无为，虚度年华而悔恨，也不会因为为人卑劣，生活庸俗而愧疚。"这是苏联作家奥斯特洛夫斯基的名言，也是我终生遵守的座右铭。

一个人对事业的执着追求就是爱。这种挚爱凝结着四射的激情和神圣的责任。所有的真诚奉献都变得无私无畏，这种忘我的境界甚至不需要他人用鲜花和掌声为之喝彩，只想在蓝天和白云下让梦想飞翔。

1.课堂教学，提升自己

为了在教学上尽快地成长，我自费订阅了各种教育刊物，并努力与实际工作结合起来。每一节课的教学设计都按大纲要求，遵循教材特点和儿童兴趣，力求落实"双基"，培养能力。为了上好每一节课，我不知牺牲了多少时间，付出了多少代价，这何止是早来晚走，何止是披星戴月！有时我奋斗到夜深人静，有时我拼搏到东方拂晓。

（1）创新阅读教学

上公开课是青年教师提高教学技艺的良机。记得一次集体备课时，市教研室一位老师对我说："上一堂公开课，就如同接受一次正规的训练。年轻教师应该好好把握这样的机会。"我坚信"有几分勤学苦练，天资就能发挥几分"。在经常性的训练和磨砺中，我写的教案一遍比一遍好，试教一次比一次成功，教学技艺也得到了迅速提高。短短的三四年里，我上了近二十堂公开课，每次的教案总要写七八稿，甚至十几稿，共积累近百万字的教案。

渐渐的，站在三尺讲台上的我已有了一种全新的感觉：每当我充满激情的讲解点燃起孩子们智慧的火花时，每当我饱含深情的目光与一双双闪烁着纯洁光辉的眸子相遇时，我会觉得，自己是世界上最幸福的人！

我想，一个教师如果在台下感动不了自己，就不可能在台上感动学生，因此，必须用真情沟通，用激情创造。这样的课讲起来虽辛苦，但感受是踏实的。家住东天街的时候，我每天早晨都去长春伊通河边备课，从不间断。我很喜欢伊通河，那可是长春的母亲河。我觉得伊通河给了我灵性与激情，当时来此温习功课的有一些高考学生，高考结束后我依然来此备课。每天在这里清扫的一位清洁工大妈对我说："孩子，高考都结束了，你怎么还天天来，不歇歇呀？"显然老人将我当成了应试的"举子"。

为了上好每一节课，多少次我废寝忘食；为了研究设计某个教学细节，多少次我通宵达旦；为了达到理想的教学效果，多少次我顶着酷暑严寒去电视台收录资料，去电教馆制作课件。在不断学习、不断进取中，我终于成为南关区骨干教师、南关区教改积极分子。1986年6月，在市教研活动中，我做了公开教学《鸟的天堂》。课堂上，那阵阵鸟鸣声将学生带进大自然中，孩子们几乎被陶醉了，听课的老师大呼过瘾，《鸟的天堂》也夺得全国最佳课一等奖。1986年7月，我随南关区教师进修学校去哈尔滨学习。与"外界"的接触，开阔了我的视野，使我对自己的事业更充满了信心。

1987年3月，我接受了南关区语文教学引路课任务，当时我怀有五个月的身孕，我选择了《十里长街送总理》一课（两课时）。我顾不得强烈的妊娠反应，废寝忘食地备课、查资料。六、七十年代的人，对老一辈无产阶级革命家怀有浓厚的感情，尤其对总理的人格与襟怀有着无限的敬意。人们无法忘记天安门前的诗抄："欲悲闻鬼叫，我哭豺狼笑；洒泪祭雄杰，扬眉剑出鞘！"讲课的头天夜里，我辗转难眠，披衣下床，摊开日记，一字一句地写道：

悼总理

长河今日又逢悲，怎忘当年泪雨飞。

万里江山犹挂素，九州星月也无辉。

擎天玉柱崩云去，镇国忠良蹈海归。

朗朗襟怀光宇宙，功德浩大刻青碑。

《十里长街送总理》是一篇感人至深的记叙文，表现了人民对周总理无限爱戴、无比崇敬和深切怀念的情感。我把自己对总理的这种情感，融入课堂教学当中，以情助教，使这节公开课取得了突破性进展。我觉得当时我不是在讲课，而是用我的真情实感，和同学们一起重温了历史，正站在十里长街上与悲痛欲绝的男女老少送总理。

我的课前导语是这样的：最近，我们阅读了不少周总理的事迹，我们都知道，总理的一生是为党为人民工作的一生。他以卓越的功勋，赢得了中国人民和世界人民的尊敬与爱戴。我们永远也忘不了1976年1月8日这一天，江水沉凝、青山肃立，万木俯首、星月不移，人民爱戴的总理离开了我们，一颗伟大的心脏停止了跳动；我们永远也忘不了1月11日这一天，总理的骨灰撒在祖国的江河大地，鞠躬尽瘁、死而后已。八宝山上没有总理的遗体，陵园里没有为总理立一块雄伟的石碑，但他忠于党、忠于人民的高大形象是一座永不磨灭的丰碑，永远矗立在人民心中。今天，我们来学习举国上下痛悼总理的一个场面、一个缩影——十里长街送总理。

导语，字字情，声声意，使学生感到总理可亲可敬，确实是个伟人。这样生动而富有情感的语言，促成和催化了师生间感情的交流，同时产生共鸣。当我把课题《十里长街送总理》写到黑板上的时候，教室里气氛一下子变得凝重起来，刚才大家愉悦的眼神都增添了些许忧伤，因为他们知道，我们即将一起回顾一个悲恸的历史事件，我们要再送可亲可敬的周总理一程……

在教学中，我充分运用情境感染法去激发学生的情感，让他们全方位回归到当时的情境当中，真真切切体会到人民对总理的怀念之情。我引导学生紧紧抓住"总理的灵车牵动着千万人的心"这条主线，通过"等、望、追"三个层次，进行课文分析与讲解，把学生注意力引导到对周总理的挚爱和深情悼念上来。

我引导学生抓住课文的关键语句，体会人民盼望灵车快点到来的急切心情。"挤满"写出人很多；"男女老少"代表了"全国人民"，"一位满头银发的老奶奶""一对青年夫妇""一群泪痕满面的红领巾"代表了不同年龄段的人群，他们都在天还未亮的情况下就来到长安街，要送总理最后一程，这都说明总理德高望重，深受人民的爱戴；"路那样长，人那样多，向东望不见头，向西望不见尾"，进一步写出人很多；"缠着""佩着"说明人们的装束庄严；"望着"说明人们盼望、急切的心情；三个"都"说明人们内心的悲痛与对总理的爱戴和怀念之情是一致的。

当然，以上这些分析都是教师心里充盈着的情感，如何使学生通过老师的调动和引导，内心也能够感受到人们对总理的爱戴呢？我通过多种形式的朗读，代替学生繁琐的分析，通过创设环境将学生带到了十里长街。

师：满头银发的老奶奶，身体也许已经不再硬朗，可对总理深深的爱与怀念让她一大早就来到长安街——

生：拄着拐杖，背靠着一棵洋槐树，焦急而又耐心地等待着。

师：她着急啊，她多么希望能早点看到灵车，再好好看看心中的好总理；可灵车迟迟不来，她就又耐心地等待着，把无数期盼化为看向长安街尽头的眼光，望着，望着……

生：（深情地朗读）……望着，望着……

师：一对青年夫妇，抱着他们还在襁褓中的孩子，一大早就来到长安街——

生：丈夫抱着小女儿，妻子领着六七岁的儿子，他们挤下了人行道，探着身子张望。

师：他们顾不得小女儿的啼哭，管不了六七岁儿子的淘气，他们只怕稍微分神，错过了那灵车开来的一瞬间。

师：一群泪痕满面的红领巾，他们多么热爱那可亲可敬的总理啊，他们也早早地来到长安街——

生：相互扶着肩，踮着脚望着，望着……

师：他们顾不得擦去脸上的泪痕，他们就怕自己个子小，淹没在人群中，看不到总理灵车开来的方向。他们望着，望着……

生：（深情地朗读）……望着，望着……

师：我想，此时，全中国人民的心，都在朝着总理灵车开来的方向，望着，望着……此时，那灵车成了人们最大的情感寄托，最热切的期盼。

逐渐，我和学生们的情感与当年在十里长街送总理的人们融到一起，我就这样怀着无比崇敬和悲痛的心情引领学生感受课文、理解课文，从而更大限度地发挥情感教学的优势。

当讲到"人们多么希望车子能停下来，希望时间能停下来！可是灵车渐渐地远去了，最后消失在苍茫的夜色中了"的时候，很多同学已经泣不成声，我自己的话语也哽咽了，仿佛我们就一起站在这十里长街上，仿佛总理的灵车正一点一点离我们远去……是啊，此时的我和我的学生们正是当年在十里长街送总理离去的人啊，这不是角色扮演，这真的是在送我们的总理啊……

最后，我用这样一段话结束了我这一课的教学：人死不能复生。尽管我们希望总理回到我们的身边，但是总理还是永远地离开了我们，我们再也看不到他那矫健的身躯、慈祥的面庞，再也听不到他那爽朗的话语了。高山低头，等不回我们的好总理；江河呜咽，唤不醒我们的好总理。虽然只见灵车去，不见总理回，但是总理的光辉形象与日月同辉，他的光辉业绩将流芳百世、同宇宙共存。

就这样，在我哽咽得说不出话的情绪中，在同学们悲痛的眼神中，这节公开课结束了。那天，整个课堂情景交融，台上台下热泪盈眶，间休时听课的老师们争抢着抄写我的教学笔记。我走下讲台时，区长一把握住我的手，满眼含泪地说："小丁，太精彩了，谢谢你……"从此很多人便知道了西五小学的我和我的情感教学，小小的我也成了南关区较知名的人物。

更令人感动的是，在生孩子的前一天，我还组织学生去看庆祝"六一"的电影。晚上回家后，我还忙碌地写论文，彻夜未眠……每当回想到这儿，我的心便一阵阵酸楚，我感到欠孩子太多了，但我并不后悔，为了事业，我感觉值得。我的心中常常响起那首让我为之动容的诗："我骄傲，我是一寸泥土，当树苗长成参天大树，泥土仍默默地铺在原处，但我不悲伤，我骄傲，我是栋梁立脚的基础……"

汗水没有白流。1987 年 11 月，我毅然地放下未满周岁的孩子，随南关区教师进修学校去北京学习 20 天。这次我不仅学到了教学新方法，也学到了改革的新路子。同时，领导对我的培养、家人对我的支持，化作了无形的力量，鞭策我更勤奋地去工作，去奋斗。9 月，我被评为"南关区教改积极分子"，并在区里介绍了自己的先进事迹，而且光荣地成为由南关区文教局精神文明办公室组织的"热爱教育、振兴南关"演讲团的一名成员。我讲演的《我立志耕耘在这块土地上》受到各校领导和老师们的好评。10 月，在南关区委组织的党的积极分子学习班学习一周。这一段时间的学习，使我进一步了解了党的性质、纲领、宗旨，坚定了我的信念，我决心坚定不移地去追求、去奋斗。于是我的身心、我的血液、我的全部能量铸成了一个钢的信念，一个风吹不断、雨打不折的信念——为教育事业献青春。

当别人看到我的成功时，也许他们只是羡慕，但我自己知道，是我用心血和汗水铺筑的前进阶梯，让我拾级而上、勇往直前，向教学艺术的高峰不断攀登。

（2）引导学生写生活作文

作文是学生思想品德、思维能力、词汇表达等方面能力的集中体现，作文教学是语文教学的中心环节，把好作文教学这一关，实际上就是抓住了语文教学的主干。在语文教学中，怎样进行作文教学呢？我认为可以从"生活作文"和"情感作文"两方面着手。

生活就是一个巨大、广袤的舞台，每天都在上演着或精彩，或平淡的故事，写作素材无处不在。但好多学生在家长"望子成龙、望女成凤"的教育观念下，关注分数多于关注生活，关注结果多于关注过程，导致作文假大空多，真善美少。陶行知老先生的话"千教万教，教人求真；千学万学，学做真人"的训导我一直铭刻在心，他"生活即教育"的思想更是给我无限的启迪。于是，我带领学生走进生活，观察生活，表达生活。

春天到了，上海路附近有棵杏树，每到春天都会绽放娇美的花朵。在最初开放的那几天，它每一天的面貌都不同。连续几天，我都带领学生带着小凳，围坐在小杏树周围，仔细观察着，热心地谈论着，它的枝干、花朵每一个细微的变化都逃不开孩子们细致的眼睛。有了观察的素材，有了观察的经历，作文写起来自然有了个性，有了真情。

我还通过举行各种学生喜闻乐见的游戏活动，带领孩子感受游戏的快乐。比如"吹泡泡""吹鸡毛"等游戏都受到了学生的欢迎。同时，我在游戏中加入了比赛环节，为了获得胜利，孩子们想出了各种办法，智慧的火花频频闪现，他们在游戏中得到了收获，获得了体验，更获得了快乐。

从呱呱坠地那一天起，情感体验就伴随在我们成长的每一天。要想引导学生写出具有真情实感的作文，必须唤起学生内心最真实的情感，这样他们才能乐于表达，享受习作的快乐。我们经常练习的习作就是《丁老师，我想对您说》，我的目的是通过这项作文的设置，给学生一个情感倾诉的出口，我也能趁此机会了解孩子内心真实的想法，我也会在孩子的作文后面附上我读过之后的感触，那几行字虽然只是我一时的情感流露，却成为我们师生情感沟通的桥梁。在情感的交流中，我们师生的心贴得更近了。

1987 年 12 月，我撰写的论文《作文教学中点、面、线的结合》，不仅获南关区第六届年会论文奖，而且被评为长春市语文教学研究会第二届年会优秀论文并在大会宣读。不久，我被评为南关区教育学会优秀会员，长春市教学新秀。

2. 班主任工作，丰富自己

说起班主任的辛劳与甘甜，我深有感触。在当班主任的时候，我也曾像农夫那样，为天旱地涝发过愁，为那些快要枯死的禾苗担过心，然而我也尝到了丰收的喜悦，这喜悦，使我忘记了一切疲劳，更充满信心地去做好班主任工作。

每当我遇到困难——山重水复疑无路时，我总是告慰自己：不要悲伤、不要着急，忧郁的日子里需要镇静，那"柳暗花明"的时刻即将来临；我总是时时提醒自己，要奋力地拼搏、要不息地探索、要努力地去开拓自己培育栋梁的道路。

怎样培养学生的个人进取心，怎样培养学生的集体荣誉感，怎样使班级形成凝聚力，怎样使班集体持续稳定，这些都是作为一个班主任需要深入思考的问题。

（1）培养学生进取心

1989 年，我调入省二实验学校，担任五年级的班主任。如果说班级是个家，那么小学的班级则是由一群孩子构成的家。班主任既是家长，也是班"头"。我常对学生讲：我希望咱们"家"的生活丰富多彩，与众不同。道理是学生都能听得懂的，但是如何将这些做人的道理落实到每个学生的心目中、行动中呢？这需要教师的智慧。

班集体中，总有那么一些孩子，他们内心质朴，勤劳善良，他们生活中的每一天都是阳光的、健康的，如何将这样的人或事放大，在班级中营造团结奋进的班风呢？我想到了一个办法，那就是引导学生仔细观察生活，将班级生活中闪亮的人或事用相机记录下来，保存下来，用"影展"来凝心聚力，展现这些温暖人、鼓舞人的生活瞬间，因此，我们举办了大型影展：《五（一）班的风采》。这项活动，既可以引导学生留心观察生活，关注细节，热爱生活，还能够将各类"好人好事"放大，起到模范引领作用，更可以在准备影展的过程中培养学生审美情趣，懂得什么是真正的美，可谓一举多得。那时候，照相机对于多数人来说，还是个稀罕物件。但学生们为了能在"影展"上展现自己的照片，积极动脑想办法，结成互助小组，明确各自分工，开启了自己的"摄影之旅"，也开启了一段寻找美、发现美、感受美的心路历程。

在大型影展《五（一）班的风采》中，中队长潘正兴把班级里同学抓紧时间学习、帮助值日生干活、小干部认真工作等方方面面拍摄下来，在每个照片的下面写一小段介绍，然后我亲自写了前言《扬起生活的风帆》。当学生看到自己的形象出现在影展中，一种无形的力量促使他们更努力、更自觉。这既发展了学生的个人进取心，又培养了学生的集体荣誉感，所以这次影展成为班集体再进步、再提高的动力。

学生们带着当时还是胶片的照相机，观察着班级中每天发生的事情，将能够表现班级良好风貌的瞬间抓拍下来：有的拍同学专心读书的身影，有的拍校运动会上班级别具一格的检阅队伍，有的拍我们一起吹泡泡比赛的热闹场面……就这样，镜头成了学生们的第二双眼睛。在孩子们的镜头下，五（一）班朝气蓬勃的每一天都是值得记录的，他们在拍照的同时，感受到了班级向上的文化，阳光的班风，良好的人文素养。经过一段时间的准备后，我们班级的首届影展拉开了序幕，不仅本班同学在影展前欣赏、评价，学校其他师生也慕名而来。参观影展的人透过一张张技术还显稚嫩的照片，一张张纯真的笑脸，感受到了五（一）班极强的向心力和创造力，他们的到来更让五（一）班每个同学感到前所未有的荣耀，他们不仅为自己的照片获得肯定而荣耀，更为自己所在的班级而荣耀。学生举办影展，这在当时是比较新鲜的，影展的图文上了《城市晚报》的头题，一时间轰动了全校。

1990年，正值全国备战亚运会，为了丰富学生的情感，配合大队部开展"爱祖国、爱家乡、爱学校"的系列教育，把对学生进行爱国主义教育、培养集体荣誉感引向深入，我设计组织了《我为集体添光彩》的主题队会，并作为观摩队会，受到全校师生的好评。布置前，我先向学生介绍了祖国的历史以及在这块土地上亿万人民的奉献，培养学生爱祖国、爱人民、爱社会主义的情感；我又向学生介绍我们学校的某些成就、先进事迹、今后的发展远景，使学生产生爱校之情；然后表扬班里的好人好事，以"班级之最"为榜样，激发学生荣誉感、自豪感，增强了学生集体观念，使学生产生爱班之情。根据实际，我采取了让学生自己表演教育大家，学困生自己表演自己，既教育自己又教育他人的方法，培养学生爱集体、努力为集体添光彩的志向，无形之中，培养了学生的责任感。

为了让学生在活动中受益无穷，我亲自动手，设计、编写、指导了敲碟《去世界各地》、快板《好事多多》、三句半《奉献》……把平日里的好人好事、好的典型用学生喜闻乐见的形式表演出来，使队会掀起了高潮。

那感人的《爱的奉献》，学生喜爱的《唐老鸭》构成了学生难忘的时刻，使学生美在其中、乐在其中、受益在其中。

学生对集体活动的兴趣是超出做其他事情的。扮演老爷爷的乔英南是个学困生，他差在不认字、读不成句上。他的台词共四句话，他背了三天才背下来。我启发地对他进行教育，鼓励他今后要努力提高朗读能力，争取更大进步。队会使他很受教育，他看到了自己身上的缺点与不足，表示要努力学习，提高学习成绩。

开队会的前一天临放学时，我告诉鲜雷和孟令宇剪一剪头。第二天，小队长告诉我他俩都没剪头，我随便说了一句："没剪头就别演了。"说者无心、听者有意。中午，我正在吃饭，忽然王洋跑进来对我说："老师，我把鲜雷和孟令宇送去了。"我吃了一惊："送哪去了？"他说："理发店。"原来大家凑了三元四角钱给他们剪了头。当我问为什么这么做的时候，他们说："要不会影响集体。"

这次活动，培养了学生集体主义意识，班级好人好事蔚然成风。学困生孙洪利在班会中受到教育，他每周日都到学校修桌椅，还用自己的零用钱买了一根教鞭和一瓶墨水，并写了一行字：师生公用墨水。我们中队在吉林省"助残兴教"活动中共买债券五百多张，价值五百多元，共捐大米 480 斤。班级中有个男孩子，为了能让自己为班级添更多的光彩，竟然先后献米共 87 斤，在中、小学部名列第一名。小干部也积极组织起来，开展"一帮一、一对红"的班级活动，把"我为集体添光彩"引向深入。

面对领导、老师们的好评，我没有沾沾自喜，我深深地知道，我工作中取得的成绩离不开领导的培养和同志们的帮助，是许多模范教师忘我工作的热情感染着我，是许多优秀班主任无私奉献的精神鞭策着我，使我向着自己理想的目标不断地进取、不断地努力。

我们都喜欢春天，因为春天是播种的季节；我们都渴望春雨，因为"春雨贵如油""润物细无声"。班主任的工作就是春天春雨般的工作，虽不轰轰烈烈、声势浩大，但也能于微小之处见其神圣与伟大。"十年树木，百年树人"，这足以体现出一个教师、一个班主任工作的重要。培养一个健全、上进的集体，进而使班级面貌不断更新，乃是班主任工作的重要环节，这是一种不是春风胜似春风、不是春雨胜似春雨的工作。

（2）形成班级向心力

长善救失、因势利导，培养学生进取心，形成集体向心力。每个人都有优点和缺点、都有长处和不足，班主任教育学生，要依靠和发扬学生自身的优点，去克服、改正学生自身的缺点，要善于调动学生的积极因素，去克服学生自身的消极因素，使学生提高认识、明辨是非，更快进步。

比如：一个班级往往上班主任的课纪律最好，科任课闹吵吵。就拿音乐课来说，唱歌谁都会，但唱得怎么样，调对不对、节拍准不准，这是学习的尺度。我对学生提出要求，音乐课可以说话，但必须符合说话条件，否则就得无条件地服从老师指挥，自觉遵守纪律。这个条件有两点：一是音乐老师的乐理知识必须懂，歌调对路，节拍准确；二是唱歌声音洪亮，表情自然，声情并茂。

有一次音乐课上，李金梁逗别人笑。课后我马上找到李金梁，让他把歌本拿来，唱一唱，结果出现了好几处错误，我对他说："歌没学会，课没上好，必须补课，怎么补呢？课间自己练习，午后在全班面前唱，让大家检验补课的结果，如果不符合条件还得补……"下午他在班级唱了一遍，同学们说唱得还行，我说："歌词对、曲调对、节拍准、声音嘹亮，只差个声情并茂。"然后，我讲了声情并茂要求达到的眼神、手势、姿态等等，我让他回家对着镜子练，明天继续补课。这时学生才明白在科任课上随随便便的两个条件是多么难以达到。最后，我教育大家："对于知识、对于学问，要活到老、学到老，我们年纪这么小，正是学习精力旺盛的阶段，怎么可以自满自足呢？一个已成名的音乐家，都需要每天孜孜不倦地刻苦练功，我们作为一个学生不更应该去虚心地自觉地去学习吗？如果学会了，对照标准看是否学得精通，如果没学会，是否应该刻苦努力，奋起直追。"我讲得很严肃，学生也听得鸦雀无声。我又由音乐课联系到自然、地理、体育、美术等学科，使学生自然而然地领悟了其他学科的重要，所以，我的学生在科任课上能比较好地遵守纪律。

我们班有个女生，平时作文写得比较好。有天早自习，我发现有几个学生在传看什么，走过去一看，原来是这位女同学写给一位男生班干部的情书，这个男生挺好，没有理会这件事，而他的同桌觉得挺新鲜，就给了别人。一共三封信，第一封是长信，信中有一段是这样写的"那一天放学后，当别人和你闹，抡起胳膊将打着你时，我跑上前，脑袋重重地挨了一下，但我没有哭，你知道为什么吗？……你不理我，可我仍喜欢你……"当时我想："别说，挺有水平，有些人十八九岁，恐怕也写不出来呢！"第二封是一幅画：两只鸳鸯，嘴对着嘴。第三封是："7.10.7。"这个密码是三个字："我爱你。"

我工作了九年，头一次见到这种情况，真使我伤透了脑筋，说深了怕学生出事，说浅了怕继续蔓延，影响班风。首先，我把这位同学和其他传看的学生找到走廊。我严肃地批评了第一个传看的人——随随便便，少见多怪；再批评了其他传看的三名学生——兴师动众，耽误早自习时间。我指出这件事很平常，没有传下去和扩散开的必要，不用再与任何人说了；最后我只留下写信的这位女生。我不谈信，也不谈画，更不谈密码，但是她真真切切地看到我手里确实拿着这三样东西，脸也白了，眼泪也出来了，一副害怕的样子。我说："你怎么了？"她哭着说了一大通。我尽量避开这件事说："你绘画好，作文能力强，这都是你的优点，说明你很聪明。但是在考试时、竞赛时，你虽然能取得好成绩，但不能名列前茅，你知道为什么吗？那是因为你没有把全部的精力放在学习上，如果你改正这些不足，一定会取得最优异的成绩。"她含泪点着头。

放学后，我又找到那位男生班干部，表扬他明辨是非的好思想，同时也批评他遇事不告诉老师，任其扩大影响而不加阻拦的做法。这件事解决后的几天里，我每天到校后的第一件事就是看这位写信的女同学来没来上学，当我发现她还像以往那样正常地学习和生活时，我便积极地鼓励她，真诚地开导她，教她写诗，与她一起修改作文。期末考试，她以语文97.5分、数学100分的好成绩，被评为三好学生。她母亲高兴地跑到学校，对我说："丁老师，这是她从1年到5年头一回取得这么好的成绩，真是太谢谢你了。"望着她们母女俩，我笑了，我感到心中有一股如蜜的甘甜。特别是毕业时，她以总分244分的好成绩，考取了长春外国语学校。

所以，教育学生要长善救失、因势利导，发现问题，及时解决。

试想，早晨，当我们走出房门，望着满目楼房树林、道路一片湿漉漉，一定会联想到昨夜已阵雨霏霏，班主任春雨般的工作不也是如此吗！

（3）培养集体凝聚力

抓主流、带支流，培养学生荣誉感，形成集体凝聚力。培养学生的荣誉感，首先要培养学生个人服从集体的思想，使每个学生都能心中装着集体，特别是当个人利益与集体利益发生冲突时，个人应无条件地服从集体，这就是一个集体的凝聚力与向心力。

凝聚力的凝聚点，向心力的向心点，就是班干部的带头作用。培养称职的小干部，以点带面，主流带支流，班集体才能富有号召力。

怎样才能调动学生的积极性，培养学生的荣誉感，形成集体的凝聚力呢？

◆用评比督促学生

评比是对学生各个方面的一种检查和评定，用具体明确的要求来肯定学生本身存在的优点与不足，用总结评比来激发学生的进取心。

每个学期开学后，我第一项任务就是召开小干部会议：分工定项，排岗定人，讲清要求，布置工作。

每学期的红花评比台，我总是把小干部排在最前面。对于小干部来说，这叫火车头；对于全班来说，这叫后进赶先进。这就使小干部自然而然地意识到自己应时时、事事走在前，车头带动车厢，个人带动集体。为了调动学困生的积极性，我对他们说："这种排列法不是论资排辈，是为了让老师和同学们更清楚地看到谁在进步，谁在腾飞。比如小干部、中等生、学困生各得了一朵小红花，我们一看就知道中等生在进步，学困生在腾飞。"这样就打消了学困生的顾虑与误会，使他们积极努力，力争上游。

◆用榜样鼓舞学生

根据学生追求真善美的要求，从各个方面帮助学生树立正确的人生观，特别要注意的是用身边的人和事激励学生、启发学生、教育学生，让榜样成为全班学生奋发向上的引路人，从而培养学生崇高的精神境界。

有一次，我也来了灵感，发明了一种系列旗。对于表现特别好的或有特殊贡献的学生，我就在评比台上给他贴上红、绿、蓝三色旗，称之为系列旗。评比前，我首先找来两名中队长，鼓励他俩做系列旗的引路人。为了争第一套系列旗，中队长潘正兴绞尽脑汁，他看到图书角的书被严重损坏时，就带领两名同学悄悄地把图书分批带回家包上书皮。当图书以崭新面貌出现在班级时，我对这三名学生大力表扬，为他们开庆功会，给他们贴系列旗。在我们看来，系列旗平常得很，但它在我们中队，作为一种新生事物，有着巨大的魔力，有着一种挡不住的诱惑。于是争系列旗的活动在我们中队掀起了高潮。王洋同学看到班级每天都要倒掉许多废纸，就悄悄地把这些废纸攒起来。一个月后，她把卖废纸的五元钱上交作为班费。在我们这个集体里，榜样产生了巨大的作用，正如列宁所说："榜样的力量是无穷的。"

◆用班歌陶冶学生

国家有国歌，少先队有队歌，优秀的班集体也应该有自己的班歌。班歌如同团结的号角，可以增强班集体的号召力，可以使同学相互督促，相互勉励。这样，班歌作为一种新鲜"血液"，增添了班集体的活力。

我根据儿童歌曲《祖国祖国我爱你》的曲调，编写了歌词《六年一班我爱你》："六年一班我爱你，站队静快齐守纪律；文明礼貌作业好，大家一起来做操；互帮互学赶先进，争分夺秒去学习；掌握知识建四化，品学兼优不忘记。"我还根据《让我们荡起双桨》的曲调，编写了班歌续篇："让我们走进课堂，遨游在知识的海洋，春风伴我刻苦地学习，秋风催促我不息地努力。一分辛勤啊一分收获，汗水换来成功之路。"学生们自豪地唱着，越唱兴致越高。在此基础上，以各小队为单位开展班歌歌咏大赛，调动学生的积极性和努力按照班歌来要求自己的自觉性。无形之中，班歌增强了集体的凝聚力。

◆用班会促进学生

班主任工作的另一种方法就是要充分利用班会，在班会上要让部分带动全体。

有一次，学校让每个班级利用班会时间开展"七个一"汇报会。我首先讲清发言要求："这次班会，老师把积极主动权交给你们，不点名发言，我作为班主任先讲开场白，我的讲话结束，你们就接着谈，在有限的时间里，要争取机会。"全班气氛顿时活跃起来，就连潜能生发言率都很高。这样，再一总结、评比，发言的个人得红花，发言多的小队得红旗，发言的人一举两得，高兴备至；没抢上发言的人一弃两失，异常难过。通过班会，我培养了学生的个人进取心和集体荣誉感，使每个学生的内心都受到震动。班会牵动着大家进步的心弦，追求上进的风气由班干部扩散到中等生、学困生身上，班会成为他们进步的阶梯。

◆用回顾过去来要求学生

我们经常谈写作文要回避平铺直叙，要善于设下悬念引人入胜，班主任的工作也应如此提倡。曾经，我班每周一节的书法课安排在第三节，而第三节下课就是间操，学生下课后要整理桌面、涮笔、倒水、铺桌罩、摆下节课的用品，然后才能站队，下楼做操。如果不及时对学生进行教育，班级就会乱糟糟。

一次书法课后，我走进教室，看到学生都在忙：有的迅速地忙，有的磨磨蹭蹭地忙，有的一边看别人忙一边自己忙。看到这种情景，我酝酿好感情，一字一顿地说了四个字："想当年呀。"有的同学听得真真切切，赶紧坐好，准备听老师讲"想当年"，由于室内广播响着，有的同学听得隐隐约约，看见别人坐好了也连忙收拾坐好。顷刻间教室里静下来，这时室内广播停了，室外广播响起来了，许多同学表现出着急的样子，我压低了声音说："想当年呀，我们在大礼堂召开'我为集体添光彩'主题队会，同学们说做到了静、快、齐，现在我得验证一下，做得怎么样。一周六次间操，书法课这一天的间操是难点，是关键，是检查我为集体添光彩是否落实到行动的一个重点，我们能不能做到静、快、齐，去克服这个难点呢？"学生回答的声音异常响亮。然后，我下令站队，不到一分钟，队伍就在操场上站好了，每位学生都很自觉，这就是磨刀不误砍柴工。进教室后我趁热打铁，进一步教育学生："刚才的速度快，是因为大家怕影响集体，如果每天我们都想着为集体争荣誉，那一定会赶上和超过别人的。"

通过联系过去，要求现在，学生增强了"我为集体添光彩"的责任感。这样的教育必须导之以行、持之以恒，从关键入手，使班主任工作化难为简。

◆用图书角锻炼学生

有一次我让学生写日记——《老师，我想对您说》，其中有一个学生写道："丁老师，开学初您说要开放图书角，我们都很高兴，可是十多天了，您丝毫不提图书角的事，是不是忘了？我想对您说：快开放图书角吧。"我当机立断，马上选了两名管理员，又组织小干部利用午休时间进行图书分类、设计图书证等，然后在全班提出要求：图书证必须妥善保管，丢证的人，必须及时写说明书，想借书的还需要写申请书一份，方可补办图书证，无证不得看书，这就避免和防止学生的丢三落四、事事不上心的毛病。所以，每天中午，我班看书井然有序，管理员忙而不乱，借书同学急而不抢，初步形成了自觉向上的良好班风。

教育家马卡连柯曾经说过："纪律是集体的面貌、集体的声音、集体的美妙、集体的活动、集体的姿态和集体的信念。集体中的一切，归总起来都摆脱不了纪律的形式。"班主任的工作就是用纪律作为约束，通过集体的活动、舆论、优良传统和作风来教育个人，又通过发挥个人的特点、积极性来影响集体，以达到培养学生个人进取心和集体荣誉感的目的，也就是培养学生个人服从集体的思想，从而形成班集体的凝聚力。

◆用游戏活跃学生

鲁迅曾说过："游戏是儿童的天性。"为了充实学生的校园生活，首先我有意识地抓学生的课间，我发现每次下课，在学生上厕所之余，总会剩余一点儿时间，这正是人声鼎沸之时，教室里喧闹不止。于是我给小干部分工布置，进行小干部工作能力的评比。下课剩余时间短，就让小干部领着做变化多样的徒手操；剩余时间长，就让小干部领着开展成语接力赛、知识问答，调动学生的积极性，同时小干部也得到了锻炼。

为了让学生心悦诚服，我给学生算了一笔账，每一个课间抢出两分钟，一天至少抢出 8 分钟，一学期 112 天至少抢出 892 分钟，相当于 13 个小时。惜时如惜金，寸金难买寸光阴，通过算账，培养了学生的自觉性。

寓教育于生活和活动，培养学生的集体主义意识，是对学生进行教育的一种手段和方式。班主任应是课外活动的倡导者和组织者，同时又是引导学生正确思想的完善者。学生就是在一次次的活动中受到了爱学习、爱劳动、爱集体、爱学校、爱社会、爱祖国的教育，并从内心深处感到，明天的爱祖国、爱人民的情感，正需要在今天的爱班级、爱同学、爱父母、爱老师中去形成，这样现在与未来、班级与祖国就形成了一种天然的联系。

有时，我把学习、劳动、活动、教育融为一体。刚入冬时，下了一场大雪，我组织学生在校园扫雪时，堆了四个大雪堆后，把学生分成四组进行堆雪人比赛，学生的热情很高，把雪人布置得别具匠心，他们乐得手舞足蹈，男生和女生还情不自禁地对起歌来，连我自己也受到了极大的感染。好像也回到了天真无邪的童年，同他们蹦啊跳啊。一个雪人被别班学生碰坏了，这个小组所有的同学都哭了。这次活动收到了意想不到的效果。学生在作文中有话可说、有事可写，有的写道："我摸着雪人的手，望着它冻得通红的鼻子，心疼极了，连忙把自己的围巾围在它的脖子上，我们围着它唱，围着它笑……"还有的在作文中写道："放学了，我一步一回头，小雪人再见了，你的生命虽短暂，但在我的心里是长久永存的。走到校门口，我又跑回去围着雪人看了又看，拍了又拍，默默地对它说，小雪人，夜晚你冷时，就想想我们的热情，你孤独时就想想我们的歌声，再见了，小雪人……"通过活动，学生的作文能力提高了。

活动健全了班集体，学生在活动中也受到了集体主义教育，获得了集体生活的体验，激起完成集体任务的热情与志向，培养了个人进取心和集体荣誉感，他们能一切行动服从集体：走廊里右侧行走、自动成行；操场上站队迅速而整齐；能以雪停为令，积极主动地清扫积雪，形成了团结、进步的集体。

有一次，我组织学生开展了一次"吹泡泡糖有奖大赛"。在比赛的前一周，我提出要求："下一周哪一组表现好，哪一组就参加吹泡泡糖比赛。"为了能参加比赛，每个人都力争严格要求自己。比赛时，全班8组，每组抽一名，每8名为一轮，共进行了8轮，每个学生都有参赛机会，学生立时兴趣盎然。这时候我提出比赛要求，哪个小队取胜，哪个小队就贴系列旗，并且小队每个同学都得一份纪念品，而且分出一、二、三、四等奖。这更调动了学生的积极性，鼓舞了学生力争求胜的信心，参赛者精神抖擞，观众们目不转睛。吹大泡的、吹小泡的、吹不出泡的，他们的动作、神态都可乐至极，让人捧腹大笑，而队员都在为自己组的同学加油助威。这时，可以说小队同学心心相连、息息相关，期盼着胜利、期盼着成功。比赛结束后，胜利者喜笑颜开，失败者痛哭流涕，这时候我对学生说："这场比赛并没有结束，最后的结果是要看每个小队的平均分。"这样，胜利者又谨慎起来，失败者又重振精神，准备转败为胜。所以，把严格要求学生和搞活动、抓教学融合在一起，环环相扣、紧密相连，不但丰富了学习生活，而且积累了习作素材，同时培养了学生的集体荣誉感，增强了集体凝聚力。

当这个班升入六年级的时候，我并没有把毕业班看作分数竞争班，因为教师的责任不仅仅在于教书,更重要的是育人,是把学生培养成德、智、体、美、劳全面发展的人才,是把他们培养成长大能在各行各业为中国人争气,为中华民族作贡献的人才。所以,我在注重备课、辅导、批改的同时,又注意培养学生良好的品质、坚实的爱国志向。六年级上学期,我扩大了摄影小组的成员,成立了班级摄影协会,并举办了大型的以影展为主要形式的中队会——《祖国在我心中》。影展的内容分五方面:

一是祖国各地秀丽风光:如珲春,我给这部分命题为《爱》;

二是祖国各地先进人物先进事迹和成果,如水稻专家、养鱼专家等等,我给这部分命题为《奉献》;

三是我校领导、老师忙于工作的镜头,如领导研究工作,班主任老师在批改作业、辅导学生,等等,我给这部分命题为《春蚕》;

四是学生中的好人好事、勤奋学习、帮助小同学,等等,我给这部分命题为《献出一点爱》;

五是拍摄一部分环境、大气污染的照片,比如:栋栋楼房之间有美丽的花园,而楼房背后的衬景是一个个大烟囱正冒着浓浓的黑烟,这照片意在告诉学生,好好学习,长大做改造自然、建设自然的主人。所以,我给这一部分命题为《期待》。

学生的摄影都是在他人不知不觉中进行的,所以当我班的影展中队会与全校老师见面时,他们都大吃一惊:什么时候给我照的?我怎么一点不知道。李书记问我:"谁给我照的?这是我所有工作照中最理想的一张照片。"学生笑了笑,是自豪的笑,我也笑了,是欣慰的笑,老师们笑了,是赞许的笑,领导也笑了,是鼓励的笑。同时,我为影展写了前言和尾声,还在《三句半》的基础上编写了《八句半》,题目是《奉献》,并设计了新颖的道具和服装,受到全校领导、老师的好评。

毕业考试结束后,我也没有放松对学生的教育。放假前,我组织学生开展了"欢笑在今天"毕业联欢会,形式丰富多彩。如节目主持人大赛、服装模特大赛、送你一句话、赠你一首诗、献你一首歌、相声、京东大鼓、歌曲大联唱、男女生对歌、电视台联播等等,学生美在其中、乐在其中。这些使学生感受到虽然小学毕业了,但是还有更重要的学习任务等待着他们,那就是学好知识,长大献身"四化"。

活动鼓舞了学生的斗志，增强了学生的信心，同时也提高了学生的学习兴趣，每次期末量化评比，我班的总分都在全校名列第一，每次考试学生的学习成绩在年组都名列前茅。我班田翔坤被评为国家级"赖宁式好少年"，潘正兴被评为国家级"心中有祖国，心中有他人"好少年，出席了吉林省少代会，并当选为少代会理事。

这些都标志着学生的进步。然而，学生的进步不是一气呵成，也不是永久不变。每当学生处于进步与后退时，我总是想尽办法，来调动一切可以调动的积极因素，使班级不断进步。几年来，我班不但被评为校文明班级、校优秀集体，而且还光荣地获得朝阳区优秀班级、长春市先进集体、吉林省"赖宁杯中队"和"全国红旗中队"荣誉称号。我个人也光荣地被评为校优秀中队辅导员、先进工作者、长春市优秀班主任。在荣誉面前，我感到肩上的担子更重了，应该更努力地去工作，以不负众望。

总之，班主任只有协调好各个方面，多层次、多角度地教育学生，做到长善救失、因势利导，使学生总处在别开生面之中，才能使班集体持续稳定。

（4）教育教学成果交流

1992 年，我应邀到大庆市机关通讯学校进行讲学，介绍了"阅读教学读、讲、议、练法"的教学经验，并做了观摩课《在仙台》和班主任经验介绍《灵活的教育方法是春雨》，大庆电视台进行了专题报道。令我没有想到的是，我讲完课回到长春之后，意外地连续收到了几封来自大庆小朋友的书信，其一全文如下：

亲爱的丁老师：

您好！

很想念您！想起与您相处的点点滴滴，心中有无限美好的回忆。

记得您曾对我们说："从今以后，我们就是好朋友了。"这句话成为我们的一个约定，在若干年后，不知道您会不会想起，在遥远的大庆，还有着一帮您的学生，虽然我们的相识是那么短暂，但一日为师，终生为师，您永远是我们的好老师！

忘不了课堂上您的教诲，忘不了做游戏时大家欢乐的笑声，希望您永远开心、永远快乐！我们也会好好学习，将来成为祖国的栋梁之材。

愿我们的友谊地久天长！

大庆的小朋友：蔡湘丽

1992 年 11 月 25 日

收到远方学生的来信，我的心里很是激动。我终于明白，教育不分地域，我用我的人格魅力感染着我所接触过的每一个学生。在不断提升自身综合素质的同时，我多年的教师历练与执着追求使我拾级而上，创造了自己人生的又一个春天。

3. 副校长岗位，锻炼自己

1994 年 8 月，我走上教学副校长的岗位，又重新回到熟悉的西五小学。虽然这次我从教师变成了校级领导，但是我对教育教学的求索始终没有改变。在阔别西五小学的五年时间，多少次我梦回这里，多少次我重温在这里的点点滴滴，现在再次回到这儿，我发现它依然令我那么痴迷、那么向往。

激动的心情过后，我的满腔热忱很快受到了严峻的考验。当时，西五小学的情况是，老教师和新教师各占半壁江山，老教师固守经验，难以改革创新；新教师热情有余，却缺少扎实的理论修养和正确教学方法的引领。在做教师的时候我就深深明白：没有创新的课堂闪烁不出智慧的火花，没有理论支持的教学实践也不会深入。针对这种情况，我静下心来左思右想，终于，两个字浮现在我的脑海——说课。说课，在今天看来是一种很普通的教学常规动作，但对当时的西五小学全体教师来说却是个久攻不破的关口。于是，我把和老师们一起研究怎样说课当成我作为教学校长的第一块敲门砖，首先引领大家研究怎样说课。

罗·阿谢姆说过：一个榜样胜过书上二十条教诲。我想，再精彩的理论讲座也不如一次现场展示。所以，我根据以往自己的教学特点，从教材和学生实际出发，深入挖掘教材教法，给全体教师做了一次说课的展示。

这次展示使全校教师茅塞顿开，教师们看到的是我富有层次的表述和前沿的教育思想、灵活有效的教学方法，但是不曾想他们会不会知道，我在说课之前的连续三个不眠之夜是怎样度过的。说课稿几经推翻、重写、修改，最后我一看，仅手稿就写了近二十张八开白纸。但是这些，我都不会跟老师们提起。俗话说："台上三分钟，台下十年功。"这话真是不假，但是这次说课展示让老师们真的受益了，我付出再多也无怨无悔。反而，我和老师们谈得最多的是教育教学上的一些事情，是如何调动学生们最持久的兴趣，如何帮助学生们灵活地掌握知识，如何让每个人的每一节课都成为师生享受的精神殿堂……

正是因为有了这块好的敲门砖，正是由于我谦虚的性格和对全校教师教育教学不厌其烦的耐心的指导，此后，老教师的眼中对我有了肯定和钦佩，青年教师的眼中对我有了欣赏和敬重，我的教学校长角色也渐入佳境。

1996年3月，我实现了自己梦寐以求的愿望，光荣地加入了中国共产党，至今整整27年。在这27年中，我始终不忘党章中规定的党员必须履行的义务："坚持党和人民的利益高于一切，个人利益服从党和人民的利益，吃苦在前，享受在后，克己奉公，多作贡献。"我把党章中的这句话作为自己的座右铭，认真履行，尽职尽责，把对工作负责看作对自己负责，努力将责任沉淀在生命里，体现在行动上。

我带着极大的热情与责任感，全身心地投入到学校的教学改革中。在研究中澳电子琴实验项目时，我发现学生的电子琴水平和层次有所不同，于是，我大胆地进行了体、音、美分层教学的改革实验，这也成为今后西五小学开展体、音、美分层教学改革的基础。

在工作的逐步深入中，我渐渐地发现，数学教学是学校的一个弱项，就连老师们眼中的骨干教师的数学课也存在好多这样那样的不足。一次，我听一位学校骨干教师的数学课，发现她上课时眼睛只盯着一处，从不和学生进行眼神的交流，虽然讲课时话语连绵不断，但没有交流的课堂效果可想而知；还有一次，听另一位骨干教师的数学课，感觉她上课时所用的教学方法不适当，难以调动学生的学习热情。当时我在想，所谓的骨干教师都这样，那其他老师的讲课水平更不用说了。

这种状况使我意识到，作为教学校长，我必须尽我的努力，改变他们的讲课方式，提高他们的课堂效率。但是问题出现了，我是语文教师出身，以前对数学教学没有过多的涉猎，我应该怎么办呢？只抓好语文教学？这也说明我工作有所成绩。放弃抓数学教学？因为我有理由说明数学教学为什么抓不好，一是我曾经不是数学老师，二是我没有那么多的精力。但是转念一想，某一科好不能说明这所学校好，科科都好才能证明这所学校的教学真正好。

于是，语文教师出身的我，开始潜心研究起数学教学来。虽然语文学科和数学学科有很大的不同，但我相信，教学是相通的，只要善于钻研、探索，寻找出适合的教学方法，必定很快能有所收获。我从最基本的开始做起，选了数学教科书中的一课，从设计教学、制作投影片和教具、备课……又是好几个不眠之夜，当我把这节数学课呈现在数学教师面前的时候，他们吃惊地和我说："丁校长，您是语文老师出身，为什么数学课讲得也那么好？"我和他们说："如果你想让你的课堂变得精彩，那你就应该发挥你自己的长处。我以前是语文教师，我很擅长情感教学，与学生进行语言的交流，对他们进行眼神的鼓励。我用语文教学中情境创设的方法，创设了有趣的数学游戏，让数学变得接近孩子们的生活，走进他们的心灵。所以他们愿意学，所以大家会觉得我的课堂很精彩。"一位数学教师点了点头说："是啊，我们以前怎么没想到这些？我觉得我自己画画不错，我怎么就没想到学科教学之间有相通之处呢？我可以把数学教学和美术学科结合起来啊。看来，我们要和丁校长学的还有很多。"

这之后，数学教师们备课、研课的氛围逐渐浓厚起来，没有人再说"我是学数学的，我只要把我的数学知识都讲给学生听就行"之类的话了，老师们都争先恐后地备课、制作教具，唯恐自己的课堂还缺点儿什么，唯恐自己的课堂还有不尽人意的地方。

就这样，学校的数学教学也渐渐好起来了，我不能说这全是我的功劳，但至少我让教师们懂得：没有思考与研究的课堂永远不会成为精彩的课堂。

在对数学教学潜心研究的同时，我于 1997 年 5 月 29 日参加了"全国小学数学创新活动教学大赛"，并获得一等奖第一名的好成绩。很多知道我经历的同行都惊讶，怎么学语文出身的我，在数学教学上取得的成绩竟然会超过语文，这其中的辛酸与努力只有我自己知道。

1998 年 5 月，我应邀来到广西南宁，参加"全国小学数学课堂教学观摩研讨活动"，正是这次活动，让我结识了被称为"教学艺术家的"全国特级教师吴正宪与支玉恒。我们同台上课，评课、讲学。我在欣喜于自己站到了更大讲台的同时，也感到我只有更加努力，才能让自己在各种思想的交锋中，学会更多，我的探索之路还很长。

在与参会领导和教师交流的时候，深圳市石岩公学校长对我说："丁老师，你的课讲得太精彩了！你愿不愿意到深圳工作？家属也可以过来，我们负责解决住房与工作问题。"说实话，当时我的心里也有过一丝动摇，因为毕竟好的工作条件和丰厚的待遇是个很大的诱惑。但是想想我的西五，想想和我朝夕相处的同事们，我的态度很坚决："谢谢您的好意，同时也很希望有机会到您的学校拜访，但我的学校更需要我。"当我站在领奖台上，手捧沉甸甸奖杯的一瞬间，我的内心无比踏实，这种踏实源自我内心对西五的那份情结。

这件事之后，大家都说我傻，但只有我自己心里明白，我是西五人，西五的发展更需要我的努力与付出。事实证明，当时我的决定是正确的。今天，当所有人都瞩目西五小学取得的骄人成绩时，不知道他们会不会意识到，一直有这样一个黄金团队，他们用智慧和汗水，让这所百年老校重新焕发了青春的活力。

光芒和成绩有时会冲昏人的头脑，但我一直很清醒，因为我知道，我今天取得的些许成绩都是我用怎样的努力和付出换来的，我依然这样努力地工作着，认真践行着一个教育工作者的使命。我一心想着怎样做好自己的工作，指导老师研究教学、给领导写稿、准备第二天会上的发言……我经常忙到深夜，家里的灯总是最后一个关掉。一次，邻居家的孩子打趣地和他的妈妈说："看！八角楼上的灯光总是亮的……"

我在担任副校长期间，积极探索健全机制，实现教学管理规范化的途径、方法，并协助校长制定了1994—1997学校三年发展规划，结合长春市南关区十大工程、二十项课题，制定了西五小学"4691"工程，组织实施了省级课题《说话训练》、市级课题《电化教育促进素质教育，减轻学生负担》等课题，并大胆对小学生成绩考核进行改革，自制了"小学生成绩报告单"，做到笔试与口试相结合、综合测试与单项测试相结合、课内与课外相结合，深受教师和家长欢迎。

在繁忙的教学管理工作中，我不仅以苦为乐，还在事业上甘为人梯。我积极组织教师搞教学研讨活动，指导教师上引路课、研讨课等，特别是开展英语、数学、语文等学科的计算机辅助教学的尝试，填补了西五小学计算机辅助教学的空白，受到国家、省、市各级各类奖励，使学校的电化教学有了一个新的突破，使西五小学面向现代化教学又迈出了可喜的一步。

1995—1997年，我在校内搞了三次"电化教学促进课堂教学优化"的教学开放活动，并在中心会场亲自上研讨课。省、市、区电教部门给予了较高的评价，认为教学校长上研讨课是个方向，指出这次活动起到了电教示范校的作用。1996年，《教学研究》《小学数学大世界》、省科研所主办的《教育信息》分别对我校电化教学的发展和创新作了宣传报道。在此基础上，为了尽快、尽早培养大批骨干教师，我组建了以教学专家为顾问、校长为组长的"教改研究小组"，组织教师写经验、论文，写体会与回顾。其中，有7名教师获省级论文奖，有5名教师获市级论文奖，有16名教师获区级论文奖。此外，我还认真指导教师上好生活实践课、思维训练课、素描课、珠脑速算课，并定期进行作品展，结合学生作品进行教师评优，使学校教学水平日益提高。

二、从"领头雁"开始的绿色梦

在九十年代的中小学校园里，我们经常可以看到这样一种现象：一个正在发育的小学生，总是背着一个大大的书包，这种现象引起了社会的严重关注，也引起了我的深思。随着"减负"的呼声越来越高，减轻中小学生过重的课业负担，是实施素质教育的前提，是促进中小学生身心健康、积极向上、尽快成才的重要举措。于是，我决定深入研究这个问题。

经过调查与研究，我发现：

◆学生负担过重问题具有复杂性

这种复杂性首先表现为中小学生课业负担总体上存在着偏重的倾向，但这种偏重在不同区域，不同类型的学校，不同学生群体，以及不同学科教学，不同的学习时段等方面的表现是不一样的。学生的课业负担不仅表现为学习量的多少，而且还表现为主观体验的差异。

◆负担过重具有危害性

如浙江金华高二学生，因忍受不了学习成绩名次和家长的压力，用榔头砸死了母亲。

浙江温州市永嘉县两名中学生因勒索钱财未果而将一同学乱刀砍死。河南省安旭市一位家长因儿子没被评上"三好学生"和没当上大队长，带人闯入学校殴打班主任。

当时的《长春日报》刊登了《一位初中生的日记》：

愤愤中想起今天上午的一幕：第二节课，老师又压堂了，同桌有"急"，老师刚走，他就蹿了出去，等他气喘吁吁地闯进教室，已经晚了两分钟，又是一场"暴风骤雨"。同桌不服，又不敢申辩，趴在桌上恨恨地写着："太阳当空照，花儿没法笑。小鸟说这么早，你为什么背上炸药包？我要炸学校，必须早点到，一拉线儿，我就跑，炸得校长、老师上天了。"他写了一遍又一遍，直到"雨过天晴"。

再如长沙市一位中学生，因家长不让参加课余活动，跳楼了。吉林市14岁的男孩，想去游泳，他的姥姥不允许，他跑进屋吊死在暖气片上。吉林市初二学生，因考试成绩不好，跳江自杀……

由于对传统教学方法驾轻就熟，一些教师不愿意花力气探索新路，相当多的课堂教学仍然是把传授知识作为教学的主要目标，忽视学生全面发展，重视"教"而忽视"学"；重视现成结论的记忆，忽视学习过程；重视向学生灌输而忽视学生的主动参与；重视教学活动的严格统一，忽视学生的创造才能和个性差异；重视认识能力的培养，而忽视合作、交往等行为的养成；重视考试的选拔功能，忽视学生的全面综合评价等。为此，有必要采用刚性管理手段，加大原有教学中不合理的行为方式和思想观念进行变革的力度，纠正当前教育工作中存在的不适应素质教育的做法，改变教师多年来习以为常的教学习惯，通过规范教学行为，减轻学生过重负担，使学生生动活泼且主动地发展。

为落实第三次全教会精神，培养学生创新精神和实践能力，应当把改进课堂教学作为主攻方向。那么，培养创新精神与实践能力的课堂教学究竟是怎样的？结合有关专家的观点，我认为：首先应该实行启发式、讨论式的教学方法，让学生"动"起来，让课堂"活"起来，提倡学生动脑、动手、动口，真正把传授知识的过程当成学习交流和自主探索的过程，教学的重点应当放在培养学生的好奇心和求知欲上，帮助学生自主学习、独立思考，鼓励学生发现问题、提出问题和解决问题。于是，由我带头，在全校范围实行了全方位的"减负"工作，取得了良好的效果。

◆减轻学生过重负担，必须从管理入手

教学质量的提高是以能有序管理为基础的，常规管理是有序管理的根本。常规管理首先体现在严格依法治教，体现在按照国家课程计划、教学大纲、教科书的要求管好教学。课程计划是由国家主管部门制定的有关教学和教育工作的指导性文件，教学大纲是以纲要的形式规定的有关学科开设的目的、意义、任务以及教学时间和进度，它体现了国家对教学工作的总要求，所有教学都必须服从于大纲和教材内容。根据西五小学教师当时的情况，我们认真按照国家颁布的课程计划，开齐开足了课程，严格按课表上课，并加强对教学用书和复习资料的管理，严格控制补课和作业量，并加强了学籍管理。我们对学校及教师的言行加以规范，尤其对学生的休息以及对课外的身心发展所需要的时间给以足够的保证，对学生到校及离校时间以制度的形式加以规定，对违反规章制度的行为有严格的处罚规定。

1998年，在教学管理中，我认识到规章制度的建立固然重要，但要使规章得以贯彻，质量得到提高，必须加强教学全过程的管理。教学管理包括教学计划的制定与实施、备课、辅导、考核、课堂教学等，还包括完善教学设备，改善教学环境，开展教学质量检查。于是，经过深思熟虑，学校出台了《学校"减负"工作方案》。

就这样，我把每一次困难都当成一次磨炼，把遇到的每一个问题都当成我进步的阶梯，这也为我以后作为专家型校长，引领西五小学一步一步向前发展，打下了良好的基础。

我走上了校长岗位后，始终牢记党和人民的嘱托，不忘肩负的历史重任，在西五这片热土上，辛勤地耕耘、默默地奉献，在工作中取得了一定的成绩。在区教育局党委的领导下，在有关专家的指导下，在全校教职工的大力支持下，我审时度势，进行了一系列的改革和创新，收到了明显效果，为西五小学插上了腾飞的翅膀，学校跨入了省市先进行列。我不敢说自己是一名出色的小学校长，但我却可以自豪地说："我爱教育，我爱孩子，我爱自己选择的教育事业。"这种爱，这种选择，对我来说，是一种与生俱来的，也将是一生不变的永恒的追求。

1. 内部管理体制改革，让教师激情燃烧

俗话说：一个好校长就是一所好学校。但是，这话说起来容易，做起来却很难。一个好校长的背后，要付出多少辛勤的工作和思想的转变啊。上任之初，我就遇到了一个大难题：教师工作积极性不高，职业倦怠现象普遍存在。

由于西五小学是一所百年老校，地处南关区老城区，当时学校的教学楼陈旧，办公设备比较落后，学校各项管理条例也不完善，所以，教师的工作处于一种被动状态，好一点的老师也只限于按部就班地完成领导安排的工作，在工作中没有创新思维和踏实、肯干的精神，工作效率也不高。

为此，我陷入了深深的思考。在下了很大的决心之后，我决定在全校范

围内实施内部管理体制改革，以此重燃老师们工作的热情。因为我深深感受到：学校的发展要靠全体教师的共同努力，校长虽然是学校的引领者，但只有校长一人有工作热情是远远不够的，只有全体教师都带着十足的干劲，大家共同努力，西五才能突破这个发展的瓶颈。

1999 年，我校的内部管理体制改革工作在区教育局党委、人事科领导的指导下，成功地实行了校长全方位聘任，主要有以下几点做法：

（1）认真学习，深刻认识，是"内改"成功的基础

这次"内改"的主要内容是实行"四定""四制"。在这项工作中，实行教职工聘任制是工作的重点，安置待岗人员与落聘人员是工作的难点。

明确重点、难点的同时，我校能够按照区教育局的工作安排，认真地组织全校教工学习"内改"文件，和上级有关"内改"的会议精神，班子学，中层学，全校学，人人有笔记，学校有记录，并组织大家进行讨论和座谈，将全校教工对"内改"的思想认识统一起来。

班子成员通过学习认识到，这次学校内部管理体制改革，目的是建立学校内部充满活力、激励向上的运行机制，调动广大教职工的积极性，提高教职工队伍素质，达到大面积提高教育质量，大幅度提高办学效率的目标。通过改革，要重点解决三个问题：一是改革学校内部领导体制，实行校长负责制，落实校内责任制，解决校长的责任和权力问题，使学校有内在的压力；二是改革学校内部人事制度，实行教师聘任制，搞好教师队伍建设，解决优化组合问题，使学校有活力；三是改革学校内部分配制度，实行校内结构工资制，贯彻多劳多得原则，解决分配不合理问题，提高学校教学效率。

全校教工通过学习认识到，学校管理体制改革，就是运用正确的政策导向、思想教育、物质激励等手段，彻底打破平均主义的大锅饭，形成新的运行机制。在组织班子成员学习的同时，我自己也加强学习，因为我知道要使大家认识得好，我应该比大家认识得更高。除了认识到改革的重要性和必要性之外，我还认识到，改革是转变学校面貌的机遇，是学校生存和扩大发展的途径，是推动学校工作深入进行的根本保证。

通过学习，提高了认识，增强了领导的责任感、使命感，增强了全校教工的紧迫感和忧患意识，达到了预期的目的。

（2）周密思考，稳中求进，是"内改"成功的关键

为了不辜负全校教职员工对我们的信任，为了进一步得到广大教工的理

解和支持，我们力争将每一步工作设想在先，安排在前，干中求稳，稳中求进。在"内改"过程中我们重点做了以下十方面工作：

◆建立"内改"领导小组

为了把"四定""四制"工作落实好，学校建立了以校长为组长的"内改"领导小组，工作中充分发挥学校党支部、工会的作用，做到共同参与、共同安排、共同筹划、共同协调，遇到难题共同研究解决，努力做到公平、公正、公开。

◆制定方案

在学习的基础上，学校把握几个重要的环节，制定出改革方案，分组讨论修改完善，并在教工大会上通过。比如在制定教师结构工资时，为了能让大家自觉接受，学校注意发挥教师的群体作用，让大家分组讨论岗位津贴与课时津贴，进行修改、补充，从而达到自己说服自己、自己教育自己的目的。有些把握不准的问题，通过试卷问答来了解大家的心态和想法，将聘任工作的公开化与隐性化合理地结合起来。比如"内改"工作选择什么样的聘任方法能让大家接受？为了更好地解决这一问题，我们在全校教师当中进行问卷调查：聘任方法有两种，一种是分级聘任，一种是校长全方位聘任，你认为哪种方法好？为什么？根据绝大多数教工的意愿，学校采取了校长全方位聘任。这种方法不仅被大家接受，在聘任的过程中也得到了大家的支持。

◆自评与互评

学校把全校教工的考核工作作为聘任的重要依据，先后进行了教师自评、教师互评、年级组教师互评、主任和学年组长评价考核，并对教师在考核中的态度进行量化评估，对那些能一分为二评价自己的教师，学校给予了表彰和奖励。考核与评估，使全校教师认识到人各有不足，找到差距的同时，就是进步的开始。

◆学生和家长评价

为了将聘任工作科学化、规范化、合理化，为了取得广大学生、家长的拥护和支持，学校及时召开家长会，我亲自深入到各个班级，向家长讲"内改"工作的重要性，印发了对班主任"跟班""换人"和对语文、数学教师是"满意""基本满意""不满意"的问卷，要求家长对教师做出公正的评价。领导小组成员还深入各班，向学生印发了评价任课教师的问卷，提出是否"满意""基本满意""不满意"，如有不满意，写出不满意的原因。通过家长和学生的评价，使考核工作进入了完全公开的阶段。

◆宣布上岗条件

为让大家各尽其才、各尽其能，学校确定了上岗条件、各种岗位及岗位工作量，让大家自愿选择，并在填"择岗表"的同时进行问卷调查：①你有信心不落聘吗？②如果落聘了，你会怎么办？③如果你上岗了，你肯于牺牲个人时间钻研业务吗？等等。这项工作，如同预防针一样，让每位教师意识到如果上岗了，要尽义务，要讲奉献；如果下岗了，也要做好充分的思想准备。

◆分期召开竞争上岗大会

为了加大公开力度，在教师择岗的基础上，学校按主科、副科安排两次教职工竞争上岗大会，给每个人两次竞争的机会，会后全体教工投票选举，进行民意测验。

◆综合评价

领导小组对教师互相评价、学生评价、家长评价进行归类，分出层次，再结合每个人平时工作的态度进行分析，横向、纵向进行评比，最后形成综合性意见。

◆确定岗位级别

学校将各方面表现好的教师安排上岗；上岗人员中稍差些的和新毕业生，学校安排他们试岗；工作能力低的安排待岗；上岗、试岗、待岗以外的就是下岗人员。当时，全校教工67人，毕业生5人，总计72人。包括毕业生在内，上岗教师62人，其中试岗教师9人。退养3人，待岗2人，限期调离2人。对于退养教师，学校召开了欢送大会，给她们佩戴大红花，颁发了光荣离岗证书，赠送了离岗纪念品。大会上学校感谢她们的理解和支持，感谢她们主动地把岗位让给了年轻人，感谢她们为学校"内改"作出了贡献。对于待岗教师学校要积极推荐他们参加学习和培训，让他们努力提高自己的能力，争取早日上岗。对于限期调离的同志，通过个人努力和学校帮助，争取圆满解决。

◆完善各种规章制度

为了进一步提高教师和员工的素质，规范教育教学行为，学校在开展聘任工作的同时，制定出各种专项奖励和相应的奖惩条例，为提高学校的教育教学质量和效率提供了可行性的措施和根本保证。

◆举行聘任仪式

聘任工作牵动着全校教工的心，为了强化教工竞争的意识，学校召开了隆重的"教职工聘任大会"，会场四周挂满了条幅，会场前面挂上对联：上联是，内改春风催人奋进；下联是，西五明朝再创辉煌；横批是，创名校、塑名师、育名生。学校召开全校教工聘任大会，举行了聘任仪式，并颁发了聘任证书。区委阚书记，政府邹区长，区人大、区政协、区宣传部、区教育局的领导参加了我校的聘任大会。聘任大会的召开，使全校教师又一次受到了深刻的教育。他们纷纷表示：今天，我们为拥有西五感到光荣；明天，西五将为拥有我们而自豪。

由于我校的"内改"工作坚持原则，任人唯贤，所以，这项工作取得了很大的成功，这也让我更坚定了做西五"领头雁"的信心。我们按校长全方位聘任的方法进行了聘任，工作进行得很顺利。学校在整个"内改"过程中，没有出现一例上访、告状的现象，没有出现一名拒绝聘任的教师。通过"内改"，我深刻体会到，无论采用哪种聘任方法，只要坚持一个原则，任人唯贤，就能赢得大家的信任和支持。

改革的过程，是促进工作的过程，是强化责任的过程，是面临挑战的过程，只有事事设想在先，安排在前，充分民主，一定会顺利而稳定地进行。

2. 课堂教学模式创新，让课程根深叶茂

在全面推进素质教育的今天，我们应明确地认识到素质教育的落脚点是创新精神和创新能力的培养。它是知识经济时代一个合格公民所不可缺少的一种能力。我们的"主体、创新、实践"教育活动旨在为培养创新人才打基础。江泽民同志指出"创新能力是一个民族进步的灵魂，是一个国家兴旺发达的不竭动力""一个国家有没有持久的创新能力，关键在教育"。从这个意义上讲，基础教育是创新人才成长的摇篮。为此，在全面实施素质教育的过程中，我校把开展以培养学生自主意识、创新精神、实践能力为宗旨的创新教育作为重点，全面推进素质教育。

回顾中国的发展历史，曾几何时，中国几千年的传统文化教育，给无数受教育者打下了深刻的烙印，颇有前赴后继、继往开来的势头。儿子一切服从老子管教，学生一切听从老师训导，天经地义。中国传统的教育与教学方式，

使一代又一代的受教育者处在被动的位置上，的确有碍放飞理想和个性张扬，这是事实。一块黑板，一支粉笔，一张嘴独对台下众"生"，师爷和师爷的师爷都是这样完成教学的，轮到吾辈亦是江水滔滔用力摇，不为世人垂青，但求老天公正。错了吗？没有。科学吗？如今教育现代化、信念化使教学内容的呈现方式实现了多元化，教育改革是迟早的事。为此，我们所倡导的"为学生而设计教学"无疑向学生迎面吹来一股春风。

（1）课程改革轨迹

序号	起步时间	课改项目（14项）
1	1995 年	西五小学校办少年宫
2	1997 年	澳大利亚电子琴实验
3	1999 年	体音美分层教学
4	2002 年	信息教育"四种新模式课"
5	2003 年	多元智能情境化教学
6	2004 年	国际理解教育课程
7	2005 年	"3A+1"特色教学
8	2005 年	外教团辅助英语教学
9	2010 年	信息技术与学科整合
10	2012 年	翻转课堂
11	2016 年	网络空间人人通
12	2017 年	"云课堂"
13	2018 年	信息教育多元的"七彩课程"
14	2020 年	智慧教育（智能研修的深度融合）

（2）课程改革思想

从 1995 年至今，二十七年的课程建设，二十七年的改革实践，使西五小学快速发展，成为省、市名校。

现代创造学认为，人们主体意识、创新精神、实践能力是在适当的条件下得以开展和发展的；没有适当的条件，人的主体意识、创新精神、实践能力就会被扼杀。为此，给学生创设自主、创新、实践的条件和氛围，培养学生兴趣，让学生感到自己有价值、有用处、有能力，培养自尊、自信、自强的心理品质，才能让每一个学生从心灵深处迸发出完善自我、超越现实的勇气，这是自主、创新的强大内动力。

随着素质教育的大力推进和教育改革的不断深化，小学教育面向现代化，面向世界，面向未来，在传统走向现代，封闭走向开放的道路上已经迈出了相当大的一步；与此同时，小学课堂教学也经历着一个由冲动到冷静，由困惑到理智的现实过程。时至今日，学校教育以人为本、主动发展、立足本色、追求特色，已经成为人们致力达到的目标和逐步达成的共识。注重创新精神与实践能力培养的现代课程模式与教学方式，势必成为我们学校教育改革与发展的必然选择。主题信息教育就是我校在现代素质教育背景与目标下，明确提出并积极探索的核心课题。

例如，我校的芙蓉少年宫活动内容丰富多彩，有 20 多个学科，40 多个教学班，以学生自愿参加为原则，学生根据自己的爱好、特长自由选择。为了培养学生兴趣和培养学生自主意识、创新精神、实践能力，我们从以下几个方面入手：努力创设具有友善、宽容、理解、鼓励、创新性的集体，如表演班、辩论班、剑桥英语班；努力创设民主、和谐的师生关系，采取学生互助、师生合作学习。如棋类、球类、网上微机班、电子琴班；努力创设教师乐于接受学生、鼓励学生的教学风格。如声乐班、科技班；实施开放式教育，让学生接触社会，投入实践，开阔视野，丰富想象。如小记者班、摄影班；实施学生自主式教育，充分发挥学生主动性，调动学生学习的积极性。如 4—6 年级的生活实践，培养了学生的自主意识、创新精神、实践能力；1—2 年级 98% 的学生具备简单日常劳动技能，如打扫教室、擦桌椅；3—6 年级 93% 的学生具备一些生活技能，如洗桌布、钉纽扣、拌凉菜、包饺子、做水果拼盘，等等。这些活动，课程设置是导向，目标激励、发展兴趣是前提，培养创新精神和实践能力是目的。在上级领导的关怀下，在全校师生的努力下，在广大家长的支持下，少年宫硕果累累，被评为"长春市中小学校办少年宫特长基地校先进集体"。

其实，早在"绿色教育"提出之前，我校就已经在实施"绿色课堂"。绿色课堂为新课程的实施提供了广阔的空间，我们看到课堂出现了可喜的变化，教师在努力转变角色，营造宽松自由的学习环境，学生自主性得到有效发挥。但我们也发现了一些令人担忧的问题。有些教师简单地用新的教学方法全盘"覆盖"其他的教学方式，如用合作讨论取代独立自学，小组合作放任自流，忽视学生的个性差异与兴趣等。如果任其发展下去，必然导致课程改革走入极端，使教学走入"摆架子""走过场"的误区。1998 年，学校成为"中澳电子琴实验校"。在推荐"电子琴进深课堂"这一实验项目时，我们根据校情、班情、生情，同时开展体音美分层教学的改革与实验。因为培养学生不同爱好、个性，这才是注重人的发展，这才能凸显教育的本性。为使教学改革顺利进行，我组织体、美、音教师学习、研究，共同制定教学内容，深入课堂听课、评课、改课，还请南关区教师进修学校体、美、音学科的教研员到校指导。记得有一天晚上，我和美术教研员杨金铭老师以及美术组的三位教师，扛着摄像机去茶馆捕捉茶文化，茶房、茶具，倒茶、品茶、说茶，一遍一遍地录制，一次一次地反复，茶馆的顾客以为我们是长春电影制片厂拍电影的。当我们走出茶馆，已是满天星辰。在学校教学开放日活动中，《茶文化》这节美术分层课获得一致好评。为了积累经验，我组织教师将创编的教材和创设的教案进行整理，编写出我校第一本反映教学改革的书《求索》。现在回想起来，当时我们创编的教材和编写的教案，就是现在新课程提出的校本教材和个性化教案。2005 年 4 月，我校的美术分层教学在山西太原"全国教育教学研讨会"上做了展示，得到了与会专家的一致认同，他们认为这项改革体现了创造性，尊重了学生的兴趣，也极大地挖掘了学生的潜能。当我把我校体、美、音教师编写的《求索》一书赠送给各位专家时，一位专家说："这是我在国内看到的第一本体、美、音分层教学的书籍，你们很超前。"

2001 年 5 月 29 日，国务院《关于基础教育改革与发展的决定》中明确指出："大力普及信息技术教育，以信息化带动教育现代化。"进入 21 世纪，现代信息技术迅猛发展，以计算机为龙头的现代教育技术已广泛地应用于教育领域，引发了教育思想、教育内容、教育手段和教育过程的深刻变革，势必将为 21 世纪的教育带来一场深刻革命。如果只进行网络资源的开发研究、计算机辅助教学的研究，就不能适应信息时代的要求，必须站在信息教育的制高点，利用网络技术，通过计算机媒体，开发网络资源，建立新的学习方式。

为了进行良好的现代信息教育，学校把培养教师的软件开发、资源活化作为开展主题信息教育的关键，充分利用硬件设施，发挥信息技术教育资源优势，为主题信息教育的改革与发展提供了重要保证。目前，学校已达到班班有电视、电脑，一、二年级实验班配备了电子白板、短焦投影等教学设备，校园实现了三网合一。学校拥有校园电视台、装备齐全的多功能教学厅和四间现代化的多媒体教室，专门用于信息技术教育。在我校，教师可以在电子备课室里制作自己的电子教案，教师和学生都可以去电子阅览室、电子音像馆查阅材料，学校还开通了国际互联网，为教师配备了打印机、扫描仪等。这样使教师、学生可以随时根据自己的需要收集、加工、处理信息。

我们采用分类、分组、分享的方式开发软件：

①分类。我们把主题信息教育分为语文、数学、英语、艺术等 6 类，每类设主要负责人，把每类形成系列的素材包，定型配套。

②分组。将教师分成两个组级：第一组级指信息技术专职教师和部分学科骨干教师，选专业人员安排他们学习、进修。先后派教师去北京、南京、东北师大学习制作高水平的教学软件；第二组级指校内培训教师，我们特邀日本信息中心主任坂元昂、近藤勋来校讲学，华南师范大学徐晓东博士、东北师大信息技术研究生、"英特尔"未来教育优秀主讲教师对我校教职员工进行信息技术培训，并指导教师开发层次不同的教学软件，建网、建资源库。

③分享。我们制作的软件打成素材包，形成资源库，在校园网中共享，学生可以通过校园网自主地学习，学科教师也可以在运用中再创新。

随着信息技术与学科整合的深入研究，我们利用 Think.com 学习平台，开展了信息化教育的实践研究。Think.com 是中央电教馆提供的集网络学习、互动、交流于一体的师生交互式学习平台，功能强大，操作简便。它不仅可以将网上学习与学科教学结合起来，而且能多元评价学生网上活动的成果，真正让信息技术支持我们的学科教学。每学期，授课教师确立一至二个研究性学习主题，制定出学习方案，组织学生在 Think.com 平台上进行自主学习。如信息学科开展了《天台花卉》《寻找绿色食品行动》的网络学习，语文学科教学了《成长与责任》《我们的节日》主题综合实践学习和网络作文的教学，美术学科的《我的 DIY》，英语学科的《想好了，吃什么》，音乐学科的《认识西洋乐器》等都各具特色。学生能够围绕学习主题，采用小组合作的形式，在平台上独立地思考、多样地操作、自由地表达、认真地倾听、和谐地交往，有效地进行研究性学习，形成了电脑绘画作品、专题网站、调查报告、网络作文集等丰富的学习成果，真正地培养学生在不同的环境下综合运用信息技术的能力，提高了学生的信息素养。

3. 创生绿色教育梦想，让理念之光闪亮

2000年11月的一天，我看到《长春日报》上有关"绿色食品"的广告，说牛肉经过排酸后，可以去除其有毒的物质，而且味道更加可口、营养更加丰富。这则广告引发了我深入的思考。我想，我们的教育是不是也需要排污，让孩子们接受无污染的教育呢？

正是这个不经意的念头，引发了我们西五小学的绿色教育理论与实践研究。2001年3月，在"绿色食品"的影响下，我正式提出"绿色教育"，并使之成为西五小学创办人民满意教育的富有时代特性的办学理念。

为了让广大教师认同，我亲自组织教师开展关于"绿色教育"的合作论坛。大家翻遍了报纸和教育刊物，走遍了长春市内各大书店，查遍了互联网，结果根本找不到关于"绿色教育"的内容。于是，我让教师在字典里查"绿"，理解"绿色"，再结合教育的特性，揣摩"绿色教育"。经过几番合作讨论，大家终于统一了思想，达成了共识：绿色教育是生命的教育，是以人为本的教育，是爱的教育。

现在想来，我提出绿色教育并不是空穴来风。20世纪90年代新课改的春风让每一位教育者心潮澎湃，我也如此。从我被任命为西五小学的校长时起，我就不断思考"如何为学生减负"的问题。过重的课业负担极大压抑了学生的思考、鉴赏、创造能力，导致学生厌学、厌师、厌校，师生不和谐，课堂不和谐。那么，素质教育的实施仅仅就是教学的改革吗？

素质教育的要求是减轻中小学生过重的课业负担，促进中小学生身心健康、积极向上、尽快成长。90年代后期，有很长一段时间，很多人认为"过重的课业负担是内容太多，知识量太大"。事实上，这些都不是"过重负担"的要害所在，"负担"在于40分钟的课堂教学没有质量，学生失去"品味学习快乐"的机会，教师在课堂上扼制学生思维的"动态性"，极大地压抑了学生的思考、鉴赏和创造能力，导致学生厌学、厌师、厌校，师生不和谐，课堂不和谐，这是最大的负担。

那时，素质教育已经实施了十几年，而我们的教育模式，很多还停留在传统的传授与灌输，全方位育人的教育功能还没有完全体现，学生的独特个性还难以发挥。除此之外，学生不说真话的现象有增无减，仁爱之心淡漠，规则意识弱化，厌学情绪更浓。广大家长也多了一份担心与忧虑：学校教育能否使孩子们得到健康、全面地发展？今天的教育结果是一代不如一代，还是一代更比一代强？《中共中央国务院关于进一步加强和改进未成年人思想道德建设的若干意见》明确提出："学校教育重智育轻德育，重教学轻社会实践的现象依然存在，全社会关心和支持未成年思想道德建设的风气尚未形成……"

面对教育的种种失衡问题，我们学校组织教师进行了深刻的研讨，召开了"怎样真正减负""为学生设计教学"等合作论坛，还多次邀请专家进行学术引领。通过这一系列的活动，教师们的表情沉默了、心情沉重了，感到一个非常实际又十分严肃的课题摆在面前：怎样培养孩子，怎样塑造人？大家认识到不能再像以往"沉重"了一会儿又轻松，"沉默"了一会儿又欢歌，而应该把育人这份"沉甸甸"的责任担起来，成为心中永恒的分量。

那时，很多基础教育实践者都有这样的感悟：二十年前，新课程时代还没到来，刚刚初显成效的素质教育确实给课堂带来了新的变化，带来了教师教育观念的转变，但是在热热闹闹的教学改革背后，在学生五花八门的活动背后，学生到底有多少收获、多少发展？我们的教育价值何在？这些，都曾经引起我们的思考。教育需要改革，现代教育呼唤"绿色"，学生的成长需要"阳光"，学生需要新教师、新学校。绿色代表着生机与活力，萌发着希望与神奇。学生就像绿色禾苗，他们的成长需要无污染的土壤环境，需要健康的营养内容，更需要高品位的园丁充满生机色彩的耕耘过程。

教师教育方法的简单化，使学生思想品德的形成过程扭曲，品德的生成自然就失去了正确性和鲜活性。所以，课堂教学需要新理念，学校德育需要新理念，人才培养需要新理念。这一系列教育中需要的"新理念"，成为我萌生绿色教育的基点。"绿色耕耘"，就是要使我们的教育，拥有真正的生机与活力，就是让学生真正享受素质教育的快乐。特别是教师的"园丁"工作和学生的"幼苗"色彩，贴近"绿色耕耘"。

西五小学是百年老校，丰富的底蕴、雄厚的师资，有条件推行教育改革。

多年形成的办学特色，完全可以给学生创造自主学习、大胆创新、和谐发展的空间，完全可以实现让每一个学生个性张扬和个体协调发展。

事实证明，"绿色教育"的实施，让西五小学真正迎来了教育的春天。

4. 追求绿色教育价值，让思想灵动飞翔

校长办学思想的形成，不是一日之功，是校长探索教育实践、创新教育行动研究的社会产物，是校长践行教育发展与改革的必然结果，是校长专业发展、策略创新、文化引领、内涵提升等方面步入高层次的工作结晶。从1999年开始，西五小学实施了八个"学校三年发展规划"，经历了八个发展阶段：

◆第一阶段：1999—2001年，规划的主题为：坚持"三个面向"，办出学校特色。此阶段，学校大的举措是提出"4691"工程，这是名师强校工程。"4691"工程即三年培养4名思想素质高、业务能力强，有开拓精神的学校中层领导或后备干部，培养6名省、市、区骨干班主任，培养9名区级或区级以上优秀教师和学科带头人，培养1支科研型骨干教师队伍。

同时我们把这三年中的第一年定为起步年，第二年定为创新年，第三年定为成才年。经过三年的努力，我们实现了预计的目标，完成了规划的任务。

在实施第一个三年规划的过程中，学校由18个教学班发展到28个教学班。最大的收获是2001年3月，学校提出了"绿色教育"的办学理念。

◆第二阶段：2002—2004年，规划的主题为：与时俱进，把西五建设成新型现代化品牌学校。此阶段，提出了"名校战略"，要突出抓好：

一项工程：4691—111工程；

三项建设：幼儿园建设、少年宫建设、对外开放项目建设；

两个突破：择校收入翻番、学校规模扩大。

在实施第二个规划过程中，西五小学有四大收获：

一是接收了六马路小学，建立了西五小学实验幼儿园；

二是接收了西长春大街小学，建立了西五小学西长校区；

三是与日本福岛山都第一小学建立了友好交流关系，师生代表赴日考察，实现了中外教育文化友好交流；

四是学校由28个教学班发展到46个教学班，择校收入连续突破200万。

在实施第二个"三年规划"过程中，学校初步形成了绿色教育的文化体系。

◆第三阶段：2005—2007年，规划的主题为：实施绿色教育，创建优质教育品牌校。此阶段，学校以全面培养有个性、能创造、会生活的新生代为己任，围绕一个中心（绿色教育），明确两个工作重点（深化课程改革、创造优质教育），实施两项工程（4691—111工程、1361工程），加强三项建设（班子建设、少年宫建设、对外开放建设），把西五小学建设成专家治校、名师执教的新型、现代化、生态式并具有国际交流能力的品牌学校。

在实施第三个规划过程中，我们接收了原四十一中学，建立了西五小学中学校区，而且深入发展了绿色教育，成功构建了"西五教育集团"品牌办学新格局。

◆第四阶段：2008—2010年，规划的主题为：与时俱进、开拓创新，实现学校又快又好发展。学校以创新教育思想为中心，以构建和谐校园、全面提升学校的办学品质为奋斗目标，紧紧围绕"中心任务"和"重点工作"，把西五小学建成基础宽厚、内涵丰富、特色鲜明的品牌学校。

在这一阶段中，学校文化而理性地承办了"百年校庆"，总结了百年文化，设计了未来发展方向。

2010年1月，在教育均衡发展的浪潮中，四十一中学撤并。与此同时，学校再次站在改革发展的前沿，一跃成为区域内"西五大学区"龙头校，学校的办学内涵得到彰显，"西五名师工作站""西五大学区名师工作室"相继成立。

◆第五阶段：2011—2013年，是国家"十二五"规划的起步年，是全面提高学校管理水平，凝练与展示学校文化特色、深化绿色教育品牌内涵、实现学校发展新突破的攻坚年。规划的主题是：抢抓发展先机，深化办学品质，实现西五教育发展新突破。

在第五个三年规划实施过程中，学校由46个教学班发展到69个教学班，学校教育教学、课程改革、科研成果，实现了跨越式发展，绿色教育思想得到完善，并形成了科学的文化体系。全校学生上外教课，参加"外教团"活动享受免费待遇，全校教工团队的凝聚力已经形成。

在此阶段，学校于2012年7月，成功地举办了"首届中国绿色教育论坛暨长春市西五小学绿色教育十周年总结大会"。会上成立了"中国绿色教育联盟"，学校被授予"中国绿色教育创始校"，校长被授予"中国绿色教育创始人"。

这次盛会，成功地将绿色教育推向全国。至此，绿色教育在西五小学发展的里程碑上又画上了一个惊叹号。2013年，"丁国君名校长工作室"正式启动。

◆第六阶段：2014—2016年，规划的主题为：团结奋进、拼搏创新，以百年文化的发展促进西五品牌建设的腾飞。我们深度总结了绿色教育十五年发展历程，理性设计了近三年的学校发展规划，并对学校未来五年的发展目标给予科学定位，对未来十年绿色教育的行动研究进行了深度思考，将"大力开发教育资源，让学生健康、快乐、阳光"作为新的立脚点，推动绿色教育向深度、理性、内涵方向发展。

这一阶段，西五小学信息化教育有了新的突破，学生个性化发展也有了新的提升，全校学生"网络学习空间"建设进入新常态，学校引领西五大学区走向现代化成为现实。

三年中，西五大学区开展了三次大型活动：

（1）从"云端"走来，再造教与学流程"网络学习空间人人通"启动仪式；

（2）长春市中小学信息技术应用展示活动暨南关区现场会；

（3）第十三届全国"6+1"小学教育改革发展联盟研讨会。

这些，都说明西五在跨越式发展的过程中，促进了区域教育均衡、优质发展。

这一阶段，我们深度挖掘了绿色教育的精神内核，全力构建"思想引领、文化润泽、环境孕育、课程发展、民主治校"的绿色教育育人体系，用国际视野和民族情怀不断丰富和拓展学校办学内涵，深入探索"集团一体化"办学模式，以卓越的教师队伍、高效的人文管理、独特的课程体系、和谐的育人环境，着力打造现代化的品牌名校。

在第六个"三年规划"中，学校课程改革全面铺开，课程特色化全面彰显，学生社团活动参与率超越100%。

◆第七阶段：2017—2019年。走过了六个"三年规划"的发展历程，我们认真回顾过去的成绩与存在的问题，理性地提出了第七个"三年规划"，目标是落实"核心素养"，构建"互联网＋绿色教育"的特色课程体系，建设一流、现代并适合未来发展的智慧校园。

　　为此，我们确立的三年规划的主题是：卓越引领，勇于创新，加快绿色教育 3.0 步伐，实现学校发展新跨越。

　　2017 年，学校加大信息、科技投入，建设 VR、创客活动基地，引入智慧校园教育平台，开展智慧课堂活动，成为中央电教馆"网络学习空间人人通"基地校，承担了教育部、中央电教馆"全国中小学校长国培班"的开放与展示活动，这些促进了学校智慧校园建设的稳步、快速及可持续发展。

　　◆第八阶段：2020—2022 年。在教育"十三五"规划收官和教育"十四五"规划开局的交接时代，我们出台了第八个"三年规划"，其主题为：创新学校绿色发展，助力构建未来学校。我们长远规划了 2020—2022 未来三年学校发展愿景，勾绘了学校发展的宏伟蓝图。学校将坚持"智慧教育未来学校"的顶层目标设计，以"未来学校"建设为平台，紧紧抓住区教育局推进的"生态课堂"，扎实推进"教与学方式深度变革与创新"，致力智慧教育实践，协力校园特色发展，聚力校园文化建设，推进学校教育优质化和现代化进程，促进学校新一轮品质提升。

　　八个"三年规划"，引领了绿色教育的新发展。在绿色教育思想的指导下，我们认真设计学校发展规划，学校的办学思想通过规划来体现。学校在规划实施中发展、变化、壮大起来，校长的思想也在规划的发展中成熟起来。特别是经历了百年发展历程的西五小学，悠久的教育传统，厚重的文化内蕴，有着无限的发展潜能。

　　总之，八个"三年规划"使学校发展目标逐步贴近品质办学，逐步与时代接轨，逐步走向高端站位。我们总结为：①抓管理，②抓改革，③抓创新，④抓内涵，⑤抓特色，⑥抓提升，⑦抓突破，⑧抓品牌，从而实现西五发展新跨越。

　　特别是 2002—2007 年五年间，学校由一个校区到四个校区，由 18 个教学班到 64 个教学班，由 720 名学生到 2 800 多名学生的发展变化，就是最好的见证。

　　在学校发展过程中，校长要勇敢地面对工作中的困难、压力，乐观面对挫折。正如我在一次演讲中说道：也许在大家面前我也笑容满面，但内心如山一样的压力丝毫不减；也许我也和大家一起谈笑风生，但笑声的后面有别人无法体会的艰难和辛酸。为了学校的发展，为了事业的成功，我放弃了多少节假日休息，经历了多少次累倒后又坚强地爬起；我从来不炫耀自己，也从来不为自己争名利。有人问我：这许多年来你为何总是乐此不疲？今天，我用这首歌谣回答你，因为歌谣的含义让我难以忘记：

> 大海大海我问你，
> 你为什么这样蓝？
> 大海唱着告诉我，
> 我的怀里抱着天。

我在前面讲过，校长是学校发展的引领者、工作的决策者、教师发展的指导者。正因为这样，校长才有了新的"专业发展"：甘于吃苦，乐于奉献，孜孜以求，厚德载物。

在这里，我可以这样说，校长不经历困难无以进步，校长不经历挫折无以成长。困难，给予校长思想的智慧；挫折，给予校长前进的勇气。

从西五小学教师成长起来的，现已成为平泉小学校长的朱辉，在给"百年西五"的感言中这样写道：

"我心中的丁校长，她如小草一样柔韧坚强，无私吟唱；更如大树一样高瞻远瞩，昂扬向上。她带领的学校和老师们，更像一片绿色的森林，活力无限，风光正好。她像一株小草，总是蓄势待发，任凭风吹雨打，也能笑傲九霄！无论面对多大的压力，都百折不挠。面对学校发展的困境，她带领我们一步步走过。学校面临危难之时，她挺身而出，承担责任，解决矛盾。面对一次次非议和委屈时，她闪烁的泪光后是无与伦比的坚强。

她深深地热爱着这个校园，不会遗漏桃李园中每一寸土地，也不会小视桃李园中每一棵小草。她总是那么细心和谦逊，如春风拂面。也许只是扶起摔倒的学生，只是给老师一句暖心的话，一个鼓励的眼神，一张平等的椅子，一封教师节的慰问信……这些也许简单，但都来自丁校长内心广博而深沉的爱。她像一棵大树，最震撼人心的是它的蓬勃奔放与热烈繁盛。她的身上时时透露着一种力量和气魄，时时充盈着对事业的浓烈的情感与不弃的执着。她更是一片森林，最吸引人的是它的沉静豁达与悠远厚载。对待师生如春日般和煦，对待事业如夏日般热情，内涵和胸怀如秋日般丰富，恪守原则如冬日般看似无情却有情。这，正是我心目中的好校长丁国君。"

从西五小学教师成长起来的，已经成为东岭小学校长的赵春淼，谈及对丁校长的评价时说：

"丁校长是一个不知疲倦、永无止境的跋涉者。在我的记忆中，她每天早上都是精神振作、神采奕奕。哪怕是前一天晚上加班研究工作到很晚，哪怕是连续一周学校工作都是那样的紧张与忙碌，哪怕是刚刚迎接完一个高规格的上级检查，她都不曾透露疲惫。日复一日，她留给大家的总是一个灿烂的微笑和挺拔的身姿。

她一步一个脚印，一年一个突破，拾级而上，永不停歇。前行的背后是她一贯的坚定与执着，是她自强不息的拼搏，是她对工作无尽的爱和全部的付出。每当我们沉浸在胜利的喜悦之中，享受忙碌后的清闲之时，丁校长却又开始了她的教育征途，带领西五人奔向更高的目标；她是一个锐意进取、知性创新的改革者。作为一名专家型校长，她把思考作为工作的常态，把改革创新作为前行的动力，成就了百年西五的辉煌；她是一个尽善尽美、永做最好的垂范者。

熟悉丁校长的人都知道，她思维敏锐、意识超前、态度严谨，她对教育的高度敏感和先知先觉，使她总能处于领先的位置，成就了事业的成功和学校的蓬勃；她是一个虚怀若谷、叫人感动的大爱者。如果说大海的怀里抱着天，成就了它的蔚蓝，那么，丁校长的心里装着整个西五，成就了她的博爱。

她爱西五，奉献了自己的青春和全部。从她踏回西五土地的那一刻起，就远离了节假日，放弃了休息。每天晚上校长室明亮的灯光成为学校一道亮丽的风景，每个节假日的校区走访查看成为她生活的一部分，每个寒暑假的学校建设和酝酿发展规划成为她学习的必修课。她为学校的发展殚精竭虑，贡献了所有的智慧和力量。"

从西五小学教师成长起来的中层主任刘博，在《谁为我插上了绿色的翅膀》一文中这样写道：

"丁校长是'满脑子智慧的校长'。大教育家陶行知是我的偶像，他的教育理论让我受益终身。同样，丁校长也是我的偶像，她虽然没能像陶行知先生那样做出什么轰轰烈烈的教育伟业来，但她把全部的心血都倾注在了西五小学的建设与发展上，她用青春与智慧，把我们西五小学不断发展、壮大。她一直是我学习的榜样，我为身边能有这样的好榜样而感到无比幸福。每次遇到难事，丁校长总会用她的智慧，让看似不简单的事情变得可以实行，甚至容易实施。当遇到困难的时候，她总是给我们很多鼓励。丁校长的智慧总是激励着我：不要做教书匠，而要用心去做一个聪明的'教育家'。

丁校长是'辛勤的校长'。每天清晨，校长室的门总是第一个打开；每天夜晚，校长室的门又总是最后一个关上。以前，我有些不理解校长：一天到晚都在忙，她到底忙些什么？她难道不知道累吗？直到有一次我看见丁校长由于腰椎间盘突出趴在校长室的沙发上还在工作的时候，我的心猛然间颤抖了，这哪是一个高高在上的一校之长啊，她分明就是一个充满慈爱的母亲，为了她的孩子们能茁壮成长，而日夜不停地操劳。我的眼睛湿润了。是啊，这份感动其实已经在心里很久很久了。看着丁校长每天忙碌、操劳的身影，我多想说一声：校长，您太累了，请您歇歇吧！

丁校长是'有人情味的校长'。在和丁校长的交流中，我常常感到一种精神在涌动，那是对教育的执着，对事业的爱恋。每年元旦她会给大家发温馨的小礼物，她希望给老师们一份惊喜和感动；教师节她连夜给每位老师进行'素描'，将老师们的'笑脸'偷偷放在办公桌上，第二天一早，大家都高兴极了，同时收到的还有满载幸福的感动。想到这么忙碌的丁校长如此细心，大家的心里都充满着感恩。是啊，有这么一位好校长，我们有什么理由不努力工作呢？其实，校长的这些举动都很平凡和朴实，但却充满浓浓的人情味。"

第(二)章

绿色教育发展轨迹

　　世上不缺少美，但缺少发现。二十年前，我们在深入研究"减负"的过程中，发现了教育具有"绿"的因素和本质特性。由"绿"引发的教育变革、教育创新，都已经成为今天的教育成果。今天，教育不仅步入了绿色时代，而且正向着绿色深度发展。我们站在大教育观的角度审视绿色教育，绿色教育应该是自然、平和的教育，应该是至真、至善、至美的教育，应该是具有人性光辉的教育，应该是每个教育工作者在教育的历程中超越自我、感动自我的教育。

　　绿色教育的发展轨迹，是"西五人"奋发向上、追求教育美好的轨迹，是百年西五文化提升的轨迹。我们骄傲！我们自豪！

西五小学的绿色教育所展现出来的"绿色风暴",从表面上看,这是校长以绿色教育办学理念,追求自己的教育理想;而从更深远的意义上看,这是校长带领西五人用他们的智慧和辛劳,用他们的热情和执着,探索教育的真谛,引领学校更好地发展。

从1999年学校管理方式的改革,到2001年绿色教育的提出,再到2011年绿色教育形成的文化体系,西五小学走过了艰苦奋斗的过程,走过了勇于开拓、大胆创新的过程,也走过了从"名不见经传"到抒写"西五品牌"百年辉煌校史的过程。

二十年过去了,西五小学在悄悄地发生着质的变化。在这个不断发展和完善的过程中,我和西五人共同经历了百年校庆的辉煌时刻,经历了学校规模不断扩大的发展过程。从为人之师,到为校之长,拼搏向上的轨迹是那么清晰,我坚信:无限风光在险峰。浏览自己的荣誉过往,都是一些被爱注册过的光芒。罗列是一种印证,同时也是一种最有效的警醒,让我把所有的痕迹收藏好,追寻自己新的人生使命。

一、绿色教育理念的提出

随着校长工作渐入佳境,绿色教育的开展也随之深入。在实施绿色教育的过程中,我发现不研究不探索,只一味地蛮干是不行的。在有强大理论支撑的同时,我们还需要进行深入的探索与研究。于是,我带领全校教师走上了可谓"一场革命"的绿色教育之路。

首先,我们对"教育"和"绿色教育"进行了深入的研究与定位。

古往今来,很多中外教育家、思想家以自己的思想观念,阐述了对"教育"的认识——

孔子：教育之道，"止于至善"。

鲁迅："教育是要立人"，儿童的教育是理解、指导和解放。

陶行知："生活即教育"，教育是培养有行为能力、思考能力和创造力的人。

蒙台梭利："教育就是激活生命、充实生命，协助孩子们用自己的力量生存下去，并帮助他们发展这种精神。"

这些，都说明了教育对人具有培育思想、促进成长的作用。

国际21世纪教育委员会向联合国教科文组织提交的教育研究报告说：教育是"保证人人享有他们为充分发挥自己的才能和尽可能牢牢掌握自己的命运而需要的思想、判断、情感和想象方面的自由"。

这又对现代教育提出了新的目标和要求。可见，在社会飞速发展的今天，教育已经在原有的属性中具有了深刻的时代意义。教育不仅仅是"在一定社会背景下发生的促使个体的社会化和社会个性化的实践活动"，还具有了更深远的社会功能："影响文化发展"。也就是说，教育不仅要传递文化，还要满足文化本身延续和更新的要求。绿色教育，就是在时代与社会需要文化研究与更新的改革发展中应运而生的产物。

1. 时代的要求

近代意义的大学体制建立起来以后，教育跟社会的关系，逐步产生了微妙的变化。由社会把生活经验、文化成果传授给未成年人，这只是教育的一个方面而不是全部，必须完成对于新的思想资源的开发，并把这种新的东西反馈给社会，给社会提供新鲜血液，促进未来社会的健康发展。教育，因此具有了更加深刻的含义，它不只是传承和规约的问题，同时还是创造的问题，不只是从社会那里接受资源的问题，同时还是反过来要给社会提供新资源的问题。教育理念的这一转变，不仅在教育史上意义重大，而且在人类文明史上也令世人瞩目。现代教育呼唤"创新""和谐"，时代需要生机勃勃、万象更新的教育。

社会的进步和发展需要高素质的人才，只有高素质的人才才能推动社会的发展与进步。随着全球一体化步伐的加速，随着我国经济的飞速发展、社会的进步，伴着风行全球的世界教育改革浪潮，我们需要的人才应该是全面发展的人、具有综合素质的人。因此，随着新一轮课程改革的深化与发展，教师转变了角色，更新了理念，努力营造宽松自由的学习环境。学生自主性得到充分发挥，个性得到充分彰显。"以学生为本，使教育在每一位学生身上得到最大的成功"，这是新一轮基础教育改革必须努力贯彻的一个重要的教育教学理念。

从素质教育的提出到现在，教育在面临着诸多实际问题和客观现状的同时，艰难地发展着，中小学生也在承载着太多的期望和压力中成长着。素质教育作为一种教育理想，虽然还未取得突破性进展，但是素质教育的思想还是牢牢地根植于我们头脑和意识之中，我们每个教育工作者都在为素质教育这一理想努力探索着、执着追求着。

2010 年 8 月，原国家教委副主任、中国教育学会顾问柳斌同志在"全国中小学校长论坛"上指出，我们应当勇敢地向自己提出具有挑战性的历史任务，"改造我们的教育"，把学生彻底解放出来，选取"适合学生的教育"，因材施教，循循善诱，把学生的个性差异作为丰富而重要的教育资源进行精心的研究和深入的解放。从柳斌的讲话中，我们体会到教育需要培养个性化人才，需要发展，需要和谐。这种和谐与发展就是我们绿色教育的基底。

2010 年 12 月，《中小学整体改革简报》刊登了北京市十一中学校长李希贵的文章《改造我们的学校》，提出建设新学校的行动研究，从开发校本课程去改造，从搭建自主选择、自主发展、创造自由呼吸的教育去改造，从把学校办成学生幸福的乐园去改造，从管理的本质是寻求合作去改造，从而实现优质学校向理想学校迈进。这个理想的学校，充分体现了行动、分享、成长，这种思维方式与行动研究都彰显着绿色教育的思想。

2011 年 4 月，人民教育家研究院副院长徐启建发表文章《办一所"我们"的学校》，提出校长要追寻和坚持自己的道路，让学校中的每一部分人都能将自己的主动性、创新性最大限度地发挥，让学校教育呈现出"千姿百态的创新景象"。这种景象就是绿色教育的核心目标。

2012 年 3 月，吉林省教育学院副院长、中国教育报驻吉林记者站副站长赵准胜在"绿色教育理论研究与实践探索"的座谈会上发表感言："绿色是教育之魂。真正的教育应该是绿色的，也必须是绿色的。这里的'绿色'是对教书育人的观念、方式方法、目标指向以及必须观照不断变化着的教育生态环境的哲学意义上的高度概括。因此，绿色教育的办学理念是教育探索的结晶，其中蕴含着对素质教育的提炼和升华、对童年生态危机的观照、对功利性教育的诘问……"这段话充分彰显了绿色教育的内涵。

2011 年，在"第二届全国教育改革与创新奖"颁奖大会上，河北唐山一中刘长锁校长说："一流的教育应该是'森林式'教育。森林为鸟儿葱茏了绿荫，涵养了水源，汇聚了营养，它为鸟儿准备好一切，包括必需的挫折和创伤。虽然比鸟笼更适合成长，但是森林仍不是鸟儿最后的天堂。注视鸟儿飞向更高更远更美的地方，森林就会永远守望鸟儿的幸福，放飞鸟儿的希望。"这种大爱的情怀与放飞希望的教育，也体现了绿色教育的价值取向。

清华大学老校长梅贻琦曾说：什么是教育？养鱼养水也。他说：学校犹水也，师生犹鱼也，其行动犹游泳也，大鱼前导，小鱼尾随，是从游也；从游既久，其濡染观摩之效，自不求而至，不为而成。

可见，教育不仅步入了绿色时代，而且正向着绿色深度发展。今天，我们站在大教育观的角度，审视绿色教育，绿色教育应该是自然、平和的教育，应该是至真、至善、至美的教育，应该是具有人性光辉的教育，应该是每个教育工作者在教育的历程中超越自我、感动自我的教育。

2."减负"的思考

过重的课业负担极大压抑了学生的思考、鉴赏、创造能力，导致学生厌学、厌师、厌校，师生不和谐，课堂不和谐，素质教育的实施仅仅就是教学的改革吗？

很多基础教育实践者都有这样的感悟：二十年前，新课程时代还没到来，刚刚初显成效的素质教育确实给课堂带来了新的变化，带来了教师教育观念的转变，但是在热热闹闹的教学改革背后，在学生五花八门的活动背后，学生到底有多少收获、多少发展？我们的教育价值何在？这些，都曾经引起我们的思考。教育需要改革，现代教育呼唤"绿色"，学生的成长需要"阳光"，学生需要新教师、新学校。

素质教育的要求是减轻中小学生过重的课业负担，促进中小学生身心健康、积极向上、尽快成长。二十世纪 90 年代后期，有很长一段时间，很多人认为"过重的课业负担是内容太多，知识量太大"。事实上，这些都不是"过重负担"的要害所在，"负担"在于四十分钟的课堂教学没有质量，学生失去"品味学习快乐"的机会，教师在课堂上扼制学生思维的"动态性"，极大地压抑了学生的思考、鉴赏和创造能力，导致学生厌学、厌师、厌校，师生不和谐，课堂不和谐，这是最大的负担。

前文曾提到一篇《一位初中生的日记》，日记用"暴风骤雨"和"炸药包"形象地揭示了教育的方式是"暴风骤雨"，接受教育的方式是暗中对抗。

教师教育方法的简单化，使学生思想品德的形成过程扭曲，品德的生成自然就失去了正确性和鲜活性。所以，课堂教学需要新理念，学校德育需要新理念，人才培养需要新理念。这一系列教育中需要的"新理念"，是我萌生绿色教育的基点之一。

3. "园丁"与"幼苗"的色彩

绿色代表着生机与活力，萌发着希望与神奇。学生就像绿色禾苗，他们的成长需要无污染的土壤环境，需要健康的营养内容，更需要高品位的园丁充满生机色彩的耕耘过程。

"绿色耕耘"，就是要使我们的教育拥有真正的生机与活力，就是让学生真正享受素质教育的快乐。特别是教师的"园丁"工作和学生的"幼苗"色彩，贴近"绿色耕耘"。

4. "关注每一位孩子发展"的理念

素质教育已经实施了三十几年，而我们的教育模式，几乎还停留在传统的传授与灌输上。全方位育人的教育功能还没有完全体现，学生的独特个性还难以发挥。除此之外，学生不说真话的现象有增无减，仁爱之心淡薄，规则意识弱化，厌学情绪更浓。广大家长也多了一份担心与忧虑：学校教育能否使孩子们得到健康、全面地发展？今天的教育结果是一代不如一代，还是一代更比一代强？《中共中央国务院关于进一步加强和改进未成年人思想道德建设的若干意见》明确指出：学校教育中重智育轻德育，重课堂教学轻社会实践的现象依然存在，全社会关心和支持未成年人思想道德建设的风气尚未形成……面对教育的种种失衡现象，我们学校组织教师进行了深刻的研讨，召开了"怎样真正减负""为学生设计教学"等合作论坛，还多次邀请专家进行学术引领。通过一系列的活动，教师们的表情沉默了、心情沉重了，感受到一个非常实际又十分严肃的课题摆在了面前：怎样培养孩子，怎样塑造人？大家认识到：我们不能再像以往"沉重"了一会儿又轻松，"沉默"了一会儿又欢歌，而应该把育人这份"沉甸甸"的责任担起来，成为心中永恒的分量。

西五小学是百年老校，丰富的底蕴、雄厚的师资，完全能够承担教育改革的重担。多年形成的办学特色，完全可以给学生创造自主学习、积极学习、自主发展的空间，完全可以实现让每个学生个性张扬和个体协调发展。这些，都是我们提出"绿色教育"的基础。

5. 校长的思想积淀

整整四十年的教育生涯，让我经历了从教师到校长的角色变化，让我走过了从抓好一个班级到带好一所学校的不同历程。在美好追求中，我真正体会到教育的伟大、神圣与光荣。

在1982年到2000年这十八年间，从当教师时的教学改革，到走上副校长、校长岗位的课堂教学的改革创新，从一个学科的单一研究到数学、体音美多个学科领域的探索，我实实在在地走过了从关爱学生，到"以人为本"的思想提升和实践探索的过程。这"关爱学生""以人为本"的教育思想，是我校提出"绿色教育"的一个重要前提和坚实基础。

德国哲学家雅斯贝尔斯认为："教育是人的灵魂的教育，而非理智知识的堆积。"如果教育不能触及人的灵魂，未能引起人的灵魂深处的变革，就很难称其为真正的教育。有灵魂的教育意味着追求无限广阔的精神生活，追求人类永恒的终极价值：真、善、美、公正、自由、希望和爱，以及建立彼此有关的信仰。这样的教育必然成为负载人类终极关怀的有信仰的教育，使教育者成为有灵魂有信仰的人。绿色教育基于这样的思想应运而生。

二、绿色教育内涵的解读

1. 绿色教育的理念与内涵

绿色教育，不是对"教育"二字简单地附加和修饰，是我们对素质教育的深入理解和执着践行。绿色教育既意味着对生命的敬畏和关爱，又意味着教育必须观照学生的终生发展，同时还意味着教育者必须具有高尚的人格和无私的情怀。

绿色是生命的标志，是和谐的标志。绿色教育的核心是关爱——关爱生命的质量，关爱人的全面发展。绿色教育的理想，是在所有学科教学中渗透和体现以下绿色理念：环保理念、人文理念，与周围世界包括环境、动物、植物和谐相处，共存共生的理念。我校实施的绿色教育的核心是关爱生命的质量，关爱人的全面发展。所以，绿色教育是生命的教育，是"以人为本"、健康、可持续发展的教育，是为学生一生奠基的教育，是爱的教育。

我们理想中的绿色教育，是"以人为本"，充满生机活力的教育，是可持续发展的教育。在实施绿色教育的过程中，我们把绿色管理作为主渠道，把构建绿色课堂作为突破口，处处营造自然、和谐、民主的氛围，努力达到育人的目的。绿色教育的关键是突出时代性、发展性；绿色教育的重点是传承文明，教书育人，把学习的主动权、发展权还给学生，使教育真正达到健康、无污染的境界。

总之，我校实施的绿色教育，是素质教育和新课程理念的具体体现，是集尝试教育、赏识教育、创新教育、信息技术教育于一体的"全新""全鲜""多元""高层次"的教育。

绿色教育是一种"全新"的教育。它体现了由知识本位向"以人为本"转变，由重知识传授向重学生成长转变。它要求我们用现代科学方式培养新型人才。

绿色教育是一种"全鲜"的教育。它充分体现了"为学生而设计教学"的理念，体现了由重信息单项交流向多项交流转变，由评价体系的重结果轻过程向重视过程与关注结果相统一转变，由重课程管理过于集中向增强课程对学生的适应性转变。它要求我们的教育符合时代要求，体现时代精神，人与时代相融合。

绿色教育是一种最具"多元"的教育。它创设激励学生学习的良好氛围，塑造促进学生发展的教师形象，建立促进学生发展的多元化评价体系，赏识学生的个性，以更宽阔的视野看待每一个学生，以各种方式促进儿童的全面发展，实现思维的多边互动。它要求我们的教育必须寓教于乐、寓教于生活、寓教于科学、寓教于未来的发展，培养适应社会发展的人。

绿色教育是现代教育中的"高层次"的教育。它重在建立和谐、平等、民主的师生关系，构建培养学生创新精神和实践能力的教学方式和学习方式，赋予课堂文化新的意蕴：在一种文化的分享和创造中愉快、从容地到达共同向往的目的地。它要求我们的教育必须建立在尊重人的基础上，培养人的阳光心理，促进人的和谐发展，使人的思想具有积极性、正能量和创造力。

绿色教育理念：关爱生命、注重发展、彰显内涵。

绿色教育内涵：以生命孵化生命，以品行影响品行，以博爱成就未来。

绿色教育的文化体系：绿色课堂、绿色德育、绿色文化、绿色管理。

绿色教育的育人模式：关爱生命质量与成长价值。

2. 绿色教育的本质特征

"绿色教育"具有阳光特质。绿色教育是爱的教育。校园的绿色教育以培养学生终身学习能力为目的，着眼于人的生命性、发展性，让每个孩子都成为校园最健康、最阳光、最快乐的人。

"绿色教育"追求可持续发展。绿色教育为学生一生奠基，其价值取向就是追求人的全面发展。对于学生的教育与发展不仅仅是要求知识的积累、观念的更新，更要求人的综合素质的培养和提高。可持续发展是绿色教育的核心，其人文价值重在强调与终身教育相结合，强调在不同阶段关注发展个人的意识、能力、态度与价值观，强调学会生存、学会生活和学会发展，强调人与自然、社会相和谐的人文价值。

"绿色教育"贯彻以人为本的思想。绿色教育的核心思想是以人为本，关注学生的个体差异，关注学生的全面发展，注重教育过程的民主与尊重、生态与和谐、健康与可持续发展。

"绿色教育"倡导"共存共生的理念"。绿色教育是生命的教育，是人文素养与自然、科学相融合的教育。它重在让学生感悟生命的价值，培养学生敬畏生命、热爱生命的情感；重在让学生树立绿色环保思想，学会与周围世界包括环境、动物、植物和谐相处、共存共生。

（1）绿色教育是素质教育的提炼与升华

素质教育产生于中国大地，成长于中国改革开放40多年来政治、经济、社会、教育发展的实践，是土生土长的中国本土的教育理论，是中国教育人在长期的理论和实践相结合的基础上创造的智慧结晶，是对中国教育丰富实践经验的高度概括和总结。

素质教育是以提高民族素质为宗旨的教育。它是依据《教育法》规定的国家教育方针，着眼于受教育者及社会长远发展的要求，以面向全体学生、全面提高学生基本素质为根本宗旨，以注重培养受教育者的态度、能力，促进他们在德智体美劳等方面生动、活泼、主动地发展为基本特征的教育。

发展素质教育，是新时代教育的战略任务、发展方向，也是新时代我国教育研究的重大课题和教育实践的时代命题。

◆ 2016 年，习近平总书记首次提出：素质教育是教育的核心。

◆ 2017 年，党的十九大报告首次提出"发展素质教育"。这是素质教育自提出以来新的重要论断，也是素质教育理论、实践和作用的空前提升，具有重大历史意义和现实意义。

◆ 2018 年，在全国教育大会上，习近平总书记第一次提出了"培养德智体美劳全面发展的社会主义建设者和接班人"的新要求，第一次提出了德智体美劳"五育并举"的人才培养的新思想。

◆ 2019 年，在学校思想政治理论课教师座谈会上，习近平总书记进一步提出"努力培养担当民族复兴大任的时代新人"的新任务。这一系列关于教育的重要论述是对素质教育理论内涵的新发展，是素质教育历史使命的新提升，是素质教育实现任务的新拓展……

无论我们如何强调素质教育的重要性，很多教育现象依然存在。例如，在教育对象上是面向少数人的"精英教育"；在教育内容上考什么就教什么；在课程结构上重"主科"轻"副科"；在学生负担上作业量大、考试频繁、复习资料泛滥；在师生关系上是管与被管、灌与被灌的关系；在教育方法上是学生被动地学习；在教学途径上是课堂和书本作为教学的唯一途径；在评价标准上简单以"考分论成败"。

然而，绿色教育在教育目的上强调人的全面发展；在教育对象上是促使每个学生充分发展的"全面教育"；在教育内容上是使受教育者在德、智、体、美、劳诸方面都得到发展；在课程结构上不仅平等对待所有课程，还注意开发校园文化等"隐性课程"；在学生负担上严格按教育教学规律办事，强调生动、活泼的学习；在师生关系上强调尊师爱生、平等交流；在教育方法上注重发展智力、培养能力；在教育途径上实行开放式的现代教育；在评价标准上确立社会实践的评价权威，淡化分数的警告、惩戒作用。在绿色教育理念下，学校逐步形成了"向日葵迎着朝阳成长"的学生文化和"太阳鸟向着太阳飞翔"的教师文化。

绿色教育在全面开启建设社会主义现代化国家新征程中，在我国教育迈入高质量发展的历史新起点上，牢牢把握"培养什么人、怎么培养人、为谁培养人"这个根本问题，全面贯彻新时代党的教育方针，努力培养能担当民族复兴大任的时代新人。一是把立德树人作为教育的根本任务；二是把实施素质教育作为教育改革发展的战略主题；三是把培养德智体美劳全面发展的社会主义事业建设和接班人作为崇高使命和责任；四是把服务国家重大发展战略作为重要任务；五是把建设高质量教师队伍放在突出位置；六是以教育评价改革为牵引，统筹推进育人方式、办学模式、管理体制、保障机制改革，为发展素质教育破除体制机制障碍。

绿色教育运用现代教育科研成果，优化教学内容，合理设置课程和课程标准，既重视基础课、必修课，又开设更多选修课供不同能力与志趣的学生自由选择；绿色教育切实解决课程和作业偏多、偏深、偏难的问题，真正减轻学生课业负担和学业压力，让学生有更多的时间参加体育锻炼、社会实践，发展个人兴趣爱好。绿色教育创新教学方式，注重启发式教育，激发学生的学习兴趣，培养学生创新的思维，教会学生如何学习，不仅学会书本的东西，更要学会书本以外的知识；绿色教育将教育和文化很好地结合起来，创造条件开设音乐、美术、文学等艺术课程，努力培养学生的审美情趣和艺术素养。

与素质教育相比，绿色教育这一概念更鲜明地凸显了教育的本质。因此可以说，绿色教育是素质教育的提炼与升华。

（2）绿色教育是对童年生态危机的观照

危机是成长中的潜在威胁，也是生命的磨砺。尼尔·波兹曼和大卫·帕金翰等学者论述、描绘的"童年的消逝""童年之死"现象在当下中国也正在露出端倪，不仅如此，中国还出现了自身特有的童年生态危机。"童年"生态的被异化是最为深刻的教育问题和社会问题之一，也是民族的危机所在。

例如，互联网时代下的人面临着看不见的危机。只要在网络连接状态下，人作为个体，每一个状态都被看不见的眼睛观察着，越来越多的缺少辨别能力的儿童被带入以手机、平板和电脑为媒介的互联网环境之中。尼尔·波兹曼在《消逝的童年》一书中指出，电视媒介的产生使得成人原本对知识占有的权威性被破坏，儿童对知识的学习不再仅仅只依靠成人，电视揭露一切秘密，儿童这一概念正在逐渐消逝……

大卫·帕金翰则说："我们再也不能让儿童回到童年的秘密花园里了……儿童溜入了广阔的成年人世界——一个充满了危险与机会的世界，在这个世界中电子媒体正在扮演着日益重要的角色。我们希望能够保护儿童免于接触这样的世界的年代是一去不复返了。我们必须有勇气准备让他们来对付这个世界，来理解这个世界，并且按照自身的特点积极地参与这个世界。"

学校教育是抵制童年生态被破坏的重要方式和手段，学校是可以按照幼苗成长的特点施以阳光和雨露的地方。走进西五小学校园，我们会看到学校的每一条走廊、每一面墙都装饰着师生自制的艺术作品，每个教室都养着各种花草、金鱼和小鸟……自然、生命和文化构成的绿色生态环境每时每刻都在传达着绿色教育的理念。

儿童的健康成长关系到祖国的前途和命运，只有不断地更新儿童观、教育观，才能进一步完善现有的教育观点，使之符合新时代对儿童的要求，才能保证我们的教育有效地促进儿童全面和谐的发展。绿色教育理念能够树立正确的儿童观，充分尊重、热爱儿童，通过教育活动激发儿童学习、实践的主动性、积极性、创造性，促使其走向自我教育、自我发展的良性循环，具有十分重要的意义。

绿色教育以尊重、理解儿童为前提，在教学活动中注重对儿童个性的保护和发挥。比如，在开展环境保护的活动中，从资料的搜集、环境的布置到活动的交流，我们给每位儿童充分表现的机会；我们把儿童看成是环境的主人，和他们一起商讨问题，不在布置环境的质量上做文章，只以使儿童的主观能动性得到发展为目的。

绿色教育为孩子们营造健康成长的"绿色生态"环境，在所有学科教学中渗透和体现环保理念、人文理念，以及与周围世界包括环境、动物、植物和谐共处，共存共生的理念。"绿色教育"办学理念倡导为孩子们进行"无污染"的教育，充分体现出具有深刻洞察力和前瞻力的教育者对童年生态的真诚观照。

（3）绿色教育是对功利性教育的诘问

教育的目的就是让学生从内心深处确立自信、自尊，然后自立。早在两千年之前，孔子和苏格拉底就认为，做一个道德完善的人比做一个有能力的人重要得多。但我们在审视现行教育的时候会发现，教育的意义已不复存在，教育已经成了一种工具，学校就好比是加工厂，学生们成了工厂加工出来的没有思想的生产机器。

　　马克思在《资本论》中指出："未来教育对所有已满一定年龄的儿童来说，就是生产劳动同智育和体育相结合，它不仅是提高社会生产的一种方法，而且是造就全面发展的人的唯一方法。"学者刘智运、胡德海认为，教育的本质是通过传承文化使个体社会化，并促进社会的发展和个体的全面发展。雅斯贝尔斯在《什么是教育》中也谈到，教育的过程是让受教育者在实践中自我练习，自我学习和自我成长。由此看来，教育功利化背离了教育的本质，过分追求效益的最大化和实用性，使得教育沦为利益追逐的工具。教育功利化给教育发展带来深刻的负面影响，使得教育目的、方法、内容、评价等在一定程度上偏离初衷，加速了"为发展可以不择手段"这种思维方式的泛滥。

　　近年来，习近平总书记多次强调，要克服教育的功利化、短视化问题。2018年9月，在全国教育大会上习近平总书记指出：现在，教育最突出的问题是中小学生太苦太累，办学中的一些做法太短视太功利，更严重的是大家都知道这种状况是不对的，但又在沿着这条路走，越陷越深，越深越陷。

　　日益严重的教育功利化、短视化行为，严重破坏了我国基础教育生态，已成为推进教育现代化、建设教育强国、办好人民满意教育、落实立德树人根本任务的最大障碍。建立良好教育生态，是中央"双减"改革的重要目标之一。加快解决教育的"功利化"和"短视化"，全面修复教育生态，保障亿万儿童的健康成长，是"国之大计、党之大计"。

　　绿色教育通过质量标准、实践探索推进教育高质量发展、学生全面发展，全面建立以育人标准为核心的学校内部质量保障制度。绿色教育围绕德育鲜明品格育人的导向，围绕智育深化课堂革命的抓手，围绕体育创新强身健体的举措，围绕美育注重人文素养的培育，围绕劳动教育强化奋斗精神的养成，构建绿色教育"生态化体系"。

　　绿色教育是狭隘的教育观念的清新剂，是对功利性教育的强力反诘。在绿色教育的理念下，绿色课堂、绿色德育、绿色文化、绿色管理构成了特有的西五校园文化。

　　通过对绿色教育的理解和实践，人们更容易透过教育活动看到教育的本质，更容易发现素质教育的重要性、紧迫性、复杂性，更容易冲破狭隘的功利主义教育观，回到人本主义的教育轨道。

三、绿色教育实现"百年西五"的卓越发展

在实施绿色教育的过程中，我真切地感受到：绿色教育成就了我钟爱的教育事业，成就了教师的专业发展，也成就了西五小学百年老校经久不衰的品牌价值。绿色教育从实施到现在，西五小学跨越了一个又一个台阶，实现了学校的卓越发展。

1. 构建集团化办学格局

在学校发展过程中，我经历了四个成长阶段。这四个成长阶段丰富了我的教育思想，也锻炼了我的能力，同时也考验了我的意志和毅力。

（1）第一发展阶段是建设西五小学实验幼儿园

2002年1月，在南关区人大会上，我向人大常委会递交了"整合教育资源，发展壮大名优学校"的提案，受到人大常委会的关注和重视。当时区里已经把六马路小学校址卖出去了，价格谈妥了，只是没签合同，对方没交钱。人大常委会将我的提案转交给政府落实时，我的提案受到区政府和区教育局的重视，经过区领导研究，最后决定把六马路小学校舍给我们西五小学用于创办幼儿园。当时风言风语很多，说什么的都有。有人说我很虚伪，尽想不切实际的事情。但是我知道，幼小衔接是最有发展前景的，优质教育也是家长渴望和幼儿需要的，因此，我亲自组织美术教师设计外墙图案。为了墙体画面真实，我们将图放大，完全按比例进行墙体彩绘。楼内设计也进行创新，一楼粉色，二楼蓝色，三楼绿色。为了保证工程质量，我和后勤同志亲自监工，有时工作到深夜11点多。

2002年暑期，是全校教师奋斗奉献的假期。从设计楼体彩画，到绘制透视墙，从设计地面图案到楼里校园文化，从空空的大楼到招收到第一个孩子，从打扫卫生到布置周围环境，从招聘幼师到招聘食堂工人，从设计招生画册到上街发传单，很多老师被盛夏的烈日晒黑了，手被磨破了，脚站肿了。8月1日，西五小学实验幼儿园在我们全校教师的期盼中成立了。我记得有一天晚上，老师把招生传单都发到我爱人手里了。当时我家住在七马路，我爱人说："我家有个大孩子在你们学校。"发传单的老师问是哪个班的学生，他说是老师。问是谁，他说叫丁国君。老师们笑着对我诉说这些，我们都觉得很开心。

10月12日幼儿园庆典这一天，天气特别奇特，至今让我记忆犹新。早晨，天一直阴沉着，一直下着雨。没办法，我们只得买了一些雨伞准备给剪彩的领导使用。庆典时间定在9：58。马上到时间了，我在大厅里把雨伞交给市教委朱再新主任，他接过去，走到门口后又折回来，把雨伞递给我说："雨停了！"当时大厅里一片欢呼，这时正好9：58。

当我和领导、来宾往外走时，天突然放晴了，太阳升起来了，彩虹也出来了，温暖的感觉洋溢在我们的脸上、身上和心里。当时我们的日本联谊校校长也亲自参加庆典，他说："西五小学一定会有龙有凤，而且龙凤祥舞。"在这一天，另一个标志性成功就是与日本友好校签订了友好交流协议，使西五小学的对外开放开始步入了新的阶段，为校际间、师生间的友好交流，奠定了坚实的基础。

（2）第二个发展阶段是建设西长校区

幼儿园的创办促进了学校经济效益和教育质量的双重丰收，西五小学的名声在社会上越来越响，家长满意度也越来越高。更多的家长为不能把孩子送到西五接受优良教育而发愁，因为当时，学校现有校舍已经容纳不下日益增加的求学者。家长难，作为校长的我，更难。我深知，安于现状就意味着落后不前，迎难而上又困难重重。可我天生就不是一个懂得安逸的人，面对难关，我萌生了创建"西五教育集团"的构想，为使这一梦想得以实现，我开始了上下求索之路。

经过多方奔走，我以西五的教育实力和我的人格魅力得到了区政府和区教育局的大力支持，于 2004 年 5 月接收了原西长春大街小学（现在的西五小学西长校区）。这时候，更多的人不理解我了。但是我清楚西五小学校舍现状，如果 2004 年不扩大规模，就有七个班没地方上课。在学校是否继续发展方面，我也思考了很久，班子也研究了很久。可以说我很累，两个校区的管理加大了我的工作量，甚至已经满负荷。但是西五小学的发展不能停止，我应该有一种创新思想，让西五小学再显特色。于是，我亲自组织教师设计、策划，每个角儿、每块地儿都经过了我的思考。

又是一个叫人难忘的暑假，我带领全校教师投入到西长校区的建设中，先后投资 150 万元对西长校区进行了 20 多项基本建设，仅仅用了两个月的时间，一座拥有现代化教学设施和幽雅环境的教学大楼伫立在人们眼前。就这样，我带领老师们演绎了又一个迷人的神话。

新校区建成了，可学生的迁移工作又成了难题。暑期过后，学校将有七个班迁移到西长校区。这件事给我带来了巨大的压力，无数个"怎么办"在大脑里交叉闪现。我非常理解家长因此而产生的不满，因为家长接送孩子的距离感早已在心里形成了习惯。但学校研究决定的合理化迁移方案又不能不执行，况且此次七个班迁移是关乎西五纵深发展的一件大事。最后，我决定采用"双线出击"的工作方法进行沟通和解决：学校做班主任工作，班主任做学生工作；在做家长工作时，我们采取"班主任·学生·家长·社会关系"四个关键点同时互动对接。

学校在采用"双线出击"方法进行家长安抚工作的同时，为获取家长最大的支持和理解，又召开了临时家长会。在此次家长会上，学校首先引领家长参观新校区，目的是让家长在认知上留存良性符号，然后给家长细致解读西五未来发展的规划和愿景，争取家长在短时间内对此次学生迁移给予理解和认可。

经过三天的努力沟通和对接，以及大多数学生家长最终的理解和支持，第四天这件事平息了，学校成功地迁移了。那一刻，我和我的老师们露出了自信和欣慰的笑容。

在西长校区建设和迁移的过程中，我校遭遇了一次意外交通事故，内外交困，让我疲惫不堪。但值得自豪的是全校教师自觉地分流行动，有的到医院护理、有的与当事家长倾谈、有的协助学校策划组织迁移……这段时间，成为我生命记忆中不可磨灭的痕迹，使我生成了很多思想，最大的财富就是在艰难困苦中，打造出一支具有很强凝聚力的优秀团队。想起这段往事，泪水总会模糊我的双眼。在学校两个校区的建设中，我的付出不夸张地说有无数的酸甜苦辣。

在2004年教师节大会上，我亲自向全校教师读《致危难之际，风雨同舟、患难与共的西五小学全体教职员工的感谢信》：

尊敬的××老师：

秋风送爽，秋花怒放。在这喜望收获的日子里，我们迎来了第二十八个教师节。在这盛大的节日里，我代表西五小学向您致以崇高的敬意和诚挚的祝福，祝您教师节快乐！

回顾西五小学的发展历程，学校的每一步发展都包含着您的心血，每一点变化都浸透着您的汗水。多少次大型活动中，您勇挑重担；多少次岗位竞赛中，您率先垂范；多少次迎检工作中，您甘愿奉献……您真诚的付出，换来了学校对您的信赖。

特别是在西五小学危难之际，您用实际行动谱写了爱生、爱校的光辉篇章。最难忘的是，困苦中我们互相鼓励，磨难中我们互相安慰。从您闪闪的泪光中，我感受到一股强大的力量；从您默默无语的行动中，我看到了一种永恒的支持。这，就是我们心系"西五"的最好见证。

由于我们风雨同舟、患难与共，使学校渡过了难关。至今我的眼前还闪现着您在孩子病床前忙碌的身影，我的耳边还回响着您在医院里慰藉家长的话语……您的爱心与行动给学校工作带来了转机，使学校逐渐走出困境。为此，感激之情无以言表。

"水千条，山万座，我们曾走过，每一次相逢和笑脸都彼此铭刻……"我们共同的经历和真挚的情感汇成了理想的歌，愿快乐与幸福伴您时时刻刻！

祝您节日快乐、万事如意、事业有成！

西五小学校长　丁国君

2004年9月8日

我刚读完，台下就响起了热烈而持久的掌声。这种感受，只有共同经历的人才能够理解和体会。

这些，已经过去，每当我想起来，总是有一种极苦极苦的滋味涌上心间。

我经历了别的校长没经历的事情，我获得了别的校长没获得的经验和教训。我总觉得有一首歌是唱给我听的，歌中有这样一句话："每一次都在徘徊孤单中前行，每一次就算受伤也不闪泪光，我知道我一直有双隐形的翅膀，带我飞，给我希望……"不管经历了多少艰难困苦，不管饱尝了多少酸甜苦辣，成功的喜悦，总是萦绕在我的心头，因为在学校跨越式发展的过程中，我体会到了自身的价值。

真的是这样，不管经历了多少艰难困苦，不管饱尝了多少酸甜苦辣，成功的喜悦，总是萦绕在我的心头。因为在学校阔越式发展的过程中，我体会到了自身价值。我相信，我们西五小学的绿色教育在广大教师的"栽培"下，一定会根深叶茂、花团锦簇。我们的绿教之行，永远在路上！

（3）第三个发展阶段是接收四十一中学

近年来，随着教育发展的势头，教育均衡问题引起了教育界乃至整个社会越来越多的关注。作为一所改制校，尤其是已具备一定教育基础，具有较强优势的学校，更应该为贫困校、薄弱校提供应有的帮助。在这一点上，作为一名校长，我必须走在前列。2007年，位于三马路的四十一中学校舍陈旧、教师紧缺、生源不足，全校上下不足百人，面临着解体的困境。为了保留一所老牌中学，并让其重现昔日的风采，教育局党委研究决定，让我兼任四十一中学校长。小学校长兼任中学校长，这在长春市甚至在全省都是罕见的。接受任命，就意味着多承担一份操劳和忙碌。然而，我不能退却。教育是我的事业，我应该以海纳百川的胸怀和一名优秀党员的坚韧接受这项任务。

这一年暑假叫人无法忘怀。我带病指挥大家进行四十一中学校区的建设，先后投入几十万元，使其旧貌换新颜。开学了，这里的学生误以为走错了学校，简直不敢相信自己的眼睛：教学大楼粉刷一新；平整时尚的操场上花团锦簇；绿树成荫；走廊内高雅、文明的校园文化；教学楼内新置的桌椅及电视、电脑等现代化的教学设备。新装备的实验室及微机室、多功能教学厅，让学生们瞠目结舌。

教育的公平不应只是条件的均衡，更应是达到教育质量的公平。环境的巨变带动了四十一中学师生的改变。每天在崭新的校园里读书、学习，学生们不自觉间规范了自己的言行，提升了心气，形成了良好的学习氛围。每次，我深入四十一中学校区查看时，师生都投以感激的目光和亲切的问候。我尽自己的所能为薄弱校带来了生机，为教育均衡发展作出了应有的贡献。

滴水渐累成沧海，拳石频移作泰山。在四个校区的发展中，一批教师成长了，一批教师发展了，一批教师成熟了，我自己评价：一支优秀团队建成了。至此，西五小学形成了以绿色教育为理念，以"和谐"为核心，幼儿校区"和谐发展"、主校区"和谐规范"、西长校区和中学校区"和谐自主"的氛围。此时，作为学校的办学理念，绿色教育已经深深扎根在每个西五人的心中。

（4）第四个发展阶段是组建西五大学区

2010年3月，由于教育形势的发展变化，改制校全部退回公办。教育局决定撤并四十一中学。为了避免造成不稳定倾向，我暗暗地做着各种安排和部署，亲自带领全校教师去吉林野外考察，去哈尔滨观赏冰灯，并录制成光碟发给大家留作纪念。为了平稳过渡，我与四十一中学波丽娟书记召开全校动员大会，讲清教育形势、教育发展和教育前景，使大家欣然接受，满怀热情地奔赴新的学校、新的岗位。

实际上，对于人的管理，我们是汇集了制度、情感、艺术的管理。美国一位著名的企业管理专家说："对于管理者来说，管人最易做到，但最难做好。"在一个校长三个校区（四个校区）的管理中，我们注重目标管理、制度约束，以人为本，使学校的有效管理转化成全校教职工进步和发展的"助跑器"。

为顺应教育均衡发展的需要，南关区教育局按学区划分，将我们西五小学与地理位置相对集中，但层次不同的六所学校组建成资源共享、交流合作、促进发展的教育共同体——西五大学区。以西五优质校为引领，各成员校积极参与，在办学理念、教学管理、队伍建设、资源开发等方面实行一体化管理，努力使各校在硬件、师资、管理、学生、校风等方面实现资源的流动与整合，以求真正实现学区内七所学校教育水平的共同飞跃。

虽然大学区是一个新生事物，但它也是教育在发展过程中的一个必然的历史产物。在促进教育均衡发展的今天，我们所说的大学区不是简单的几所学校的整合，而是在一定的地理空间范围内，以一所优质校为核心，将规模不同、师资不均、硬件配置有差异的几所学校以捆绑的形式，划分为一个公共教育的区域单元。这个区域单元既是一个教育管理的合作体，也是一个教科研活动的联盟体。在层次上，它处于"区"和"校"之间；在内容上，它处于"区内全部教育资源"和"校内单一教育资源"之间。

由于管理得当和全体大学区人的共同努力，我们西五大学区于2012年被评为"长春市先进大学区"。

（5）第五个发展阶段是政府任命"西五教育集团"

2019年3月，南关区教育党委决定将北大、兴盛、西五"三校融合"，实施一体化管理。这是促进教育走向优质均衡的有效途径。5月16日，"西五教育集团"正式成立，西五教育集团兴盛学校、北大学校授牌仪式隆重举行。三校发挥各自优势，增强团队凝聚力，努力构建集团化办学新模式。

2. 组建"全国'6+1'小学教育改革发展联盟"

2003年10月，我在北京师范大学参加国家级骨干校长培训班的培训。这次培训，不仅让我丰富了自己的理论知识，更让我获得了比这些理论知识更宝贵的财富——我结识了来自全国各地名校的校长。在与他们进行教育智慧的交流、教育思想的碰撞的时候，我们一起萌发了一个想法：以各自的学校为单位，组建一个教育联盟，进行教育、学术的交流，为自己学校教师的专业发展搭建更为广阔的平台。

于是，在北京师范大学校长培训学院、教育管理学院的支持下，"全国六省六校小学教育改革发展联盟"诞生了。起初，除西五小学外，联盟还有五所学校，分别是：四川大学附属小学、山西省实验小学、福建省福州实验小学、广东省深圳育才第一小学、江苏省泰州城东中心小学，后因宁夏银川第二十一小学的加入，联盟名称改为"全国'6+1'小学教育改革发展联盟"。每年，联盟都要举行一次研讨会，研讨会开展的教育教学和教研活动，推动了各校的发展，让广大教师有机会走出去，感受地域的文化和教育特色，从而丰富自己的教育教学经验，让多元化的教育风格在联盟校中落地、生根。

每年一届的研讨会各校轮流举办，主题明确，聚焦教育过程，注重细节研究。我校从2004年第一届开始就积极参与、积极准备、积极交流，分别派出有关学科教师参加。

2004年4月，在四川成都川大附属小学举行了第一届"全国六地六校小学教育改革与发展联盟"教学研讨会。我校参赛的语文课《王二小》、数学课《笔算加法》分别获得一等奖，得到了参会代表的高度评价。

2005年4月，在福建省福州实验小学举行了第二届"全国六地六校小学教育改革与发展联盟"教学研讨会。围绕本届研讨会的主题"构建和谐教育，创新课堂文化"，学校选送的语文课《闻官军收河南河北》、数学课《条形统计图》、美术课《彩墨游戏》，在课堂改革交流会上展示。同时在校长论坛上，副校长介绍了我校"实施绿色教育，使百年老校焕发勃勃生机"的经验做法。

2006年4月，我校教师一行6人，参加了在山西省实验小学举行的第三届"全国六地六校小学教育改革与发展联盟"教学研讨会。本次研讨会的主题为"学校教育追求与课堂教学改革"，校长在大会上做了《追求绿色教育，构建和谐校园》的专题汇报，参加会议的五位教师做了观摩课。语文课《放弃射门》、数学课《平移与旋转》、音乐课《跳圆舞曲的小猫咪》以及美术综合性分层大课《生活中的花》，在会议上进行了交流汇报，得到了一致好评。

2007年4月，在江苏省泰州市城东中心校举行了第四届"全国六地六校小学教育改革与发展联盟"教学研讨会。我校共参加了三个学科的教学汇报，分别是六年语文课《地震中的父与子》、二年数学课《认识角》、三年思品课《通信连着你我他》。在校长论坛中，副校长进行了"实施绿色教育，构建和谐的育人体系"专题报告，展示了我校绿色教育的研究成果。

2008年9月，第五届"全国六地六校小学教育改革与发展联盟"教学研讨会在西五小学举行。本次研讨会的主题为"追求和谐教育，创新课堂文化"。学校展示交流了六年语文课《一个中国孩子的呼声》、四年数学课《植树问题》、英语课《Colours》，在校长论坛中，校长的专题报告《构建黄金团队，赢之道》，引起了与会代表的强烈反响。

2009年4月，深圳育才一小举行了第六届"全国六地六校小学教育改革与发展联盟"教学研讨会。围绕研讨主题"以生为本，构建生动的课堂文化"，我校选送的语文课《桥》、英语课《Animals》，充分展示了我校绿色课堂取得的研究成果。一名教师在班主任经验论坛中进行了《倾听花开的声音》经验介绍，校长参加了主题论坛，得到了与会代表的认可。

2010年9月，宁夏银川二十一小举行了第七届"全国六地六校小学教育改革与发展联盟"教学研讨会，我校的数学课《图形的认识》、体育课《快速跑》，凸显了本次研讨会的主题"以生活化课堂助学生灵动发展"，得到了高度评价。一名语文教师参加了班主任论坛，进行了《做一个幸福的班主任》经验介绍。

与会教师参加了教师沙龙"做快乐的研究型教师",得到了锻炼和提高。

2011年9月,四川成都川大附属小学举行了第八届"全国'6+1'小学教育改革与发展联盟"教学研讨会。我校语文教师参加了同课异构教学《一枚金币》,英语教师参加了同课异构教学《Whose CDs》,取得了较好的课堂效果,也充分体现了研讨会的主题"教育,从儿童出发"的教育理念。在班主任论坛中,我校教师做了《守望绿色,等待春天》的经验介绍,得到了一致好评。与会教师还参加了教师沙龙"改变心智模式,做研究型教师",得到了启发和历练。

2012年9月,深圳育才一小举行了第九届"全国'6+1'小学教育改革与发展联盟"教学研讨会,主题是"教育,从儿童出发……"。研讨会上,我校体育教师的精彩展示博得了与会同仁的一致认可。就是在这届研讨会上,经过大家讨论,通过推行"国内顶岗访学"交流活动。这项活动的开展,让联盟校教师有了更为广阔的发展平台,为教师做了一件"大好事"。在第九届研讨会上,大家一致通过推行"国内顶岗访学"交流活动。

2012年12月,在大家的期盼中,第一批"全国'6+1'小学教育改革发展联盟""国内顶岗访学"交流活动拉开了帷幕。来到我校访学交流的教师有:宁夏银川市二十一小湖畔分校体育教师纳新虎、美术教师马荣,四川大学附属小学数学教师刘琳、赵君;与此同时,我校分别派出体育教师史鑫、美术教师孔照满,数学教师臧治、姚娜分别赴宁夏银川和四川成都进行"顶岗访学"交流活动。

一是来自不同地域、学校的教育思想,通过"国内顶岗访学"交流活动,碰撞出了耀眼的火花。老师们走进陌生的城市、陌生的校园,但他们并未感到孤独,因为当地学校对他们的热情款待,让他们有一种"到家"的感觉。以来西五小学交流的几位教师为例,刚来的第一个上午,他们就融入到了西五小学的工作当中。

二是接下来的几批"国内顶岗访学"交流活动也很成功。我校也将全面提升教育教学水准、全面实施素质教育,达到教学质量一流、教师团队均衡发展、设施建设精致先进、管理科学现代化的完美境界。

三是在每次的"国内顶岗访学"交流活动结束后,我们都要举行外出交流教师的合作论坛,事先老师们都做好充分的准备,把自己在异地的学习、考察经验与全校教师共同分享,取得了很好的效果。

2013 年 11 月，在江苏省泰州市城东中心校举行了第十届"全国'6+1'小学教育改革与发展联盟"教学研讨会。我带领西五大学区成员校校长参加了此次会议，让大家开阔了教育视野。我校美术教师和语文教师参加了课堂教学展示，班主任老师参加了班主任论坛交流，受到与会者的一致好评，他们说："西五大学区无论领导还是老师，都有一种积极向上、敢于争先的精神，这种精神让我们折服。"

2015 年 4 月，在福建省福州实验小学举行了第十一届全国"6+1"小学教育改革发展联盟研讨会。西五小学领导和教师一行 5 人参会。会上，西五小学美术名师孔照满展示了一节精彩的美术课，受到与会人员的高度好评；西五小学荆慧副校长参加了管理论坛，和与会同仁分享了西五的绿色教育管理经验，与全国教育同仁共勉。

2015 年 11 月，宁夏银川二十一小举行了第十二届"全国六地六校小学教育改革与发展联盟"教学研讨会。各级教育精英齐聚银川，就"教育，从儿童出发"这一主题进行了深入研讨。会上，进行了观摩课、论坛、校长沙龙等活动，让全国各地同仁享受了一顿丰盛的教育大餐。

2016 年 6 月，由长春市教育局、北京师范大学校长培训学院、全国"6+1"小学教育改革发展联盟主办，长春市南关区教育局及西五大学区承办的"长春市基础教育质量提升工程展示活动"暨"第十三届全国'6+1'小学教育改革发展联盟研讨会"在长春市西五小学召开。本届研讨活动，联盟校共推出 6 个学科、26 节观摩课，教师们独具匠心的教学设计、课堂上的灵动教学精彩纷呈，教师们还将电子书包与云计算进行深度融合，通过共享教育优质资源、相互交流探讨，缩短教学中存在的地域差异、取长补短，使"互联网+"成为一个新兴的传播载体和沉浸式教育平台。各学科专家和教研员的精彩点评，为教师们指明了今后努力的方向。我们相信，通过这样的地域文化交流，每位教师的教育教学水平都会有很大提升。

2016 年 10 月，西五大学区领导和西五小学部分教师赴湖南长沙砂子塘泰禹小学参加了主题为"和孩子们一起成长"的第十四届"全国'6+1'小学教育改革发展联盟研讨会"。本次活动由北京师范大学校长培训学院、全国"6+1"小学教育改革发展联盟主办，长沙市雨花区教育局、长沙市雨花区教育科学研究所承办，长沙市雨花区砂子塘泰禹小学、长沙市雨花区天华寄宿制小学协办，特邀北京师范大学校长培训学院陈锁明院长进行专题讲座，有来自成都、深圳、福州、泰州、银川、太原、长春、天津、玉溪、长沙、闽侯、杭州等十四所联盟学校 100 多位代表参会。

2017 年 4 月 25 日，西五大学区的领导和老师一行 12 人，同来自全国 12 个省市、15 所知名小学的 140 余名校长、教师代表会聚深圳，一同参加了"第十五届全国'6+1'小学教育改革发展联盟研讨会"。本次研讨会以"变革学习方式，落实学科素养"为主题，以"聚焦学生核心素养"为核心，研讨小学教育改革发展与创新之路。研讨会历时四天半，其规模之大、参加人员之多居各届研讨会之首。

2017 年 12 月 10 日，西五大学区的领导和老师一行 8 人，同 14 所联盟学校代表会聚杭州，参加了在杭州学军小学举行的"第十六届全国'6+1'小学教育改革发展联盟研讨会"。本次研讨会深度理解"教育，从儿童出发……"的内涵，解读联盟校特色发展的路径，将目光聚焦于"童心"。

2018 年 4 月 10 日，西五小学领导和教师一行 7 人，在校长的带领下，同 15 所全国联盟学校代表相聚云南省玉溪市，参加了在玉溪第一小学举办的第十七届"全国'6+1'小学教育改革发展联盟研讨会"。本次研讨会以"把儿童的世界还给儿童"为主题，把目光聚焦于"童心"。深度探讨理解教育，充分挖掘"教育，从儿童出发……"的内涵，解读各联盟校特色发展的路径。异地教育互相交流、取长补短，实现了教育资源的共享。

2018 年 9 月，西五大学区一行 17 人，参加了在太原市第四实验小学召开的第十八届"全国'6+1'小学教育改革发展联盟"研讨会。来自全国各个省市和地区的教育专家、各地小学校长、优秀教师等教育工作者参加了研讨会。此次研讨会紧扣"教育，从儿童出发——让每一个童年都多彩绽放"的教育主题，通过德育论坛、专家点评、课程论坛、课堂教学研讨、专家讲座等方式，探讨如何使我们的教育更适合每个儿童的发展需求，真正实现学生的全面成长、差异成长、个性化成长和可持续成长。

2019 年 4 月，西五大学区领导和教师一行 21 人，来到素有"有福之州"美誉的榕城——福州，与来自全国各省、市的 17 所联盟校，共同走进第十九届"全国'6+1'小学教育改革发展联盟"研讨会。本届"全国'6+1'小学教育改革发展联盟"把目光聚焦于"童心"。教育跳动着童心，才能显现教育的纯真，焕发生命的活力；教育跳动着童心，才能成就教育的民主，生长教育的理想；教育跳动着童心，才能有充满人性的课程，彰显课堂真实的力量！

2020 年 1 月，西五大学区领导和教师代表共同参加了在哈尔滨市继红小学举办的第二十届"全国'6+1'小学教育改革发展联盟"研讨会。相约北国冰城，大家共话教育的美好未来，共同为"教育，从儿童出发"这个永恒的主题添上了浓墨重彩的一笔。

3. 创建"中国绿色教育联盟"

2011 年，西五小学多年实施绿色教育的经验受到媒体的广泛关注，《中国教育报》《人民教育》先后进行了深度报道。同年，我获得"第二届全国教育改革创新优秀校长奖"，受邀出席"第二届全国教育改革创新论坛"，并做了关于"绿色教育"的主题演讲，受到与会专家的高度评价。时任《中国教育报（现代校长周刊）》主编徐启建主任说："丁国君是最先提出绿色教育并以此为办学理念的校长，长春西五小学作为龙头校，最好把国内以'绿色教育'为主要教育理念的学校联合起来，建立'中国绿色教育联盟'，共同实践，共同发展。"

（1）筹建工作苦尽甘来

绿色教育实施的过程中，我也一直有这样一个想法：待我们的绿色教育发展到一定阶段、取得一定成果时，举行一次全校范围的总结活动，把绿色教育自开展以来取得的成果进行梳理、总结。而徐主编的一席话给了我莫大的鼓舞。传播、推广绿色教育的经验，不能仅限于学校、省、市，而应该推向全国。这个想法更坚定了我带领全校教师办好绿色教育的决心。

2012 年 7 月，在中国教育报刊社有关领导的关心和支持下，"首届中国绿色教育论坛暨长春市西五小学绿色教育十周年总结大会"在我校胜利召开。这次大会取得了巨大成功，在教育界产生了强烈反响。

记忆的脚步又回到 2012 年的 1 月。为了筹办此次会议，我带领学校部分教师忙碌了整整一个寒假：拍摄西五小学绿教十年大型专题片《绿程如虹》、编写并出版绿色教育成果专著《为教育插上绿色之翼》、校本教材《绿色教育之奇葩竞放》、学生作品集《跃动的绿色音符》、教师作品集《绿色教研溢芬芳》、绿色教育十周年画册《力量之翼》……

寒假前，我还给全校教师每人发了一本质量很好的硬皮本和一套水彩笔及彩色铅笔，组织大家制作自己的"成长画册"，主要内容是教师个人自学校实施绿色教育这十年来的成长历程。带着我发的这些"礼物"，全校教师在整个假期都忙得不亦乐乎，大家如火如荼地创作自己的成长画册，这项工作极大地调动了老师们的积极性。大家努力收集自己以前的教育教学照片，上网查找素材并精心组织语言，每个人都在为自己的画册写着、画着，就连美术稍弱的教师也想出了自己的好办法：把图片先打印出来，然后借助台灯的透光，把图案描摹在画册上。不管使用何种方法，大家都在用心制作自己的画册。个人成长画册的制作，不仅勾起了老师们对自己教育生涯的美好回忆，更重要的是让他们懂得了怎样梳理自己过去取得的成绩，怎样以这些成绩为基础，创造更加辉煌的未来。在画册的制作过程中，我也听到了不少老师对我感谢的话，他们说："校长，谢谢您，是您给了我们回忆过去、展望未来的机会。"每每听到这些，我都感到心里特别温暖，老师们没有把我安排的工作当成负担，反而当成工作的动力，这让我欣慰的同时，也让我感到：离成功不远了。

整整一个寒假，大家都在为会议的召开而忙碌。我没听到过老师们的怨言，听到的是："校长，您太累了，歇会儿吧！"每当听到这些，我都有些许的惭愧，同时也为西五教师的工作热情和爱岗敬业的精神而感动。我想，我们的忙碌不只是为了会议的筹备，在准备的过程中，教师的水平提高了、凝聚力增强了，我也从中看到了西五的未来。因为从当校长的第一天起，我就深深地明白：学校的发展光靠我一人的努力是不行的，只有全体西五人共同努力，才能让学校进步、发展。

在编写《为教育插上绿色之翼》时，我幸运地得到了现任吉林省教育学院副院长、中国教育报驻吉林记者站副站长赵准胜教授的指导，并在他的引荐下，结识了吉林省教育学院林森教授、王会平教授、李长娟博士、戴军博士。我带领学校领导班子和部分老师与专家们座谈、研讨，虚心向他们学习，听取他们的意见和建议，并与他们交流绿色教育自开展以来取得的成果与今后发展的方向。通过几次和专家们的座谈与研讨，我们从他们那里得到了很多启发，他们对绿色教育的肯定与评价、意见与建议，真正为教育插上了绿色之翼。

专家们的肯定与指导，让我站在了更高的高度，也让绿色教育有了更厚重的底蕴。更有幸的是，就在书稿初成的时候，我把它拿给时任吉林省教育厅副厅长孙鹤娟，请她指教，她毫不犹豫地为这本书写了序言，题目是《对教育本质的追问》。

在整理书稿的过程中，我不知往返于学校和印刷厂多少次。一次次地修改、一次次地校对，每一个图形都精心修改、每一行文字都用心斟酌，以达到最佳的出版效果。记得在整理某段文字时，我和负责这部分书稿整理的老师意见不一致，让我高兴的是，那位老师没有因为我是校长就全盘肯定我的看法，他提出了自己的想法。经过一番激烈的讨论，最终他还是被我说服了。他说："校长，开始我以为我那样写很妥当，您这么一说，我觉得比我的想法更有道理，还是按您说的写吧。"在组稿的过程中还有很多类似的小插曲，有时由于我的疏忽出现一些小错误，老师们也毫不避讳地指出来，我也都虚心地接受。因为在学术面前，我不能做一个只顾面子的校长，我要做一个精益求精的老师。定稿那天，回头看看办公室窗台上几尺厚的稿件，我忽然有了很大的成就感。

两个月之后，当刚印刷出来的、还带着油墨香味的《为教育插上绿色之翼》送到我手上的时候，拿着这本沉甸甸的书，我的眼睛湿润了，泪水在我眼眶里打转，我就像抱着自己的孩子一样，把这本书捧在手心，一页一页翻看。每一页纸上，都浸满了西五人辛勤的汗水，这里记录的每一个故事都是我们实实在在的回忆。时隔不久，我们精心编写的校本教材《绿色教育之奇葩竞放》、绿色教育十周年画册《力量之翼》、学生作品集《跃动的绿色音符》、教师作品集《绿色教研溢芬芳》也相继出版。

寒假过后，一本本画册相继"出版"。当老师们把自己亲手设计的"个人成长画册"交到我手上的时候，我震惊了。因为以前我不曾想过，我们的老师竟有如此高的美术与文学天赋，每一本画册都让人眼前一亮，犹如崭新的印刷品，很难相信是老师们纯手工绘制的。有的图文并茂、有的色彩交融、有的清新舒畅……老、中、青教师们的画册各有特点：老教师的内容丰富、厚重；中年教师的略显沉稳、成熟；青年教师的带给人耳目一新的感觉。我把这些称之为西五人自己制作的"文化大餐"。

老教师李秀英的画册，让我看到了众多默默为西五奉献一辈子的老教师们的影子。没有色彩斑斓的图画，没有华丽的辞藻，有的只是那份踏实、那份坚守。一张张陈年的照片，有的已经泛黄，再配上些许柔美的线条，加之几段深情款款的文字的渲染，就像一坛陈年的老酒，那样醇厚、那样甘香。

看了中年教师王艳的画册，我感动不已。在西五小学工作二十余年，她把自己美好的青春献给了最钟爱的教育事业，从学校开展体音美分层教学，到现在的信息组长，她走过了漫长的教育之路。从她的画册中可以看出，西五就是她的家，只有把学校当成自己的家，才能在平凡的岗位上做出不平凡的工作。

青年教师刘博的画册，让我眼前一亮。我突然发现这个平时不善言辞的小伙子的内心世界是那么丰富。2004 年大学毕业后他就来到西五小学工作，他用自己参与绿色教育的亲身经历，向人们诉说着西五的变迁与发展。

翻阅着老师们的成长画册，我想，我一定要让老师们的这些最得意的作品得到最精彩的展示。于是，我立刻联系广告设计公司设计展架，我要让所有的人都看到西五老师们用心筑起的这段成长历"城"。当一本本"成长画册"摆上展架的时候，作为第一批参观者的全校教师都震惊了，这场面完全可用"壮观"二字形容。大家忙着去找自己的画册，忙着翻阅同事的画册，忙着给我提诸如画册怎样摆放更加合理的意见……

2011 年 11 月，我被评为"第二届全国教育改革创新优秀校长"，受邀赴北京领奖。就在这次会上结识了徐启建主编和中国教育报刊社副社长张新洲先生。当他们得知我要办这样一场绿色教育大会时，表现出极大的兴趣。徐启建主编说："绿色教育在中国教育界还是一个新生名词，不过现在已经有一些学校在搞绿色教育，只是没有西五小学搞得时间这么长、搞得这么好，如果在中国成立一个以绿色教育为主旨的教育协作体或者是教育联盟，那绿色教育的前景将会更加广阔，我们中国教育报刊社将给予全力支持。"徐主编的话说得我心潮澎湃，于是，一个名词在我心中回荡——"中国绿色教育联盟"。但是转念一想，我又有些动摇了，这会不会有些夸大其词？会不会遭到别人的耻笑或者反对？因为绿色教育虽然在西五小学取得了一定的成果，但毕竟我们还一直在探索的过程当中，毕竟官方还没有对绿色教育给予明确的定义，我的想法是不是有些不切实际？但是，我想要做的事没人能够阻拦，况且，我所做的不是为了我自己，我要为中国教育做点实事。

2012 年 6 月，我又一次赴北京向张新洲社长和徐启建主编请教。张社长的一席话，让我更坚定了办好绿色教育的决心，他说："绿色教育是一种全新的教育，它具有前瞻性和可发展性，如果将其推广开来，意义非凡，大有可推动中国教育发展之势。不过，如何进一步提炼和升华，怎样有效推广都需要下功夫……"

躺在从北京回长春的卧铺上，我彻夜未眠，疲倦、睡意都抛在脑后。想想自己带领老师们实施绿色教育的这十年，付出了多少艰辛的努力，遇到了多少常人无法想象的困难，取得了多少别人梦寐以求的成绩……脑海中就像电影回放一样，往事一幕幕浮现在眼前。已是深夜，我不能入睡，隔壁鼾声起伏，可我还是毫无睡意：绿色教育到底应该何去何从？十年磨炼，怎能轻言放弃，再难的路我也要走下去！

是啊，我都坚持十年了，怎么能在成绩初显的时候退缩呢？那几个字又一次浮现在我的脑海——中国绿色教育联盟。

于是，从第二天起，我就开始谋划，怎样组建这个联盟。我组织老师上网查找中国现在正在开展绿色教育的学校，了解学校情况，并和校长联系、沟通。我们查到的国内正在开展绿色教育的学校还真不少，江苏、河南、广东、北京、天津等省市和地区均有学校在开展绿色教育，但是有些学校开展绿色教育仅限绿色环保教育，和我们的绿色教育理念还有很大偏差，但我不放过每一个机会，我一一打电话与他们进行沟通。我想，我们的绿色教育联盟一定要建成。但是万事开头难，多数人接到我的电话，听了我的叙述之后满头雾水，有的校长一听要他们到长春参会，首先问我要收多少会费，我说我们这个会完全是免费参加的，他们竟然以为我是骗子，不相信会有这样的好事，没说几句话就把电话挂掉了。终于，有一天在给北京市大兴区瀛海二小常青校长打电话时，他表现出极大的兴趣，并进行了详细的询问，最后明确表示要加入绿色教育联盟。我心想终于找到志同道合的人了,那天甭提有多高兴了。

经过我们几天的努力,想要加入联盟的学校已经达到十余所, "中国绿色教育联盟"终于有了眉目。这时的我,才安稳地睡了一觉,安心地坐下来与家人吃了一顿久违的晚餐。更让我高兴的是,没过几天, "全国'6+1'小学教育改革发展联盟"中的四川大学附属小学余强校长得知我要组建"中国绿色教育联盟"时,特意打来电话,说: "丁校长,我们学校虽然没有实施绿色教育,但我们的教育理念和绿色教育也十分贴近,我也希望加入这个联盟,让咱们一起为中国的教育做点什么。"我欣然接受了余校长的申请,并为我们的联盟不断扩大而高兴。

第二天太阳升起,我们的会议筹备工作更加紧锣密鼓。俗话说,说起来容易做起来难。想要办一场全国范围内的大型会议并没有想象中那么容易。我组织学校领导班子和中层主任开会,征求大家的意见和建议,大家在一起共同商讨怎样才能让这次大会开得圆满成功。起草方案、设计会标、制作会议手册……大家分工明确,分头开展工作。有时候一个图形、一段文字的排版要改上几次乃至十几次才能定稿,我们的目的只有一个,让这次大会圆满成功。我们要把最精致、最精彩的东西呈献给与会来宾,让他们感悟到绿色教育不只是一个虚名,它有实质的精神内涵。

终于,经过大家的努力,一切准备工作就绪。在大家的期盼中,我们终于迎来了大会的报到日。来自全国各地绿色教育学校的参会代表五百余人相继来到美丽的长春。2012 年 7 月 8 日下午四时,徐启建主任来到长春,并带来另一位教育专家——天津市教科院基础教育研究所所长陈雨亭博士,当得知陈博士这次全程参会并给予指导的时候,我心里别提有多高兴了。因为我深知,有了专家们的指导,我们的绿色教育将会大放异彩。

专家就是专家,当徐启建主编问我既然要成立联盟,有没有联盟章程的时候,我一下子意识到我欠考虑了,但联盟就要在第二天的大会上成立,而眼前又有很多需要忙的事,我一下子有点无所适从了。看到我着急的样子,徐主编安慰我说: "丁校长,你去忙你的吧,章程的事交给我们。"此时此刻,我的心里除了感激还是感激,专家们那种为了教育不分你我、不求名利的敬业精神,让我着实感动。就这样,他们忙碌到凌晨三点,《中国绿色教育联盟章程》新鲜出炉了。《章程》共分三章十二条,规定"绿教联盟"的性质是在中国教育部指导下，在中国教育报刊社的倡议和组织下，由全国各地区具有"绿色教育"办学特色的学校按平等原则组建而成的联盟组织。各成员单位在理念生成、文化创建、组织机构管理、师资队伍建设、教育设施互助、课题研究成果、教育信息发布等方面，实现教育资源的互惠、优化和共享，以最大限度地发挥效益，促进"绿教联盟"教育质量的联动发展、滚动提升与和谐共赢。其宗旨是对话绿色教育办学理念，探索绿色教育价值内涵，分享绿色教育成功经验，鼎铸中国绿色教育品牌。通过加强校际合作，充分发挥群体优势、联盟效应和规模效应，整体提高学校办学品质，打造绿色教育名优品牌学校，并规定"绿教联盟"的活动准则是平等、合作、分享、共赢。

（2）成立大会振奋人心

2012 年 7 月 9 日，经过半年多精心筹备的"首届中国绿色教育论坛暨长春市西五小学绿色教育十周年总结大会"胜利召开。来自全国各地的教育同仁云集美丽的长春，满怀对绿色教育的追求，对话理念、交流思想、分享经验，共议具有时代意义的绿色教育。本届大会得到了中国教育报刊社、吉林省教育厅、吉林省教育学院、长春市教育局等有关部门的大力支持与帮助。

长春市委副书记郑文芝、吉林省教育厅副厅长孙鹤娟、南关区政府区长杨大勇、吉林省教育学院院长张德利、中国教育报刊社副社长张新洲、中国教育报刊社主编徐启建、长春市政府秘书长卢福建、长春市教育局副局长梁国超、南关区人大常委会主任范传真、南关区政协主席华岳、南关区政府副区长袁继业等各级领导莅临了本次大会。天津市教科院基教研究所所长陈雨亭博士的全程参会和专业引领更为大会的胜利召开提供了有力的保障。

7 月 9 日上午，我早早来到了会场，准备迎接各地来宾的光临。在会场外，我们设置了图书赠阅台，我们出版的各种书籍一经摆台，便被抢阅一空。负责发书的老师对我说："丁校长，我们从来没见过哪本书这么受欢迎。"是啊，我和我的老师们的努力终究没有白费，我要让更多的人看到我们的绿色教育成果，因为我觉得绿色教育并不是我自己的，它是属于整个教育界的。

领导、嘉宾相继来到会场，松苑宾馆会议厅座无虚席。在全场热烈的掌声当中，会议开始了。在长春市南关区教育局党委副书记耿伟民隆重介绍与会领导及嘉宾后，大家共同观看了记录西五小学绿色教育十年艰辛奋斗历程的大型纪录片《绿程如虹》。说心里话，我是含着泪看完这 15 分钟的纪录片的。

我相信，同我一样，在场的很多西五人也是含着泪水看完的，因为我们共同走过的这条路，实在太不容易了。在这个充满收获的时刻，有谁会不为之感动？有谁会不为之动容？此时此刻，大家心里都会重复那句被西五人认为是真理的话：西五光荣我光荣，我为西五争光荣。

会议开幕式上，长春市南关区人民政府副区长袁继业先生向大会致辞，欢迎远道而来的教育界同仁，共聚长春，共话绿色教育。长春市南关区人民政府区长杨大勇先生宣布"中国绿色教育联盟"正式成立，长春市委副书记郑文芝女士、吉林省教育厅副厅长孙鹤娟女士为"中国绿色教育联盟"揭牌，所有到会领导为"中国绿色教育联盟创始校"颁发牌匾。走上台那一刻，就连我自己都难以相信，我的脚步竟然那么沉稳，我接过牌匾的双手竟然那么有力。站在中国绿色教育联盟创始校代表的正中间，我如梦初醒——我真的成功了！

长春市教育局副局长梁国超的讲话，对西五小学绿色教育十周年取得的成果给予了高度评价。他说："本届大会，以'对话、交流、分享、共赢'为主题，来自全国各地研究绿色教育的学校走到一起，携手共建'中国绿色教育联盟'，集众人之智，举联盟之力，共同开创中国教育美好的明天。这是一次具有时代意义的教育结盟和学术研讨，在对话与交流中，绿色教育的理念会更加深入；在碰撞与交融中，绿色教育的内涵会更加深刻；在分享与整合中，绿色教育的成果会更加丰厚，为与会者带来全新的思想冲击和智慧启迪，带来全新的教育视野和教育理解，为今后的教育教学改革指明了方向。"

接着，"中国绿色教育联盟"成员校校长、广东深圳育才四小校长崔学鸿宣读了《中国绿色教育联盟宣言》，"中国绿色教育联盟创始校"代表进行了大会宣誓。最后，吉林省教育厅副厅长孙鹤娟做了重要讲话，她在讲话中说："历经十年的艰辛探索，西五小学绿色教育所展现出来的'绿色风暴'不禁让我们赞叹。这是丁国君校长带领西五人用自己的智慧和辛劳，用自己的热情和执着，在探索教育的真谛，践行着触及每个学生灵魂的教育。他们用实际行动来证明'绿色'是教育之魂，真正的教育应该是'绿色'的。"孙厅长的讲话为"绿色教育联盟"的发展指明了方向。

会上，我对西五小学绿色教育十周年做了经验总结，全面回顾了西五小学绿色教育十周年的辉煌历程。十年磨一剑，我的报告站在对教育理解与追求的高度上，全面、深刻阐述了西五绿色教育理念的提出、内涵的深化、特色的发展以及品牌的形成。再现了西五绿色教育十年艰辛拼搏的历程，为大会提供了可借鉴的成功经验和研究的范例。

（3）校长论坛大放异彩

第二天上午，全国校长高峰论坛在西五小学主校区多功能厅举行，来自江苏、广东、河南的三位校长的精彩发言，赢得了与会者的一致好评。

江苏无锡新安实验小学邹静宇校长在论坛的结尾这样说："理想产生激情，理想产生诗意，理想产生机智，理想产生活力，理想产生恒心。我们在不理想的现实中，更需要我们坚守理想，在坚守理想中收获奇迹。在激情的追寻中、在诗意的创设中、在机智的前行中、在活力的探索中、在恒久的坚持中让校园焕发绿色的生机、让环境放射人文的光芒、让课程充满生命的活力，这是'新小'全体教育人永远的绿色教育理想追求。"

广东深圳育才四小崔学鸿校长对绿色教育有这样的阐述："如果说生态教育关注的是环境的可持续发展，那么绿色教育关注的是人的可持续发展。为了推进绿色教育、促进人的可持续发展，我们应该树立绿色的学生观，把学生当作实践的人、社会的人、有独立意识和创新能力的人；树立绿色的质量观，把促进人的全面发展、适应社会需要作为衡量教育质量的根本标准；树立绿色的发展观，转变教育发展方式，改革教育教学形式，促进教育内涵发展。教育绿色发展的关键是践行科学发展观，迅速转变发展方式，实行中国教育的战略转型，构建'环境友好型'的教育和谐、创造'资源节约型'的教育高效，以实现中国教育和谐、高效、可持续的绿色发展。"

河南濮阳实验小学实施的适度教育，李慧军校长在论坛中这样向大家阐述："适度教育绿色育人系统促进了教师群体的专业化成长，研究能力普遍提高；促进了学生健康成长、全面发展、学有特长、个性张扬，是孩子们喜欢的教育，是老师们乐于实践的教育；促进了学校的内涵发展、快速发展，成为学校的办学特色。适度教育的魅力在于平实，在于对教育本真的追求，尊重孩子的天性，营造适宜成长的空间，随着研究的不断深入，适度教育一定会给孩子、家长带来新的惊喜，促使未成年人思想道德建设工作取得新的更大的成就！"

下午，来自全国8省市绿色教育联盟校的骨干教师上了9节绿色课堂教学观摩课。体现绿色课堂以人为本的语文课、创新智慧的数学课、开放教育的英语课，获得了与会代表们的高度评价。

十年绿教，绿程如虹；十年探索，喜结硕果；十载跨越，铸就品牌。"中国绿色教育联盟"的成立，为中国教育改革的先行者们搭建了教育合作与交流的发展平台！

（4）"中国绿色教育联盟"活动

2014年6月14—16日，中国绿色教育联盟第二届年会在深圳育才教育集团第四小学召开。当我漫步在育才四小的长廊中，看着校园中郁郁葱葱的树木，不禁想：绿色教育从2001年3月开始提出，弹指一挥间，二十一年过去了。二十一年的探索实践，丰富了我的教育经验，灵动了我的教育思想，绿色教育是对孩子们启蒙的教育，是为孩子们领航的教育，同时也是培养能力的教育，即独立思考能力、独立作为能力、独立学习能力、团结协作能力、同甘共苦能力、领袖本色能力的教育。让学生们在这自然的熏陶中，体验绿色、感受心理、亲近自然、劳动创造。让每个孩子在"绿色教育"培植的、促进儿童成长的"适宜气候"和"快乐土壤"中快乐成长！

作为中国绿色教育创始人，我在第二届年会"校长高峰论坛"上的发言得到与会人员的高度赞扬；李海军副校长在年会上做了校长经验交流，与异地校长们共话教育；姚娜老师的数学课《搭配问题中的学问》上得非常精彩，赢得了热烈的掌声。

　　本次年会作为"中国绿色教育联盟"第二届年会，开得很成功。我们看到，绿色教育的发展前景是十分光明的。

　　绿色教育的发展轨迹，是"西五人"奋发向上、追求教育美好的轨迹，是百年西五文化提升的轨迹。我们骄傲！我们自豪！

第三章

润泽生命的绿色德育

　　绿色德育，是对生命本体原生态的关爱和对高尚道德行为的积极唤醒，是一种以人为本、以爱育爱的教育。把德育纳入绿色教育，就是要树立起一种崭新且可以持续发展的自然观、道德观、生存发展观，使德育具有蓬勃向上的生命力。绿色德育遵循"教育的真谛在于培养人的价值"这一核心理念，不仅注重培植学生爱学习、爱劳动、爱生活的自主实践和创生梦想的能力，还注重培植学生爱祖国、爱家乡、爱人民的社会主义情感，使德育成为孩子们成长的履历。

　　绿色德育，追求真善美，探索生命的意义，实现自我超越的价值。绿色德育，给予学生"生命拔节的力量"！

一、破解难题，绿色德育应运而生

21世纪之初，《中共中央国务院关于进一步加强和改进未成年人思想道德建设的若干意见》中明确指出："学校教育重智育轻德育、重教学轻社会实践的现象依然存在，全社会关心和支持未成年人思想道德建设的风气尚未形成……"面对当时教育发展中出现的种种失衡问题，我们针对本校实际对未成年人思想道德建设工作进行了深刻的思考和剖析。通过对教师、学生、家长的问卷调查，我们发现，当前未成年人思想道德建设中凸现一系列实际问题：

一是推崇文明美德，但知易行难。未成年人虽已具备一定的明辨是非能力和社会公德意识，口头与行动却难以保持一致。他们自我约束能力较弱，现实主义倾向明显，国家大事关注不够。61.2%的学生表示基本不会去了解国内外大事，课外阅读平均每天能达到一小时的仅占9.1%，节约观念薄弱，攀比意识浓重。

二是家庭教育不得法，互动、互信不够。31.3%的家长表示在教育孩子上想做好但不得法。33.8%的家长认为，孩子最好的发展方式就是一切听从父母安排，家长忽视劳动锻炼，以身作则的观念有待加强。20.7%的家长认为孩子只要学习好即可，没必要安排家务劳动。41.6%的家长表示在发生争吵时不会回避孩子，甚至会迁怒于孩子。

三是分数评价体系仍然作祟，课业负担依旧繁重。分数是学生的命根，65.7%的学生双休日时间主要用于学习和参加各类补习班。

四是社会环境欠佳，消极文化影响较大。社会上开设的网吧、电子游戏厅数量较多，虽基本能做到按照国家标准经营，但逢暑期等长假未成年人出入现象仍有所增多。未成年人思想道德教育中出现的问题，既是学校的问题，也是家长、社会的问题，究其原因是各方面因素综合作用的结果。

首先，市场经济时代带来的负面影响。道德领域诚信缺失，冲击了占主导地位的传统价值观。利润与效益的强调，逐步灌输给未成年人追求个人利益最大化的功利倾向，催化着他们利己主义、享乐主义思想的萌芽与膨胀。其次，升学的指挥效应远大于素质教育、德育的号召力。择校的压力从根本上决定了"重成绩、轻德育"的导向，作为决定未成年人及其家庭的前途命运的重要因素，学校、家长不得不把学习成绩看得格外重要。而且半数以上的家长认为家庭背景对未成年人的成长影响最大。对于未成年人的思想道德教育，学校、家长、社会各为一套、无法形成合力，有时甚至学校号召一套，家长自己做一套，社会呈现的又是另一套，教育口径不统一，价值导向模糊。除此之外，我们发现，文化市场复杂，真正适合未成年人阅读的知识性、趣味性、娱乐性、教育性相融合的优秀作品短缺，可供未成年人使用的公共资源不足，活动阵地严重缺乏，图书馆、科技馆、青少年活动中心尚未成为青少年精神文化引领主阵地。

基于这些思考，我提出了"以人为本、关注每一个学生生命发展价值的绿色德育"教育理念，赋予了学校新的办学思想，重新定位了学校的发展目标。它既是我校实施绿色教育的创新之举，更是加强理解和落实未成年人思想道德建设的重点工程。

1. 绿色德育内涵

"绿色德育"，是强调关注每个孩子生命成长价值的多维生态教育。它不是简单意义上的生态环境教育，而是在德育工作中融入"关爱生命·注重发展·彰显内涵"的绿色教育理念。即教育者从人与自然、人与人之间相互依存、和谐相处的生态道德观点出发，引导学生为人类的长远利益，创造更健康更理想的生存、交往环境，形成与社会发展相适应的道德文明行为习惯，进而感悟人与人之间文明交往、友好协助、相互关爱的高尚道德境界。它是一种旨在从自身和社会需要出发，对生命本体的原生态关爱和对高尚道德行为的积极唤醒，是一种以人为本、以爱育爱的教育，让学生在思想上树立起一种持续生长的自然观、人生观、道德观和生存发展观的道德教育活动。

我们探讨并实施的绿色德育主要由课程教育、生命教育、环境教育三方面内容构成。

课程教育：即贯彻以人为本、观照生命发展全程的绿色德育理念，树立以学生的全面发展作为课程依据的课程价值观，积极探索一种科学、规范并彰显绿色教育内涵的绿色德育课程体系，使德育主体认同并乐于实践。教学内容应涵盖心理健康、思想教育、道德品质、法纪安全、环境知识等内容，从课程目标的设定上，注重对学生进行正确的世界观、人生观、价值观的教育。还要重视非德育课程的教育，在智育、体育、美育、劳动教育等教育内容中，注意培养学生的实践能力、创新能力、心理调适能力和科学求实精神，变单一课程为立体课程，使绿色德育理念渗透到各个教学环节。

生命教育：即绿色德育是关爱生命的教育，要以生活为根，不断创造、生成可持续发展的生命价值形态。生活是人的生命存在形式，是生命的亲历和体验，是理想对现实的不断超越，是一个永无止境的价值增长过程。绿色德育旨在追求生活中的真、善、美和幸福感，探寻生命的意义，探索生命的内涵。同时，为了生命的发展，只有直面生活的问题和困惑，才能实现超越自然的生命价值。生命教育的内容应是丰富多彩且易于让学生接受的。培养积极向上的人生态度，需要生活的积淀。日常生活习惯、文明礼仪、行为规范、生命与健康、生命与安全的关系、人与人的和谐相处、人与人之间的情感交流构成了生命教育的丰富内涵。

环境教育：即作为一种相较于微观的学校德育环境而言的个体道德发展的外在条件。我们探索的学校环境教育主要体现在三个方面：

一是健康的物质环境。学校物质环境作为校园活动的产物，与学生的学习、生活密切相关，会对学生产生潜移默化的影响。我们应以人为本，建设焕发生机与活力的绿色生态校园，形成人与自然协调、和谐的物质环境。

二是生态制度环境。我校致力于创设的各项规章是基于生态理念下的学校制度，是以科学教育观为指导，学校依法民主管理，能够促进学生、教职工、学校及学校所在社区的协调和可持续发展的一套完整的制度体系，是学校文化的重要内容，是绿色德育发展的重要环境条件，将对学生的思想行为起着深远的影响。

三是绿色校园文化环境。校园是一个相对独立的亚文化社会，校园文化反映了学校师生所共有的行为方式、共同的信仰及价值观。"绿色德育"体系倡导自然、和谐的人与自然及人际关系，主要体现在学校传统、校风与学风、教师行为与价值观等方面，是学校精神文化的象征。

绿色德育理念的有效贯彻，必须从课程、生命、环境多方面入手，以情感为基础，以文化为纽带，以人的全面发展为目标，充分发挥教师与学生的主体作用，整合校园、家庭、社会的德育力量，这样才能切实增强绿色德育的实效。只有将绿色德育理念渗透学生生活的各个方面，方能引起共鸣，创造出人才成长的环境。只有让学生拥有一个绿色的精神空间，才会令社会发展更趋向祥和、稳定、和谐。

我们深知，只有起于生命、达于精神的德育行为才富有生命与活力。把德育纳入绿色教育，变成孩子成长的履历，浸润孩子的生命过程，丰富孩子的精神世界，德育才有蓬勃向上的生命力。因此，在绿色德育理念形成的基础上，着眼于关爱每一名学生生命力的可持续发展，我们科学谋划，制定了三个阶段的三年规划。

2. 绿色德育管理机制

只有加强队伍建设，才能真正做到全员育人。为实现绿色德育目标，学校逐步完善了校内的德育管理网络格局。围绕学校的工作计划，根据德育工作的目标、内容、实施途径，建立、健全了岗位责任制，形成了齐抓共管的教育合力。

首先，学校形成了全方位多渠道的绿色德育管理网络。

纵向：校长——主管副校长——政教处——年级组——班级——学生，逐级逐层管理；横向：家长委员会——家长志愿者——家长——学生，由点到面逐人落实。我们不断完善班主任分值量化评比细则，采用定量与定性相结合的方法，力求科学规范考核班主任工作，并定期公布考核结果。德育工作的日常管理由德育副校长及政教处负责，操作层面由值周教师、各班选拔出来的"校园文明礼仪小督查"监督具体执行。班级的纪律、卫生管理以及学生面貌、文明礼仪全部纳入教师的量化考核之中。

其次，我们加强了德育工作"五个管理"，实现了"五个飞跃"，全面提高了德育队伍综合素质。

西五小学在探索实施绿色德育的过程中，完善德育制度管理，实现了规范操作的飞跃；加强学科德育渗透管理，实现了德育实效的飞跃；加强科研学习管理，实现了德育校本案例研究的飞跃；加强德育队伍培训管理，实现了教师自我反思的飞跃；加强教师师德行为管理，实现了自我约束的飞跃。学校还通过开展典型带动、定期培训、制度管理、活动提升等方式，使老师能从本职出发，廉洁自律、锻造品格，自觉把忠诚事业、关爱学生作为工作信条。

在队伍建设中，学校重点抓好班主任队伍建设，构建了班主任队伍科学管理的机制，抓住"选拔、培训、激励"这三个环节，定期组织学习，不断提高班主任的整体素质。通过组织专题讲座、师德研讨及实践论坛等形式，以切身体会的交流，努力提高班主任育人素质。如围绕"学会关爱、学会负责、学会做人"这个主题，要求班主任首先要充分意识到自己作为一名班主任的重要性，应先做到"学会关爱"，关爱自己的学生，与人为善，团结协作；"学会负责"，教师不仅要对自己的事业负责，还要对学生的未来负责；"学会做人"，教师要做到为人师表，以自己的人格魅力去教育学生，让每一位学生努力做一个健全的人。

为了在教育教学活动中，培植一种新型的、平等的、和谐的师生关系，我们在学生和家长中开展了"我心中的园丁"问卷调查活动，题目包括"你希望老师讲课时使用什么样的语言？""当你犯错误时，希望教师采取什么态度？""你希望教师和学生之间的关系是什么样的？"等内容，其中有96.7%的学生、家长希望老师讲课的语言准确、规范、生动，有96.1%的学生、家长希望老师在学生犯错误时能耐心诱导，希望师生间的关系是和谐、民主、平等的。通过这样的问卷调查，学校了解了学生的心理和家长的心态，掌握了基本情况，获取了充分的信息，为加强师德工作提供了第一手材料。

完善的机制是加强班主任队伍管理行之有效的重要手段，是班主任队伍管理工作有序、有效进行的保障。我们的做法是：

一是完善评聘机制，实现良性竞争。班主任是学校的第一生产力，是学校的形象和品牌，所以严把班主任的选拔和聘用关是至关重要的。我们采取双向选择的办法，在教师自愿申报的基础上由学校选聘。学校把责任心作为选择班主任的第一条件，另外兼顾思想素质、业务水平和奉献精神，使最优秀的教师走上班主任岗位，保证各项工作高效地开展。

二是建立评价机制，发挥导向激励作用。在"激励"中我们始终坚持内在激励和外在激励相结合，物质激励与精神激励相结合的原则，在教师奖励、评优、职称评定等方面均向一线班主任倾斜，一定程度上调动了班主任工作的积极性。学校坚持实施班主任月考核评估，不断完善班主任考评细则，使班主任考评趋于科学化。通过各种考核，加强了班主任的岗位责任意识，保证了学校各项工作的有序开展。

三是建立梯次培养机制，学校在班主任成长规划上形成了体系。在每位班主任自身制定成长规划的基础上，根据每位班主任的"最近发展区"，为他们量身打造发展方案，制定班主任培养目标。结合班主任的年龄特点、实践经验，进行分层次培养。我们先后培养了长春市优秀班主任 15 人、长春市师德标兵 5 人、南关区优秀班主任 30 余名。这些优秀班主任活跃在我校教育教学第一线，她们爱岗敬业、师德高尚、勤于钻研、甘于奉献、以身育人，成为西五小学践行绿色德育理念大军中一道亮丽的风景线。

在班主任队伍的可持续发展方面，我们还把强化培训作为打造高水平班主任队伍的一项重要举措，并持之以恒地坚持下来，形成了"注重基础、注重层次、注重实践、注重实效"的培训模式。

3. 绿色德育的实效性

学科内容是载体，德育如糖溶于水，变成糖水流入学生的心田。正如爱因斯坦说过的那样："无论多么好的食物，强迫吃下去是不行的。"因此，在教学过程中必须有机地结合教学内容，自然而适度地开展教育活动。所谓"德育无处不在"，是就各种学科整体而言的，并不是要求在每一个章节、每一个具体内容上都要扯上几句思想教育的话，更不能抛开载体，额外来一段政治说教。因此，从学科教学渗透德育方面，我们进行了许多有效的尝试：

第一，紧扣教材，注意渗透的自然性。我们要求教师在进行德育渗透时，注重从教材的实际出发，附着于知识的讲授或训练之中，使科学性与思想性水乳交融。德育在教学中自然而然地渗透，才能达到"随风潜入夜，润物细无声"的效果。如果生拉硬扯，像贴标签一样贴上去，就收不到预期的教育效果。

第二，把握学科特点，注意渗透的生动性。各科教师还要深刻理解课标，把握本学科的性质和特点，在渗透德育时，充分发挥本学科优势，增强生动性。在学习和欣赏作者传神描写、精美语言的过程中，学生潜滋暗长了对祖国河山的热爱之情，受到爱国主义精神的强烈感染。而数学学科则需要注重数学和生活实际的联系，密切关注其自身的时代性和价值取向，在教授生活中有用的数学思想时渗透正确的德育价值观。与道德课临界的学科课程有生活课和社会课。临界学科深化学生道德，重点在"快乐交往"上。而其他学科的德育渗透，仍然贯穿道德课的育人主线，并着力在民族传统、民族文化、民族情感、民族精神上。各学科从不同的角度研究德育、渗透德育元素，这种一线相承的大课堂，其张力和魅力是强大而深刻的。

第三，寻求最佳结合点，增强针对性。渗透德育不仅要与知识传授、能力培养结合，而且要选准德育要求与学生精神需求的最佳结合点，这就要求教师深入了解学生的思想状况。当代小学生的思想特点是：开放、活跃、有进取精神，但部分学生受"以我为中心"的价值观影响，只讲索取，不讲奉献；只知受宠、被理解，不知爱人、理解人；成才期望高，却不愿艰苦努力；道德观念、集体观念、节俭思想淡薄。因此，教师要善于体察和把握学生的思想脉搏，在渗透德育时对症下药。比如语文学科教材中包含的思想教育因素是较丰富的，有旧社会的黑暗与落后，有革命先烈视死如归的爱国主义精神，有教师乐业善教、爱生如子的博爱情怀，有艰难环境中的乐观态度和刻苦求学的精神等。在教学中究竟以什么为德育渗透点，需要针对学生思想品德薄弱点，结合本班、本校实际情况来确定。像《秋天的怀念》一课，老师可以抓住"怀念"一词问学生：什么是怀念？为什么要怀念？经过学习，学生知道作者通过描写秋天来怀念母亲，怀念有母亲的那个秋天。学生感悟到母爱的伟大，从而在孩子们心中埋下感恩和爱的种子。

第四，形成序列，注重计划性。在重视德育的基础上，我们要求学科教师还必须做到有计划性，不能完全靠随机，更不能想到哪里讲哪里。每门学科都有自身的结构和体系，哪些内容跟政治思想、道德品质的哪一方面联系较紧，哪些课文和章节能比较有机地与某种教育思想结合，针对学科特色，要详加研讨，订出适应本学科教学的德育计划，逐步形成该学科的德育序列。每讲到某部分就自觉又自然地实施某项德育目标，使德育融入教材，像教学内容一样去完成，这样德育才算落到了实处。

4. 绿色德育的科研探索

随着学校管理体制和教育教学运行机制的不断变化，德育工作面临众多新情况和新问题。在面对这些问题时，我们在实践中采取了众多行之有效的应对策略：加强德育管理制度建设，注重学生自我管理组织建设，深入开展校园文化、体艺卫活动等，从细从严治校，取得了一定成效。但在实际工作中，学校缺乏一套较为系统的、科学的德育实施途径规范化运行模式。日常工作的一些做法，要么缺乏科学的理论支撑，效果不明显；要么偏重于临时性、短期性、应急性，一些好的做法没有得到认真地总结并在实践中坚持下来。学校德育工作急需一套行之有效的管理模式。

为此，我们在广泛调研的基础上，结合学校实际，分不同阶段申报了全国教育科学规划"十五"教育部重点课题《小学心理健康教育的途径和方法的研究》、全国教育科学规划领导小组"十一五"重点课题《实施绿色德育，加强未成年人思想道德建设的研究》《责任教育》《心理健康教育途径与方法的研究》等子课题，深入开展德育科学研究，着力提高德育工作效能。在此基础上，重点进行了"十二五"重点课题《整体构建学校家庭社会和谐德育体系研究与实验》《新时期家长学校建设及实践研究》《绿色德育生命关怀与安全发展》等子课题的申报，还申报了"十三五"重点课题《构建绿色教育理念下的生态课堂》《实施绿色教育构建和谐育人体系》《担当与践行社会主义核心素养在绿色德育中的实践与研究》等子课题，使学校的德育课题广覆盖，形成了科研工作系列化、循环跟进、针对性强、校本化的良好局面。

课题较为系统地选取了德育课程、心理健康教育、班级建设、德育实践、校园文化建设等对学生思想品德形成具有重要影响力的五个方面，依据学生的成长规律落实德育总体目标，以递进性、分层性原则，改革教学与活动方法，落实不同年龄阶段的德育内容和要求，加强学生的责任教育、心理健康教育、养成习惯教育、家校合力教育以及开展校园文化和班级文化促进学生成长的实践探究。旨在学校原有德育科研管理理念、管理制度、管理方式上，进行总结、深化、提高，使之系统化、规范化、科学化，在内容和程序上形成一套行之有效的操作模式，减少德育工作的随意性，从而达到提高学生的思想道德水平、提高德育管理者工作水平、完善德育管理体系的目的。

学校成立了德育课题组，吸收在德育管理工作及教育教学一线具有丰富经验的主任及班主任。课题组既从事德育课题研究，又在学校日常德育工作中起到参谋作用。我们坚持把科研与日常管理结合起来，以科研促管理，以管理保科研，提高日常管理水平，提高制度化运行水准。

学校自 2002 年 5 月开始课题申报，课题组成员从课题设计、课题申报、课题开题，到制订课题总体科研计划、制订阶段实施计划，再到具体组织实施，多年来，课题总体研究进展顺利，成效显著。

在教师广泛学习与反思的基础上，作为省级心理健康教育实验基地，我们还积极致力于指导老师帮助学生形成快乐的人生理念、生活态度和健康的心理，塑造学生科学健康的生活观和成才观。学校组织心理健康老师定期为学生开展心理健康教育讲座，阅读学生的心理咨询信件并反馈指导，不断提高老师对学生出现的各种心理问题进行矫治疏导的能力。在此基础上，我们还通过创建心理咨询室，收集学生成长过程中的心理问题案例，请教育专家、家长和教师共同参与进来，就心理健康教育工作的意义和实施途径等进行深层次探讨，使广大教师能够且思且行，且行且思，在行动中研究，在研究中发展，让教师成为心理健康教育工作的绿色使者，实现心理健康教育整体工作的科学化、规范化、系列化，为未成年人的成长开辟了一块绿洲。

我们所开展的生命与责任教育研究，就是帮助学生从认识生命、欣赏生命、尊重生命、珍惜生命做起，提高生存技能和生命质量，实现生命价值的教育活动。从生命教育的观点重新审视我们提出的绿色教育思想，它强调的就是对学生生命个体的尊重与欣赏，从而培养学生尊重生命、爱惜生命的态度，学会欣赏和热爱自己的生命，进而学会对他人生命的尊重、关怀和欣赏，树立正确的世界观、人生观和价值观。我们追求充满爱意的、情意的、诗意的、创意的课堂，让学生的人性得到尊重，从而感受到学习的乐趣、生命的快乐。我们关注每一个学生心灵的成长，让每一个学生随处都能享受到优质教育的快乐，培养适应社会发展的"未来人"，为孩子的可持续发展夯实基础，让充溢生命活力的绿色铺满孩子的人生道路。

低年级的学生无论是行为还是思想都比较幼稚，缺乏对自身健康安全重要性的认识，因此我们在低年级开展生命教育时重在培养学生保护生命的能力，强调生命的自我保护。例如：低年级学生往往还不懂得生命的珍贵和不可逆性，同伴之间的游戏经常以推推打打、追追闹闹为主，这就难免会发生意外伤害事件。我们利用晨会课、品德与生活课安排《课间文明休息》《放学回家的路上》等相关内容对学生进行教育。又如：由于低年级学生年纪小、生活经验少，碰到突发情况往往手足无措，缺乏自我保护意识及方法，我们邀请了消防大队的刘强队长来校做消防知识讲座和就如何使用灭火器的现场讲解演习。通过预警训练，学生知道身在火场怎样逃生。我们还邀请了南关区交警大队车宣科的李农科长采用声图结合的方式给同学上生动的交通法规课，学生通过了解交通标志和交通安全知识，懂得在马路上不做危险举动，避免意外伤害……

中年级的学生正处于一种由被动接受教育到尝试主动习得教育的过渡期，尽管在知识、身心发展等方面都还不够成熟，但他们富有自尊心和个性，敢于提出自己的见解，可塑性强。因此，对中年级的学生而言，除了进一步引导其对自身生命安全的重视和对他人生命的尊重，还注重引导他们关注周围的生命现象，所以我们在中年级每周设置一节生态环境教育课，让学生了解个体生命与自然的关系。例如：通过对《环境教育》教材的研习，掌握环保知识；组织学生参观城市，了解城市环保措施及存在问题；组织学生开展"人与动物"的小课题研究，各校区开辟生态园，操场养鸟、教学楼内养鱼，创设学生与小动物亲密接触的情景，了解生活中小动物的成长过程，在观察和实践中，让学生了解生命的多样性，从而明确人与自然的密切关系。

高年级的学生从体能和心智来讲，都相对成熟，他们在接受教育的同时也会联系自身情况进行反思，以期使自己更加完美，所以我们对高年级学生进行生命教育的时候就以培养学生对生命负责的能力为主，鼓励其通过努力来感受自身的生命价值。例如：通过"绿色伙伴"活动让学生懂得与同学友好相处，在尊重他人的前提下给予力所能及的帮助，在关爱伙伴的同时取得共同的进步；组建"爱心接力小队"主动为社区居民及敬老院的孤寡老人打扫卫生、表演节目；学校设立"校长信箱"，通过阅读学生的信件，了解学生的心理压力与临近青春期的困惑，开展"关爱女孩""我是骄傲的男子汉"专题讲座、每学期举行一次"人体生命结构与生理现象"培训讲座和生命教育图片展，针对学生的认知需要和各种心理问题进行矫治疏导。我们组织学生参观污水处理厂，调查水是怎样被污染的，了解水与生命的关系，教育学生懂得水资源的宝贵，学会珍惜、有效利用水资源，制作并完善了《人与水》

《垃圾的旅行》等教学内容。

除此之外，学校从重视学生道德品质和良好行为习惯的养成做起，培养学生的绿色环保责任意识。我们以星级班达标工程为载体，在全校范围内广泛开展了"人人争当璀璨百颗星"活动、"创建绿色星级班"活动，使每个班集体都形成了自己的育人特色。学校还开展了"我长大了""我在绿色教育中成长"等主题鲜明的班队会，向全校同学发出了"绿色倡议"，各班同学针对倡议做出"绿色承诺"。（绿色倡议使学校绿地、植物带成为学生心中的最爱；绿色承诺使学生的环保意识变成了自觉行动，弯弯腰、捡捡纸在我校已经成为学生的自觉行为。）西长校区中高年级学生通过新生军训，净化周边校园环境的治理，与学生家长签订安全协议书等形式，营造了整齐规范、勤学守纪、文明向上的校园新貌。

在生命与责任教育课题研究中，我们的着力点是以实践活动为主体，使生命与责任教育具有趣味性、实效性。

一系列的活动，激发了学生热爱生命、热爱生活的情趣，使学生对学校生活充满激情，每天以乐观向上的生活态度参与学校的一切活动；培养了学生良好的学习态度，提高了学生克服困难、战胜困难的勇气和信心，促进了学生认真细致、专心致志的学习态度；形成了学生良好的行为习惯，使学生的合作、探究、实践、解决问题等综合能力得到提高。

随着生命教育活动的不断开展，教师的生命价值也随之提升，教师对本职工作充满了激情与热爱，分享着学生成长的快乐。课堂在生命教育活动中充盈着活力，教师为学生营造了尊重、平等、和谐的课堂文化氛围，让学生在愉悦的环境中学习。

通过"心理教育"辅导活动，家长的教育观念也发生了转变，变简单、粗暴的教育方式为亲切、和谐的交流，教育中渗透了科学性、人文性、艺术性。家长与孩子的角色由传统的长幼关系转变为现代的成长伙伴关系，家长、教师成为学生心理健康发展的共同体。

一系列的生命与责任教育活动，带动了学校课题研究、校本课程的开发及德育工作的实施，构建了和谐的"绿色教育"文化，落实了学校"关爱生命·注重发展·彰显内涵"的办学理念，使学校的"绿色教育思想"得以实现，学校的整体办学水平得到了社会各界的认可。

通过实践，我们更为清晰地意识到生命与责任教育不是抽象的概念，也不是哲学的概念，它是贯穿小学生健康成长的概念。只要学校成为生命与责任教育的主阵地，生命与责任教育必能产生如火如荼的效果，达到"润物细无声"的教育境界。

学生的健康教育工作是一个长期的过程，它要求我们通过各种途径提高教师健康教育工作的意识、知识和能力，只有这样才能行有余力地使专业健康辅导和非专业培训渠道并驾齐驱，全方位、多角度地对学生进行健康教育，提高学生的健康意识和卫生习惯。而健康教育科研，就是最有效的路径之一。

我们把健康教育研究工作列为学校整体科研工作的有机组成部分，纳入学校年度工作计划中，时间上给予保证，物质上给予支持。同时坚持每年年初制订健康教育科研工作计划，由班子会议审议讨论实施岗位目标责任制。根据《学校全年工作计划》，我们将健康教育任务进行指标分解和具体量化，落实给相关责任人，由分管健康教育科研工作的校级领导定期督促检查，以保证全校健康教育科研工作计划的落实和完成。在此基础上，学校还通过建立健康教育工作室、配备专职健康教育教师、开辟健康教育宣传阵地以及定期开展健康教育知识辅导、健康教育知识问卷等形式来教育、引导学生养成良好的健康卫生习惯。

在科研教师队伍建设方面，一方面我们坚持以课堂为主渠道，通过课堂教学的优化、学科教育的渗透、课外活动的熏陶和学校隐性教育的作用，构建良好的健康教育环境；另一方面，我校努力提高教师进行健康教育科研工作的能力，通过完善各项制度、学习培训，奠定教师发展基础；通过合作论坛，激发了教师反思行动，促进了素质优良的科研教师队伍建设，使学校的健康教育向良性方向拓展。

为了培养学生良好的健康习惯，我们采用丰富多彩的活动形式来教育学生。如，在教育学生自我保护的同时，召开"自救、自护"的主题观摩会，定期组织救护培训和演讲。同时，组织学生走向社会，参加"生命工程""救援工程""爱心工程"活动，在实践中提高学生自护自救的能力。

在德育科研的攻坚之路上，我们通过不断地探索与实践，提高了教师的科研水平，解决了许多学生心理健康方面的疑难问题以及德育机构臃肿、工作效率低等困扰多年的实际问题，使我校的德育科研工作形成了一系列科学、系统、理论与实践相结合的德育科研成果：完成了百余节精品德育与学科整合优质课教学设计；形成了6类素材库；建立了5个不同级别的德育基地；创编了1—6年《生命与安全》校本教材；撰写了优秀论文1000余篇，出版了10余部著作。

5.绿色德育的理性思考

绿色教育是生命的教育，是以人为本的教育，是为学生一生奠基的教育，是给予学生生命拔节力量的教育。

（1）绿色德育呼唤个体道德成长

绿色是生命力，是一种由内而外的自生力和发展力。将"绿色"概念植入道德教育，意味着德育摒弃了传统意义上的形式化、说教式倾向，它将学生个体积极道德行为的培养、习惯的养成，个体道德热情和道德能量的自由勃发，个体道德本真状态和人性善为的探寻作为德育的本质目标，将绿色精神渗透进道德教育细胞体系之中，有效地促进了个体道德成长。

一是绿色德育激发个体道德潜能。西五小学的绿色德育在遵循个体道德发展规律的基础上，积极构建一个有利于培育、保护、开发学生道德潜能的情感场域。对德育工作者而言，"道德教育何以可能"是我们在开展德育工作之初就会思考的问题。现代生物学研究表明，生物种系的不断进化，以及相伴随的大脑构造和机能复杂程度的不断提高，使得人具备对复杂问题做出准确判断和适当反应的能力。也就是说，在生物机体成长过程中，先天具备某些智能的成长条件和发展潜能，个体的道德发展也是一样。一个人想成为好人，这种愿望就是一种道德学习的潜能，它萌生在个体生命成长之初，它遵循生命之道而展开。学校德育的使命是在个体道德成长中创设良好的教育情境、文化氛围和生态小环境，给个体道德成长以肯定、支持、鼓励的情感动力和与之相伴随的个体适应感和成就感。也就是说，学校德育应建立起支持潜能、激活潜能、强化潜能发展的个体成长环境和生存状态，为个体良好的道德养成提供更多的可能性。

西五小学通过"锻造师德，构筑以身育人，以爱育爱的幸福花园"理念，发挥教师在道德教育中的纽带作用，通过爱感染和影响学生，建立起师生之间重要的信任感和安全感，通过师生间的相互尊重与支持，激发个体道德潜能。他们认为，在学校教育当中，最能影响学生德行的做法不是说教，而是行为示范。教师专心致志地钻研，一丝不苟地备课，诲人不倦地施教，百问不烦地解疑，躬身立德、传美行善，这种影响本身就是真正的育德。他们开展"爱岗敬业""正师风、扬师德""廉洁从教为人师表"等主题系列教育活动，使全体教师主动适应德育新形势，积极营造服务育人的良好氛围。

二是绿色德育促进个体道德可持续发展。绿色德育从人与自然相互依存、和谐相处的生态道德观点出发，引导学生自觉养成爱护自然环境和遵循生态系统规律的意识以及相应的道德文明行为习惯。也就是说，绿色德育理念的实质之一是将道德与个体生存发展的自然环境、社会环境以及人与人交往的校园环境相结合，建立一种开放、多元、包容的德育生态系统。它以引领个体道德可持续发展为目的，在道德教育的广度上谋求多元、多样，在道德教育的深度上，谋求递深性、可延续性和持久性。可持续发展是一种道德规诫，而不是一条科学概念。可持续发展首先是一个文化问题，它与人们珍视的价值准则以及他们待人处世的方式有关。个体道德的可持续发展体现了个体道德成长的延续性，同时它也是对社会群体、自然环境、系统发展的综合观照。良好的个体道德可持续发展理念的形成，有利于促进人类社会新生存方式的建立和社会的和谐、持久发展。个体道德的可持续发展是促进人与自然、人与人、人与社会建立新的对话关系的基础，它为人类尝试新的生活方式服务，它是个体创造和谐家园、和谐未来的重要途径。

西五小学从重视学生道德品质和良好行为习惯的养成做起，积极培养学生的绿色环保责任意识。美化校园环境，保护校园卫生成为学生的自觉行为。学校取消了大扫除，楼内楼外的卫生状况仍旧达到早晨和晚上一个样，周一周末一个样，平时双休日一个样。每年秋季西五小学的操场上见不到枯叶横飞、满地落叶的颓败现象，因为负责清扫操场的学生早已做好预案，他们会科学部署分工，主动打扫干净。每年冬天，如果晚上落雪，不必老师临时通知学生带扫雪工具，同学们以雪为令，第二天早上，大家一定会携带清雪工具提前来到学校，在老师的带领下将积雪快速清理干净。

西五小学在不断探索绿色德育过程中，创建了"阳光道德银行"。"阳光道德银行"运用银行储蓄的方式，将学生的文明行为和道德善举存储其中。他们号召学生存储礼貌，争做言行文明的文明天使；存储友善，争做关爱他人的爱心天使；存储诚信，争做表里如一的诚信天使；存储卫生，争做身心健康的绿色天使；存储自立，争做自强上进的奋进天使。他们从规范行为习惯做起，将培养学生良好、持久的道德品质和文明行为作为阳光道德银行的重要目标。他们播种希望，收获未来，让道德的种子扎根在每个学生的心灵，让道德之花永远绽放在家庭、校园、社区的每一个角落。

三是绿色德育探寻个体道德本真状态。绿色意味着健康，意味着透明，意味着个体道德本真状态的展现。事实上，道德本真状态的呈现容易受到许多复杂因素的影响。因为道德本真状态的呈现与个体的道德知识和道德学习能力等认知因素以及情感、态度、价值观、思想意识、行为、判断等非认知因素紧密相关。学生真实的道德情感和道德表现在遇到不同的价值选择、价值判断和价值要求时容易反映出不同状态。传统观念影响下的品德评价大多以认知领域的评价为主，通过考试、测验等形式，评价学生对道德知识的识记能力、理解能力和运用能力。这种评价方式和理念很难关照到学生真实道德情感和思想意识的全面发展，难以顾及更为重要的，关系学生品德成长的非认知因素的影响，在实践领域难以获取学生真实道德发展的完整信息。

西五小学秉持陶行知先生的名言："千教万教教人求真，千学万学学做真人"，让每个孩子在诚信求真、笃志尚学的氛围中，全面提升道德修养，锤炼个性品质。他们致力于创建一套真实、透明、全面的道德评价系统，形成覆盖学生在校全过程（入学、就读、实践、发展、提升），涵盖德育管理诸对象（学生、班主任、德育管理工作者），关注学生成长诸方面（行为习惯、心理健康、文明素养、个人品德、社会公德），注意影响学生生活诸场合（课堂、校园、学生社团活动区、家庭、社会、德育基地），以及学生德育活动诸方式（德育知识学习、德育行为养成、德育环境优化、德育效果评价）的和谐绿色德育工作体系。它有利于全方位、多角度审视和考察德育工作的整体推进步伐，有利于将学校德育工作落到实处。

为了落实常规教育活动，切实提高绿色德育的针对性、实效性，西五小学推行"无声育人"的德育目标，将"无声教育"视为绿色德育的最高境界，即追求在校园中没有批评，没有指责，有的只是润物无声的心灵滋润和行为的悄然转变，使学生在无声的教育中实现人格的自我塑造。

我们知道，为了抑制应试教育思想的影响，学校德育工作经常成为衡量学校素质教育的主要阵地。对这样一个展现素质教育的舞台，学校管理者当然不愿放弃，也不愿落居人后。因此，许多学校管理者在接受上级命令之后大张旗鼓地开展各种德育活动，"拔苗助长"式的评价学生品德发展状况和教师的德育教学工作。在反复和过度的评价中，本应展现道德成长真容和品德教育成果的学生和教师为了应付各种评价经常身心疲惫。这种功利性德育不但不能促进学生的道德发展，而且极易造成对学生道德成长的伤害，德育及其评价被学生看作是"一场游戏一场梦"。总之，陷于功利角度的道德教育和道德评价很难获得学生真实的品德信息。

鉴此，西五小学要求每位教师在实际工作中抓住那些稍纵即逝的教育契机，引导孩子正视自己的行为，树立敢于面对自我的勇气，用教师的教育艺术赢得孩子的信任与尊重，收获德育的丰硕成果。

他们抓住生活、社会等学科与学生生活紧密联系的特性，引导学生热爱生活、快乐生活、快乐交往。他们抓住美术、音乐等学科传递美、传递爱、感染学生心灵的特点，让每个学生都享受艺术教育，从艺术教育中学会审美、学会倾听、学会找寻观察世界和感受美的新视角。他们设立艺术教育专项基金，充分利用现代化教学设备和信息技术开展艺术活动，拓展艺术教育空间，为每一个孩子搭建了一个幸福、快乐的艺术家园。他们在传递美的同时，也努力使学生成为一个健全的、全面发展的人。

（2）绿色德育指引个体生命成长

绿色德育的内在规定性要求德育必须回归生命本源，必须关注日常生活，关注个体在社会中的生存和发展。只有当德育内容彰显对学生的人文关怀时，德育才能成为学生终身持续发展的精神支撑。

首先，绿色德育是向个体日常生活世界回归。儿童道德学习和道德成长的基础源于生活，尤其是他们亲身经历、亲身感受、亲身体验的生活。道德观念在个体身上的内化、道德应对能力的培养以及道德意识转化成道德行为的外显都要依靠在真实日常生活中锻炼。德育回归日常生活世界就是要让学生在热爱生活、享受生活的过程中提升德行，过有道德的生活。西五小学的绿色德育是关爱生命的教育，他们积极将绿色德育渗透到学生生活之中，以生活为根。绿色德育追求生活中的幸福和善，追问生活的价值和意义。他们鼓励学生直面生活中的困难和问题，主动将道德教育的内容、形式、过程生活化，使德育更富情感和生活气息。

西五小学开展"走入社会，体验生活"的绿色德育实践活动，让学生多层次、多角度体验日常生活，增添生活感受，增长生活阅历。他们组织学生深入消防中队，参观现代化消防设施，了解消防官兵日常生活，学习消防和自救常识；组织学生走入社区，了解社区工作的辛苦和重要，增添我是"社区一员"的责任感；组织学生走入培智学校，关心残疾儿童生活，与残疾儿童一起学习，让学生学会关心，学会尊重等等。走入实践、体验生活，丰富了学生的道德知识，加深了学生的道德认识，促进了学生良好品格的形成。

同时，西五小学将学校教育与家庭教育相结合，与家长保持紧密联系，实现家校工作互动日常化。他们采用家校联系卡互通信息，向家长反映学生在校的有关情况，了解孩子在家庭中的表现。他们遵循三个原则：针对问题，注重及时性——"有事就联系，及时联系"；指导为主，注重可操作性——"不是说教，更不是告状"；及时反馈，注重连续性——"紧抓不放，常抓不懈"。这些举措得到了家长的欢迎和支持，使班主任及其他任课教师工作起来更加得心应手。学校德育与家庭和社区的联系，使德育工作真正走入了学生的生活，有效增加了德育工作的实效性。可以说，西五小学以生活为基础的德育是以学生生活的逻辑重新设计、构建德育体系，重视学生道德经验的积累和真实的道德感受，使学生可以在社会生活、学校生活、课堂生活、家庭生活中穿梭，实现更有效、更自主的道德学习。因此，它是一种以人为本的、有生命力的德育。

其次，绿色德育是对个体生命意义的追溯。党的十六届三中全会明确提出"以人为本"的战略思想。对于德育而言，以人为本就是要把人的道德素质的提升作为根本目的和根本动力，一切为了人，形成以人为本、科学发展的德育模式和德育样态，让德育回到个体生命之中，遵循生命之道，服务于人的生命成长的需要。西五小学开展的生命与责任系列德育工作，就是帮助学生从认识生命、欣赏生命做起，培养学生尊重生命、珍惜生命的态度。因为，德育不是脱离生命体的外在束缚，而是生命成长的内在要义。

2008年四川汶川大地震后，西五小学马上组织师生看电视、听广播，通过各种媒体及时了解地震的准确消息，并积极开展"抗震救灾，有你有我"主题活动。学校把在汶川地震中出现的感人事迹制作成专题片，利用主题班会时间播放，每次都有学生被感动得落泪。学校还举行庄严而隆重的默哀仪式，学生们胸戴白花，庄严肃立，高敬队礼，泪流满面，真正体会到生命的脆弱和新生的可贵。为了表达对遇难同胞的关爱，全校师生自发组织两次捐款，有的同学不仅动员家长多给自己带一些捐款，还把自己几年积攒的压岁钱、零花钱都捐献出来。师生捐款总计达 20 余万元。

在学校开展的"孝道雅行、以爱育爱、师生携手、家校相通"感恩系列活动中，在帮助学生理解自然的滋养之恩，父母的养育之恩，师长的教诲之恩，朋友的协助之恩的基础上，使学会感恩、学会知恩变成学生的生活态度和良好的道德品质，帮助学生树立责任意识、自立意识、尊重意识，形成健全人格。

（3）绿色德育打造精良教师队伍

创建一支精良的教师队伍是保证绿色德育理念实施和发展的前提条件。任何一种职业都有对其从业人员的专业要求，绿色德育所关注的教师素质并非仅仅指教师的职业道德，它包含了对教师专业发展更广阔、更深沉的素养要求，即教师人格的综合提升和超越。在当今社会，教师职业的专业化维度要求教师具有专业知识、专业技能和专业人格。这里所说的专业人格是教师的职业态度和价值观，是教师的自我意识、思维方式和行为风格，是教师的伦理道德素质等。与其他职业相比，教师更迫切需要专业人格的成长，因为在教育活动中，教师的教育理想、教育信仰、职业观念，教师自身的道德素质，教师的行为示范，教师在教育中的角色定位等直接对学生人格和教育实践的成败产生影响。所以教师的专业发展不能仅仅追求教师专业知识、专业技能的提升，还应强调教师人格层次的综合攀升，它是教师逐步走向成熟的重要标志。

第一，绿色德育锤炼有责任意识的师德团队。在教师专业化发展的今天，教师在享受一定权利和自主性的同时，也必须完成自己相应的责任。在学校教育中，教师的责任是具体而明确的，即教师应为每一名学生的发展负责，对学生的生命成长负责。因为人的生命只有一次，人的生命经历不可逆，教师在学校教育中对学生生命成长的启迪和引领对学生一生而言至关重要，教师在学校教育中的责任感和使命感对人类文明和人类自身的发展都具有十分重要而神圣的意义。人们常常寄希望于教师能够更好地承担起相应的育人责任，因为教师对自己的行为和决策负有责任；对学生、家长、监护人、其他教师、学校领导和一般公众都负有责任。公众把自己的孩子交给教师受教育，他们就有权利期待想要达到的结果。教师的责任意识是教师专业人格不可缺少的一部分，是推动教师良好育人行为的力量。

西五小学在加强教师队伍建设方面，积极锤炼、构筑了一支极富责任意识的教师队伍。我们积极健全岗位责任制，完善校内德育管理网络，形成了全方位、多渠道齐抓共管的德育工作模式。我们建立师德考核制度，坚持实行教师宣誓与师德承诺制度，组织全体教师开学第一天宣誓，并且签订《师德建设工作承诺书》《师德建设工作责任书》。约束教师言行，使教师心中建立责任意识，自觉履行承诺。

第二，绿色德育用爱构筑对话、合作的师生氛围。教师的对话、合作观念是教师以平等、协商、交流的态度，团结互助、和谐处理教师与学生、教师与家长、教师与教师、教师与领导之间关系的价值倾向，它本身就是一种道德实践，是个体主动倾听、相互沟通的艺术，是个体愿意敞开心扉，展现道德上的真、善、美的体现，是一种有利于学校教育中人与人交往与共处的重要品质。对话、合作观体现在师生间理解、尊重，师师间支持互助、亲密合作，家校间不断沟通、互信互利等方面。教师的专业化发展，要求教师摆脱传统意义上孤立、封闭、专断的角色定位和人际关系模式，转变思维方式，以对话、合作的姿态，处理学校教育中所要面对的各种问题，减少冲突和摩擦，促进学生形成道德、情感及价值观。

西五小学的绿色德育致力于以爱、尊重与理解构筑良好的师生交往平台。我们围绕"学会关爱、学会负责、学会做人"这个主题，要求教师关爱学生，与人为善、团结协作；要求教师不仅对自己的事业负责，更要对学生的未来负责；要求教师用自己的人格魅力感染学生，言行示范，细雨润物。在教师广泛学习的基础上，我们积极开展合作论坛活动，邀请教育专家、家长和教师共同参与进来，对学校相关德育工作和德育问题进行集体会诊和交流，集思广益，形成了师师间，家校间相互信任、相互尊重、相互扶助的良好态势，即有利于教师的专业发展，又使学校、家庭德育工作的实效性得到提升。

第三，绿色德育加强科研创新，提升教师反思意识。教师的专业发展需要教师具有反思意识。教师只有不断反思和批判自己的教育行为，才能获得观念上的更新和教育实践上的改善。教师以强烈的反思意识和勇于批判、勇于创新的教育精神，审视德育工作的合理性及针对性，探索教育规律，关注学生日常行为表现，提高德育工作实效。

西五小学在广泛调研的基础上，结合学校实际，分阶段申报国家、省、市重点教育课题，在深入开展德育科学研究方面，为教师提供了一个与时俱进的高层次平台。学校德育科研的系统化、科学化，全方位提升了教师在工作中的反思能力、批判能力。

西五小学把德育科学研究作为一项先导性、基础性工作，用科研成果指导学校德育实践，再通过实践的检验进一步形成理论。在这样一个循环上升的过程中，教师充分发挥科研积极性，不断增强反思意识，不断发现问题、分析问题、解决问题，逐步积累研究经验，修正理论成果。

西五小学的绿色德育实践将课题研究与教师日常德育工作联系起来，以科研促管理，以管理保科研，在提高学校日常德育管理水平的基础上，保障德育科研工作的高效运行。

（4）绿色德育构建"三位一体"网络

西五小学的绿色德育是一种全员、全程、全面、全方位的教育。我们利用一切可以利用的德育力量，形成学校教育、家庭教育、社会教育相融、相惜，互为补充的教育格局，构建稳定、健康、和谐的"三位一体"绿色德育网络。我们认识到，绿色德育不应是封闭性、内隐性的，绿色德育是谋求学校、家庭、社会和谐共振、互助共生的实践活动，是真正意义上的德育系统工程。我们将学校德育工作向家庭、社会开放，接受家庭和社会的监督，为学生在家庭和社会中的道德成长提供教育服务。同时，我们积极接纳家庭和社会力量参与学校德育工作，介入学校管理，为学校绿色德育发展提供更切实有效的支撑，让绿色德育焕发勃勃生机与活力。

多年来，西五小学始终坚持"家校联动，提升学生生命质量，促进学生健康快乐成长"的办学思路，积极推进家长学校建设。为此，我校就成立了家长学校，将家庭教育和学校教育相融合，以家长学校为主阵地，构建学校教育人、家庭成就人、社会影响人的绿色教育立体教育网络。学校和班级分别设立"家长委员会"，"委员会"成员由热心教育工作并有一定威信的家长组成，其职责是参与学校教育管理，共同监督学校教育教学工作。学校开设"校长信箱""校长公开电话""校长接待日"等互动平台，听取家长对学校建设提出的建议和意见。

【学校方面】

学校为学生在家庭和社会中的道德成长提供教育服务。学校秉承"关爱生命·注重发展·彰显内涵"的绿色教育理念，将家庭教育和学校教育相融合，构建学校教育人、家庭影响人、社会成就人的绿色教育立体教育网络。学校开展了"构建绿色生态课堂 促进学生和谐发展"（家长开放日活动），"科研引领 家校共育"（专家走进学校指导家庭教育工作），"家校共育 携手共进"（云端家长会）等活动，通过班主任工作群、家长微信群、家校共育群、家委会群等渠道，为家长和孩子们推出心理健康系列微课讲座、心理知识小课堂，促进家校有效沟通及联系。

【家长方面】

学校的每一次大型活动，全体家长都随班参与，亲身感悟学校绿色教育的发展。例如，六一儿童节，学校以"我戴红领巾进校园"为主题，让家长戴红领巾进校园，回归童年，创新了家长开放日的形式。家长和孩子们一起升国旗、唱国歌，参加学校阳光体育大课间活动，戴着红领巾坐在教室里听课……活动中，许多家长的眼里含着激动的泪花。

家长还积极参加学校提供和搭建的对话空间和沟通平台。学校定期组织家委会成员会议，方便家长们在学校建设、师资队伍、教育教学等方面提出意见和建议。

【社会方面】

学校充分调动社区、企业等多方面资源，通过创建家长学校，定期开展家庭教育讲座等传递最新教育政策，引导广大家长重视家庭教育，并科学规划家庭教育。同时，学校还充分利用社会公共资源，组织家委会成员参观、访问、考察，让学校、家庭和社会成为共同服务于孩子成长的"教育合伙人"，保障学校、家庭、社会教育的和谐统一。例如，组织家委会成员走进易视顿眼科医院科普教育基地参观、与易视顿眼科医院携手共建"西五小学眼健康科普示范校"暨"爱眼月"启动捐赠仪式等。

在绿色教育理念的引领下，通过多年的艰苦努力，西五小学绿色德育实践取得了丰硕的成果，学校的整体发展卓有成效，教师的精神面貌焕然一新，学生的道德素质、行为习惯正朝着更加积极、健康的方向发展。我相信，西五小学绿色德育实践并不会因此停下脚步，未来的绿色德育会有更多值得追求的目标，更多值得我们关注的亮点，我们会走出一条更加光明而有意义的道路。

二、"1361——我爱我家"绿色德育实践

在绿色德育理念实施探索中，我们深切地感受到要切实加强未成年人思想道德建设，首先必须从学生的良好情感入手，从基础抓起，因此，我校提出了实施绿色德育工程"1361——我爱我家"主题系列教育活动。

"1361"中的"1"指围绕一个主题——我爱我家，"3"指的是此项主题活动的时间规划为三年，"6"指的是分为六个提升阶段，最后一个"1"指的是形成一个特色。通过"我爱我家"系列活动，每个孩子都能用丰富的情感爱祖国、爱人民、爱世上美好的一切。家对于我们每个人都是最亲切的字眼，从孩提时成长的家，到求学时生活的班级、学校，长大后生活的工作单位，以及家乡、祖国都是我们的"家"，从小家到大家，我们处处都有家，我们就是想通过这个系列活动，让每个孩子都能在体验中加深对"家"的深厚情感，让我们的孩子从小学会爱父母、爱老师、爱同学、爱学校、爱身边的人，长大后爱祖国，成为祖国需要的人。

实施"1361——我爱我家"绿色德育工程意义重大。首先，此次系列活动充分体现了西五小学"关爱生命·注重发展·彰显内涵"的绿色教育理念。"以人为本，关爱生命质量"是绿色教育理念的核心内容，为此，我们紧紧

抓住学校、社会、家庭三大环节，构建以学校为龙头、社区为平台、家庭为基础的"三位一体"的育人网络，努力实施良师育人工程、家长垂范工程、社会环境净化工程。开学第一天，我校就举行了严肃的教师上岗宣誓仪式，同时与社区、妇联等单位联合举办"争做合格父母、培养合格人才"的双合格标准大讨论活动，引导家长自觉担负起培养未来人才的重任，用好的思想熏陶孩子，用好的行为教育孩子，用好的形象影响孩子，为孩子的健康成长营造民主、关爱、理解、和谐的家庭环境。

其次，"1361——我爱我家"系列活动充分体现了为加强未成年人思想道德建设服务。以前，总听到家长谈及孩子出现一些令人忧虑的问题，如太过以自我为中心、缺乏吃苦耐劳精神、自私孤僻、心理承受能力差等，并抱怨学校过分强调教育灌输，缺少未成年人感兴趣和乐于接受的教育方法。为此，我校在绿色德育"1361工程"主题系列活动的第一个阶段，对学生、家长及社区居民开展了三个层面的调查。通过对1500名学生、800多位学生家长及300多名社区居民调查之后反馈回来的两万多条信息中得出，80%的家长认为如今的孩子大多只会爱自己，不会爱别人，更体会不到父母长辈给予自己的爱；40%的学生不珍惜别人的劳动成果，以为享受父母、社会提供的一切是理所当然；还有20%的学生知道父母的辛劳，但不知道怎样去回报⋯⋯从这些调查问卷中，我们非常清醒地了解到如今的孩子是多么冷漠，如果不加以引导，孩子们未来的发展将更加让人担忧，这就更加坚定了我们开展这次活动的决心。对孩子加强"家"的情感教育和爱的教育将是全社会共同关注的热点问题。

1. 主题设计围绕"爱"

在绿色德育实施的过程中，我们时刻感受到对未成年人的教育是长期的、持久的。我们从"爱"字入手，抓住"低、近、小、实"的特点，使授之以知、动之以情、晓之以理、导之以行有机结合，把学生认知、行动、感悟、内化统一起来，真正从生命本体发展需要出发，丰富其成长价值内涵，从而达到提高学生素质、全面发展的教育目的。

为了让孩子们深刻体会到家庭、学校是每个孩子幸福成长的乐园，我校组织开展了"让爱住我家"系列主题活动。学生、家长、教师三者同台的合作论坛掀起了启动仪式的高潮，当孩子们谈到"被父母爱"和"要给予父母爱"，并走到父母身边与父母拥抱时，家长们热泪盈眶，大家共同感受着这饱含真情的浓浓的爱。各班还通过主题班会、创作诗歌、收集幸福班级幸福照片等形式，来抒发自己对学校对班级的热爱之情。同学们生活在百年西五这所爱的家园里，抒发真情讴歌老师、颂扬学校，稚嫩的心田时时接受绿色教育光芒普照，每一天都在幸福快乐地成长。《家长周刊》专程对此做了题为《学生、家长、教师的心声》深度报道，在社会上引起了极大反响。

【附："让爱住我家"合作论坛实录（节选）】

一、对家的理解——感受爱

李洁（班主任）：听着《让爱住我家》这首歌优美的旋律，心中感到那样亲切那样幸福，家，是个普通又熟悉的字眼，一谈到家，总有说不完的话，讲不完的故事，请同学们先来谈一谈自己的家。

刘海萍（三年一班学生）：我的妈妈最普通，但是我的妈妈最爱我！她每天看着我上学，看着我吃饭，看着我学习，看着我睡觉，而且不停地在我耳边唠叨。有时我真想对妈妈说，别再唠叨了，烦死了。可是我知道她的唠叨是她对我的爱。孟郊的《游子吟》这样写道："慈母手中线，游子身上衣。"今天我要把这两句诗改一改，"慈母唠叨言，孩子记心中"。亲爱的妈妈，我会记住您的每一句唠叨，因为每一句唠叨都渗透着您对我的爱。

二、怎样学会爱

李洁（班主任）：同学们说得真好。家不仅是指爸爸妈妈和我构成的小家，还是有几十个兄弟姐妹的班级、美丽的校园、可爱的家乡、伟大的祖国。当同学们谈到家时都不约而同地提到了一个字"爱"。爱是一个动词，它的"接受"和"付出"是"双向"的、"互动"的，也需要大家的行动，我们从别人那里接受爱，然后将这种爱的情感传承下去，将爱给予别人。怎样把自己的爱表达出来，回报给我们的亲人？请同学们谈谈。

董铄男（六年四班学生）：听了同学们的话，我感到十分惭愧。我们这些高年级同学，尤其是男同学，都十分不善于表达自己的感情。亲父母或抱父母一下，都不好意思。就在三八节那天，老师要求我们给父母写贺卡，而我不好意思，就没有写。现在，我知道这么想是不对的。如果心中有爱，就要表达出来。

温皓森（六年四班学生）：正如同学们所说，我们的班级也是我们的家，我们班全体同学为我们班起了个名字，叫"自主班"，并想出了"自信、自立、自主、自强"的家训，同学们都用这条家训来约束自己，把班级真正地当成自己的家。例如：班里缺东西了，我们都主动捐款；班级要大扫除，我们都尽力把自己的分担区打扫得干干净净。我觉得，这就是爱家的表现。

李洁（班主任）：看来同学们在从家里获得爱的同时都能怀着一颗感恩的心，去回报家人。老师想问大家几个问题：同学们做家务吗？是经常做还是偶尔做？是自愿做的还是家长让的？当妈妈做好了一桌丰盛的晚餐时，你说谢谢了吗？是每天都说吗？当老师给你辅导完功课，你说谢谢了吗？

三、在家庭教育中如何培养学生给予爱的能力，在学校教育中如何培养学生给予爱的能力

李洁（班主任）：让孩子懂得他人的爱以及学会爱他人也是孩子人生的必修课。这也是我校实施绿色德育，提出"我爱我家"系列活动的目的所在。现实生活中，爱始终是家庭教育和学校教育关注的热点。今天我们请来了家长和老师共同参加我们的论坛，让我们来听听他们的看法。

家长代表（温皓森奶奶）：各位老师，你们好！我是六年四班温皓森的奶奶。今天有幸参加学校举办的《我爱我家》论谈会，我很感动，也很激动。当看到《我爱我家》这个题目时，我感到非常亲切，当听到孩子们阐述什么是家的论点时，我感到那么深刻，当孩子们谈到什么是爱时，他们的论述，那么有感情，有感染力，特别是我孙子讲到对我的爱，站起来要拥抱我时，真让我激动不已。我看到孩子长大了，懂事了……

王岷（语文教师）：家是温暖的，她给予我们无限的关爱和帮助，同样我们也意识到在接受爱的同时，要学会付出爱，表达爱，并且将爱付诸行动，长此以往地坚持下去，形成一种习惯。作为教师，我们要成为爱的传播者，唤醒学生爱的意识，引导学生如何去表达爱，培养学生爱的能力。

首先，我们要言传身教，正所谓"用爱去培养爱"。我想不管是家长，还是教师，我们都应以人格魅力、言谈、举止等行为为孩子树立一个完美的榜样。其次，还要在平时的学习、生活中，让孩子懂得不光要爱家人、朋友，爱身边的每一个人，还要爱生活，爱动植物，爱我们生长的这个地球，爱所

有值得爱的一切事物，拥有一颗博爱之心。

李洁（班主任）：我想，"爱是什么"不会有明确的答案，但我知道"爱"是没有限制的，包括国家、社会、民族的大我之爱，父母、师长、朋友间的小我之爱。爱心不是在你们期望的时候就可以到来的，它是一种人性，是一种延续在生活当中分分秒秒积聚的东西。今天通过"我爱我家"活动在学生的心头播撒下了爱的种子，我希望在以后的日子里，你们的心中能开出善良、平等、友爱、互助、热爱祖国、积极进取的花朵！

可见，我们探索的绿色德育，不是简单意义上的生态环境教育，而是在德育中融入了"关爱生命·注重发展·彰显内涵"的绿色教育理念。它体现的是对生命本体的原生态关爱和对高尚道德行为的积极唤醒，是一种以人为本、以爱育爱的教育。绿色德育重在培养学生的爱国主义、集体主义、社会主义情感。

2. 育人过程突出"绿"

校园文化建设是实施素质教育的重要途径，良好的校园文化氛围，会促进学生的身心健康和教育教学工作的顺利开展。因此，加大校园文化建设，营造良好的育人氛围，已成为我校绿色德育工作的一项重要内容。在学校校园文化建设上，我们从显性文化和隐性文化建设两方面入手，着重突出教育意义和人文关怀，用优美、整洁、高雅、厚重的环境文化去引导人、塑造人、净化人。在校园文化建设方面，学校实现了三年一个新发展，十年一步大跨越。

绿色教育实施之初，本着校园环境建设科学性、艺术性、教育性、实用性的原则，我们整体规划校园的绿化，操场西侧用绿叶鲜花铺成的"为孩子一生奠基，为民族未来负责"的宣传标语，提醒老师自己肩上责任的重大。在校园内新建花池，栽种多种花卉以及建设长达40米的童话墙，让学生在优美的育人环境中健康成长。每天早晨，学校大屏幕播放教育影片、新闻，时时提醒学生要对自己的言行成长负责。中午，校园电视台播放欢快的歌曲，让学生感受到在学校大家庭之中的快乐与幸福。

2008年正值西五小学建校百年之时，学校又对校园进行了改造，不同楼层形成了不同的主题特色。一楼是中华文化长廊，向学生介绍了中国千百年来各个领域杰出的代表人物、伟大建筑和博大精深的文学、艺术成果，体现了千年中国厚重的历史底蕴；二楼是学生作品和健康教育长廊，展示了学生的书画作品及学校在健康教育方面所取得的成绩；三楼是学校德育长廊，系统介绍了绿色德育取得的丰硕成果；四楼是信息技术长廊，体现了我校在特色办学方面的探索路程。在完善楼内走廊文化的同时，我们还着力打造和构建绿色生态校园氛围，校园内添置了鱼缸、鸟笼，孩子们自己动手养鱼、养鸟，培养了他们生态环保、关爱生命的意识。整体校园文化温馨优雅，既体现了时代发展的气息，又营造出浓郁的家的文化氛围。学校形成了读书、明理、诚信、报国的校风，时时引领着学生向更高层次的精神领域前行。

在绿色教育实施二十余年后的今天，学校的校园文化建设更是从着眼局部发展成为着眼全局，重学校文化积淀和内涵彰显，营造出灵动智慧充满生命气息的校园文化氛围。校园内经典诗词、中华传统美德故事等内容设计，更加凸显了"我爱我家"浓郁的文化氛围；操场上妙趣横生的亭台楼榭、高山流水景观，充分彰显了绿色生态校园点化心灵、润泽童年的育人功能。我校以其特色鲜明、独树一帜的文化品位，赢得了同行的一致好评，在省、市教育界打造了学校校园文化建设的品牌形象。绿色环境的营造，为学生心灵成长搭建了平台，孩子们在优美、整洁的校园环境中读书、游戏，在内涵丰厚的校园文化中思考、成长、前行，绿色环境文化为绿色德育的积极探索、长效研究提供了基础和保障。

为了落实常规教育活动，切实提高绿色德育"1361工程"的针对性、实效性，我们通过推行"四全"，即全员育人、全面育人、全程育人，全方位育人，落实了"五爱"教育活动，即爱活动——健体、爱劳动——健心、爱创造——健智、爱助人——健德、爱实践——健能，培养学生自主、自立、自律、自强的人格，让"无声教育"落实到每一个校区中。每位教师在实际工作中都能抓住那些稍纵即逝的教育契机，引导孩子正视自己的过失，树立改过自新的勇气。用自己的教育艺术赢得孩子的信任与尊重，收获德育的丰硕成果。

（1）"学会负责"——从自身做起，实现自我教育

围绕"学会负责"，学校开展了环保教育、行为规范养成教育。学会负责，就是让学生在公共场所做到：遵守公共道德、爱护公共设施、维护公共秩序；在校内做到严格要求自己，从小事做起，从自我做起，文明守纪、爱国爱民。

如一年一班向全校同学发出了倡议：保护校园环境、社区环境，从捡起一块废纸做起；从爱护班级、学校设施、社区公共环境做起；从爱护一草一木做起。这就是爱社会、爱家乡的最基本的表现。全校各班都积极响应，通过班会、中队会等形式对学生进行爱国教育。学生认识到爱校、爱班、爱家庭、爱社会就是爱祖国；爱同学、爱老师、爱父母就是爱人民。至此，抽象的爱国主义教育落实到具体的实际生活中。

学校是孩子们成长的家园，为此，我们让学生学会从爱护校园做起。学校成立了"西五小学绿色环保小分队"，各中队成立了"保洁小队""护绿小队""护鸟小队""护花小队""爱鱼小队"多个特色小队，同学们自愿加入。在"扮绿校园"小型生态园栽培活动中，全校师生人人参与，纷纷在花坛的责任区栽下一棵棵小花苗，使校园焕发盎然生机。每年，学校还结合植树节开展"以纸换树，播撒一片绿色"主题升旗仪式，号召同学们节约一张纸，爱护一片林，植下一棵树，保护一个家。在学校的倡议下，各班同学纷纷捐出家中的废旧书本、报纸，并以班级为单位购买树种、花种，扮绿校园。对在活动中涌现出的优秀班级和优秀个人，学校为他们颁发了"护绿模范班级"锦旗和"绿色使者"证书，学生获得了成功的喜悦。

结合学校校园文化重新规划设计之机，学校也适时地安排环保教育契机，像举行隆重的校园自然景观"高山流水"揭幕仪式，设计安排校领导讲话、为高山流水景观揭幕、向景观池投放吉祥智慧灵鱼、少先队员代表宣读《爱护校园环境倡议书》等几项内容。活动教育同学们在西五小学美丽、优雅的校园环境中自觉做文明人、行文明事，让孩子们从小立下远大志向，长大后用自己的聪明才智报效伟大的祖国。

走进社区，爱护家乡，也是每个小公民义不容辞的责任，为此，学校把环保教育延伸到社区、家乡的各个角落。学校建立起家校互动环保教育网络，通过下发"致家长一封信"，呼吁市民参加"创建环保绿色家庭"和"大手牵小手为祖国添绿"的活动，积极宣传环保思想，使西五小学的绿化、环保行动带动两千六百个家庭共同行动，形成合力。每年的3月10日—15日被学校定为"建设美丽家乡清洁周"，组织全校师生彻底清扫校园内外环境，同时派出一支支护绿小分队，走进社区迅速清除墙体上张贴的野广告和人行甬道上的口香糖，为生活环境的整洁贡献一份力量。同学们的爱心行动获得了广大市民的高度赞扬。为了让学生树立爱家乡的意识，学校先后开展了"绿化吉林大地，扮美锦绣家园"主题班队会评比，让同学们在丰富的文艺表演中进行自我教育；开展了"保护地球家园"主题征文、手抄报比赛，让学生通过活动感悟生活中的美，把自己的真切体验用文字和图画等形式表达出来，培养了队员热爱生活、热爱大自然的美好情感。

环保教育让孩子们逐步成长。在长春市争创"文明城、卫生城"的活动热潮中，学校师生全情投入，他们高擎着"西五小学文明使者"和"护绿志愿者"的大旗走上街头，向行人发放"热爱家乡、从我做起"的宣传单，向广大市民发出绿色行动的倡议。孩子们的文明礼仪、崭新的精神风貌、热爱家乡的责任感，让广大市民深受影响，市民们也纷纷加入创城活动，携手为建设文明长春、美丽家园作出应有的贡献。

在实施《小学生日常行为规范》教育过程中，我们摸索出行之有效的几点做法：①讲解规范，明理导行；②具体要求，反复训练；③创设情境，言传身教；④精心指导，规范行为；⑤结合教学，全面渗透；⑥家庭、学校、社会密切结合；⑦加强考核，注重实效。与此同时，我们还组织开展了"四个一"专题活动：A.训练一个阵容——升旗、做操、集会的优美阵容；B.建立一个秩序——课堂、课间、活动的优良秩序；C.养成一种习惯——讲卫生、爱劳动、勤学习的习惯；D.营造一个氛围——文明礼貌四个方面对学生进行规范训练。在行为习惯的养成教育过程中，教师努力贯彻落实学校倡导的五句话：即"楼内肃静，右侧通行，自动一行，脚步轻稳，见人问好"。这些都促进了"和谐自主、和谐规范"校园文化的形成。

（2）学会感恩——施爱于人，传承中华美德教育

学校以"感恩教育"为主线，开展以"感恩祖国"为核心的，以"感恩自然、感恩父母、感恩学校、感恩教师、感恩伙伴、感恩成长"为主题的"孝道雅行、以爱育爱、师生携手、家校相通"德育系列活动，致力于培养学生良好的规范、健康的人格，创建和谐校园。

清明节，学校策划并举行了清明节文化活动周，各班开展了"以百年西五的名义——明清明历史，讲先烈故事"主题中队会评比活动，刊出手抄报

并进行"感恩英雄先烈、珍惜幸福生活"祭扫英雄烈士墓活动，同学们在活动中了解了清明节的来历和英雄烈士的事迹，受到了热爱祖国、感恩先烈、珍惜生活的革命传统教育。

教师节，我们组织开展"沐浴师恩，幸福成长"主题系列活动，通过升旗仪式、制作教师节手抄报、为教师献词、送老师一句贴心祝福、为老师佩戴光荣花等形式，传播感恩和爱的种子，让学生心灵开出最美的花。每逢教师节前夕，我们都会给家长发出《致家长一封信》，要求学生不许给老师买礼物，或把送给老师的礼物变成特长展示，或给老师写一封表露自己感激之情的亲笔信，或自己制作贺卡或爱心小礼物送给老师，或拟一份自己决心改正缺点、追求上进的日程表等。教师节期间，一件件学生亲手制作的创意新颖的爱心礼物都会被悄悄地摆放到老师的讲桌上，收到这些特殊礼物的老师们都会在办公室里互相介绍、欣赏孩子们饱含浓浓爱意的小礼物，言语中洋溢着无限的自豪和温情。

国庆六十周年，我们在全校开展"国旗升起来祖国在心中"大型感恩祖国教育活动。我校全体师生每人手执一面小国旗，高唱国歌，庄严宣誓，为祖国 60 周年华诞庆祝，传承爱国主义精神。同学们在国旗下立志热爱祖国、祝福祖国、服务祖国、为国争光。学校还组织发起了爱国征文、图片资料展览、绘制图画、制作"我爱中国"手抄报等形式的活动来表达对祖国的热爱。结合长春创建全国文明城的契机，我们在校园内开展感恩家乡"为春城加油，为文明喝彩"主题系列活动，学校举行升旗仪式，发起文明倡议，发放文明公约，号召大家从学校、家庭、社会不同层面关心家乡发展和建设，以实际行动支持家乡的创城活动，为家乡发展献力。因此，在创城迎检期间，我校以其整洁、高雅、优美的育人环境，完善、翔实的资料呈现，特色鲜明的校园文化和文明有序、积极向上的师生风貌赢得了检查组的高度赞誉，我校也因此获得"创全国文明城先进单位"殊荣。

在绿色德育"1361——我爱我家"工程主题系列活动中，很多学生意识到以自我为中心的利己主义观念是不正确的，应该多关心家人、师长、朋友，多关心家乡建设和祖国发展，学会爱、学会感恩。在活动开展过程中，出现了很多感人事例。比如，以前从来不做家务的五年七班的王韵佳同学破例给妈妈洗了脚，当她看到妈妈的脚指甲有的因受伤破损，脚部的皮肤粗糙不堪时，她心疼得哭了。从此之后，她像变了一个人似的，每天争着帮妈妈做力所能及的家务活，学习上也变得比以前主动自觉了。看到她的变化，妈妈感动得为学校送来一面锦旗，上面写着："孝道雅行提素养，感恩教育暖人心。"还有我校六年级的一名男同学，以前出现问题家长教育他时总是愿意跟家长顶嘴，平时与同学的关系也很紧张，大家都不喜欢和他接触。

自从学校开展"孝道雅行感恩父母"系列活动后，他们班的班主任老师重新完善了班级各项"会爱的好孩子"评比细则，把感恩父母、关爱同学作为其中一项评比指标。老师私下里找了几个班干部，请他们从生活和学习上多关心帮助那个男同学，并积极发现他的优点和长处。班级的几名班委商量之后，组织召开了"温暖就在你我身边"主题中队会，并邀请那名男同学参与"我爱我家"生活情境小品表演，让他在其中扮演父亲的角色，体会父母养育孩子的用心良苦。在大家的努力下，那名同学逐渐感受到了父母的艰辛、集体的温暖，渐渐地，他也学会了关心父母、团结同学，在自身行为表现上有了极大的转变。母亲节那天，他还给妈妈写了一封情真意切的感谢信，题目叫"母爱的力量伴我成长"，他的妈妈阅读之后，抱着孩子流下了激动的眼泪。

绿色德育"1361——我爱我家"工程在实施过程中，经历了十二个提升阶段，运行到现在，我们喜见全校师生从精神面貌到个人素养、文明意识的大幅度提升和转变。学校取消了大扫除，楼内楼外的卫生状况却明显改观，达到早晨和晚上一样，周一和周末一样，平时和双休日一样的程度。班主任科学自觉管理、学生文明自律意识和主人翁责任感也得到极大增强。每天课间，学生在教学楼内安静、文明、自觉靠右侧通行，很好地贯彻落实了无声教育，得到上级领导和同行的高度赞誉。

3."阳光道德银行"紧扣"实"

为了进一步树立"学校教育，德育为先"的理念，促进未成年人全面健康成长，使学生成为有爱心、讲道德、守诚信、重合作、求发展的新时代小公民，学校在实施绿色德育"1361——我爱我家"工程基础之上，不断探索新的德育途径，成立了西五小学"阳光道德银行"，并深入探索该机构的时代意义、现实意义，科学规范其操作办法，使其能不断丰富绿色德育的教育内涵，为培养西五小学全面发展的阳光健康少年服务。

"阳光道德银行"是仿照银行的形式，以学生中的"文明行为和道德善举"为主要存储内容，以"银行储蓄"为手段，以"榜样教育"为途径，以"激励提高"为目的的一种教育载体。阳光道德银行积累的是道德资产，存入与支出的也都是道德分值。每位道德银行储户都有一本"道德银行积分储蓄折"。总行给每一道德项目确定一定的分值，每位道德银行储户完成某一道德项目，就给予相应分值，每位小储户的道德分值每学期都可以累积上去，一直到六年级毕业为止。

道德银行以学校为单位设立"总行"，以班级为单位设立"分行"，分别设有专人负责。学校设立"阳光道德银行"管理委员会，聘请校长为董事长，主管德育的副校长担任副董事长，政教主任为顾问，大队部为"少年道德银行"总行，推选大队长为总行长，各中队为"阳光道德银行"的分行，各中队推选一名同学为分行行长，各分行组建若干储蓄小组，每位队员都是银行的储户。

阳光道德银行实践思路——坚持一个理念：播种习惯，收获未来。思想决定行动，行动决定习惯，习惯决定品德，品德决定命运。我们力求抓住学生的细节变化，通过阳光道德银行这种载体和途径，打造一个积极向上的平台，在学习生活中对学生进行道德监督，让学生在这种生动、有趣的阳光道德银行机制运作中，感受快乐，收获优秀品质。

阳光道德银行实践思路——坚持两个原则：重在创新和贵在坚持原则。创新是一切工作的灵魂。德育工作要不断变换形式，让学生充满兴趣、乐于接受，全身心参与方能达到最佳教育效果。我校的道德银行在实践中要不断经历创新与尝试，从"班级存折行天下"到"星级班级评比"再到"阳光少年月评"——总结提升，形成课题。我们要持续探索新的教育规律和实践方法，使我校的道德银行不断跃上新台阶。

阳光道德银行实践思路坚持三个结合：过程与终端评价相结合、个人与集体相结合、学校与家长评价相结合。学校设立了西五小学"阳光道德银行"财富评比榜，从"热爱祖国、关心集体、环境卫生、文明素养"四个层面对各班同学的表现进行评比，用不同颜色的笑脸积分形式进行校内张榜公示，并把评比结果每周面向全校师生进行总结、反馈，极大地促进了学生自我约束、争先比优的意识。每周、每月各班还要根据学生表现评选出一至两名道德之星以及优秀家长上报到学校，每学期期末，我们会根据学校对各班评比积分结果，分别评选出星级特等模范班级、星级标准模范班级和星级模范班级，并对在阳光道德银行评比中表现突出的学生和家长进行表彰。

学校对阳光道德银行高度重视，健全组织、明确职责，制订实施方案，以确保阳光道德银行工作稳定、持久开展。在操作层面，学校积极探索家庭、学校、社会三位一体的操作、评价程序，使德育从生活中来，到生活中去，让道德主体能主动参与实践。

各班依据学校评比方案的整体目标和要求，结合本班实际情况，制定班级道德银行实施细则，每周在班内进行评比，将评比结果分别在学生自己的阳光道德储蓄存折和班级道德银行财富榜上进行体现，同学们通过存储文明言行，不断强化道德和行为养成教育训练，极大地规范了自身的文明行为，提高了文明素养。老师们在阳光道德银行评比的过程中，也积累了很多切实可行的好的经验和做法。

在阳光道德银行科学、规范的创新机制操作下，在学校的积极引导和班主任的大力配合下，学生们热心参与、争取积分。每学期期末，学校都会评选出一批"金卡储户""银卡储户"和"铜卡储户"，选出"家长道德银行参与之星"，表彰一批在阳光道德银行评比中表现突出的班级、学生和家长。同学们积极储蓄美德善行，争当道德之星、道德富翁，学校也在活动的顺利开展中，塑造了一批文明健康、品学兼优、道德高尚、全面发展的"西五阳光少年"。

"阳光道德银行"财富榜评比活动受到了全校师生和广大家长的欢迎和充分肯定。许多同学的文明素养和道德行为都在发生着悄然变化。他们在学校教学楼内见到老师、客人能主动问好，礼貌地靠右侧通行；校园内自觉使用文明礼貌用语；同学之间团结友爱、和谐相处；回到家里孝亲敬老、分担家务；社会上自觉维护少先队员形象，遵守社会公德、承担公益性义务劳动等。许多家长也大力支持学校实施开展"阳光道德银行储蓄"活动，他们热情参与家庭道德银行评比工作，反馈学生在家里的真实表现，积极配合学校做好学生行为习惯养成教育、传统美德教育以及家庭、社会责任感教育。在教育孩子的过程中，家长的教育方式以及责任意识也得到了提升和增强。

4. 创新活动体现"美"

我们深知，让学生在丰富多彩的德育活动中健康成长既是德育的出发点，也是提高全民族素质，促进学生全面发展的必然途径。因此，在提高德育工作实效性、打造德育品牌校方面，学校坚持以道德行为规范教育为基础，以弘扬社会主义核心价值体系为核心，全方位、多渠道开展德育工作，并注重在实践中不断挖掘育人特色和创新点，力求优化教育载体，促进学生形成健全人格，树立高尚的道德发展观。

学校创新开展了"三热爱"教育活动，引导孩子们学会爱并真正能对父母、对他人、对社会施以爱；每学期，学校还会结合特殊纪念日或具有特别意义的特定时期，对学生进行引领精神成长的送温暖教育，着力提升学生文明形象。比如，结合五一劳动节同社区联手开展"共建和谐社区，师生齐行动清理小广告"活动；六一儿童节，组织学生走进王守兰福利院看望孤寡老人，开展红领巾文化公益超市义卖、百年校庆看望百岁老人等献爱心活动。学校还组织发起了温暖校园、幸福班级形象塑造活动。通过"温暖瞬间日日拍"的形式，学生把每天发生在校园里的好人好事通过照相机、录像机抓拍的方式记录下来，每周末播放给全校师生看，让师生彼此关心、学生互助互爱的文明行为在校园里蔚然成风。同时，我们围绕"学会实践"教育内容，充分利用德育基地以及丰富的人文资源组织开展多形式、多层次、多角度的体验教育活动，引导学生树立正确的人生观、世界观、价值观。

每年寒、暑假开学第一天，我校学生都会胸前佩戴大红花、手拿收获卡踏进校门。学校开展的用"收获卡"换"祝福卡"活动受到了同学们的喜爱和欢迎。学校希望每个假期给孩子们带来的不仅是快乐，还有成长。读书、参观、旅游、社会调查、学做家务等丰富多彩的假期活动增长了他们的见识，锻炼了孩子们的能力，提高了他们的综合素养。

教育学生牢记革命传统，珍惜幸福生活。1964年8月25日，省军区警卫连战士孙洪泽为抢救长春市四十一中学落水少先队员不幸牺牲，年仅22岁。为了表彰孙洪泽舍己救人的英雄行为，吉林省军区追认他为中共党员，并授予革命烈士称号，共青团长春市委员会号召全市共青团员和青少年向孙洪泽学习。为了传承洪泽精神，让西五的孩子也受到革命传统教育，我担任四十一中学校长以来，每年清明节，学校都会策划举行"清明节文化活动周"活动，每年评选出一定数量的优秀班级，命名为"洪泽班"，并祭扫英雄烈士墓，号召这些班级的学生带头发扬洪泽精神。在洪泽精神的引领下，孩子们懂得了珍惜现在的幸福生活。食堂里，再也看不见倒掉的饭菜；水房里，再也看不见用完后没有关掉的水龙头；垃圾桶里，再也看不见没用完就扔掉的铅笔……一种精神改变了孩子们的坏习惯，取而代之的是种种好习惯，这种潜移默化的教育是一种感染，也是一种熏陶。

学校先后组织了《我在国旗下讲话》读书活动、《我与古诗牵手》古诗词诵读活动，先后开展了"我长大了""我在绿色教育中成长"等主题鲜明的班队会，通过少先队大队部发出的"绿色倡议"，全校学生做出"绿色承诺"，学校还召开了"我快乐、我进步、我成长"大型表彰会，通过丰富多彩的活动，使学生文明守纪变成自觉行为。

除此之外，学校组织的丰富多彩的文体社团活动更是激活了校园生命力：青少年作家协会定期开展培训，学员勤奋练笔，一篇篇精彩的充满情趣的生动美文被刊出发表；舞蹈队的孩子在训练中不断提高专业素养和技能，多次在各级各类舞蹈大赛中夺冠；管乐队的学员阵容强大、训练有素，每年都在全市器乐大赛中获得特等奖；校园电视台小记者、主持人的选拔和丰富多彩的深受学生喜爱的电视栏目的播出，使一大批综合素质强的孩子脱颖而出，全面展示了少年儿童独特的风采……每年，学校组织学生参加省、市、区、校各级各类的书画、器乐、合唱、舞蹈、征文、演讲等文体活动，利用这样的实践机会，弘扬和传承中国传统文化艺术，陶冶学生的情操，激活他们的发展潜能，促进学生提高综合素质，丰富学生的生活。此外，学校还开展了"走出课堂·放飞希望"等生活实践与社会考察活动，让学生乐在其中。布贴画、纽扣花、大风筝、小火箭、水果拼盘、十字绣……一个个精美的艺术品，一个个富有生活情趣的小制作，让人目不暇接。学校定期组织学生去博物馆、图书馆、科技馆、艺术馆等文化场所，让学生感受历史的博大精深和社会与时代发展的脉搏。

5. 家校互通突出"合"

绿色德育并不是封闭性、内隐性的教育形式，而是谋求学校、家庭、社会和谐共振、互助共生的德育实践，是一个真正意义上的德育系统工程。

学校的绿色德育是尊重差异，促进学生个体协调发展的教育。它力求在最大程度上利用一切可以利用的德育力量，形成学校教育、家庭教育、社会教育相融并进，互为补充的教育格局，布设一张稳定、健康、和谐的"三位一体"绿色德育网络。我们将学校德育工作向家庭、社会开放，接受家庭和社会的监督，为学生在家庭和社会中的道德成长提供教育服务。同时，我们也积极接纳家庭和社会力量参与学校德育工作，介入学校管理，为学校绿色德育发展提供更切实有效的支撑，让绿色德育焕发勃勃生机与活力。

多年来，我们始终坚持"家校联动，提升学生生命质量，促进学生健康快乐成长"的办学思路，积极推进家长学校建设。学校积极落实"五个一"和"五结合"计划，力图构建完善的家校互动平台。"五个一"，即：请每一位家长在每个学期听一次校内公开课；与班主任交流一次；参加一次学校活动；为班级做一件好事；给学校提一条合理化建议。"五结合"，即：培训会与家长会相结合；集中培训与个别指导、咨询相结合；扶贫助学与代理家长活动相结合；信息反馈与日常教育相结合；家庭教育与学校教育相结合。

学校还积极为家长和教师提供对话空间，搭建沟通平台，依托"中国未成年人网脉工程""校讯通"和"网络空间人人通"，实现学校老师和家长的便捷互动，老师随时可以通过校讯通给家长发布信息，让家长了解学校的近期要求或孩子在校的学习、生活状态。学校创办《家长报》和《互通册》，架设家校互通的桥梁。每学期我们都通过《以爱育爱——家校互通册》《家长简报》《家长周刊》等信息平台，及时向家长汇报学校全方位工作情况，并为广大家长提供最前沿的家教信息和最新的学校教育教学工作动态。学校还建立了同步配套的激励表彰机制，评选"优秀家长"，让好家长成为其他家长的榜样，起到"以一带群"的示范作用；评选"优秀教师"，并对优秀教师在评职、评先、晋级等方面给予优先考虑，激励他们教育教学的积极性。实践证明，我校绿色德育网络的构建，在整合优化德育资源的同时，大大提高了学校德育质量，为学校德育工作带来了积极、崭新的局面。

家长学校的开办，为家校沟通搭建了一个良好的渠道和便捷的平台，使学校教育真正延伸到家庭，解决了学生在学校和社会之间的"管理真空"问题。这种新方式也推动了我校管理的科学化、规范化，拉近了学生、家长、教师之间的距离，架起了学校与家庭交流合作的桥梁，营造了家校沟通、师生和谐的良好氛围。一种互动平等和谐的师生关系、家校关系在悄然形成，家长的素质和行为习惯也在发生着悄然变化，所有的这一切让我们深深地感受到：家长已经把我们的学校当作自己的精神家园在精心呵护！

我们还以"家长学校"为依托，实现家校共建。学校的每一次大型活动，每次教学开放日，全体家长都随班参与，亲身感悟学校的绿色教育。在绿色德育"1361工程"实施过程中孩子们受到了教育：爱同学、爱父母就是爱人民，爱家庭、爱班级、爱学校就是爱祖国，从小爱小家，长大爱大家；家长受到了教育：认识到家庭教育的重要性，家长不应该成为教育的旁观者，而是应该成为教育的主体和教育的支柱；教师们受到了教育：认识到教师不仅是教书，重要的是不能忽略孩子品德修养的形成，应该创新教育方式，让孩子们积极乐观、奋发向上，远离危害、杜绝恶习，这才是教书育人的实质。

在绿色教育理念的引领下，通过多年的艰苦努力，我们的绿色德育实施探索取得了丰硕的成果；学校的整体发展、教师的精神面貌得到大幅攀升；学生的道德素质、行为习惯正朝着更加积极、健康的方向发展。我真心期待，西五小学未来的绿色德育会有更多值得追寻的价值目标，会有更多值得我们关注的生命亮点，也会走出一条有特色、有意义的道路。

三、以艺术润泽儿童心灵的育人活动

"没有艺术的教育是不完全的教育，没有开展艺术教育的学校是不合格的学校，没有受过艺术教育的学生是不健全的人。"在我校，艺术教育和其他教育一样受到重视，全校形成了一个比较完善的、指挥畅通的艺术教育组织管理体系，做到了工作有人抓，事情有人做，奠定了艺术教育的坚实基础。由艺术工作领导小组定期对学校艺术教育工作进行专项考核评估，确保《艺术教育课程方案》《全国学校艺术教育总体规划》和有关方面法律法规的贯彻落实。

为了使艺术教育工作逐步走向规范化、现代化，我校从硬件设施和软件建设两方面进行了重点建设，使各项艺术教育工作有条不紊地开展起来。

1. 营造和谐的育人氛围

改善硬件设施，优化办学条件。学校设立了艺术教育专项经费，并逐年有所增加。同时学校进一步调整了经费的使用办法，加大了奖励力度，充分发挥有限资金的最大效益，配齐体音美课专用设备，修建、改造了一批艺术课专用教室和艺术教育活动场所，购置了一批现代化教学设备，使艺术教育的硬件条件大为改观。

学校充分利用现有的现代化教学设备和信息技术开展艺术活动，拓展艺术教育的空间。音像馆、电子声像阅览室、校园电视台等现代化设施，为学生提供高效、快捷的学习环境，让学生感受现代化的学习空间，学生可以通过多种方式和渠道感受美、欣赏美、创造美。

为了提高学生的审美情趣，学校设置了专业的美术教室、书画展室、艺术特色展室，给学生以自由创作、发挥想象、不断创新实践的机会，让学生的书画作品、手工作品及陶艺、泥塑、剪纸等传统艺术作品得以全方位的展示。

重视软件建设，加强师资培训。艺术教育之所以能够不断提高，是因为我们拥有一支精良的任课教师队伍。他们精心选择教材，把握学生的学习特点，认真备课、上课，为学生能力的发展提供了充分的保障。在教学上他们精益求精、一丝不苟，在生活上他们给予孩子无微不至的关怀和耐心细致的引导。更让我们引以为自豪的是，这是一支学习型、研究型的团队。我们经常组织教师共同到书店精选课程资源，搭建学习交流展示平台，促进教师队伍素质的整体提高。学校先后派美术教师去黄山、福州、双阳、净月潭等地参加培训活动，派音乐教师前往天津、广西、上海、成都等地参加培训活动，不断提高教师的业务素质和艺术修养。同时我校还聘请了一批在省、市享有盛名、资历深厚的教师任教。如艺术学院的知名教授、吉林省著名舞蹈家肖丽老师，她编排的舞蹈《红扇》《火把节》等多次在省、市文艺会演中获得一等奖；省内优秀棋类教师刘文博老师，指导学生在象棋比赛中多次获奖……

为了进一步加强对艺术教师的培养，我们研究制定了优秀艺术师资培训规划，积极为骨干教师的成长搭建舞台并多次聘请省教育学院钢琴系教授李慧梳、吉林艺术学院任传文等艺术专家来校做报告、听课、培训、指导、评估。部分音乐、美术教师已经拜专家为师，经常虚心求教，不断进取。

"名师出高徒"，在专家的指导和帮助下，我校的音乐教师韩唯获全国音乐与信息技术整合课一等奖，美术教师也在全国做了观摩课，孔照满老师获得省级骨干教师的荣誉称号。同时，学校也做到了在评职、评优、评先活动中，保证艺术教师占有一定的比例。学校定期召开艺术教育工作会议，对在艺术教育工作方面作出突出贡献的教师进行表彰。学校还积极举办优秀教师教育实践专题研讨会等，为我校优秀艺术骨干教师的脱颖而出搭建了成长平台，创造了良好条件。

2. 大力开发校本课程

为了充分体现"为了每一位学生发展"的核心理念，我校在"实施绿色教育，建构绿色课堂"的实验中，大胆进行了体音美分层教学的尝试。在音乐、体育、美术三个学科中，学生可以根据自身兴趣爱好自主地选择低、中、高之中的任何一个层次以及不同的教学内容进行学习。学生自主选择班级，打破了班级的界线，形成了一个新的集体。当然，这种形式不是固定不变的，学生可以自由地挑选教学形式，教师接受学生的选择，对学生实行动态管理。在实施探索阶段，我们承担了省级课题"体音美分层教学的实验"，通过教研与科研紧密结合、建立体音美教学研究学会以及定期组织教师学习和开展研讨活动等措施，不断提高教师的科研意识和教学水平。这项实验也是吉林省"十五"规划重点课题，现已结题，成果鉴定为优秀。我校三位美术教师共同执教的美术综合大课《茶文化》《生活中的花》等先后在吉林省美术年会、长春地区研讨会上进行公开汇报，得到了与会专家的赞赏。2005 年 4 月，我校美术教师在全国做观摩课，受到了广泛的好评，体音美分层教学的实验探索和成果有效地推动了我校学生的艺术发展，形成了班班有艺术特色、人人有艺术特长的良好局面。

我校还把艺术教育渗透于各科教学、延伸于各种活动、蕴含于学校文化中，并成功地将艺术教育带入课堂，与传统学科整合，为老师及同学们带来全新的学习体验。这种崭新的教学模式，不仅有助于增强同学们的学习兴趣，激发他们的创意、思考及分析能力，还能协助他们将所学的知识融会贯通，灵活运用在学习上。多元智能理论指导下的艺术课堂，真正鼓励、欣赏每位学习者的长处和多元能力，通过多元教、学和评价渠道，因材施教，实现多元发展的目标。如在语文与音乐学科的整合课上，我们常常欣喜地看到这样的画面：在教室中，孩子们将诗歌以歌曲的形式唱出来；在电子琴房，孩子们弹唱演编古诗；在多功能教室欣赏古典文化……真正实现了学科与学科的整合、学科与信息技术的整合、学科与生活的整合，艺术教育的天地不再只是一间教室、一个学科、一位教师，它延伸到了各个学科和校园的各个角落，延伸到了社会的四面八方……

为发现和挖掘学生的潜能，创造条件让学生的多元智能得到充分的释放和发展，我们本着"培植特长、发展个性"的原则，以"目标激励、发展兴趣"

为前提，以"培养学生的艺术特长、创新精神、实践能力"为目的，精心设计安排少年宫活动内容，开设了多项艺术学习课程：舞蹈、声乐、管乐、京胡、二胡、京剧、国画、儿童画、陶艺、软硬笔书法、双手书法、棋类以及网页、动画制作、小主持人、球类、轮滑、健身车等。我们专门聘请了在艺术教育领域有一定知名度的专业艺术教师任教，孩子们可以根据自己的兴趣与爱好参加任意特色小组的学习。

3. 培植学生健康心理

少年宫真正成了学生培植艺术特长的沃土和幸福成长的家园。孩子们体验到了绿色教育的独特魅力和无穷的快乐，没有繁重的机械抄写、运算、背诵作业，老师们新奇的教学道具和有趣的授课方式时时吸引着孩子们的心。在少年宫活动过程中，学校取得了可喜的成绩，涌现出了一大批优秀学生。截至目前，在亚洲生态书画大赛中，我校共678人获奖，包括金奖、银奖。在历年学校参加的国际少儿书画大赛上，我校已累计有150余人次获奖；在美术电脑、美术动画、钢琴、乐器、棋类、声乐、舞蹈等大赛中有3 000余人获奖；在全国英语奥林匹克大赛中有500余名学生获奖；我校被评为长春市校办少年宫先进单位，并承担了长春市校办少年宫成果展示现场会。丰富多彩的少年宫活动使孩子们开阔了眼界，提高了艺术素质，为他们的终身发展奠定了基础。

在艺术教育活动中，我校以超前的理念、规范化的管理和丰富的实践形成了自己独特的办学特色，全面提升了学校的办学品质，学校艺术教育成果显著，在各级各类艺术比赛中获奖200余项。学校获得亚洲生态艺术研究院少儿美术培训基地、东北师范大学艺术教育委员会指定艺术考级单位、中国—澳大利亚电子琴实验校、吉林省艺术教育优秀校、长春市艺术教育特色学校、长春市弦乐特色学校、长春市校办少年宫先进单位等多项殊荣。我校还积极参加全国、省、市、区组织的各项艺术活动，如长春市"千童之声"合唱比赛、长春市管乐大赛、长春市"国际教育展演出"、全国少儿艺术大赛、亚洲生态杯书画大赛、东北"小画家""彩色之路"少儿书画大赛等。同时，学校也相应地结合重大节日开展文艺活动。如庆六一文艺会演、少年宫文艺演出、一年一度的学校艺术节、学校"童星"书画展、"争做文明小公民"手抄报展等。

另外，学校还非常重视社区实践活动，多次参与社区文艺演出，如"百事可乐"杯文艺会演、永春批发开业庆典文艺演出、新春街道办事处宣传演出、文化活动中心"小手拉大手，共建文明长春"演出等，通过一系列丰富多彩的艺术教育活动，培养了学生的艺术才能，增强了学生的艺术才干，实现了学生多元化、全方位发展。

世界上没有一朵鲜花不美丽，也没有一个学生不可爱。每个学生都是一本需仔细阅读的书，是一朵需要耐心浇灌的花，是一支需要点燃的火把。正是源于关爱生命发展的主张和力量，才成就了绿色德育最朴素、最真实的高尚。

从未成年人抓起，培养造就千千万万具有高尚思想品质和良好道德修养的合格建设者和接班人，既是一项长远的战略任务，又是一项紧迫的现实任务。建设社会主义文化强国，是时代和人民的呼唤，实现中华民族伟大复兴，更离不开中华文化的繁荣和兴盛。如今，热爱祖国、积极向上、团结友爱、崇尚文明已经成为当代中国未成年人精神世界的主流，为了把学生培养成具有社会主义价值观，宽容大气、自强不息、崇尚真善美的后备人才，西五小学将继续秉承"关爱生命·注重发展·彰显内涵"的绿色教育理念，积极探索绿色德育关注生命成长价值的途径和做法，在青少年心中播撒"德"的种子，绽放"美"的人生。相信，在我们的努力之下，未成年人的精神世界将更加美好，祖国的未来也将更加美好。

四、自然与人文和谐彰显的育人文化

学校校园文化是学校文化的外在标志，是学校校园中具有文化意义、承载文化内涵的物质环境，校园规模、建筑设备、庭院布置等，都属于学校物质文化的范畴。

营造高品位绿色文化是学校办学宗旨，绿色文化氛围时时刻刻都以其独特的不同的方式向人们传递着学校文化的美妙信息。

1. 校园文化，知行合一

坚持"自然绿意美"的原则，学校校园文化建设的理念是：将人与自然的和谐相处融入学校文化的设计、教学设施的功能区划分以及人文景观的创设等各个方面。就学校的教学设施而言，一方面，其功能区划分做到与外部环境相和谐，使学校建筑的色彩与周边环境融为一体；另一方面，学校根据各年段孩子的特点，精心划分各个功能区。我们注重显性文化建设和隐性文化建设，从而达到育人环境优质化。

在显性文化建设上，我们注重美化、净化、绿化。徘徊于西五小学，校园环境温馨雅致，整洁一新，让人赏心悦目；在隐性文化建设上，我们更注重人文性、实效性，学校教师为学生营造了一片片健康的绿色成长氛围。学校人文景观渗透着绿色教育办学理念。假山、喷泉等都体现着科学、人文、健康、和谐共生、可持续的思想。这些人文景观的创设体现了人与自然和谐相处的绿色教育理念，对学生和教师的成长都有着熏陶的作用。

（1）生态文化，以人为本

在学校校园文化建设的过程中，我校始终坚持以人为本、面向未来的设计理念，充分考虑校园目前的景观性、标志性、人文性，并与学校办学特点相结合，将学校理念、整体和局部的文化营造进行规划设计，使理念独特，整体和局部的文化营造富有人性化和个性化，色彩明快活泼、简洁大方，突出视觉效果，塑造一个充满现代人文气息，又秉承东方传统文化的绿色书香校园，同时还注重体现文化熏陶与自然和谐。

在继承传统文化的同时，我们也意识到，现代社会的高速发展，需要鲜明的个性张扬，持续的动力发展，这需要从细微处和无声处给予肯定，给予鼓励。本着校园环境建设科学性、艺术性、教育性、实用性的原则，我们在教学楼内明显的位置上，展示了师生作品，有美术、书法、手工作品等，还有把学生创作的歌曲张贴在醒目的位置，并专门开辟"文化走廊"，悬挂学生特色作品。在学校外墙上定期张贴师生获奖喜报，红彤彤的喜报成了校园入口处一道亮丽的风景。通过这样的设计，让师生的特长得以全面的展示和认同，培养了师生的自信心和创造性。

为了让学生更多地接触自然、热爱生命，我校号召每个班级养鸟、养鱼，并号召学生担任爱鱼、爱鸟志愿者。在学生精心照料下，校园内鸟儿欢唱，鱼儿畅游，充分体现了绿色教育是生命教育，而尊重生命必须落实在对生命的保护和热爱上。我校还在操场四角，建设了小桥流水景观、假山喷泉、古树花池、"道德经"画卷、"百年西五"文化墙，校园里一步一景，一景一趣。校园成了孩子们向往的乐园、深爱的家园，充分彰显了绿色教育点化心灵、润泽童年的育人功能。

在校园文化建设中，学校最有代表性的是走廊文化。我们把整体思考、精心设计，把"丰富走廊文化，凸显学校特色，形成育人氛围"作为工作思路，组织教师一起参观借鉴、相互交流，分层精心设计了教学楼的文化长廊，形成了丰富的走廊文化，创建出文明、典雅，民族传统文化与现代建筑风格相结合的独特的育人环境和浓厚的礼仪氛围。

为了表现出一个学校整体精神的价值取向，突出具有引导功能的教育资源。我们力求让每个校区的校园文化以绿色教育为引领又各有特色。为了凸显高雅的绿色品位，学校全力打造"无声教育"的亮丽风景。美观、大方、高雅、现代化的校园文化，让人深感校园的可爱。

我校实验幼儿园文化建设随着时代的发展在不断地更新。经过二十年的发展，现在幼儿园的校园文化理念已经悄然发生了变化。为更好地适应幼儿的发展，我们将一至三楼的色调分别设计为粉红色、淡绿色、浅蓝色，象征着宽厚、宽容和宽广。一楼以淡粉色为主，温馨、关爱，象征着春夏的春暖花开。二楼以蓝色为主，神秘、探索、深奥，让幼儿在爱的海洋里，在快乐的海洋里，在知识和神秘的海洋里，发现与探索。三楼以绿色为主，代表着健康快乐的绿色教育。缤纷多姿的装饰画，动静相间，穿插其中，难怪有的家长说，一来到这里，就有种追回童年，重活一回的欲望。

各个楼层和教室内一块块栩栩如生的主题教育板块，像和煦的春风，飘散在校园的各个角落，使幼儿园的小朋友如同生活在美妙的童话世界，于无声处受到美的熏陶与感染，让他们更加喜欢幼儿园，在幼儿园能够轻松、愉快地成长。

（2）视觉文化，主题鲜明

2007年，在中学校区和高年级校区，我们设计了以"我爱我家"为主题的校园文化：一楼为地球——我的家园，体现的是世界各国的风土人情；二楼为中国——我的母亲，体现的是大家对国家的热爱；三楼为吉林——我的家乡，体现的是家乡的风景名胜和风俗文化；四楼为我爱我家，展示的是中学和小学中各种生活照片，让孩子逐步丰厚和细致对家的情感。西侧楼梯还设计了富有教育意义的丰子恺教育漫画墙，东侧楼梯设计了学生文明规范活动的展示墙。这些设计，让我们的校园文化既贴近了学生生活，又引领了学生的精神成长。与以往不同的是，西长校区北楼，每个楼层都有一段富有哲理的寄语，有专家名言，有校长寄语，代表着学校对中学生成长的殷切期望。曾经，中学和小学的孩子融洽地生活、和睦地相处，也让我们感受了高雅、丰厚的校园文化，就是一种最有力的无声语言，达到了春风话语，润物无声的境界。

为了更好地彰显绿色教育的内涵，学校在两年间分别对西长校区和主校区进行了校园文化建设，侧重以素质教育为主旋律，对学校绿色教育活动进行选择、设计、转化、生成，在校园环境的布置上，注重美化、净化、绿化、雅化。我们创设了"阳光、智慧、文化、艺术"的校园文化特色，并以"我爱我家"为核心，构建了寓意学生的"向日葵迎着朝阳生长"和寓意教师的"太阳鸟向着太阳飞翔"的师生精神文化。

学校针对西长校区中、高年级学生和主校区低年级学生的不同特点，于2013年重新进行了校园文化建设，侧重以素质教育、生命教育、绿色环保教育为主旋律。室内花、鱼同生，室外树、鸟同长，给校园增添了生命的气息，给学生以心灵的滋养和行为的引领。

主校区校园文化建设以"绿色教育"为主线，整个寓意是一棵茁壮成长的参天大树：在肥沃的土壤的孕育下，大树枝繁叶茂，努力向上生长着。操场上的各种自然景观深深植根于沃土；一楼主题是"绿之育"，象征绿色德育；二楼主题是"绿之舟"，象征绿色课堂；三楼主题是"绿之韵"，象征绿色文化；四楼主题是"绿之艺"，充分展示了我校实施绿色教育以来的师生艺术作品及成果。全楼校园文化设计可谓独具匠心，让人观看之后，在了解西五办学成果的同时，也感受到这所百年名校的文化底蕴。

更令我们一次次感动的是，象征绿色教育美好未来的那首小诗《绿之翔》，诗中写道："有一种色彩可以飞翔，有一种力量可以信马由缰，有一种温暖生成了翅膀，有一种品牌光芒，在教育的天幕上，芬芳成行。"

西长校区操场虽然不大，但这里的一草一木无不凝聚了学校领导和师生的心血。绿色体现了西五的绿色教育理念，体现了西五人为了给同学们打造一个健康、舒适的学习环境所付出的心血和努力。

仁者乐山，智者乐水。山是高尚的象征，水是智慧的化身。初入校门，高山流水、假山喷泉便映入眼帘，山水相依，温润清丽，趣味悠然。假山奇峻，寓意朝气蓬勃的进取精神；泉水蕴乐，象征师生如泉的智慧，为学的无限乐趣，以及学校对师生的无限关爱。校园绿意盎然，山水相映成趣，展示了全校师生同心同乐、朝气蓬勃的精神，预示着学校光明、美好的未来。

百年古树，历史悠久，是学生们乘凉玩耍的乐园。树上栖息着喜鹊，预示着西五小学捷报频传；鱼池中，活泼可爱的智慧灵鱼给校园增添了无限生机；文化墙上面记载着《陋室铭》《爱莲说》等名家名篇，给学生以精神上的滋养；绿色的荷花池，生机勃勃的景观，与我校绿色教育相得益彰。

操场上的高山流水景观中的一池清水和活泼的游鱼，是孩子们最喜欢的地方。下课了，孩子们三五成群围拢在池边，观鱼、赏鱼……培养了学生对生活、对自然的兴趣与热爱。这里的一切，都突出了"关爱生命·注重发展·彰显内涵"的绿色教育理念。

南楼二楼的宣传板介绍了中华民族的重要节日和部分少数民族的重大节日，潜移默化地对学生进行了中国传统教育。墙上的十二生肖惟妙惟肖，深受广大学生的喜爱。

三楼的展板介绍了共和国领袖人物的生活故事，使同学懂得了怎样做一个品德高尚的人。香港、澳门的顺利回归，北京奥运会的成功举办，神舟五号的既定着陆，神舟八号和天宫一号的对接成功，都充分展示了我们祖国的日益强大。我们的家乡在居住条件、文娱需求、产业发展、科技进步等方面都有了翻天覆地的变化。在西五小学处处洋溢着艺术精灵与文化气息。

童真、童趣、童心是孩子们所特有的。四楼校园文化以艺术为主题，营造出各种艺术氛围来陶冶学生的情操，增加审美情趣，为学生打造了一片艺术的天地。学校教师亲手绘制的油画给人以丰富的想象空间。春夏秋冬图配古诗句,让人从中感受大自然一年四季的秀美风光。一幅幅艺术作品中展示的是西五小学孩子们眼中的世界,充满了无限的乐趣。在这样一所以"绿色教育"为理念的学校里,学生的个性得以张扬,兴趣得到培养,孩子们如同向日葵一样茁壮成长!

在校园文化的建设中,学校还特别注重班级文化的建设。因为,班级作为学校教育的基本组织形式,对学生的成长具有重要的影响,其思想品德的形成、情感兴趣的发展,都与班级教育质量有着很大关系。所以,着力创建一个健康、积极向上的班集体,让它成为孩子们生活与成长的摇篮,是每一位教育者应有的责任。西五小学的班级文化建设,从物质文化、精神文化等不同层面促使每个班级创建自己的文化,彰显不同的特色,让学生在不同的班级活动中学会与人共处,学会正确处理个人与集体的关系,提高自身的组织性、纪律性等。

每个班级都能根据学校的总体要求和自己班的学生实际情况,设计温润生命的班级文化。在班级中创建了图书角、文化墙(科技文化墙、艺术展示墙、生活情趣墙、名人名言墙等)、评比台等班级文化。同时,每个班级都有自己的班训,如一年一班的班训是:文明、友爱、乐助、奋进;二年四班的班训是:博学善思、敦品践行;三年三班的班训是:健康、诚实、自信、团结;四年四班的班训是:文明规范、自信向上;五年七班的班训是:活泼、团结、守纪、创新;六年九班的班训是:勤奋、守信、健康、求实。温润的班级文化对学生进行着隐性的教育,它给学生潜移默化的影响,使学生在无形中形成积极的道德情感,从而将道德认识升华为道德信念,落实于日常行为当中。

2. 精神文化,提升内涵

在校园的每一个空间中,文化处处彰显:学生养成习惯的表现是文化,教师爱岗敬业的教学行为是文化,环境卫生、教学秩序是文化,学校物质建设与校园特色等都是文化。这些文化的形成,一靠学校传统精神的影响,二靠活化管理中师生素养的提升与积淀,三靠校长文化的精神引领。从我做校长开始,我就有意识地为教师、学生营造一种环境,让艺术与精神充盈于百年西五的每个角落。我不仅注重美化、净化、绿化、雅化,而且注重在有限的校舍中营造生态文化。

（1）文化的创建与发展，需要校长思想的引领和行为的影响

为了发展学校文化，我引领教师构思、创设、生成。比如学校56个民族的56块画板，师生艺术长廊，教师的粘贴画、十字绣等手工作品，都是教师利用寒暑假亲自动手制作的。教师手中呈现的是作品，心里呈现的却是一种积极进取、无私奉献的精神。这种精神就是最好的文化。

记得在学校困难时期，我带领全校教工利用十一国庆节假日的时间给学校门窗、楼梯扶手、墙围子、校园大铁门刷油；利用五一劳动节放假的时间，为运动会的召开给学生画画板；利用寒假，做好一切新学期招生的准备工作；利用暑假，完善、创设、更新校园装饰……大家欢快地干着，从快乐的神态中我感受到一种力量与鼓舞。主校区的爱国教育、集体教育、对外交流都展现了学校发展的蓬勃与向上的风气；西长校区南楼"阳光·智慧·文化·艺术"的系列文化，赋予了学校创造精神；北楼"家乡——中国——世界——地球"既陶冶了学生的情操，又体现了时代的气息。在学校文化的构建中，我与教师同思想、共成长。我还将学校的某个有标志的文化作品如太阳鸟、向日葵看作是"学校精神"，把教师的内在精神与外在张力看作是学校品牌的形象代言人，几经打造、传承，我们形成了富有特色的师生文化："向日葵迎着朝阳成长""太阳鸟向着太阳飞翔"。在学校整个发展过程中，我与西五小学的教师们有着同样的感受和体会，那就是：快乐着我的快乐，幸福着我的幸福。

为了丰富教师的思想内涵，我号召教师读书，开展"践行陶行知教育思想，做有根的西五人"读书活动，并在教育教学工作中不断地贯穿"严谨、务实、开拓、创新"的科学与时代思想，让教师文化立得起、挺得住。我总用大诗人郑板桥的一句话勉励大家："吃自己的饭，流自己的汗，自己的事业自己干。靠天、靠人、靠祖宗，不算是好汉。"我还号召大家把我国生物学家童第周的至理名言作为自己的座右铭："别人能做到的事，我也能做到；别人能做好的事，经过努力，我能做得更好。"

（2）文化的创建与发展，是教育智慧的彰显

为了打造积极向上、民主自由的团队，我带领班子成员积极探索两种"螺旋上升式"管理模式：

一是大雁式"V"型凝聚模式，其含义是：走到一起是开始，融入一起是进步，合作到一起是成功。我们在学年组建设、教研协作体发展上成功采

用这一模式，实现了"同伴互助"的飞跃与提高。

二是同心圆【INI】向心模式，其含义是内核不断坚固，其外延不断拓展。为此，学校以打造过硬的"班子"和"支部"为核心，通过实施绿色管理流程："布置—落实—检查—反馈—反思—评价"，做到目标管理与过程管理相结合，确保了教育教学工作高效运行，使教师逐步向"超越自我管理"迈进。通过两种黄金团队模式的构建，使学校四个校区在管理上实现思想引领、同伴互助、自我提高，推动了各项工作有条不紊地向前发展。多年的校长经历让我认识到：治校要治思想，管理要管行为，因为教师的思想觉悟和行为表现就是学校文化的重要内容。

（3）学校文化的创建与发展，是科学发展观的具体体现

目前学校教师积极向上、勇于进取、乐于奉献，他们把"西五光荣我光荣，我为西五争光荣"作为一种工作信念，把提升自己与发展学校紧紧联系在一起。2010年，10名青岛校长到我校挂职锻炼，从内心发出感慨："你们的教师太敬业了！"2011年4月，福建长乐市的13名骨干教师到我校挂职锻炼，也给予我校很高评价。榆树市30名教师来我校义培，培训结束时，恋恋不舍。8名西藏教师到我校培训时，怀着敬意赠送了一块大匾，上面写着四个大字"扎西德勒"。

《中国教育报》记者来我校采访后，深有感触地说："我到过许多基地名校，西五小学是我采访的名校中规模最小的，设施最少的，但学校内涵是最丰富的一个。"2011年6月，《中国教育报》"现代校长"栏目以"绿色是学校发展的力量"为主题，报道了我校绿色教育的成果，并破例在同一期的另一板刊登了我的专题报告《我的情结我的爱》。这些，都说明了西五小学校长文化与学校文化的辉映，教师文化与学生文化的融合。总之，绿色教育使西五文化产生魅力，创造奇迹。这种魅力与奇迹，是教育的作用，是教育的力量。

有人说教育是事业，有人说教育是科学，有人说教育是艺术，这些都对。但是在教育中赅总一切、贯穿始终的，应该是"爱"。教育，是我的人生大事；爱，是我在教育岗位上进德修业的"原动力"。正因为有这种爱，我才能自然流溢出那无私的奉献；正因为有这种爱，我才能全心全意地投入工作而坚定教育的信念；正因为有这种爱，我才能在任何艰难困苦的环境里激情不减；

也正因为有这种爱，我才能在本职工作中持之以恒地坚守着：时间流逝，岁月轮回，纵然青丝染白发，我也无怨无悔。

多年来，学校每学期都会进行"星级模范班级"的评比，经过班级申报、年级推荐、考核汇总、学校评定，每学期都会评出"星级特等模范班""星级标准模范班""星级模范班"。"星级模范班级"评比活动的开展，可以促使学生积极投入到班级文化的建设中，提高学生的积极性和主动性，培养其对集体的热爱。同时，每学期，学校都会指导班主任老师做班队会展示，把发生在身边的小事以小品、歌唱、快板、辩论、相声等形式，展示给大家，在反复的排练过程中，加深了学生对文明的理解，并促使学生把学到的知识用于生活实践中。学生们带着愉悦的心情，在欢快的歌声与笑声中，认识着礼仪规范，培养着自己良好的行为习惯。

2000—2022 二十二年间，学校先后被评为"全国创新管理示范校""全国红十字模范校""全国德育科研先进实验校""吉林省依法治校示范校""吉林省精神文明先进单位""长春市基础教育改革示范校""长春市首批'3A'示范校""长春市创建全国卫生城市先进单位""长春市创建国家文明城市先进单位"等国家、省、市级荣誉称号百余项。

学校先后四次代表长春市迎接"创建国家健康卫生城检查"和"创建国家文明城市检查"，代表长春市迎接全国健康教育检查，先后代表吉林省和长春市迎接"国家司法部'五五'普法中期评估检查"和"吉林省'五五'普法'四五'依法治理工作检查"。《吉林日报》《长春日报》《长春晚报》《新文化报》《东亚经贸新闻》《时尚女报》和吉林电视台、长春电视台、吉林教育电视台等多家新闻媒体，多次报道我校教育改革工作。

2008 年 9 月，国家司法部副司长来我校视察，对学校法制教育工作给予高度评价；2014 年 4 月，国家教育部体卫艺司司长王登峰视察我校健康教育工作，并给予高度评价；2014 年 5 月，国务院办公厅财政部部长助理于志平光临我校，对学校义务教育均衡发展工作给予高度评价……这些都说明我校绿色德育的实效性是显而易见的，也说明我们的绿色教育是成功的。

3.百年文化，薪火相传

长春市西五小学积淀百年，历史源远流长，发祥于 1909 年，前身为萃文女子小学堂。学校走了百年历程，形成了中小幼立体化办学新格局，跻身于省、市名校和国家重点实验校行列。

（1）西五，100 周年校庆

2008 年 4 月，我校迎来了百岁华诞，开展了以"百年荣光"为主题的百岁华诞庆典活动、文艺演出等系列活动。这是我校发展史上的一个重要里程碑和新起点，这是总结光辉历程，展示办学成果，展望发展前景的良好契机。

一百年往昔，西五今日之辉煌熔铸了历代同仁的智慧和汗水，倾注了历届学子的努力耕耘，凝集着社会贤达的关心和支持。学校组织编写了校歌，拍摄了大型纪录片《百年荣光》，编写了系列书籍《花、枝、俏》，设计了校徽、校章、百年纪念章，组织了书画家笔会、百年西五慰问百岁老人、走访百名师生等活动，校长的思想在活动中发展，教师的思想在活动中提升，全校上下形成了"西五光荣我光荣，我为西五争光荣"的和谐氛围。

第一，校歌校徽，凝聚力量。

◎校歌

校歌是学校精神之所系，也是全校师生努力方向的指引与教育旨趣的激励，其功用有如一个国家的国歌。学校进入发展阶段之后，为了提升学校形象的文化品位，激发广大师生的爱校热情，我鼓舞广大师生用自己创作的音乐唤醒人们对校园生活的美好回忆，用音乐歌唱自己的活力与热情，用我们的智慧和才华来装点我们的校园。因此，在百年校庆来临之际，学校决定创作校歌，并成立了由我任组长的校歌创编小组，制定了创作原则：注重以人为本，关爱生命，突出西五小学独特的文化气质，树立西五少年的健康形象，同时发扬民主，提倡全校师生共同参与创作。中国十大策划专家之一、吉林大学客座教授王雨农先生也热心参与，和西五小学师生共同创作。经过 5 个月时间的筛选、整理与汇编，又经过创作组的反复讨论、推敲与修改，凝聚着西五师生心血的校歌歌词终于诞生了！歌词简洁明快，通俗易懂，又意味深长，既体现了浓厚的百年文化氛围和独有的爱的教育，也塑造了求知、好学、胸怀理想、快乐成长的西五少年形象，生动展现了西五小学教师投身教育事业的博大胸怀和奉献精神。同时，西五小学所推崇的"绿色教育"理念也不漏痕迹地渗透在歌词中。

校歌歌词确定后，我们又开始了为校歌谱写旋律的工作，经过创编小组反复琢磨，最终，清新、流畅，充满深情的旋律流淌而出，配合朗朗上口的歌词，堪称"珠联璧合"！2007年8月开学不久，校歌《百年荣光》就在校园里传唱开来。

校歌不仅得到了广大师生的喜爱和认可，也受到了许多专家和学者的肯定。随着校歌的推广，学校策划拍摄了西五小学校歌MTV。从设计、筹划到拍摄、剪辑、后期制作，经过半年多的时间，校歌MTV终于制作完成。如今，校歌《百年荣光》已经成为西五小学孩子们最喜爱的歌曲之一。

◎校徽

校徽是学校精神文化的具体体现，有助于提高师生的品德修养，有助于增强师生对学校的自豪感和自信心，是德育教育的途径之一。为此，我校积极组织设计了校徽，我们在设计时将传统与时尚巧妙结合，构筑了色彩纷呈的儿童形象，寓示着孩子们在"绿色教育"光芒之下多元化发展的美好未来。

四个意象儿童的创新生成，既兼容了"西五"（XW）的字母符号，又映射了西五小学"四个校区"区划向心构成。

时尚写意麦穗及"1909"等附加符号的运用，使"百年西五"的历史厚重感油然而生。

透过本标识的具象特征，我们看到了大爱荡漾、昂扬向上的集体辉光，光耀的轮回中彰显特色教育的永恒价值主题。极具视觉冲击力与内涵张力的符号构成，折射了西五小学办学特色的差异化，凸现了品牌塑造的不同凡响。

◎"百年西五"纪念徽章

为庆祝百年校庆，我们倾情缔造了限量版经典藏品《龙凤祥舞》特制纪念币章。我们将中国元素"龙"和"凤"的形象整合运用，于传统中绽放时尚，于静态中彰显动感。其创想内核既寓意了"千年中国·是年西五"的蕴涵，又昭示了我校"穿越一百年的想象"，走过辉煌之后的回眸与眺望。掠过"百年西五"的历史与耀人光芒，让人顿生"爱心串成圆·龙凤在祥舞"的惊世慨叹。

《龙凤祥舞》纪念币章还融入了人文情感下"望子女成龙成凤"的殷切期望。

"百年西五"纪念徽章创意阐释：

为我校百年校庆而创意设计的纪念徽章，整体主色调为红色，寓意西五小学为教育事业发展作出贡献的光辉历程，视觉醒目，记忆鲜明；构图上徽章采用了椭圆形构图设计，象征西五小学百年校庆内蕴丰满。

具体构成元素阐释：

①数字"1"的变形，彰显西五小学办学百年，教育事业力争第一的信念。

②此符号由现代化的桥梁演绎而成，寓意西五小学"绿色教育"的成功模式，架起孩子们未来的价值之桥，起着纽带作用。

③此符号是数字"5"的夸张变形，与校名中的"五"相吻合，寓意深远。

④学校教学楼的剪影巧妙地融入校庆徽章中，彰显品牌符号张力。

⑤动态的鸽子象征校园里可爱、聪明的孩子们在西五学习的一种姿态——团结、向上，特指可爱的孩子们将从西五开始展翅高飞。

⑥此组合包含丰富的细小元素，映射了学校历经百年辉煌发展的历程，极具文化内涵地表达了"百年西五"品牌理念。

⑦徽章的主体部分设计元素的创想源于汉字"西"的美感变形，且与元素③巧妙和谐地构成徽章的主题概念"西五"。

第二，纪念活动，令人难忘。

活动一：出版系列丛书《花》《枝》《俏》。此书主要体现：一群人，承载百年荣光的集体唱响；一股力量，穿越一个教育品牌历练百年的想象；一种精神，对接辉煌与超越的主题愿望。

活动二：拍摄《百年荣光》大型纪录片。《百年荣光》主要再现西五小学一百年的发展历程。回顾历史，振奋精神；传承文化，砥砺前行。

活动三：百年"西五"慰问百岁老人。学校开展这项活动的目的就是纪

念百年历程的同时，能够奉献爱心、回报社会。

活动四：百年"西五"慰问百名师生。2008年1月，学校组织开展了"百年西五慰问百名师生"活动，对8名离退休教师、15名省市骨干教师、26名带病坚持工作的教师、6名支教教师、17名对学校有突出贡献的教师进行了慰问。这项活动，就是让教师体会到百年西五爱心传递。

活动五：举行"书画家笔会"活动。为迎接新年到来，庆祝西五小学百年华诞，省政协书画院、西五小学联袂举行了"迎新春暨百年校庆书画笔会"。省政协书画院是西五小学的共建单位，他们组织了一批卓有成就的画家为西五小学的百年校庆，为2008年新岁送上了厚重的礼物。在一幅《春色满园》巨幅国画作品上，数位国画家共同挥笔，水仙、梅花、牡丹跃然纸上，栩栩如生，昭示了画家对新的一年的希望和对西五小学这所百年老校更上一层楼的良好祝愿。戴成有、任宗厚、林百石、甘雨辰、张建华等书画家到会，为笔会大增光彩。

活动六：百年校庆"倒计时揭牌"仪式。2018年1月21日，在距校庆还有一百天的日子里，学校举行了校庆"百天"倒计时活动的启动仪式。活动的目的就是增强仪式感，让全校师生为百年西五骄傲、自豪。

第三，盛大庆典，记忆犹存。

2008年4月29日走过百年辉煌历程的长春市西五小学在吉林省宾馆礼堂举行了盛大而隆重的百年校庆庆典。百年西五，百年风华，西五小学以浓厚的文化底蕴、优良的教育传统、超前的办学理念和可持续发展的良好势态成为省市名校行列中的一颗璀璨明珠。上午八时，在西五小学学生军乐队演奏的乐曲声中，迎来了，喜气洋洋的年轻学子；迎来了，白发苍苍的海内外嘉宾；迎来了，同根同源的各地校友同胞。他们在此见证一所著名学校的百年历史与今天，也追忆着百年来在西五这片沃土上收获的春华秋实，写意的桃李芬芳。

庆典活动由少先队员献词拉开帷幕，作为校长的我首先致辞，向来宾、校友表示热烈欢迎，向海内外校友、离退休的老同志和全校师生员工表示亲切的问候！向多年来关心支持学校发展的各级领导和社会各界人士表示衷心的感谢！

参加庆典的全国六省六校校长代表致贺词，高度赞扬西五小学成功地承办了全国六省六校教学研讨会。他们表示，能亲身参与百年校庆，倍感光荣，并对西五的精神、西五的作风又有了更为真切的感受和体会。日本友好校代表献上了对西五小学百年华诞的祝福，希望西五小学能够建设成为世界一流水平的学校，表达了今后将继续加强与中国西五小学教育交流的美好愿望。长春市教育局局长发表了重要讲话，强调教育的命运是同国家的命运紧紧联系在一起的，教育的发展也是同国家的发展紧紧联系在一起的。西五小学是长春市引以为自豪的一张城市名片，给嘉宾们留下了深刻印象。

大幕开启，开场舞《我爱祖国，我爱家》顿时将礼堂化成了欢乐的海洋。孩子们也跳起了可爱的踢踏舞；伴随着朗朗的读书声，孩子们在中华古诗《春晓》表达的意境中尽情绽放喜庆的心情。多才多艺的教师们跳起了藏族舞蹈，表达着作为西五人的自豪和对宾朋的欢迎。

庆典活动最动人的一刻是长春市委郑文芝副书记宣读西五小学获得"全国红十字模范校"的表彰决定，为西五小学颁发了奖牌，并做了重要讲话。郑市长在讲话中指出：西五小学的百年发展，展示了长春市教育的成就与辉煌。市委、市政府把教育现代化作为经济和社会发展的首要任务。全市人民要在"十七大"精神的指引下，按照科学发展观的要求，更新教育观念，推动教育的快速发展。西五小学少先队员代表发出了教改全市中小学生的倡议书，号召大家都为"红十字"作出更多贡献。

国家著名的盲人钢琴演奏家孙岩也来到了这里，为培育他的母校演奏了钢琴曲，献上深情地祝愿。孙岩是西五小学破例接受随班就读的盲童，后升入中央音乐学院钢琴系，先后为三代国家领导人表演。连续三年获得残疾人文艺表演一等奖，先后获得全国十佳少年、跨世纪杰出英才、全国自强模范等称号。沉浸在美妙动听的旋律中，令人仿佛看到了百年西五一次次攀登的艰难，一页页奋飞的回旋……乐曲余音未了，台下的莘莘学子早已热泪盈眶，心情激荡。师生大合唱《百年荣光》将庆典推向高潮。整台节目洋溢着爱国情、爱校情、校友情、师生情，台上台下互动，突出了欢乐、祥和、热烈的气氛。

西五人，用激情和真爱书写着华美乐章；西五，就这样穿越了一百年的想象，努力创造无愧于时代的辉煌业绩。

【附：校长致辞】

在西五小学百岁华诞庆典活动上致辞

尊敬的各位领导、嘉宾、各位校友、教师、同学们：

大家好！

时光荏苒，岁月如歌。今天，我们怀着万分激动的心情，迎来了西五小学的百岁华诞。在这里，我代表西五小学全体教职工和学生，向光临这次庆典的朋友们，表示衷心的感谢！子曰：有朋自远方来，不亦乐乎。此时，我们心潮澎湃，感恩之情油然而生。西五小学能够走到今天，有了这样朝气蓬勃、欣欣向荣的大好局面，与各位朋友的关怀和眷爱分不开。大爱无疆，大爱不言谢，我们只有用十倍的努力，百倍的勤勉，万倍的飞跃来报答各位。

西五小学是一个历史悠久的学府。早在一个世纪前的前清，由中华基督教会在长春市西五马路通顺胡同创办了"萃文女子小学堂"；嗣后，学校经历了晚清、民国、中华人民共和国三个时代的更替沧桑，栉风沐雨，几易其名，一代又一代西五人筚路蓝缕，呕心沥血，铸造了百年的辉煌。百年砥砺，弦笙绵长。亲爱的新老校友们，母校的百年征途，是因为有您或深或浅的足迹伴随，才风雨如磐，一路上洋溢着桃李的芬芳，风景这边独好！

西五小学是一个人才辈出的摇篮。一百年的岁月，一百年的风云变幻，西五的学子们经历了历史的考验和洗礼。在我们的毕业生中，有闻名遐迩的学者、有党政机关的要员、有德艺双馨的艺术家、有才高八斗的科技人员，这是我们西五的骄傲，是我们引以为自豪的资本，你们是西五这幢摩天大楼的基础。

西五小学是一艘现代教育的航母。如今，我们已经拥有了四个校区、五个牌子、2 000名学生、中小幼一体化办学的多元化办学体制。我们的信息化、网络化、现代化教学方式，为学生的个性、整体化发展提供了广阔的空间，使我们站在了我市、我省甚至全国教育工作的前列。我们的绿色教育理念成为了学校发展的动力和源泉，使学校形成了鲜明的办学特色。

西五小学是一个令人骄傲的社会荣誉载体。在各级党委、政府和教育主管部门的领导下，在社会各界和广大校友的关心和支持下，学校全面贯彻党的教育方针，锐意创新，改革进取，取得了丰硕的办学成果，获得了八十多项荣誉称号。

西五小学是一幅充溢人性关怀，好友如云的社会剪影。西五的百年岁月，是因为有尊敬的各级领导的指导和支持，才绚丽如歌，一次又一次地写下辉煌的篇章！是因为有社会贤达和各界名流的关注和照应，才会如此气度不凡和风采斐然！我们永远铭记各位领导及社会各界人士、友好单位和所有关注西五的人士的热诚提携！远道而来的日本友人、六省六校的校长、同行及其他客人的光辉影像将永远刻录在西五的记忆宝典中。

今天，我们有感于昨天的艰辛，钟情于今天的灿烂，憧憬于明天的美好。一百年的播种与耕耘，一百年的薪火相传与锐意开拓，西五在磨砺与竞争中发展，在传承与开拓中永恒。今天的西五，因蕴藏百年的文化积淀而古老；因闪烁着现代的文化而年轻。我们站在新世纪的丰碑旁，对未来充满信心！让我们一道为西五的新世纪而共同祝福！

谢谢大家！

2008 年 4 月 29 日

百年校庆，进一步证明了西五小学的教师团队是一支优秀而富有凝聚力和战斗力的集体，西五小学的学生是全面发展、素质优秀的未来人才。校庆活动历时半年，完美落下帷幕。回顾当年校庆的细节，我们感动着西五的巨大发展，品味着拥有百年荣光的幸福，我们共同见证和经历了一段最难忘的岁月，更用我们的智慧和汗水在西五百年的发展史上留下了浓墨重彩的一页。

（2）西五，110 周年校庆

2018 年 11 月，借助建校 110 周年，学校组织拍摄了大型纪录片《百年锦程》，设计了象征西五 110 年文化的"五娃"——喜乐福美吉，并拍摄了视频片《五娃诞生记》，使"五娃"成为西五与"五福"的完美结合。同时，学校还出版发行了"互联网＋绿色教育"的书籍《未来我来》。

"五娃"简称"喜乐福美吉"。五个小娃定为：道德娃，即喜娃，意为助人美德、爱满天下；学习娃，即乐娃，意为爱学乐学，勤奋努力；劳动娃，即福娃，意为劳动创造幸福生活；健康娃，即美娃，意为身心健康、运动健美；和谐娃，即吉娃，意为吉祥如意、美满幸福。西五即"希福"，希望五娃快乐成长、美美满满；西五即"喜迎"，喜迎五娃，喜气洋洋、幸福诞生。至此，西五小学形象品牌落地，西五绿色文化遍地开花；西五小学绿色教育理念下的绿色文化，又将因此增加浓郁而厚重的一笔！

在西五小学110年校庆之际，吉祥物五娃落户西五。争娃活动席卷西五，几个校区的学生都奋力争先，争积分、换五娃蔚然成风！

2018年11月8日，长春市南关区东北风剧场座无虚席，西五小学师生、退休教师、校友，以及各界来宾齐聚一堂，共同见证长春市西五小学一百一十岁华诞。

西五小学110周年华诞主题活动在歌舞《新的天地》中隆重开场。大家共同庆祝长春市南关区西五小学建校110周年，共同见证百年西五又一个崭新的起点和里程碑。

110年，风雨沧桑办学路；110年，高歌猛进每一程。多少年多少代，同心协力图自强；多少人多少心，浇灌桃李满园春。演出分为绿之魂、绿之韵、绿之舟、绿之翔等几大篇章。

美好的时光总是短暂，幸福的时刻总是瞬间。以110年华诞为节点，西五小学开启新时代更新更美的办学旅程；以110年华诞为标志，西五小学全面融入中国教育事业的滚滚洪流。

中流击水，浪遏飞舟，这是西五人的梦！桃李满园，报效国家，这是西五人的根！西五，把百年的积淀化作动力，开拓崭新征程；西五，让百年的荣耀继续闪光，照亮白山黑水！

第四章

绽放异彩的绿色课堂

　　绿色代表着生机与活力，萌发着希望与神奇。学生就像绿色禾苗，他们的成长需要无污染的土壤环境，需要健康的营养物质，更需要高品位的园丁充满生机色彩的耕耘过程。"绿色耕耘"，就是要使我们的教育拥有真正的生机与活力，就是让学生真正享受素质教育的快乐。

　　绿色课堂就是要给学生提供身心愉悦的教育环境和具有生活化、生成性的教学内容，让学习成为孩子们的一种美好的精神享受，一种愉快的生活体验。可见，绿色课堂是生命的课堂，是生命本体得到发展的课堂，是为学生一生奠基的课堂。

1999 年，随着素质教育的深入推进，"减负"再次成为热点话题，受到社会各界的关注。于是，我校深入开展了"减轻学生课业负担，提高课堂教学效率"的实践与研究。改变旧观念，树立新思想，全方位落实"减负"是绿色课堂提出的基础。

2000 年，学校成立了"面向二十一世纪，开创素质教育新局面教育教学研究会"，下设语文、数学、英语、体音美、信息教育、班主任等 6 个研究分会，为教师创设了良好的研究环境和氛围，提高了教师的从教水平，锤炼了教师的教学艺术。不仅为迎接"第八次基础教育课程改革"做好了充分的准备，而且使绿色课堂蓄势待发。

2001 年，伴随着新一轮课程改革的实施，我校在全国率先提出了"关爱生命质量，构建校园生态和谐发展"的绿色教育。绿色教育的本质体现的是还原生命的本真，体现阳光的温暖和健康。为此，学校围绕"绿色教育"这一核心，全面构建"以人为本，关注生命发展"的绿色课堂文化，确立了"自然、温暖、和谐、高效"的绿色课堂标志，通过以个体差异为基点，激发学生的学习积极性，培养学生掌握和运用知识的态度和能力，使每个学生都能得到充分的发展，使绿色课堂成为培植学生乐于探索、勇于实践、敢于创新的天地，成为师生共同思考生命价值，肯定生命意义的体验场所，从而实现绿色课堂"学习知识，启迪智慧，点化生命"的育人功能。

绿色课堂应该是怎样的课堂，成为每个西五教师心中描绘的愿景。提出伊始，学校组织教师开展了《为学生而设计教学》合作论坛，使教师在交流与争辩、碰撞与融合中，架构起绿色课堂基本框架。

我们所追求的"绿色课堂"是师生精神愉悦的家园，是生命成长的沃土。泰戈尔说："不是槌的打击，乃是水的载歌载舞，使鹅卵石臻于完善。"绿色课堂就像一湾澄澈的湖水，孕育着至爱的光芒，使一颗颗稚嫩的心灵渐渐趋于完善和健全。

"减负"从课堂教学的改变做起。"减负"实施的主阵地在课堂。本着"减负不减质"的原则，以提高课堂40分钟教学质量为突破口，切实减轻学生的课业负担。在课堂教学过程中，每位教师能够充分发挥学生的主观能动性，以学生的思维活动和认知过程为主体，调动学生学习的自主性和积极性，把素质教育思想落实在课堂教学之中，形成了教师乐教，学生乐学的氛围。孩子们觉得上课更加轻松、有趣，更加具有吸引力了。同时，加强了教学全过程管理，减轻学生课业负担。

按照国家课程计划、教学大纲、教科书的要求进行教学。开齐开足课程，严格按课表上课，加强了对教学用书和复习资料的管理，严格控制补课和作业量，尤其对学生的休息以及学生身心发展所需要的时间给以足够的保证。

规范作业管理，改革作业类型。为了杜绝大量作业对学生学习发展造成阻滞，避免因为大量作业而产生的种种弊端，学校减负督导小组从规范学生作业管理着手，大力推进学生作业改革。严格控制作业量，作业内容符合课程标准、教材的要求，难易适度，课内作业应保证大部分学生可在课堂上完成；课外作业分量要适中，注意突出训练重点，创造性的突破学习中的难点，尽量减轻学生负担。一、二年级不留书面课外作业，三年级作业时间不超过40分钟，四、五、六年级不超过一小时。绝对禁止以增加作业量的方式来惩罚学生。

家校携手共同"减负"。为使"减负"工作落到实处，使家长、社会认识到孩子们全面的素质发展的重要性，学校利用校园网及家长学校向家长进行"减负"宣传，定期请优秀的家庭教育工作者，有经验的老教师，儿童心理学专家进行家长培训，使广大家长不仅切实认识到对于孩子来说，快乐地成长、顺从天性的发展是极为重要的，拔苗助长只会适得其反。同时，培训也使家长们得到更多有效的家庭教育指导。

"减负"，让教师陈旧的观念更新了，让原本沉重的课堂轻松了，让原本单一的教学方式多样了。这些，都为绿色课堂的孕育创设了成长的温床。

一、绿色课堂的内涵

课堂氛围的创建是实施绿色课堂的基础。绿色代表健康，象征生命，唤起希望。人们常把绿色作为对人类与环境均有益而无害的代名词。如果我们把学生化作绿色的禾苗，绿色课堂就应该是适合绿色禾苗健康、苗壮成长的肥沃土壤。我们所构建的绿色课堂就是要创造一种有益于学生身体健康、心理健康的教学环境，成为学生苗壮成长的土壤。

1. 绿色课堂是生本、开放、多元的课堂

绿色课堂应有大自然的广阔、丰富、自由、生机勃勃的内容，教师要灵活处理教材，实现课堂内容的开放化、信息化、生活化、活动化，使学生自主参与、自立汲取，在广阔的空间里自由翱翔。教师要为学生创设能够引导学生自主学习的良好的教育氛围，发掘童趣、注重体验，敢于奇思妙想，为学生的主动学习、大胆参与，搭建一个展示自我风采的舞台，使学生不再把学习活动看作是一种负担，而看作是一种享受、一种愉快的体验。

教师角色的转变是实施绿色课堂的关键。"尊重"是绿色课堂的前提。教师首先应尊重学生、赏识学生，成为学生平等中的首席。其次，教师要尊重学生的个性差异，满足不同学生的需求，使学生得到充分发展。教师应该从儿童的视角去探索他们的思维方式，真正理解学生，让每个学生的个性得到张扬。在绿色课堂上，教师要珍视学生的独特感悟，保护学生的创新精神。善于发现学生创新的火花，善于帮助学生寻找创新的方法，善于指导学生掌握创新的思维技巧，善于激发学生创新的欲望。教师作为一个阳光使者，扶持学生走向思维的源泉——走向生活、走向自然。要善于建立学生、教师、家长、社区和专家等共同参与的评价制度，以多渠道的反馈信息，促进学生发展，达到评价多元化。

教与学方式的转变是实施绿色课堂的根本。绿色课堂，不再以知识为本位，而是着眼于学生的学，呼唤"人"的主体精神，重视"人"的发展。课堂不仅要传授知识，培养能力，还要注重学生学习的过程和方法，培养学生的情感、态度和价值观。把学习方式和学习过程视为重要的教学目标，使教学过程真正成为学生自我探索、观察、体会、发现和创新的过程。使学习过程更多地

成为学生发现问题、提出问题、分析问题、解决问题的过程。绿色课堂要实现教学手段现代化，要充分发挥信息技术优势，将信息技术与学科进行整合，为学生的学习和发展提供丰富多彩的教育环境和有利的学习工具。建构绿色课堂，还要注意校本课程资源的开发与利用，建构新的评价体系，让学生主动参与课堂、体验课堂。

实施"教学日日开放"，深化绿色课堂研究。在绿色课堂初步实施的探索阶段，学校开展了"首席教师""日日开放教师"的申报和评选活动。经过课堂教学评比、教学答辩、专家考核，从学科骨干、学科带头人、科研型教师中评选出了四位首席教师和三十位日日开放教师，面向家长和社会实行课堂教学日日开放。学校在《长春日报》公布了这一创新举措，同时公布了每位教师开放的课堂时间，号召广大家长和市民走进绿色课堂，自觉接受公众的监督。此项活动，为教师钻研教材，设计有效的教学模式，探索适合学生发展的教学方法，提供了研究的平台。开放教师每天以严谨的教学态度认真上好每一节课，认真写好课后反思，定期交流教学心得。同时，学校还设立了"教学开放反馈记录本"，积极听取前来听课的家长、社会各界人士的意见和看法。定期组织教师结合反馈意见分析教学中存在的问题，及时改进，有效提高了课堂的教学质量，为绿色课堂的深化找到了实践的沃土，成就了绿色课堂的发展。

一位从中学教师岗位退休的老教师带着"如何提高孙女作文水平"的困惑，走进了首席教师赵老师的语文课堂。课上，他和孩子们一道听课，在学生讨论环节和学生共同参与。课下，他和老师进行了亲切交谈，就怎样写好作文和老师进行了深入的探讨。在听课留言本上，他写道：今天听了赵老师的习作课，让我得到了启发，受益颇多。这节作文课上得有滋有味，课堂上学生学习的兴趣很高。在老师的引导下，学生们学会了描写景物的多种方法，并且明白了恰当的抒情会让读者置身于景物描写之中，犹如身临其境。在和老师的交流中，我知道了提高孩子的作文水平不仅要有习作方法的指导，更要注重孩子在生活中的积累，多动笔、多练写，才会克服作文难的问题。所以，我要感谢西五小学的教学开放活动，为我提供了学习的机会。今后我还会深入课堂听课，得到更大的帮助。

还有一位一年级的家长，一个月之内四次深入班级听课。她说："我的孩子年龄小，在家坐不住板凳，非常不放心。但是，深入课堂听课后，我发现语文和数学老师很有方法，他们创设了不少教学游戏，让孩子在游戏中一边玩、一边学，符合低年级孩子好动的特点，在玩中学会了知识。我希望学校的教学开放活动要坚持下去，让我和孩子在课堂上一起学习、成长。"像这样的留言还有很多很多，不一一列举。

"教学日日开放"活动让教师的教学水平和业务素质在开放中不断提高。有的老师说："为了迎接外界听课，虽然每天我备课到很晚，但是自己的教学能力日益增长，累得值得。"有的老师说："没想到会有人走进我的课堂。作为一名骨干教师，自己的课堂教学如果能经得起别人的检验，得到别人的认可，我感到十分安慰，教师最大的成功莫过于自己课堂的成功。"

2003年3月，《家长周刊》以《无限春风无限情》报道了我校的绿色教育和"绿色课堂日日开放"的设想和做法，从"一骑绝尘——绿色教育新鲜出炉""一片丹心——为学生设计教学"和"一路春风——绿色课堂故事多"为标题进行了宣传，得到了家长和社会各界的认可。

绿色课堂是"生本的课堂"，课堂教学以学生为主体，以学生活动为中心，教师是学习的组织者、引导者，是学生的合作伙伴，是学生充分展示自我的导演；绿色课堂是"情智的课堂"，它突破单纯的知识传授和智力培养，把培养健全的人格放在首位，教师热情地赞扬、欣赏学生，真诚地肯定、鼓励学生，课堂温馨宜人，学生情绪昂扬；绿色课堂是"高效的课堂"，教学方法灵活多样，教学设计别具匠心，每一个教学环节、每一次课堂提问、每项教学内容的安排，都直面每个学生的个性发展、全面发展；绿色课堂是"生命的课堂"，教师着眼于学生的生命成长，教学中给予每个孩子一份真爱、一份关注、一份尊重、一份赏识、一份等待、一份宽容；绿色课堂是"可持续发展的课堂"，积极构建能够持久、连续发展的课堂教学模式，寻求科学的发展方式，大胆进行教学创新，注重学生思维能力的训练和良好的学习兴趣、态度、方法、习惯的养成和可持续发展，推进学生道德品质、意志情感、知识能力、心理情操等全面协调可持续发展。

2. 绿色课堂是体验、对话、分享的课堂

怎样的课堂才算绿色课堂呢？随着课程改革的深入，我们清楚地意识到：要努力构建一种与"新课标"最为合拍的课堂，对传统课堂教学汲取精华，去其糟粕，是传统与现代有机结合的新型课堂。绿色课堂是一种美，更是一种境界。它是有生命活力、探究发展的课堂，是师生互动、心灵对话的舞台，是预设与生成相得益彰的课堂。创建绿色课堂，体验的是创造奇迹，是向未知方向挺进，并随时都可能邂逅意外通道和美丽图景的旅程。

创建绿色物质景观，体现课堂的舒适与美。课堂是学生生活与学习的场所，我们为学生创设空气流通、光线充足、温度适中的学习环境，净化、美化、雅化每个教室的文化布置，给学生提供一个自由、清新的学习环境，使之能在最小的压力和最大的效率中进行学习。在此基础上，注重创建绿色班风。教育学生从小事做起，培养文明习惯，树立向上风气，用有形带动无形，在班级形成一股强大的精神动力，推动学生自觉行动起来建设自己的"家园"。绿色课堂不局限于教室有限的空间，它可以是学生在更广阔的时空中，更为个性化的学习与生活的方式。因此，还要积极建立学生体验生活的大课堂。

在老师带领下，学生走上街头，广泛地感悟社会生活，体验社会生活，把工人、交警、记者、营业员等作为扮演角色，开展"一日小交警""我是小记者"等活动，让他们亲身体验各种社会角色所应具备的职业道德规范和社会责任义务，为今后走上社会打下良好的基础。一个名叫于泽禹的学生跟着妈妈来到银行，当一天"小会计"，她激动而紧张地坐在计算机前，随着显示屏上菜单不断地变化，她灵活操作，觉得会计工作也不过如此，没有什么了不起。不经意间，在账单上多加了个"0"……后来幸亏妈妈检查出来，要不然……她深深地体验到了什么是认真负责、一丝不苟，体验到了什么是责任感，她下定决心，总有一天她会成为一名认真负责的会计！

每学期各班结合特定节日和活动，如办黑板报，设计学习园地、个人风采栏和道德银行财富榜评比栏，确定班风、班训，为学生构建静态的学习文化氛围。同时举办有益的班级活动，如演讲比赛、读书汇报会、羽毛球比赛、联欢会等。有的教师让学生课下收集"孝敬父母"的格言警句，积累背诵，并内化为自己的行为指导，以此来丰富学生动态的学习文化，为学生展示个人才华，怡情养性，建立和谐人际关系创造了有益的学习空间。

创建绿色信息通道，重在营造良好的对话情境。"千教万教教人求真"，我们要求从教师做起，为学生传递正确的信息、积极的言语。师生对话、生生对话，都要说真话、吐真情、表真心、做真人。其次，信息通道要教人创造，要努力开拓学生的思维空间，用大信息量丰富学生的视野。学校通过坚持不懈地开展师生读书活动，召开读书汇报会，举行大型读书节以及建设现代化网络教室，添置电子白板、实物投影、背投电视等现代教学设施，为师生创设获取信息的便捷途径。

一位语文教师在讲《月亮的心愿》一文时，问孩子们的心愿是什么？课堂一下子热闹起来了，孩子们争着表达自己的心愿，还有的孩子跑到讲台上搂着老师的脖子悄悄地告诉老师。孩子们由月亮想到太阳，于是产生一个对话：一个孩子问另一个孩子："太阳为什么会落山呢？"答曰："当然会落山了！你想想，要是落在马路上就让汽车压碎了，我们的天不总是黑的吗？"一个问得合情合理，一个答得理直气壮。课堂上，老师就是这样小心呵护孩子们一颗颗晶莹剔透的童心，用孩子们的目光去解读他们的内心。

教学"循环小数"时，教材例题是这样的：计算 $1 \div 3$、$58.6 \div 11$，通过让学生计算使学生发现商和余数的关系，从而引出循环小数的概念。如果这样教学，学生会感到枯燥无味，对概念的理解也只能是死记硬背。为了使学生更好地理解"循环小数"这一抽象的概念，教师首先让学生谈一谈什么是循环？在日常生活中你见过哪些循环现象呢？随着学生的回答，多媒体显示出：水是循环的，春、夏、秋、冬是循环的，周一至周日是循环的等等。学生众说纷纭，在愉快的气氛中理解了循环的意义。接着教师抓住时机，画龙点睛："在数学的王国中有没有这样的循环现象呢？"在学生充分理解了循环的意义后，巧妙地把"循环小数"这一抽象的概念形象、生动化了。

创建绿色轻松、和谐的人际交往关系。我们要求教师在教学实践中逐步树立四种意识：民主平等的意识、引领互动的意识、群体合作的意识、理解宽容的意识。通过班队会活动、校内外活动，让师生建立起人与人、人与自然、人与社会的紧密联系、和谐交往。语文教师王老师收作业时，有两个孩子因为贪玩忘了写。收完作业后，老师为学生讲关于河马的传说故事：河马原来生活在陆地，夏季天气酷热，庞大的身躯由于皮肤太薄而导致干裂，于是它下水避暑降温。但是管理江河的水神不许它下河，唯恐它伤害水族鱼类。河马再三恳求，最终水神提出让河马必须终生吃草，每次吃完食物必须张开大嘴让所有的人看到它的嘴里没有鱼类的残骸。河马答应了，并将这种习性一直坚持至今。所以，每到酷暑就可以怡然自得地在水中消暑降温。是河马信守诺言，它才会这样快活。动物都讲信用，更何况我们人类呢？故事讲完了，那两个没有完成作业的孩子听出故事的寓意，很快补完作业交上来，老师适时地对他们两个说："讲信用的孩子一定会天天写作业，因为你们要比河马聪明得多。"

为了激励学生学习的积极性，老师们采用了不同的评价方式，把学生日常评价落到了实处。根据低年级儿童的年龄特点，用盖印章的方式来代替文字上的激励，每天给表现好的学生盖上米老鼠、唐老鸭等有趣的图案；给做得不够好的学生盖上"加油啊"的图案。学生们表现非常雀跃，有的还把自己喜欢的图案从家里带来，让老师给自己盖上去。针对中、高年级学生的特点，用不同的言语评价不同的表现，如表现特别好的同学用"你是老师的骄傲"，表现比较好的用"你真棒"，表现一般的用"有进步了，还需努力"，表现不够好的用"加油啊！你可以做得更好"等等。通过激励性评价，让学生产生"我要学，我要进步"的学习动机，引发了学生的学习内驱力。

创建以学生学习活动为中心的高效策略。我们提出课堂要精心设计并巧妙实施教学活动，使学生的每一个单位时间都能得到充分的利用。课堂教学设计包括教学内容的选择、教学目标和教学重难点的确定、教学方法和教学手段的选择、教学内容的安排、教学环节的设计等。要以学生为主体，以学生课堂练习为主线，以培养学生能力为目标，以学法设计教法，精心设计课堂教学活动，使学生的时间得到合理的利用，能力得到切实的发展。

一位语文教师教学《桂林山水》一课时，让学生轻轻闭上眼睛，边听配乐范读边想象漓江的景色。听完之后问："闭上眼睛，你的脑海里浮现了怎样的景色？漓江的水美不美？美在哪里？对这么美的水能用哪些词句表达你的感受？"然后，再指名学生有感情朗读，再现漓江的水美，看谁读得好。又如在讲《三线八角》时，为了加深学生的记忆，教师用大拇指和食指构造"三线八角"（大拇指代表被截线，食指代表截线），让学生思索：根据同位角、内错角、同旁内角的各种特征，可以用什么英文字母来描述三类角中两个角的位置关系。学生的好奇之火点燃了，思维的闸门打开了，争先恐后地举手回答——同位角呈"F"型，内错角呈"Z"型，同旁内角呈"U"型，课堂上学生学习趣味盎然、情绪高涨、效率大增。当教授完百分数应用题后，教师设计了如下一题："老师想买一台长虹彩电，可发现了这样一个现象，百货大楼标着'彩电九折大酬宾'，家电专卖店标着'彩电一律八折优惠'。你说老师应上哪家商店去购买。"此时，课堂气氛活跃，学生各抒己见。最后在学生的争论声中达成一致协议：先摸清商店彩电的原价，然后计算彩电卖出的现价，看哪家便宜就到哪家去买。这一教学环节的设计，学生既巩固了百分数应用题的数量关系，又受到了优化思想的熏陶，体验了数学在生活中的价值，为新课程背景下的数学课堂增添了生命的绿色。

二、绿色课堂"奏鸣曲"

绿色课堂为新课程的实施提供了广阔的空间，我们看到课堂出现了可喜的变化，教师在努力转变角色，营造宽松自由的学习环境，学生自主性得到有效发挥。但我们也发现了一些令人担忧的问题。有些教师简单地用新的教学方法全盘"覆盖"其他的教学方式，如用合作讨论取代独立自学，小组合作放任自流，忽视学生的个性差异与兴趣等。如果任其发展下去，必然导致课程改革走入极端，使教学走入"摆架子""走过场"的误区。

1."多元智能"的思想启示

美国心理学家加德纳教授的多元智能理论，为绿色课堂的发展提供了理论支撑。加德纳认为人类的智力是多种多样的，每个学生由于他们各自的智能结构不同，造成了每个学生都有适合自己的不同的学习方式。而在对情境化教学的研究中，我们发现，原有情境化教学的功能比较单一，主要以"激情、激趣"来调动学生的学习积极性。多元智能理论在此基础上又增加了两个新功能：其一，使每个学生都成为有效的学习者；其二，促使教学达到深刻理解的目的。我们把这一理论应用到课堂教学中，认为多元智能情境化教学是指在可能的范围内，创造条件，采用多元情境化的方法，使每个学生都能有效地进行学习。经过一段时间的实践，我们总结出了多元情境化教学的新方法、新策略。

教学要点"多元切入"。多元智能理论承认不同的学科拥有不同的知识体系和独特的表达本学科知识的符号体系，但是这种符号体系是可以互相转变的，每一个值得理解的概念，都可以用许多方法下定义，用多种方式来表达和讲解，例如：姚娜老师在进行《分类与整理》数学课教学中，巧妙采用到超市参观、到学生家录像、设置自选超市等方式，使数学课堂形成了多元的情境，使学生的多项智能得到了发展。

知识教学情境。多元智能理论强调智能的社会性，认为所学知识要转化为能力，必须在一定的社会文化情境之中才能够实现。脱离生活情境的教学便是"死"教学，多元智能情境化的教学设计就打破了原来教学"死气沉沉"的局面。我校教师采用全新的视野改革课堂教学，他们突破了课堂教学"语言说教"或"思维训练"等统一模式，创建了"多元情境化"的教学设计，收到了很好的效果。

教学主体"多元互动"。新课程理念强调师生角色的转变，多元智能理论同样强调教学活动的"多元互动"性。不仅认为学生应该是学习的主体，而且倡导多元主体，如教师、周边的人和家长都可以成为指导学生的主体，学生在与各类主体的互动过程中获得知识，发展智力，例如学习《只有一个地球》一课时，学生可以自己查找资料，也可以借助家长、老师及其他人的帮助，广泛获取材料，使他们智能发展的途径更为广阔。

以上三种教学方法的采用不能简单地理解运用，要根据教学的实际需要，将各种教学方法进行多元组合，服务于因材施教，形成"以扬长教育为主，以补短教育为辅"的教学策略，使学生的潜能得到开发，不同智能得到发展，实现为每一位学生服务的新理念，这才是多元智能情境化教学的真谛。

2."多元情境"的方法探究

在"实施绿色教育,建构绿色课堂"的过程中,我们以多元智能理论为支撑,将多元智能应用于新课程学科教学,根据教学内容和学生的智能倾向的不同,采用多元化的教学方法,使每个学生都能得到发展。下面,以语文课堂教学为例加以阐述。

语文学科重在发展学生的语言智能。阅读教学以读为本,让学生在充分地朗读过程中,加深理解和体验。读的方法有很多,如在教学《春雨的色彩》第一自然段,先让学生自由读通,要求读正确,再引导学生读中感悟,"读着读着,你觉得春雨怎么样?"有的学生说:"春雨是细细的、轻轻的、柔柔的。"有的说:"春雨像线、像丝。"有的说:"春雨的声音很美,沙沙沙,沙沙沙。"在课堂教学中,教师一味地讲解会使学生感到枯燥乏味,而适时地穿插一些音乐《小小的船》《歌唱二小放牛郎》《快乐的节日》等歌曲,创设了一种充满韵律的课堂节奏,使学生觉得轻松、有趣。针对学生活泼好动的特点,教师让学生动起来,如排演精彩的课本剧表演,肢体语言学习拼音字母,动手做做课文中的小实验等,把抽象的文字直观形象化,使学生语言智能得到发展。同时,教师还注重培养学生的视觉空间智能,绘制课文的插图,制作多媒体教学课件,补白续写故事等,都有效地提高了教学效果。在教学过程中,学生的人际交往智能得到了发展,采用小组合作学习,教师与学生一起分角色朗读,或共同完成某项练习,或共同进行比赛(如查字典、找别字、速读、写字等),在共同的学习活动中增进师生感情,增强合作学习效果。

多元智能为新课程下的课堂教学开辟了宽广的途径,为深入探索绿色课堂提供了契机。创设多元化的教学情境,采用灵活多样的教学手段,让各种类型的学生在课堂上有所学、有所得,相信"人人有才,人无全才,扬长避短,人人成才"的教育理念一定会成为现实。

2004年4月9日,学校举行了"构建绿色课堂,实施多元情境化教学"开放活动,通过各教学研究会的经验介绍,不同学科的课例展示,专家的点评培训等形式,全面展示学校开展"多元情境化教学,激发绿色课堂活力"的研究成果,加快了学校科研教改的步伐。2004年4月16日,《吉林日报》第五版报道了此次教学开放活动。

2005 年 3 月 15 日，学校又一次召开了"长春市小学语文教学改革研讨会暨西五小学多元智能语文教学展示会"。会上，展示了《荷叶圆圆》《闻官军收河南河北》两节语文课，汇报了学校运用多元智能理论丰富语文教学的具体做法。长春市教育教学研究室的语文教研员白树民老师做了教学点评，面向全市语文教师进行了"多元智能情境化语文教学"的专业引领，得到了长春市语文同行的一致认可。

教育改革最终发生在课堂上。伴随着课程改革的深入，我们开始了绿色课堂文化的思考与构建，让文化充盈于课堂之内、渗透于师生之间，成为课堂的重要养分。在推进课堂文化的建设中，我们确立了依托"质疑文化"推动"思维型教学"，"对话文化"实现多元互动，"团队文化"促进和谐发展。经过实践和探索，我们确立了绿色课堂的"五字"发展目标（新、活、实、精、准，即教学理念新、教学方法活、教学过程实、教学训练精、教学评价准）；提炼了"五重五精"教学原则（重问题精创设、重自学精合作，重过程精训练，重引导精点拨，重拓展精评价）；归纳了"五环节"基本范式（问题呈现——对话互动——情境强化——有效指导——反馈评价）；六步基本教学模式（①情境导入、激发兴趣；②揭示目标、认知导航；③自主学习、解惑质疑；④互动探究、拓展提升；⑤成果展示、共享快乐；⑥检测评价、激励发展），使学生在学习中感受到求知的愉悦、创造的欣喜，教学过程成为师生共享的幸福旅程。

3."多元"与"情境"的多维模式

（1）语文学科基本教学模式

低年级识字教学模式：低年级语文经过实践，以"感知——领悟——拓展"的课堂结构为核心，形成了识字教学基本模式：激趣导入、创设情境；自主学习、自读自悟；小组合作、协商互学；共同探究、练习反馈；学以致用、拓展延伸。在教学《小小的船》一课时，授课伊始，老师以问题导入，激发学习兴趣。"这节课老师给你们带来一件礼物，猜猜是什么？"教师演示课件出示一艘精致的小小的船。"看，它来了。同学们，生活中你都见过哪些船？"让学生自由表达。老师在板书"船"的前面加上了"小小的"，"读一读，看这时你的感觉是什么？想知道课文是怎样写的吗？"老师开始范读课文，让学生听清字音。

然后，老师请同学们打开书，用笔画出文中的生字，借助拼音读一读，同桌互助认一认，充分发挥学生的积极性和主动性，让学生自己在读中自主识字。接下来，在学生汇报这一环节时，教师鼓励学生用各种各样巧妙的办法进行识字，有效培养了学生独立识字能力，使课堂充满了趣味和快乐。最后，小组合作做摘苹果的游戏，加强生字的巩固和复习，同学们争先恐后地做游戏，下课铃响了，却意犹未尽。

高年级语文有效阅读教学模式：高年级阅读教学是学生、教师、文本之间对话的过程。在教学中探索有效的语文课堂教学模式，使语文教学成为生动、活泼、自主、快乐的学习活动。具体操作流程如下：

创设情境、激发兴趣。教师在上课伊始，引导学生进入课文所描绘的情境之中去，使学生由一个旁观者变为一个当局者，切实体验。可利用信息手段创设生动的画面，通过故事引入、谜语揭题等形式，将学生带入情境，抓住学生的心。

引导点拨，自主体验。把读书、思考的时间还原给学生，先让学生认真地读读课文，给学生充分的时间，让学生通过眼前所读到的文字自己去体会，去领悟，而老师只要退至后台充当学生"学习的促进者、指导者"。

精读领悟，深入文本。教师要引导学生细心咀嚼课文中的语言，通过阅读和思考语言文字的内涵，去咀嚼语言文字的滋味，去体验语言文字的感情。教师应该根据学生掌握的情况，有重点，有目的地给予点拨、引导。引导他们细细品味好词佳句的绝妙之处，揣摩布局谋篇、立意构思的独到之处，深入探究领悟作者所表达的思想感情。教师"点"在关键之处，"拨"在疑难之处。

拓展延伸，升华文本。将课内知识和课外知识结合起来，使知识向能力迁移，阅读向社会延伸，课内向课外延伸。在教学时可以根据不同的课型用不同的拓展方式，从培养学生善写作、善读书、善观察、善交流等方面入手。

在教学六年级《中国茶》一课时，教师设计了四个教学环节。一是回顾内容、引发思考。上课伊始，教师通过引导学生回顾课文内容来理清课文的写作脉络。接着在屏幕上出示一段话："写了什么，人人都能看得见；怎么写的，对多数人来说却是个秘密。"引发学生探究作者遣词造句、布局谋篇、情感抒发等方面的精妙之处。二是自读评点，品读感悟。教师和学生一起转换角色，成为品评者，在《一盅冷茶在早春》轻松、舒缓的音乐中开始了发现的旅程，边默读边批注边写感受。三是交流汇报，提升感悟。在这一环节中，学生把自己深入字里行间的理解和体验与大家进行交流，教师带领学生展开对课文内容由浅入深的点评，或品评作者在行文中遣词造句的精当，或品评作者布局谋篇的考究，或品评作者介绍事物纵横交错的叙述风格。教师及时针对学生的评点再度评点，将学生的思维指向了另一个深度和广度，形成了独特的见解，闪现了创造的火花。四是总结深化，整理反思。总结本节课的学习，学生明确了只有品评、感悟、诵读，才能走进文本、体会文情，才能真正读出文章的内涵来。

（2）数学学科教学模式

数学课堂教学以学生为主体，通过一定的问题激发学生学习动机，在小组学习、组间交流等形式下进行自主学习与合作探究，达到"内化知识、形成能力、掌握方法、注重过程"的目的。在实践中我们探索出了两种教学模式：

一是"探究学习"教学模式。"探究学习"是指儿童通过自主地参与获得知识的过程，掌握研究问题所必需的探究能力，有效地形成认识问题的基础——科学概念，培养探索未知世界的积极态度。

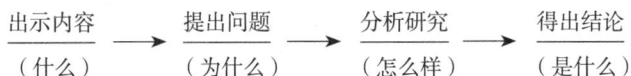

$$\underset{（什么）}{\text{出示内容}} \longrightarrow \underset{（为什么）}{\text{提出问题}} \longrightarrow \underset{（怎么样）}{\text{分析研究}} \longrightarrow \underset{（是什么）}{\text{得出结论}}$$

进而可以将这一模式具化为：

$$\underset{（原始内容）}{\text{书本知识}} \longrightarrow \underset{（设计问题）}{\text{行为目标}} \longrightarrow \underset{（分析研究）}{\text{收集信息}} \longrightarrow \underset{（揭示规律）}{\text{归纳总结}}$$

二是"发现学习"教学模式。"发现学习"是以培养探究性思维的方法为目标，以基本教材为内容，使学生通过再发现的步骤来进行学习。"发现学习"的教学步骤：出示内容—→联系旧知识—→提出假设—→验证—→知识迁移—→运用。在教学一些运算性质或运算定律时，可以让学生通过算一算、看一看、比一比来发现规律。例如教学"分数的基本性质"时，设计以下教学环节：

第一步，出示内容：比较 1/4 和 2/8 两个分数。

第二步，联系旧知识，分数的比较大小。

第三步，提出假设：两个分数相等吗？

第四步，验证。

首先，可以从分数的含义中迁移。学生以小组为单位，拿出大小相同的两张纸，一张平均分成 4 份，取其中的 1 份涂上阴影，用分数 1/4 表示，另一张平均分成 8 份，取其中的 2 份涂上阴影，用分数 2/8 表示。两张纸平均分的份数不同，取的份数也不同，但阴影表示的部分相同，说明这两个分数虽然不同，但大小一样，说明两个分数相等。

然后，选出两组这样的分数，如 1/3 和 3/9，2/5 和 4/10，学生再进行比较。

紧接着，通过三组分数的比较，让学生观察每组数的分子和分母有什么特点。

联系商不变的性质，学生讨论汇报规律。

最后，总结分数的基本性质：分数的分子和分母同时乘上或除以相同的数（0 除外），分数的大小不变。

通过以上教学，学生能主动地探索新知识，同时思维的创造性也得到了发展。进而，我们将"发现学习"教学模式概括为：

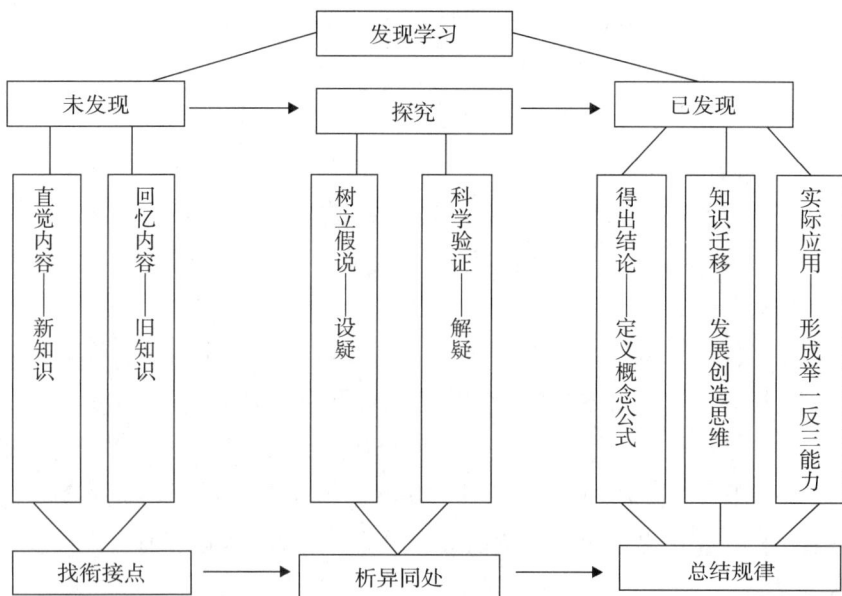

（3）体育学科教学模式

体育课重视情境的创设，在每节课中营造良好的氛围，让学生体验上体育课的乐趣。我们构建了"情境式"教学模式，通过创编适合学生年龄特点的各种故事，并巧妙地把教学内容融入故事的情节之中，完成教学任务，达到预定目标。教学流程为：情境导入——创编故事——扮演角色——进入角色——尾声。

"情境式"教学模式根据学生年龄特点分为低、高两段。低年级的"情境"主要采用童话形式，把学生非常熟识和喜爱的小猫、小兔、小狗、猴子、小鸡、小蜜蜂、小青蛙、小鸭子、小蝴蝶等编成故事内容进行教学。高年级的"情境"充分挖掘故事的内涵。例如：进行三年级身体基本活动和武术教学时，教师将一组过花桩、独木桥、爬竿、过软梯等活动形式与武术中的拳术、棍术组合起来，编成"小猴上花果山"的故事情节，让学生边学边练，边唱边模仿，在想象中既学会了动作，又提高了克服困难的勇气，师生关系和睦，教学充满乐趣。

（4）美术学科教学模式

美术分层教学通过绘画、泥塑、手工等形象、生动、多维互动的形式，精心地为学生创设交互学习与创造的空间，展示美术教学的内在规律。教学流程为：情境教学、引出主题——感受生活、走进艺术——激发兴趣、发散思维——大胆创作、综合评价四个环节，引导学生观察——发现——探究——联想——创造。

在教学《生活中的花》一课时，来自同一年级三个不同班级的学生坐到了一起，由三名美术教师共同上课。三名教师由硬币上的图案讲起，你一句我一句，相得益彰，向学生们介绍不同的花代表不同的含义。接下来是学生们自己动手制作的时候了，教师们结合自己的特长组织了中国画、手工制作和儿童画三个小组，学生们根据兴趣、爱好自由选择，用自己喜欢的方法来表现花朵的美丽，并将自己的作品展示给其他小组的同学。这样的分层教学，教师积极为学生创设想象、创造的空间，满足了不同学生的发展需求，使学生们在课堂上兴趣盎然，在最适合自己的教育情境中体验到了成功。

美术组三位教师经过精心构思，呈现了一节精彩的三人互动分层大课《优美的茶具》。为了让课堂再现生活的情境，让教学走进学生的生活：

课前，三位教师去了长春市博艺茶馆，拍摄了教学片断。上课伊始，教师先播放了拍摄的茶馆画面，学生在观看中不仅感受到茶馆中悠闲自得的氛围和千姿百态的茶客形象，更进一步了解到具有中国特色的民俗——茶馆文化。尤其是看见三位教师出现在大屏幕上，学生们异常激动，一下和教师建立起亲近、友好的情感。

接下来，三位教师扮演不同的角色——导游、茶艺师、茶客，引导学生了解茶具造型、颜色、用料、制作技法。例如：中国画技法、儿童画技法以及陶艺的制作方法。之后，学生分小组研讨，成员协同互助开发思维，运用准备好的制作材料进行创作。在创作过程中，在民俗音乐的感染下，学生灵感突发，运用绘画、撕纸、泥塑的形式表现出来，完成了自己喜欢的茶具。在汇报展示这一环节，每个同学骄傲地到讲台前介绍自己的茶具，收获了成功的喜悦，同时也增强了学生的自豪感和传承中国文化的意识。本节课学生在浓郁的民俗文化氛围中，轻松地学习、愉快地创作，审美情趣、动手能力、协作精神都得到了培养。这节课先后在全国教学研讨会、吉林省美术学科研讨会上进行教学观摩，得到了一致好评。

此外，还有音乐学科生活体验模式、思品学科"三思两动"模式等等，都丰富了课堂内容，提高了课堂教学的质量。各学科改革全面铺开。

在绿色课堂上，教师要为学生创设主动学习、大胆参与、展示自我风采的舞台，使学生不再把学习活动看作是一种负担，而看作是一种享受。

在绿色课堂上，教师尊重学生的个性差异，满足不同学生的需求，珍视学生的独特感悟，保护学生的创新精神，努力实现教师角色的转变。

在绿色课堂上，教师不再以知识为本位，而是着眼于学生的学，注重以学生为主体，重视"人"的和谐发展，使教学过程真正成为学生自我探索、观察、体会、发现和创新的过程。

为了更好地体现绿色课堂本质——阳光、温暖、健康，学校组织教师开展了"为学生而设计教学""多元智能情境教学""经历·反思·成长"等合作论坛，开展了以绿色教育为主题的"课堂教学日日开放"活动，让教师感受到绿色课堂是一种境界，是一种文化，是师生心灵对话的舞台，是体验创造奇迹的天地。

在实践与探索中，我们认识到：绿色课堂是还原生命本真的课堂，是减负高效的课堂，是阳光快乐的课堂，是生命和谐的课堂。

三、绿色课堂校本教研

校本教研作为一种学习、工作和研究三位一体的教学活动和教师行为，已经成为教师专业发展、学校长足发展的有效途径。近年来，我校一直在探索一种基于教学常态下的有效研究方式，通过创设立体多元的教学实践场景和多彩平台，让校本教研文化无声地流动在校园的每一个角落，滋润着教师的教学心灵和智慧。

1."小型集备"落实绿色课堂目标

我校立足校情，因地制宜，结合学校校区较为分散、不易统一，但又具备各教学研究会建设相对完整，骨干教师能够发挥专业引领、实现同伴互助的特点，确立了以"小型集备"为切入口的校本教研方式，通过构建多样化小型研讨模式，激活教师自发研究意识，将教研重心置于具体的教学研究活动中，促进了教师的实践反思和专业成长。

首先，抓好"集备"小型研讨。集备是小型研讨的一种最经常、最主要的形式。为了真正提高备课的实效，我校实行了"集备中心发言人制"，通过个备与集备交融，引领与交流共进，实现了课程资源与智慧资源共享，使集备成为提升教学质量的有效途径。

集备做到"三固定"。一是固定两个校区的集备时间，在课程安排上为学科备课让路，避免备课与上课撞车。二是固定两个校区的备课地点，保证了研讨的集中性。三是固定集备中心发言人，各学年各学科确定了四位备课组长作为每周集备的中心发言人进行备课引领。备课组长由教学经验丰富、教学能力较强、富有感召力的各级骨干教师担任，既突出了备课的专业性，又历练了骨干，促进了学科的建设和发展。

集备流程设计科学、合理。备课组长首先要提前做好准备，对下一周的教学内容从教材分析、设计意图、教学流程设计、教学方法采用、课后练习处理、层次性作业布置等方面进行整体的解读和引领。着力备好五点：教学的起点、重点、难点、交点、疑点。其次，要选取一至两课进行典型课例剖析，形成一份完整的详案，发到每个成员的手中，共同研究这一课。组内教师针对备课组长的发言进行补充研讨，提出自己的看法，增加改进意见，在书上及时标注，形成共识。再次，结合典型课例的详案，充分利用自己教案的复备栏，根据班级学生的学情，进行教案再创造，做个性化的修改，突出教案的创新性、实用性、个性化。

针对实际问题开展专题研讨。这一环节主要是针对上周教学进行答疑解难，由组员一一提出教学中遇到的问题和困惑，组内成员进行交流和解决。如出现共性问题，备课组长带领组员确立下周共同的研讨主题，通过改进课堂教学、书写教后反思、组内小型研讨等方式，解决问题，完善教学。学校制订了集体备课制度和考核指标，每周集体备课，两名教学校长分别深入到各个学年，听取备课组长的中心发言，积极参与组内研讨，及时提出指导性意见，同时对各组的备课质量进行跟踪评价，做好记录。学期末，对集备突出的学年组和备课组长进行相应的奖励，以此促进集备质量的再提高。

2. "快乐作业"增强绿色课堂实效

为提高绿色课堂的教学质量，减轻学生课业负担，学校以优化作业设计为突破口，开展了校内"快乐作业"的小专题研究。"快乐作业"的出发点是让学生成为作业的主人，让兴趣成为作业的源头，让动手实践贯穿于整个作业中。在实施过程中，我们采取了"三分制"原则，通过设计自主作业、兴趣作业、生活作业、创新作业，让作业活起来，让学生动起来，达到了减负增效、促进学生健康成长的目的。

（1）全面落实作业布置"三分制"

作业布置"三分制"，即层次分级、内容分层、差异分评。

层次分级：每周在作业布置上，要从基础性作业、拓展性作业、实践性作业三个维度进行精心设计。基础性作业布置要少而精，坚决杜绝机械、重复的训练，以达到巩固的目的为主。如：为了让学生掌握学过的生字、新词，教师布置了做"生字活页卡片""你听我写""生字自选超市"等多样形式，让学生在动手制作中就掌握应会写的生字。拓展性作业以知识积累为主，分课内和课外拓展。如语文学科设计的小小资料库、大话西游、信息快讯、快乐读书卡、生活日记，数学学科设计的快乐学吧、解题秘籍、数学日记，英语学科的活页词典、单词卡片等，让学习不再枯燥，每个学生乐在其中。实践性作业每月布置一次，以学生动手实践和参与社会实践、调查为主，如办语文、数学单元归类手抄报，保护环境小调查，姓氏家族，成语故事集，班级作文集。作业的设计与生活紧密联系，把学习的触角延伸到学生的生活，让学生成为作业的小主人。

内容分层：主要是从学生发展的需要出发，承认差异、尊重差异，让不同的学生在学习上得到不同的发展。每天布置的作业，教师都要分层设计，学生自主选择。教师还要通过校讯通平台，把当天的作业传给家长，让家长和学生一起选择适合自己的作业。如：布置一年级课堂作业"20以内加减法"时，教师会依据学生的接受能力分三个层次布置：第一层，10以内的加减法各十道题；第二层，20以内的进位加法和退位减法各五道题；第三层，20以内的加减混合计算各五道题。又如：学完除法内容后，教师布置了分层作业。第一层，复习两位数除以一位数的速算题十道，如 $28 \div 4$；第二层，完成5道除法计算题，如 $280 \div 5$；第三层，根据除法是乘法的逆运算完成乘法计算题5道，如 $5 \times (\quad) = 230$。当每个孩子都能顺利完成属于自己的作业时，他们对学习充满了乐趣，成功的喜悦挂在脸上。最为可贵的是，有的班级设立了"作业超市"，学生成为作业布置的主角，根据所学内容自己设计作业，放到作业专柜里供其他学生自由选择，充分发挥了学生的主体性和创造性。

差异分评：重视作业评价的环节，变单一的教师评价为多元激励性评价。学生自主独立完成的作业，由学生自己评价；需要教师批阅的，批阅后由教师评价；家长合作完成的由家长评价；同学互助完成的，由同学共同评价。评价的语言要以"激励性语言"为主，对于不同学习水平的学生，评价的语言要有针对性、差异性，做到因人而评。评价等级除了等级分制外，教师还创造性地采用"星级制""红花制""奖章制"，优秀作业得3颗星、3朵花、3个小印章，良好作业得2颗星、2朵花、2个小印章，合格作业得1颗星、1朵花、1个小印章，极大调动了学生完成作业的积极性。

（2）作业管理有效跟进

学校层面：严格控制学生作业总量，减轻学生过重的学业负担。一、二年级不留书面作业；三、四年级作业时间不超过半小时；五、六年级单科作业时间不超过20分钟。要求课堂作业尽量在课堂上完成。把"快乐作业"研究纳入学校微型科研课题研究行列，每位教师制订研究方案、形成研究档案。

学科组层面：以学年、学科为单位统一制订周作业设计方案，课后习题的选择、编制、布置学年要统一，各班结合实际情况进行微调，学期末形成《学年快乐作业设计集锦》。一至六年结合学生年龄特点、发展所需，设计实践性作业，可每月一个主题，也可一学期一个大主题，注重学生自主探究、勇于创新能力的培养。周考小卷、月测试卷习题的编制要精心设计，形式灵活、启发思维、拓宽视野。

教师层面：针对学生的个体差异，设计层次性和多样性的作业，给每一个学生提供思考、创造、表现和成功的机会，让学生具有选择性，最大限度地激发和调动全体学生完成作业的兴趣和积极性。同时，要注重学生书写习惯的培养，卷面评分为2分。要注重优秀作品的积累和展示。

（3）作业批改有法可循

在作业批改上，每位教师做到"四有四必"：有发必收、有收必批、有批必评、有评必改。作业批改要及时、仔细、正确，给后进学生写激励性评语。建立了"作业完成情况反馈卡"，及时取得家长的支持。明确作业批改时间，课堂作业当天完成，课外作业最多隔一天完成，大作文不得隔周，试卷必须在两天内完成批改、讲评。批改作业做到不错批、不漏批，要有复批。批改符号正确，实行等级制，多以激励性评价为主。学生设立纠错本，教师建立错题档案，以便积累作业设计经验，并有针对性地给予学生辅导或复习。

（4）作业讲评与展示及时

各班设立作业讲评本簿，对于学生作业中所暴露出来的错误要及时进行讲评，并做好书面记录。共性问题的解决采取课堂讲练的方法，个性问题的解决采用个别辅导的方法。注重作业讲评及辅导后的效果反馈，凡学生做错的作业必须改正，进行二度批改，跟踪指导。每次测试后，学生和家长都要填写"质量反馈卡"，通过自我反思、评价，不断提高学习成绩。比如，某个学生在单元测验拿到了不够理想的成绩，他在"学生自评"一栏中写到："这次测验我主要是计算不过关，有些数字看马虎了，有的题如果进行验算就好了。我以后要与细心做朋友，认真检查，争取把成绩赶上去！"在"家长评价"一栏中，家长是这样写的："从哪里跌倒，就从哪里爬起来，希望你吸取教训，争取进步！爸爸妈妈永远支持你！"

为了深化作业研究，推广优秀作业成果，学校每月进行优秀作业展评，学期末召开"快乐作业"经验交流会，在相互学习和借鉴中提高作业设计的实效性。

"快乐作业"让我校的学生远离了学习负担，作业在他们面前不再是一座山，而是一条通向自由、快乐、发展的高速公路，他们将会在这条路上越走越远。

3."多样化研讨"主导绿色课堂方向

"主题攻关式研讨"，使教学向研究型、创新性发展。学校充分发挥各教学研究会和教研组的职能，每个月以学年学科为单位，以研讨课的形式开展主题研讨。研讨主题由研究会会长和学科组长结合教学中的问题共同研究制定，主题力求小而精，易于操作和攻破。通过课前集中研讨——课上集体观摩——课后反思评议，达到了解决问题、改进教学的目的。研讨的形式依学科特点和问题解决的有效方式而定，可以是"同课研讨"，即围绕问题，组内教师同上一节课，通过"上课议课—反思重构—再上再议—反思推进"的循环往复的模式，群策群力，达到解决问题的目的；也可以是同课异构，通过不同的教学设计的处理，寻求最佳的解决方法和途径，充分发挥同伴互助的作用，促进教师创新课堂教学模式，改进教学方法，提升教学能力。

"名师引领式研讨"，使教学向学习型、精品化深入。充分发挥"西五名师工作室"二十余名省、市、区级骨干教师的引领和示范作用，通过教学观摩为其他教师树立学习和研究的范例。每周五，由两名不同学科的骨干教师展示两节高水平的观摩课，采取先说课、再授课、后评课的形式，组织同学科的教师进行学习和研讨。骨干教师独特的教学风格和精妙的教学设计，让老师们大开眼界，在学习中不断丰富自己的教学经验，也使学校的课堂教学提升到一个更高的层次。

"抽签规范式研讨"，使教学向规范化、有效性迈进。为了向常规课要质量，检验集体备课效果，学校开展了"每日抽签课"研讨活动。每天早自习由校长抽签确定听课的教师，领导班子带领同学年教师集中深入课堂听课，课后及时进行反馈交流。以此达到"规范一节课，引领上好全组课"的教研目的。一开始，有的教师不太适应，觉得很被动。经过一段时间的开展，每位教师在精心准备听课的过程中，发现自己备课更加深入了，课堂教学更加生动了，才领会到学校领导的良苦用心，很多年轻教师由被动听课改为主动邀请领导听课，从思想上和行为上有了全新的改变，教学质量也得到了提高。

"争鸣式大学区研讨"，使教学向优质化、均衡性前行。我校作为大学区的龙头校，充分发挥学校优质资源的引领作用，在大学区教研活动中做出了积极尝试。每个月，在开展大学区集备引领活动的基础上，开展了"大学区争鸣课"活动，即由大学区内的同年级教师围绕同一教研主题，开展同题异构、同课异构教学研讨，通过横向比较、互动研讨，达到取长补短、求优摒劣、促进提高、螺旋上升的功效。

"随机漫谈式研讨"，使教学更具人文化、个性化。在小型研讨活动的基础上，学校提倡微型研讨，即每天上完课后，同年组、同学科教师在一起交流教后感。有发现，相互启示；有收获，相互分享；有困惑，共同商讨；有异议，一起争辩。不定时间，场合恰当，随时交流，畅所欲言，成为西五一道独特的教研风景。

四、绿色课堂校本课程

1. 电子琴引入课堂教学

众所周知，音乐是陶冶人的教育，它在训练和培养孩子音乐素质、审美观点以及感受美、鉴赏美能力的同时，可以促进学生身心各方面得到良好的、和谐的发展。可见，音乐教育在整个素质教育的过程中占有极其重要的地位。那么，如何才能搞好音乐教育呢？我校前瞻性地开展了中澳电子琴实验教学，这使我们深深地体会到电子琴课在音乐教育中的作用：它不仅能激发学生学习音乐的兴趣，调动学生学习音乐的积极性，还能促进学生感受、表现音乐能力的发展；它既增强了音乐基础知识和基本技能学习的效果，又在发挥审美教育功能的同时，促进了德育、智育和体育的发展。

1998 年 3 月，"中澳电子琴实验项目"正式开启。全校三个年级的学生参加实验。每班每周 2 节电子琴课。一学期以后出现了新的问题。由于学生先天素质存在差异，在一个班级里往往出现优等生"吃不饱"，学困生"吃不了"的现象。这就大大地影响了学生学习的积极性、主动性。那么，如何才能克服这个困难，使一个班级的学生音乐素质基本接近呢？我们经过反复琢磨，终于想出了一个办法：那就是将同一个学年的学生按着音乐素质的不同分成不同组（A 组：程度最好；B 组：程度一般；C 组：程度较差。）然后分组上课，这样就避免了上述矛盾。可是，新的问题出现了：我们只有一个音乐教室，同一学年又只有一位音乐教师，当其中的一组学生上课时，每个班级都相应地剩下两组学生。怎么办呢？剩下的两组学生干什么呢？能不能使三个组的同学在同一时间内各得所获呢？经过反复研究，我们创造性采用了一个前所未有的办法：将音、体、美三个学科同时进行分组教学。经过一段时间教学之后，我们又发现了新问题、新矛盾，按音乐分层，不能满足美术、体育的层次，这又带给我们新的思考：怎样让学生的兴趣真正得到培养，潜力得到发展？经过研究探讨，我们于1999年三月开始进行"体音美分层教学"。

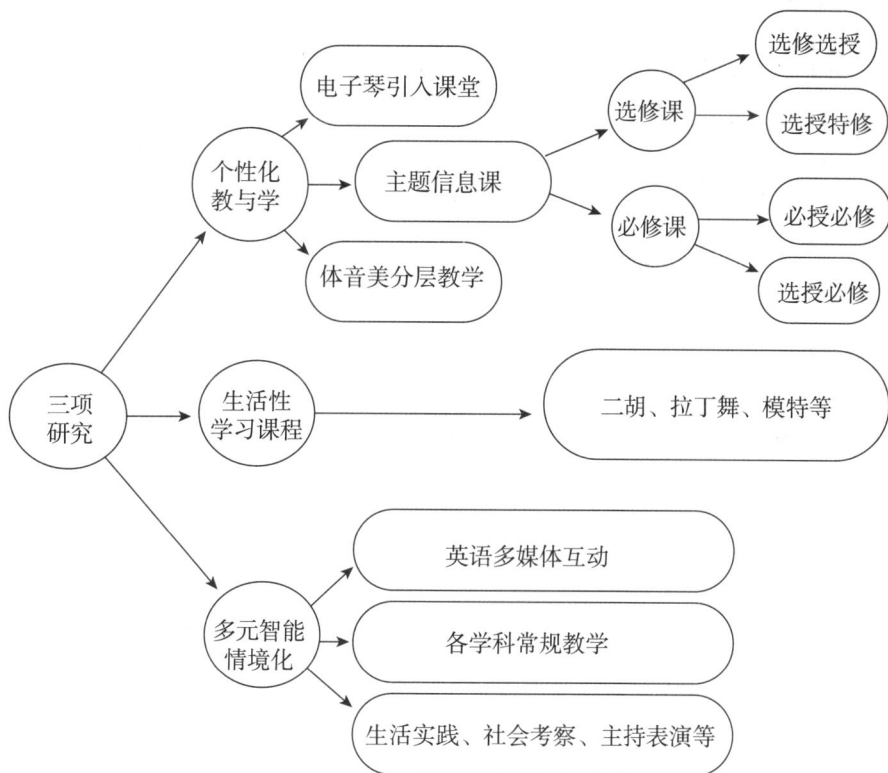

2.体音美分层教学

心理学认为，同一心理发展阶段的学生，虽然有着大体相同的心理特点，但同中有异。每个学生的个别差异既是教育的结果，也是教育的一种条件。只有针对学生的不同特点采取不同的教育措施，才能取得很好的教育效果，这就是因材施教。

体、音、美三个学科特别强调学生的先天素质和兴趣爱好。先天素质好的学生接受快，兴趣浓厚的学生成就高，这是不争的事实。我觉得让教学有特色，培养孩子的不同爱好个性，这才是注重人的发展。对孩子未来的科学培养也应该在教育过程中体现出来，凸显教育的本性，天才是培养出来的。

体音美教师每天第一堂课在一起研究学习，音乐教师和体育教师一起步入操场，体育教师和美术教师一起进入课堂，老师从不接受，到比较接受，到愿意接受，到主动接受。在创编新教材与教学大纲和学科教材的整合中，老师们付出了很多，也开创了西五小学教学改革的先河。

绿色课堂的生命活力来自课程，学校本着"一切为了每一位学生的发展"这一思想，开展了多学科、多形式、多类型的校本课程研究，不断丰富绿色课堂的内涵，让每个生命的个体得以点化、润泽、延展。从1998年至今，我们从未停止过课程改革的探索，以积极的研究态度，开发了体音美分层教学、网络环境下主题信息课、"3A＋1"特色课、多媒体英语互动教学及"Happy英语"外教团辅助英语教学，构筑了全新的绿色课堂文化，为学生的全面发展提供了广阔的学习空间。

新课程改革提出了"以学生的发展为本"的课程理念，就是让我们的课程适合每一个学生的发展。体、音、美三个学科是特别强调学生的先天素质和兴趣爱好的，重视学生的差异性。为了充分发现和挖掘学生的潜能，培养学习兴趣，创造条件让学生的多元智能得到充分的释放和发展，1999年开始，我校在三至六年级进行了体音美分层次教学的尝试。

没有科学的教育观念不可能有科学的教育行为。要培养创新人才，必须对现行教育进行改革，转变观念，建立新的教学观、质量观、人才观。邓小平曾多次强调"大学生未必是人才，不是大学生未必不是人才"。人才是分层次的，是分类型的。为了树立"天生其人必有才，天生其才必有用，人无全才，人人有才"的观点，发现和挖掘学生的潜能，培养学习兴趣，创造条件让学生的潜能得到充分的释放和发展，从而带动其他方面的发展，为此，我校在一至四年级进行了体音美分层教学的尝试。音乐学科根据学生对知识技能的掌握程度分为A、B、C三组；美术、体育学科根据学生兴趣爱好各分为A、B、C三组。上课时以学年为单位，以同一类型组为集体，实行全方位分层教学。实践中我们发现，分层教学的好处是：不同班级的学生划分为一组，培养了学生的自主意识；不同班级的学生在一起学习，培养了学生的合作精神；

不同能力、不同兴趣的学生上不同内容的课，极大地调动了学生学习的主动性、积极性，为培养创新精神和创新能力奠定了基础；学生在各组学习，实行动态管理，可随时调换小组，可反复选择，最后定向，没有精神压力和负担，真正体现了因人而异，因材施教。

对于分层教学，我认为："尽管在同一心理发展阶段的学生有着大体相同的心理特点，但同中有异。每个学生的个别差异既是教育的结果，也是教育的条件。承认学生的个体差异，重视差异，针对学生不同的特点采取不同的措施因材施教，使每个学生都得到应有的最佳的教学方式，就是我理解的分层教学。"

分层教学的教学思路是从学生的兴趣出发，以个性发展促进学生全面发展，以个人发展促进整体发展。教材有的内容滞后生活的发展，学生的学习形式变了，教材不可能不考虑学生的个体需求。

在这项教育活动进行中，进修学校的几位老师给予了坚定的支持，这更坚定了我的改革之心。我带领美术老师去茶馆研究茶文化，一坐就是一个下午；我们扛着当时笨重的老式摄像机去捕捉茶文化，只要教学需要，我们全方位配合。

在带领学校体、音、美教师开展分层教学的一年多的时间里，我们尝到了分层教学的甜头。学校分别召开了任课教师、学生、家长座谈会，得到了大家一致的认可。教师说，分层教学使教学效果更理想了；学生说，分层教学使我们对学习更有兴趣了；家长说，分层教学能帮助他们发现孩子的特长和业余爱好，有利于对孩子有目标的培养。

当时，我校有很多学生获各级电子琴大赛奖励和书画大赛奖励。

体音美分层教学在山西展示获得了很大的成功。在和谐轻松的音乐声中，百余名学生拍着手走进教室，突然教室的光线暗下来，紧接着教室前方的大屏幕上映现出一间茶馆，里面坐着三个人，边饮茶边向学生们介绍茶文化……随着光线变亮，三位教师同时走上讲台，这时教室响起一片热烈的掌声，原来三位教师就是三位品茶人，接着三位教师分别引导学生用泥塑、美工、儿童画三种不同的形式来表现茶具，三个班百余名学生，按个人爱好自动分成三组，在同一间教室同时上课，这就是美术的分层次教学。北京市政协委会，全国特级教师吴正宪在现场这样评价了分层教学："西五小学的课堂教学，尊重了学生的兴趣爱好，充分挖掘了学生的潜力，在美术课的分层次教学中体现了创造性学习，在数学课的教学中注意了儿童的特点，重视让学生在活动中学习数学，这样的课堂教学应该继续实践，形成经验。"

然而任何一项改革在刚起步的时候都不会是一帆风顺的，体音美分层次教学同样历经了考验。有一位上级部门领导对体音美提出质疑："学校就是文化的课堂，不能总搞蹦蹦跳跳的事。"听了这番话，我好像面临冰火两重天，热情遇冷，吃不下也睡不着。当时我在想，我真的做错了么？这同样意味着我们没有资格参加评比，也无机会参加比赛。我一度很困惑，进行了两年的分层次教学准备就此罢手了。

在此我想说的是进修学校的几位教研员给了我大力的支持，他们说："丁校长，别人不重视，你这样重视，我们一定帮助你把这件事做好，请你不要放弃，我们求你了……"那一刻我的泪水夺眶而出，我除了低调坚强，又能怎样？

1999年，新课改出台，提倡体音美分层教学，在此之前我已经坚持实践了三年！记得在市教育学院礼堂参加首批新课程培训时，感受到新课程精神也感受到体音美教学符合新课程精神。此时我百感交集，思绪万千，强忍泪水。我这一路走来的酸甜苦辣，只有明月知晓。

作为分层教学的直接受益者——学生，他们的话语中充满了高兴与快乐。"这学期的体育课可以上三个组，这可比只有一个班好多了。如果只有一个组，不论你喜不喜欢这方面的体育（项目），都得在这个组，并且人多，老师不能手把手地教会所有人，要全教会了，至少得两节课呢！""那一节的体育课真是新颖、好玩。我们可以选择自己的爱好，喜欢体操的就去体操组，喜欢足球的就去足球组……"

1995年10月15—18日，《吉林日报》《城市晚报》以《为这样的教学喝彩——西五小学的教师真了不起》为题进行专题报道；学校出版了体音美教学改革的书籍《求索》。一位北师大的教授说："这是全国第一本体音美分层教学成果书，你们很超前。"我校体音美教师在研究、探索中快速成长着。那一年，我校体音美15名教师中已有省级骨干3人、市级骨干4人、区级骨干6人。

在现有体音美校本教材《求索》的基础上，我校又组织学科教师，结合学生现有的学科能力水平和教学改革的深入，进行了体音美分层教学校本教材的二度编写，使之更加符合学生的需求和时代的发展。

◎《体育分层教材》

体育学科根据学生个体身体素质、运动水平、兴趣爱好的差异，三至六年级每周开设一节分层课，分层的内容为足球、篮球、武术三个运动项目。在同一学年常规分层课上，三位教师同时授课，分别进行足球、篮球、武术项目的教学，学生根据自己兴趣自主选择学习内容。在此基础上，教师根据学生之间的差异，根据学生的知识掌握的程度，进行每个项目的专项分组教学，教师为学生设定不同的学习目标，设计了A、B、C三组形成性练习，由学生按照自己的学习基础、学习兴趣来选择适合自己水平的练习，巩固所学知识，充分发挥主观能动性和创造性，从而达到全体学生共同发展与提高。

如在武术课专项分组教学时，三位教师同时授课，虽是相同内容，但教师要根据教材的难易程度，将教学内容分为A、B、C三个不同层次，让学生根据自己能力选择适合的内容来学习。A组以武术基本功训练为主，适合身体素质较差、接受能力比较慢的学生；B组以武术的各种动作、步法学习为主，适合身体素质一般，但有一定武术基础的学生；C组以武术组合技术动作为主，在课程标准的基础上有所提高，适用于身体素质比较好、接受能力较强、武术基础相对好的学生。这样分层教学的调控和指导，可以随时检查学生掌握动作的情况，解决学生学习过程中的疑难问题，对学生进行个别化辅导，保证了同步教学中分层施教的教学进程，使教学活动真正建立在学生自主参与、主动探索的基础上。学生的主体精神、创新意识、创新能力、运动能力以及多元智力水平得以提升，师生的生命价值也得到了最完美的体现。

◎《音乐分层教材》

1999年是新课程刚刚实施的开始阶段，为了促进学生的全面发展，我校引进了中澳电子琴实验项目，打破了音乐教学的传统模式，以兴趣教学为指导思想，进行高、中、低三层的教学以促进学生个性化教学。如今，我们已经将这种先进的理念熟练地运用到音乐课堂中，进行了分层教学，分别以活动、综合、合唱三种形式来进行授课，并根据学生的个性发展来进行选材。在教材的编写中，三年级以"动画城"为主题，为了满足学生在家里看不到电视的愿望，投其所好来进行教材的选择；四年级以"快乐阳光"为题材，让学生在绿色教育的引领下，把音乐的阳光洒进学生心灵；五年级的教材编写以"同伴互助，走进青春课堂"为主题，采用多种形式鼓励学生积极参与课堂创作，为学生创设交流的平台和融洽、开放的学习氛围；六年级以"校园童谣"为基准，让学生回忆小学美好时光，激发对校园和师生的热爱之情。

◎《美术分层教材》

关注生命的教学是绿色课堂永恒的追求。为了让每个学生在童真时期得到美的熏陶和感染，得到艺术思维的开发，得到审美发展的满足，我校在三至六年级进行了美术分层教学，并结合地域特点、学生个体差异，进行了美术分层校本教材的编写。首先在教学内容上进行了拓展丰富。三至六年循序渐进开设了中国画、刮刮画、儿童版画、手工制作、砂纸画、雕刻、素描、速写、东北民间绘画等学习内容，以此来满足学生的兴趣爱好和特长发展。在课时分配上，每学期安排小分层课（三位教师围绕同一教学内容，在三个班级通过不同的表现形式进行教学）14节，大课（三位教师围绕同一教学内容，在同一个班级上三人互动式大课）3节。例如：教学《美丽的花》一课时，为了让学生了解硬币的图案和造型，三位美术教师分别采取用绘画的形式让学生画花，用泥塑的形式捏花，用纸工的形式雕花，通过多样的表现形式，使学生的兴趣爱好、艺术素养得到培养。同时根据东北地区的地方特点，把树皮、杂草、黄土、玉米棒等，作为课堂教学的原材料，实现了课程资源的有效开发和利用。

【附：美术三人互动式分层课例《巧手设计绿色奥运》】

巧手设计绿色奥运

一、课前导入

谭老师：这节课，老师为大家准备了一段录像，同学们边看边思考，从片中你都能了解到哪些知识？（播放关于奥运的录像片）这节课我们就用自己的巧手来设计绿色奥运。

徐老师：我是巧手剪贴绿色奥运组，谁愿意参加我的小组？

谭老师：我是巧手绘画绿色奥运组，老师欢迎你们来到我的课堂上。

孔老师：参加巧手泥塑绿色奥运的同学请到这边来。

二、绿色奥运信息发布会

谭老师：课前同学们搜集了许多关于奥运的图片、文字资料，下面以小组为单位进行汇报展示。

徐老师：巧手剪贴组的同学先来汇报一下……

三、分组讨论设计方案

孔老师：看了这么多关于奥运的图片和资料，同学们一定开阔了眼界，对奥运有了更深的了解，那你有什么样的感受吗？你能用泥塑、手工、绘画的形式表达你对奥运的畅想吗？

徐老师：请绘画，剪贴，泥塑3组同学按照自己的意愿，讨论设计方案。

学生讨论、汇报

生1设计标志、吉祥物

生2绘画设计场景

生3泥塑表现奖杯

四、学生创作，教师分组巡视指导

五、作品展示，互评、自评、点评

泥塑组展示了大型的雕塑，有运动员的泥雕，有形式多样的奖杯。手工组展示给大家的是漂亮的建筑，是各个体育场馆。绘画小组展示的是申办成功的欢庆场景真是漂亮极了。

六、总结

老师会把同学们对奥运申办成功的喜悦心情和作品邮寄给北京奥委会，让这美好的日子铭记在心。

3."主题信息"新模式课

为了更好地落实"教育必须面向现代化发展"这一教育思想，我们将主题信息教育作为探索网络环境下教学改革的主要形式，对教学内容进行重组、合并、压缩、创编，摆脱以往教学中的条条框框，依据自己所教学科的特点，结合信息技术教育的开放性，找到较好的学科教学结合点，创编出贴近学生生活的教学内容。学校将根据学生的能力、兴趣、需要的不同，把主题信息课设置成"必修课"和"选修课"两种类型。在必修课中，设置了"必授必修、选授必修"两种形式；在选修课中，设置了"选授选修"和"选授特修"两种形式。

在这四种教学模式中，"双向选择"性最强的选授选修课特别受学生欢迎，教师挂牌上课，学生自由选择。教师们为了让自己的主题信息课得到学生们的喜爱，吸引更多的学生选择自己的课，纷纷设计了"诱人"的题目来吸引学生，如"你好，世界杯""今天我当家""广而告之""明星档案""心与心的沟通""我的西五小学""由标题想到的"……许多教师还通过问卷调查来了解学生的"口味"，还经常更新教学软件设计突出课程的新鲜感。在"市场需求"的"调节"下，教师们都努力把主题信息教育的课程内容与日常生活紧密地联系起来，赋予课程以浓郁的时代气息，课堂气氛也随之更为活跃、轻松。

在探索和实践中，我们充分感受到主题信息课在课堂教学改革中所显示出的优势：①它使授课内容突破了知识本身的限制，留给了学生思考、实践空间，使学生能够围绕学习内容在课外自觉加以延伸；②学生知识结构得到了逐步地改善，各学科间的内容得以交叉、渗透，提高了学生的学习质量。

"主题信息课"的探索与实践过程：

（1）"主题信息课"的选定

客观世界的千变万化，决定了知识信息的丰富多彩。不同的信息内容必然以不同的信息形态作为教育资源和教学因素呈现在一定的教学场景下。从学生学习的角度着眼，对源源不断的来自方方面面的、形形色色的初始信息，必须加以选择、组织、加工，使之整合成可供学生学习，促进学生发展的有效信息或能源板块。主题信息教育内容就是通过主题集中内容，通过分化形成系列，作为选修和选授课程存在和被调用于跨学科的教学领域。

我们进行主题信息教育的基本教材是清华大学出版的《小学生主题信息技术课本》（全一册）。该教材在培养学生信息素养和开放的教学内容方面具有较为突出的特点。教材与学科有大量交叉和链接的信息点。教材主题任务明确，目标得体。丰富的信息含量和对学生个性发展具有明显作用的电子作品，利于学生收集和整理信息，并可使学生在信息操作过程中实现感悟与内化。目前，我校的信息教育不再只是孤立地讲授计算机知识技能，而是与语文、英语、数学、艺术、生活、体育等众多学科相融合，形成独具特色的主题信息课。我们把信息技术教育课本中 26 个主题分为两类：必修课和选修课。必修课 10 个主题，选修课 16 个主题。

必修课是开展信息教育必须掌握的基础知识、基本技能。选修课是学生依据自己需求而选择的个性化课程，选修课共分为四级：一级、二级是选修简单的基础，三级是学习较复杂的信息知识，四级是特修，学习学生需求的高精尖的信息技术。信息技术教育与各学科学习过程相结合的课程，有利于学生拓展知识面，提高综合素质。有了富有生机和活力的主题信息教育课程，学生在课堂上才能构建主动探索积极合作的新型学习方式，教师才不只是知识的灌输者，而是真正成为学生学习的帮助者、合作者，学生获取知识的途径才不再是传统的书本和教师，而成为意义建构的主体。

（2）"主题信息课"的实施

根据学生的能力、兴趣、需要的不同，我校将主题信息课设置成两类：一是必修课，二是选修课。这为学生在开放的网络环境下进行探究式学习，提供了广阔的空间。在主题信息教育的必修课程中，又设置了必授必修、选授必修两种形式；在主题信息课的选修课程中，设置了选授选修和选授特修两种形式。这样，我校在主题信息课中创立了"两类课程四种教学模式"。

必授必修课是教师立足于学生基础能力的培养，以学科教材为载体，初步培养学生在网络应用方面的基本素养，提高学生的操作能力。如《我的零花钱》是小学信息技术教材中的一课，结合学生的生活实际，指导学生掌握如何创建、修改、修饰表格，并引导学生通过评价建立正确的价值观。

选授必修课是教师根据学科教材的特点，把能与信息技术教育相结合的学科内容整合，学年教师跨班授课。学习完三年级语文课《这条小鱼在乎》后，教师在全学年上了一节选授必修课，不仅充分利用信息技术整合各种学习资源，进行相关语言训练，而且利用网络，将学习动机延伸到课外，给每个学生充分表达的机会，在听说读写的训练中，发展语感，形成语言能力。

选授选修课是学生可以依据自己的特长、爱好、能力和对教师不同的情感倾向，跨学科、跨班级、跨年级地选择有关的课程，是学生因学选材，教师因材施教，特别受学生欢迎的一种课型。充分体现双向选择：教师挂牌上课，学生自由选择。学校每周、每个年级都安排一节选授选修课，教师在每月第一周周一申报选授内容，上交教学设计，学生在每月第一周周五进行选修课选报。学校统一编排选修和选授课课表，指导学生开展自主式学习。

授课教师努力把主题信息教育的课程内容与日常生活紧密地联系起来，

纷纷设计了"诱人"的题目来吸引学生:"你好!世界杯!""今天我当家""广而告之""明星档案""心与心的沟通""我的学校""由标志想到的"等课题受到了学生的欢迎。教学中,教师努力把主题信息教育的课程内容与日常生活紧密地联系起来,赋予了课程浓郁的时代特色,课堂气氛也随之更为活跃、轻松。如李洁老师的《成长岁月》一课,让学生自愿分成三个组,分别以"挚爱亲情""成长摇篮""梦想成真"为题收集、整理信息制成演示文稿式的"电子作品"。这些作品内容丰富多彩,使人看到时代的变迁,生活的美好,其基本模式为:资源利用——主题探索——合作学习。

吉林省电教馆副馆长韩树生对我校敢于让各学科教师上主题信息课给予了充分的肯定。他说:"这在我省还是首例。这不仅有利于教师水平的整体提高,而且还创造了信息技术与各学科之间的天然联系,是一种高水平的整合。"2002年9月,在长春市举行的"国际信息技术教育研讨会"上,华南师范大学教授、信息教育专家李克东先生听了我校主题信息教育的"选授选修"课后给予了高度评价,他认为:这种主题信息教育模式的改革,是信息技术与课堂教学整合的进一步深入,体现了开放性、实践性、灵活性、趣味性。它使授课内容突破了知识本身的限制,留给了学生思考、实践的空间,使学生能够围绕学习的内容在课外自觉加以延伸。学生的知识结构从中得到了逐步地改善,各学科间的内容得以交叉、渗透,提高了学生的学习质量。这在全国开了先河。

选授特修课是立足于解决在必修课或选修课的教学中出现的疑难问题而设立的。在选授特修课上,由学生提出问题,学生间互相研究合作解决,解决不了的问题,请专职教师或专家来解答。这种选授特修课重点培养了学生的个性特长和合作、实践能力。如《帮你解疑》一课,由来自三至六年级的学生们各自带着一些问题来到课堂,他们互相讨论,深入探究,在教师的帮助下找到了问题的答案。其基本模式为:提出问题——协商讨论——发布成果——网上评价。

(3)"主题信息课"的特点

一是体现开放性。选择的主题,既要考虑学科教学的科学性,又要考虑如何激发学生的创新活力,从而使授课内容突破知识本身的限制。教学目标既要考虑整体要求,又要根据学生的差别,体现个体性。留给学生思考的问题,既要有对基本内容的要求，又要有一定的开放性，使学生能够围绕学习内容在课外自觉加以延伸。对学生学习情况的评价，既要考查对基本内容的理解、掌握情况，又要考查学生创新能力提高的程度。

二是体现实践性。选授与选修课的开设，要结合学校自身的实际，积极创设条件，增添有关设备，让学生亲自参与或体验高科技实践活动，从而激活学生的潜能，增加学生对高科技基础知识的感性认识。

三是体现灵活性。信息教育选修与选授课的课时数、开设时间和先后顺序，可不受教学周期的限制，而要根据课程内容、实验设备、师资力量等客观条件灵活安排。受学生欢迎的学习内容和与日常生活联系紧密的课程，传授知识的方式可以选择教师讲授，也可以选择小组协商等方式。

四是体现趣味性。信息教育选修与选授课要在坚持科学性的前提下，加强课程内容的设计和筛选，使课程内容更具时代特色，更贴近日常生活实际，从而增强操作性，提高趣味性。

我校主题信息课突破了常规，有独特性，因此在李克东教授的支持和推荐下，中央教科所破例将教育部"十五"规划重点课题《网络环境下信息技术教育新方式的研究》交给我校，这标志着我校在信息技术科研教改方面迈向了更高的层次。

在深化主题信息教育新模式的研究过程中，我校承担的国家级课题"基于网络环境下，信息教育新模式课的实证研究"于2005年6月圆满结题，取得了30余项科研成果。我校于2006年和2007年连续两年被评为"全国信息技术创新管理示范校"。2006年5月，我校被中央电教馆选为长春市首批参加中央电教馆"Think.com平台"研究的实验校。一名老师作为全省中小学层层选拔出的五位代表之一，到北京参加"Think.com平台"的培训。

2007年3月14日，北京师范大学李芒教授及各级电教馆领导光临西五小学，进行了为期一天的项目调研。李芒教授观看了教师设计的《快餐》《天台花卉》《快乐英语大串烧》《我的相框—DIY》《向往奥运》《爱在点滴责任中》等主题活动案例，进行了有效的指导，并给予了这样的评价："来到西五小学，最多的感受就是感动。这种感动来自西五小学丁校长的专家治校，来自西五小学教师的钻研精神，来自学生的和谐自主，来自对信息技术教育应用的追求。"2007年8月，我校四位教师参加了Think.com平台的夏令营活动，荣获 2007 年度中央电化教育馆和甲骨文教育基金会共同举办的"Think.com 项目活动优秀组织奖"，三位老师的课例获奖，三名学生的作文获奖，娄颖老师被评为国家级优秀骨干教师。我校承担的省级课题"三题共作"课题的研究，深化了远程教育的开展，我校为农远协作校创建了科普学习网站，积极开展了"双教一课"活动，发挥了名校的优质资源，促进了科研成果向应用层面的推进。

4."3A+1"特色教学

绿色教育的终极目的是为孩子的未来做主。我们秉承着"关爱生命·注重发展·彰显内涵"的绿色教育理念，推出了"3A+1"特色教学。"3A"即将语文、数学、英语三个主要学科的课堂打造成精品的 A 级课堂，如：

（1）语文"A"，侧重文学积累和实践操作，教材内容深入浅出，体现渐进与发展。

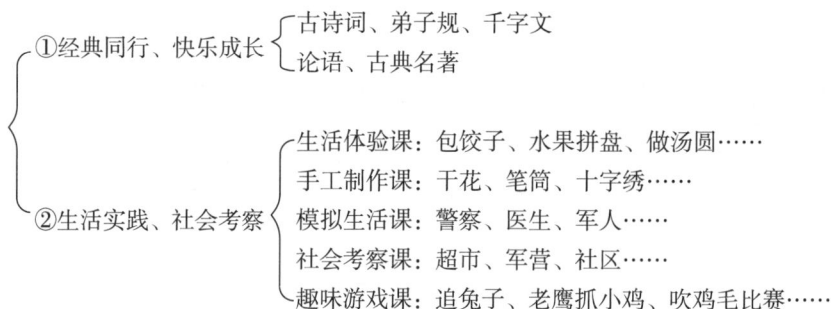

①经典同行、快乐成长
- 古诗词、弟子规、千字文
- 论语、古典名著

②生活实践、社会考察
- 生活体验课：包饺子、水果拼盘、做汤圆……
- 手工制作课：干花、笔筒、十字绣……
- 模拟生活课：警察、医生、军人……
- 社会考察课：超市、军营、社区……
- 趣味游戏课：追兔子、老鹰抓小鸡、吹鸡毛比赛……

（2）数学"A"，侧重拓展思维的广度和灵活度，培养兴趣，开发潜能。通过教材与 A 项开发，为学生架设由已知、经可知、达未知的桥梁，有效实现思维的整合与拓展。

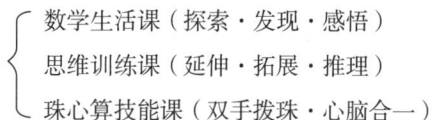

- 数学生活课（探索·发现·感悟）
- 思维训练课（延伸·拓展·推理）
- 珠心算技能课（双手拨珠·心脑合一）

（3）英语"A"，侧重"HAPPY 英语"为主题的新的英语学习方式的训练，让学生进入语境，产生激情，轻松完成语言交际。

- 创设英语选修课
- 校园英语角
- 英语多媒体互动课
- 外教团辅助英语教学

引入小故事、歌曲、歌谣、诗歌……

（4）"+1"，侧重特色化、多元性、可持续，让学生独具特色、个性张扬。

文学类：童话、古典文学……
生活类：主持、演讲、表演、模特、外教团辅助英语教学、珠脑……
艺术类：书法、绘画、舞蹈、拉丁舞、二胡……
体育类：轮滑、足球、篮球、田径……
科技类：航天模型、网络机器人……

5．"HAPPY"英语外教团辅助英语教学

有哲人说，孩子的天性是在游戏中学习。当我真正融入孩子们的天地里，就产生了一种深深的感动。阳光下，随着外教一声令下，学生们立即伴随着动感十足的音乐舞动起来，开始了大型英语韵律操表演。每个队伍的旁边都有一个不同国度、不同肤色的外教，他们同孩子们一起，释放着无限的童心。"One，two，three，Let's go！"戴着精心绘制的狮子、狐狸、猴子、小兔的头饰，学生们个个神采飞扬，一边带劲儿地耸耸肩、伸伸手、扭扭腰、跳跳脚，一边大声唱着英文歌，"兔子，兔子，一、二、三，我们快乐在动物园，驾车飞去阳光课堂。""老虎，老虎，勇敢乐观，不怕艰难，生活在我们中间……"

一位手里拿着玩具车，跟在妈妈身旁的小朋友也大声地跟着唱，胖嘟嘟的小脸上是兴奋与好奇的交织。一问，他叫高铭辰，他说他唱的是《五只鸭子》。他被这生动活泼的场面所鼓舞。很显然，在西五小学开始他的人生之旅，成为他心目中的最好选择。

阳光下的操场，仿佛是一个多功能的社区服务中心，袖珍的肯德基餐厅、学校校园、医院、水果超市、图书馆、体育馆、文具店、玩具店、百货大楼、邮局等主题场景，重演着生活中的故事：超市的人头攒动、水果超市的客流如云……我在小小的"图书馆"驻足下来，在这里有中国古典名著《三

国演义》、有外国名著《人世间》、有《唐诗三百首》的简装本，还有孩子们心仪的《英语新起点》等，"读者"认真地选择，"工作人员"热情地服务。他们用的是英语，我则像听天书一样跟着他们的表情猜度；热闹的"肯德基"门口，挤满了同学，"我想要一袋薯条。""我想要一杯可乐，加冰的。""请问您还需要什么食品？"孩子们用自己最喜欢的方式，用英语进行着真实而新奇的交流；在"医院"的"问询处"，我见到了一位正在与"护士"交流的老外，这是个很年轻的小伙子，我用中文问他："您懂中文吗？"他很善意地瞧了我一下，"不会。"他用中文回答。我莞尔一笑，找到了一位英语女教师。借着女教师的帮助，我完成了一次很圆满的采访——"你叫什么名字？""我叫猫（中文名）。""哪个国家的？""美国。""您对今天的这种教学形式有什么看法？""形式多种多样，非常好！""在美国有这种形式吗？""不太多。""这是有中国特色的教育吧？""是的，这个对于练习（英语）是个非常好的方式。"我们交流得很流畅，像多年的老朋友。

这是个很好的教学模式，这种交流情境的创设，打破了传统英语教学中书本化、应试化的模式，为学生们提供了活学活用的广阔空间与氛围，使学生们不再只是游走于"哑巴"英语的尴尬中，让学生们不仅会说、敢说，更乐于说。学生体验到了学习的成就感，形成了英语学习的良性循环。

6. 开发国际理解教育课程

为了让学生真正享受到"面向世界、面向未来、面向现代化"的优质教育，学校与日本、新西兰、新加坡、加拿大、澳大利亚、美国等国家建立了友好关系，深入开展外教团辅助英语教学活动，并组织师生到友好国家去访问、考察、交流，让学生走出国门，真正感受到异域国家的风土人情与发展变化。

（1）西五小学与日本交流

从 2002 年至今，日本教育考察团多次到学校进行办学内涵的考察和交流，并参加了西五小学百年校庆，对学校的办学理念及学校的跨越式发展深感惊叹。

　　2002 年 10 月 12 日，日本福岛山都町教育委员会教育长和山都町第一小学校长专程来到西五小学访问，并签订了《中日文化教育友好交流协议书》，从此拉开了西五小学文化教育国际交流的帷幕。

　　全世界都知道日本是亚洲强国之一，日本的科技令世界瞩目，也值得我们去学习。特别是中日两国传统文化的"共振"更为我们提供了沟通交流的平台，这种文化交流如果从孩子开始，就会加速这条文化交流通道的畅通。让外国文化进入中国，让中国文化走向世界，我们西五小学，在国际文化教学交往中，让孩子充当了文化传播的绿色使者。

　　2003 年 4 月 12 日，在校长的带领下，学校派出由温浩森、刘瀛逊、李程、李哲、王艺霖、鞠佳成、曹纯等七名优秀学生组成的小学教育考察团代表启程前往日本考察，我们所考察的是日本福岛山都町的三所小学，一所中学。

这七名孩子，不仅代表着西五小学全体师生的美好祝愿赴日交流，更展示着我们西五小学新时代学生的风貌。李哲，曾获长春市中、小、幼艺术系列大赛二等奖；南关区优秀少先队员；全国小学生读写能力大赛一等奖；全国小学生奥林匹克英语竞赛优秀奖；吉林省青少年特长大赛（写作类）一等奖；1998、1999年海峡两岸珠算通信比赛优胜奖；全国"舞龙杯"作文大赛优秀奖；全国"曙光杯"全国青少年作文大赛三等奖；长春市青少年作文大赛特等奖。其作品曾先后在吉林省《新文化报》《校园周刊》《作文与考试》《长春日报》《长春晚报》《视听导报》《求知时报》等报刊上发表。鞠佳成，曾获全国小学生读写大赛二等奖；"曙光杯"作文大赛一等奖。王艺霖，曾获长春市少年宫国际标准舞大赛第二名；全国"舞龙杯"作文大赛二等奖；吉林省古筝大赛一等奖；全国小学生读写大赛三等奖；长春市数学竞赛优秀奖。温浩森，曾获宽城区故事大赛特等奖；"芙蓉杯"征文一等奖；全国英语知识大赛低年级组一等奖；全国小学生读写大赛二等奖；吉林省青苹果乐园才艺展示声乐二等奖。

日本是礼仪之邦，日本朋友所表现出来的热情、好客、友好及日本学生的自立、自律、礼貌、谦和都给考察团的孩子们留下了深刻的印象。考察团所到之处，都受到了热情友好的欢迎。日方的小学校特为中国小朋友举行了隆重的欢迎会，并为中国的孩子们表演日本传统舞——泰鼓。而我们的孩子们同样表现不俗，李哲、曹纯的钢琴曲《梦中的婚礼》《童年的回忆》弹得行云流水，赢得满堂喝彩；温浩森的日本民歌《小叮当》唱得"日"味十足，只是由于一时紧张忘词了，于是台下的日本朋友提词接续，演出气氛其乐融融；王艺霖的国际标准舞蹈跳得酣畅淋漓；李哲的日本歌《红蜻蜓》唱得台下观众跟着感觉走；刘瀛逊的书法力透纸背，韵味十足；鞠佳成的萨克斯曲《海之梦》（日本民歌）引得台下的日本朋友跟着唱，一片掌声，一片歌声，一片欢笑……

考察团还给日本小朋友带去了西五小学全体师生的礼物：有书法、绘画作品；还有木制陀螺、万花筒、书签、花篮、卡片等工艺品。听说中国小朋友要来，日本第一实验小学的孩子们，每人用毛笔写下一个大大的"友"字，第三实验小学的老师们，每人胸前佩戴一片绿色羽毛，象征着和平。世代友好，向往和平，这何尝不是中日两国人民的共同心愿呢！让我们随着孩子的镜头一路走来，感受孩子的童心世界，更为西五小学的国际文化教学交流喝彩！

2004 年传统的元宵节刚过，长春市南关区西五小学师生又迎来了喜庆的日子。2004 年 2 月 10 日，日本教育交流团专程赴西五小学访问、交流、联谊、公演，欢迎仪式在长春市工人文化宫隆重举行。省、市、区各级领导 70 余人出席，教师、学生 800 多人参加了这次活动。

首先，校长代表西五小学致欢迎词。在欢迎致辞中校长讲述了西五小学与日本福岛山都町进行国际教育交流的历程，展望可合作的美好前景，对日本友人的到来表示最热烈的欢迎，并祝愿这次活动圆满成功！接着，日本福岛山都町教育会教育长平田先生讲话。然后，南关区教育局韩希光副局长讲话。最后，日本教育交流团和西五小学互赠礼物。

演出中，日本民谣会 15 人进行了歌舞表演：悦耳的歌声、精湛的乐技、优美的舞姿……令人赏心悦目；西五小学的师生展示了独具魅力的风采：民歌伴舞、古筝独奏、东北大秧歌……再现了充满诗情画意的中国风！虽然语言不通，但心与心相通，情与情相融，整个公演洋溢在浓浓的友情中。

公演在《友谊地久天长》中落下帷幕。与会的中日朋友合影留念。我们坚信：中日两国人民的友谊一定地久天长，中日两国人民的文化交流一定会谱写出新的华章！

2006 年 1 月 26 日，日本福岛山都町国际交流协会会长小泽雄太郎先生、日本福岛山都町第一小学校长岩棉吉男先生、第二小学校长小关灵子女士一行三人专程赴西五小学访问交流。长春市教育局、南关区人大、区委宣传部、区政府、区教育主管领导都参加了欢迎仪式。西五小学为日本友人赠送了友好交流锦旗，并与日本友人互赠了礼物。

那一年，恰逢中国传统节日——春节，我们就安排日本友人和部分教师代表及市区领导一起共度除夕。我们学校老师和日本友人共同包饺子、吃年夜饭、表演节目、放鞭炮，让日本友人充分感受到了中国大年这个传统文化节日的特殊氛围，一起度过了一个难忘的春节。

（2）西五小学与伊拉克的交流

2005 年春天，伊拉克 5 岁小男孩哈兹随父亲哈里德先生从伊拉克来到了中国，也拉开了小哈兹在西五小学的幸福生活。

"俺家以前在伊拉克,现在在中国长春南关区!"听着这带有浓郁东北味道的方言,您一定不会相信这是出自一个6岁的伊拉克男孩之口吧。2006年8月21日上小学的他,读小学一年级才两个月。哈兹说的汉语已经特别流利,而且是地道的东北话。"哈兹特别爱干净,就连室外的垃圾都会主动捡起来!"石老师说,前几天,学校院内刮风落了很多树叶子,课间休息时,哈兹就蹲下捡树叶放到教室垃圾桶内。

2006年10月18日《东亚经贸新闻》头版头条以"6岁伊拉克男孩说话东北腔"为题报道了小哈兹在西五小学的幸福生活。

（3）西五小学与新加坡的交流

为开阔师生的视野,引领师生体验多元的文化生活,增强创新活力,提高学生的自理能力、英语表达能力和综合素养。我带领7名师生于2010年8月参与了赴新加坡教育交流活动。

交流活动中,我们走进了新加坡小学的课堂,学生结交了自己的小伙伴,真正体验了新加坡小学生的学习生活;走进了新加坡的科技馆,在动手实践中增长了见识;游览了鱼尾狮公园、圣淘沙、植物园等景点;闲逛了牛车水、小印度、乌节路……孩子们在感受异国文化的同时能力得到了锻炼。

（4）西五小学与澳大利亚的交流

1998年3月,我校参加了"中澳电子琴实验项目",全校三个年级的学生参加了实验。每班每周 2 节电子琴课，邀请澳大利亚的专家对我校学生进行指导，提高了学生们的音乐素质、审美观点以及感受美、鉴赏美的能力，就此拉开了我们与澳大利亚的交流之路。

学校在走国际交流合作的道路上，践行着"共生互动、相同互通、相异互补、求同存异"的操作原则，目的就是让学校每一个生命个体在合作中成长，在成长中谋求新发展，同时也为学校特色发展拓展新的空间，开辟一条可持续发展的教育新路。

在绿色文化建设过程中，师生们的环保意识得到了极大增强，而且受到了自由与和谐、可持续发展等先进理念的熏陶。新课程改革推行以来，学校立足多年文化积淀，围绕绿色教育的办学特色，初步构建了比较完善的绿色文化体系。发扬同心同乐、朝气蓬勃精神，追求关爱生命质量与成长价值的育人目标，坚持生命在绿色中绽放的办学理念，铸造绿色品牌的办学策略，以科学的方法培育人，以人文精神塑造人，以绿色氛围熏陶人，让孩子自然、自由、健康、幸福地成长。

第五章

助力发展的绿色管理

　　人是鲜活的个体，绿色管理就是要让鲜活的个体在拥有生机、活力的同时，积极向上，充满正能量。美国宾州大学华顿商学院卡培里教授说："不要把人才当作一个水库，应该当作一条河流来管理，不要期待它不流动，应该设法管理它的流速和方向。"

　　绿色管理就是让鲜活的个体思想灵动、行为创新、生活方式和谐、成长进步快速，不仅奋发向上，而且美美与共。

一、绿色管理的内涵

什么是管理？怎样才能实现无痕而又持续保持最富有生机的管理？多年来，我一直不断地学习和思考，在发展中寻求创新的管理方法。在思索中学习，在学习中完善，在完善中总结。渐渐地，"绿色教育"理念下的管理思想逐渐在脑中清晰可见，成为一个特有的名词——"绿色管理"。绿色管理就是采用积极有力的方式方法理顺各种职能部门，达到稳定、有序而充满活力的状态，使每个人都实现自我约束、自我提升、自我发展，使学校各项工作高质量完成。绿色管理是人格和谐——→人际和谐——→校园和谐的建构过程。后一个层次的和谐总是要基于前一个层次的和谐。只有这样，管理才有基础，才能够稳定，才可以长久保持旺盛的生机与活力。

1. 绿色管理的目标

管理者的对象是人。那么管理之道，重在管人；管人之道，重在行为。行为就是发生在教师身上的，每时每刻的所说和所做。他们的表现反映了这一系列的行为必须有个正确的方向，也就是我们对行为的期望。我们期望的行为，一定是一种良好的行为表现，因为我们相信它们一定会导向成功的结局。遵循以人为本和人文关怀的卓越理念，建立在信任、创新、和谐等科学发展观基础上的行为表现的管理，并使之创造奇迹，这才能叫科学管理。

美国管理学家、西北大学教授舒尔茨先生说："一个组织的管理就像一个乐队，只要管理好了，就可以上演一个完美的节目。"从某种意义上来说，这话有一定的道理。但是，出色的管理不等同于经过精心编排的乐队演奏或节目表演。因为管理是一个不断演进的过程，需要我们时刻保持警觉，持续努力，以满足不断变化和难以预料的需求。

我们不妨问一问自己：我为什么要管理？要改变怎样的情形和状态？想通过管理达到什么目的？怎样才能让被管理者心悦诚服地接受管理？只有心中有问题，才会产生深层次思考管理行为的规范与自觉。

实际上，用最通俗的话说，管理就是发现问题、解决问题的过程，可以用"钻"形表示管理的轨迹：

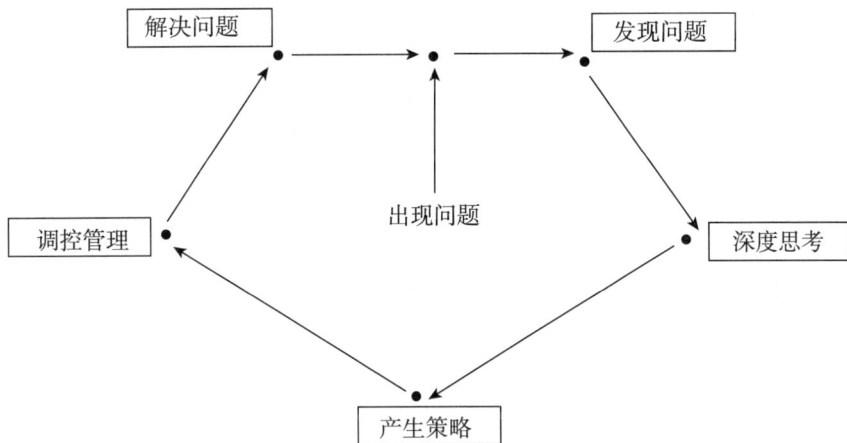

绿色管理就是追求改变人的思想意识，让每个小的群体活跃起来，让每个人的心理健康起来，让全校教工凝聚起来。

曾经有一个故事叫"为什么把火腿切成两段"：

妈妈有个习惯性的举动，就是每次烤火腿前总是切成两段。

"你为什么这样做啊？"六岁的女儿问。

"我的母亲告诉我，这样烤起来容易。"妈妈说。

于是女儿又去问她的姥姥，也就是妈妈的母亲。

"你为什么这样做啊？"六岁的女儿又问。

"我这么做，是因为早年我们家没有足够的平锅来烤火腿。"年迈的外婆这样回答。原来她这么做的目的，仅仅是为了把火腿切短以便适合家里较小的平锅。

这个故事告诉我们，管理的环境发生了变化，管理的方法也势必要产生变化，管理经验绝对代替不了管理。

2. 绿色管理的方式

一次，一名中层干部安排课题成果统计工作。她拿着统计结果来汇报工作。我见她手里的表格是简单得不能再简单的几项内容，就对她说："不要把成果统计想象得太简单。你拿到统计结果后，必须对这一结果进行分析，使这个结果能为学校下一步工作提供可借鉴的东西。"她说："我以前给副校长的都是这样的呀！"可见，在管理中如果失去了随机的指导或规范性的要求，就可能会导致工作中某种偏差行为的再持续，使之产生固定的思维模式，不规范的东西也能使人认为是最好的。

还有一次，有一位老师因为学生问题与家长发生了冲突，最后家长愤愤不平地离去。经过调查，原来是这名学生打了另一名学生。老师在解决问题时，让这个打人的学生给被打的学生道歉。这名打人的学生家长知道后，来到学校，大声指责班主任老师："这次是我家孩子打人了，是不对，但也不该道歉呀。因为他只是打了那个孩子一次，可那个孩子已经连续打了我家孩子很多次。他怎么没道歉呀？"任班主任怎么解释，家长也听不进去。知道这一情况后，我找到班主任询问详情。她很委屈，"以前这两名学生打架我真的不知道。"我说："那你仔细考虑一下，怎么处理更好呢？"她说："校长，您放心，我重新处理。"接着我再强调说："出现问题不可怕，可怕的是不细心调查、不耐心解决，这会导致新的问题的出现。"几天后，我们看到了那位家长满意的微笑。

作为领导者，我们单纯地靠自己去"管"是不行的，应该通过我们的管理，使被管理者从自我拘束转向自主寻求解决办法的工作状态中来，让"管"走向"不用管"，这才是最高级的管理。管理也是一种教育，管理过程就是教育行为产生的过程。在教师行为管理的过程中，如果正确引导，就会收获很好的教育成果。

每年的年末，区宣传部和区教育局党办都要来到各学校，对校级领导进行考核，进行民意测验。有时，有的干部压力很大，就怕在工作中得罪人，不敢大胆工作。的确，我们一方面希望每个干部都有一个较高的满意率，另一方面我们也不希望每个干部都畏首畏尾地工作，以追求群众评价的百分之百的满意率。

面对这种情况，我在班子会议上与大家共同分析："如果放任管理，教师会不会支持，年末考核的满意率会不会百分百？"经过讨论分析，班子成员彻底明白了：如果认真管理，可能会导致极少数教师产生不满情绪；但如果管理不规范，会出现管理行为不公平，可能导致学校绝大多数教师产生不满情绪。孰轻孰重？我们豁然开朗。正常的工作，科学民主的管理，一定能赢得全校教师的满意。

什么是管理？管理就是用一定的手段约束人，使自己负责的工作能顺利进行；管理就是在规范过程中协调，使之产生行为动力，让工作突显成效，让个人青春焕发。

二、如何实施绿色管理

绿色管理，是建立在信任、创新、和谐等科学发展观和以人为本的核心价值观理念基础之上的管理，是集感性认识和理性认识于一体的综合性行为态势的管理，是一种高效的"科学管理"。管理得好，问题可转化为价值。

毛泽东主席曾说过："改造一个人的思想是最难的。"绿色管理就是追求改变人的思想意识，让每个人的心理健康起来，让每个小的群体活跃起来，让全校教工凝聚起来。

从 1999 年学校管理方式的改革，到 2001 年绿色教育的提出，到 2011 年绿色教育形成文化体系，再到 2022 年绿色教育深入发展，西五小学走过了艰苦奋斗的历程，走过了勇于开拓、大胆创新的历程，也走过了从"名不见经传"到抒写"西五品牌"辉煌校史的历程。

在实施绿色教育二十多年的过程中，学校的管理在不断发生着质的变化。绿色管理之路经历了"制度管理"→"民主管理"→"文化管理"→"一体化管理"等系列发展阶段。在这个发展过程中，我们也逐渐探索出适合学校发展的教育管理理念，使学校步入了特色办学、内涵办学的行列。

1. 执行计划是管理

在学校内部管理体制改革中，我们注重提高班子及中层干部包括学年组长的管理能力、考核能力、评估能力，努力让学校工作的每个环节、每个计划落到实处，并与奖惩挂钩，做到奖勤罚懒。

例如：

制订计划 ⟶ 明确目标 ⟶ 执行落实 ⟶ 评估成果 ⟶ 实行奖惩 ⟶ 制订新计划

由奖惩机制导致新的计划管理的循环

新的计划是原有计划的完善和提升

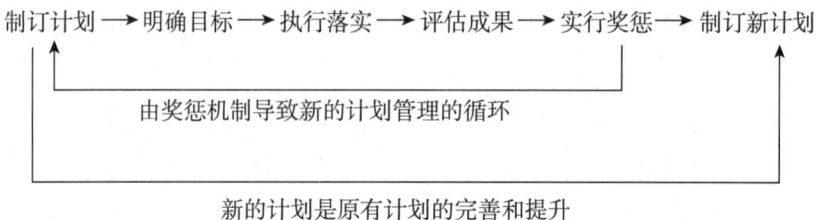

在这一过程中，"执行落实"是计划的实施，"评估成果"是实施的重要过程，"实行奖惩"既是过程的结果，又是新计划的一个基础。可见，"内改"中的奖惩是否到位，是否准确，都是影响下一个计划提出与实施的关键。

2. 考核评价是管理

著名管理大师德鲁克曾说过："如果你不能评价，你就无法管理。"绩效考核作为评价教职员工绩效的一种方式，已经成为人力资源管理中不可缺少的重要环节。2009年1月，为进一步强化激励机制，调动广大教职工的积极性，促进学校各项工作的发展，学校根据《长春市事业单位分配制度改革的实施意见》，结合校本实际，制订了《西五小学绩效工资实施方案》。

【附：《西五小学绩效工资实施方案》】

西五小学绩效工资实施方案

一、指导思想

依据省、市、区有关人事制度改革的文件精神，充分体现按劳分配、优劳优酬的原则，重点向工作在教育教学一线岗位的教师倾斜，同时兼顾从事行政管理和后勤工作人员的工作分配问题，做到公正、公平、公开，真正体现绩效工作的二次分配的正向激励作用，从根本上做到干多干少不一样，干好干坏不一样，促进学校持续、稳定、高位发展。

二、基本原则

1. 贯彻多劳多得、优劳优酬，兼顾公平，效益优先的基本原则。力求体现做多做少不一样（量），做好做坏不一样（质）。

2. 坚持以岗定薪的原则，积累贡献大小的不同与岗位责任的轻重不同。

三、绩效考核的分类

绩效就是对教师的工作业绩、工作态度、工作技能等方面的综合考核评估，它以科学的绩效考核制度为基础，是上级和同事对自己工作状况的评定。所谓绩效考核就是用系统的方法、原理去评定、测量教师在职务上的工作行为和工作效果。由于大部分工作是由不同职责和相关任务组成的，所以对于从事不同工作、不同岗位的人来说，绩效可以是看得见的成果，也可以是分不太清楚的行为和能力。为此，结合学校实际，确定我校总的绩效包括以下十个方面：

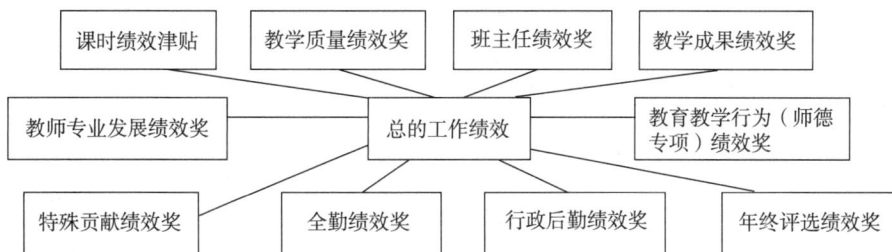

课时绩效津贴	教学质量绩效奖	班主任绩效奖	教学成果绩效奖
教师专业发展绩效奖	总的工作绩效		教育教学行为（师德专项）绩效奖
特殊贡献绩效奖	全勤绩效奖	行政后勤绩效奖	年终评选绩效奖

四、绩效考核的权重

权重是绩效考核指标考核评估体系中的重要性或绩效考核指标在总分中所应占的比重，是每个绩效指标在整个指标体系中重要性的体现。

由于教师工作分工的不同，所以学校在发放绩效工资时分三个序列按细则规定进行发放。

【序列一】教学一线任课教师的岗位绩效序列；

【序列二】行政管理和后勤人员的岗位绩效序列；

【序列三】无学校编制教师的岗位绩效序列。

上述三个序列的实施过程中，部分条款可跨序列交叉实施。其中侧重向"序列一"人员倾斜，对"序列一"人员的考核重在考察教师课堂教学技巧。

五、绩效考核中的五个关键环节

注重绩效考核中的五个关键环节，对绩效考核的有效性起着至关重要的作用。

1.落实培训——明白事理，掌握方法。通过培训，使管理者和教师明白五个方面的内容：

（1）使管理者和教师认识绩效评估系统本身。也就是知道应该做什么和为什么这样做。

（2）培养责任感，这是有效实施绩效的必要条件。

（3）明确考核标准，掌握绩效评估的技巧和方法。即通过培训要制订出德育、教学等工作要项和工作目标，了解程序、标准、方法与技巧，便于更好地进行绩效考核与改进。我校绩效管理流程如下：

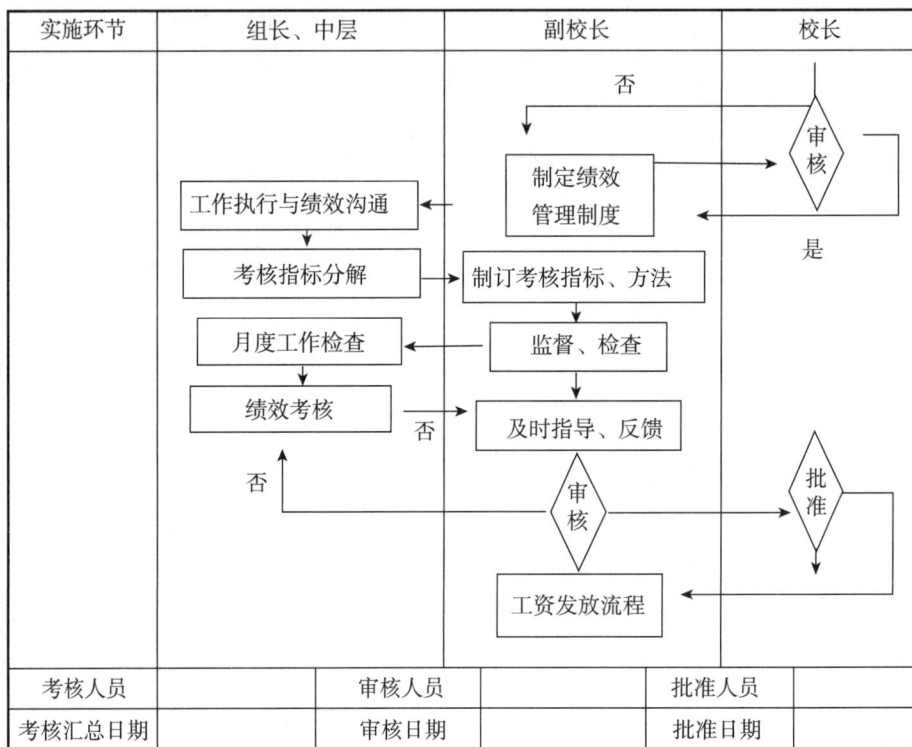

实施环节	组长、中层	副校长	校长
	工作执行与绩效沟通 考核指标分解 月度工作检查 绩效考核	制定绩效管理制度 制订考核指标、方法 监督、检查 及时指导、反馈 审核 工资发放流程	审核 批准
考核人员	审核人员		批准人员
考核汇总日期	审核日期		批准日期

（4）做好管理者和教师的思想工作，使其认识到绩效评估的规范管理是提高绩效的最佳方法。

（5）提高考核人员的素质能力，使之具备"四心"，即考核工作了然于心、考核对象熟悉于心、实践经验汇聚于心、公正无私永存于心。

2.持续沟通——增进理解，减少分歧。美国著名学府普林斯顿大学的一项调查显示：智慧、专业技术和经验只占成功因素的25%，其余75%决定于良好的人际沟通。因此，持续沟通有利于绩效工作的落实和推进。沟通程序如下：

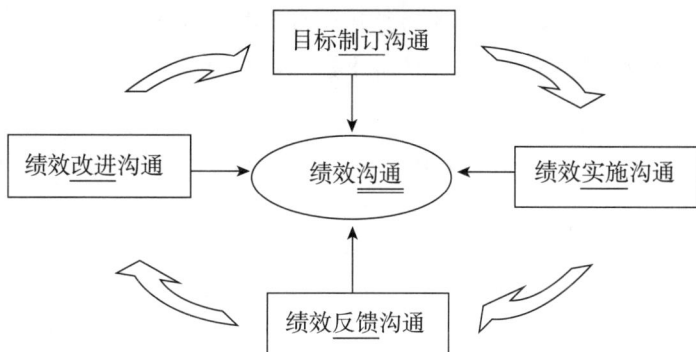

3. 建章建制——建立考核的公正保护机制，力争把问题带来的不良后果降低到最低程度。

（1）及时纠正偏差。

（2）制定考核细则和相关制度。

（3）建立绩效评估申诉制度。在绩效公布之后，被考核人对自己的考核成绩有异议的，可以向主管领导进行投诉，被考核人要以书面形式正式提起投诉。

为此，学校设立了《西五小学教师申诉书》。学校要求教师必须认真填写申诉书。申诉书必须清楚列明：申诉人及确切的投诉理由和证据。

申诉人		学年		岗位	
申诉内容：			申诉理由：		
学年组长意见	签字：				
校区主管意见	签字：				
校长意见	签字：				

注：

①在绩效公布之后，对自己的考核成绩有异议的可以进行业绩申诉，有意见的教师可以向校区主管领导进行申诉，接受申诉后学校在一周内给予明确答复。

②申诉者可以查阅公开的量化指标统计结果，并允许重新复核，如有错误，进行修改。

（4）建立考核评估保障机制（五级考核体系）。

校长——战略目标落实

副校长——总体目标落实

中层——部门目标落实

组长——基层目标落实

教师——个人目标落实

注：学校重视教师自评过程中"个人目标"的自我约束，自我管理，从而早日实现无人管理的最高管理境界。

4.绩效汇总——考核结果的合理应用。绩效考核结果是绩效工资分配的主要依据。因此，学校必须合理地运用考核结果发挥激励功能，为其提供制度保障。按照学校管理流程，考核结果包含几个必要的程序。

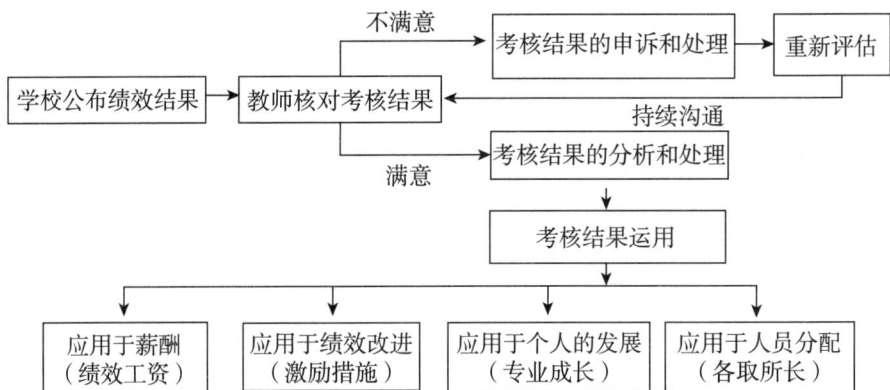

5.实行面谈制度——注重绩效结果反馈，这是绩效考核过程中一个不容忽视的环节。因为绩效考评结果是拿来用的而不是拿来存档的，没有反馈就根本谈不上使用。当绩效考核纸面工作结束时，只完成了考核的部分工作，还需要通过面谈，使学校与教师达成共识，使教师既看到自己身上的闪光点，又认识到自己有需要完善和改进的地方等。

【附：《西五小学绩效工作面谈通知书（存根）》】

<table>
<tr><td colspan="1">

西五小学绩效工作面谈通知书存根

被通知人：＿＿＿＿＿＿＿＿＿

主旨：绩效面谈——

时间：＿＿＿＿＿年＿＿＿＿＿月＿＿＿＿＿日＿＿＿＿＿点＿＿＿＿＿分

地点：＿＿＿＿＿＿＿＿

面谈负责人：＿＿＿＿＿＿＿＿

</td></tr>
<tr><td>

西五小学绩效工作面谈通知书

被通知人：＿＿＿＿＿＿＿＿

主旨：绩效面谈——

时间：＿＿＿＿＿年＿＿＿＿＿月＿＿＿＿＿日＿＿＿＿＿点＿＿＿＿＿分

地点：＿＿＿＿＿＿＿＿

面谈负责人：＿＿＿＿＿＿＿＿

准备事项：

1. 填写自我评估表或管理流程反思表。

2. 事先详细阅读相关制度与要求。

通知时间：　　年　　月　　日

通知人：

</td></tr>
</table>

六、绩效考核必备的相关材料

1. 考勤记录表。

2. 中层以上领导综合考核表。

3. 教师月考核成绩指标体系。

七、附相关材料

1. 绩效工资现状。

2. 绩效工资预算。

3. 绩效工资发放细则。

3. 倾听申诉是管理

在管理中，我们注重"以人为本"，注重教师在成长过程中的心理健康。为此，我校建立了"教师校内申诉制度"。所谓"教师校内申诉制度"即教师对学校各项工作及奖惩如有疑议，可随时填写申诉单，交由校领导进行申诉，学校领导确定申诉时间，及时进行解答、沟通、交流，直到双方达成共识。

【附：《西五小学教师申诉制度》】

西五小学教师申诉制度

1. 依据《中华人民共和国教师法》和《西五小学教师一日常规》，制定学校教师申诉制度。

2. 本办法适用于本校教师对下列情况提出的申诉：对学校违反《教师法》规定，侵犯其合法权益的；教师对学校做出处理决定不服的。

3. 教师对学校提出申诉的受理申诉部门是学校领导班子。

4. 教师提出申诉，首先应当以书面形式向学校递交申诉书，申诉书应该写明如下内容：

（1）申诉人基本情况；

（2）要求受理部门进行处理的具体要求；

（3）申诉有关事实依据和法律、政策依据及陈述理由等；

（4）写明或交付有关物证等。

5. 学校部门接到申诉书后，应对申诉人资格和申诉的条件进行审查，按照不同情况做出如下处理：

（1）对于符合申诉条件的应予以受理；

（2）对不符合申诉条件的，可以答复申诉人不予受理；

（3）对于申诉书未说清申诉理由和要求的，要求重新提交申诉书。

6. 学校部门自收到申诉书的次日起3日内对申诉做出处理决定，处理决定包括：

（1）维持原处理结果；

（2）变更原处理结果；

（3）撤销原处理结果；

（4）教师对申诉处理决定不服的，可向上一级教育行政机关提出申诉；属于行政复议、行政诉讼案范围的，可以依法申请行政复议或提出行政诉讼。

7. 本制度执行中具体问题，由主管校长负责解释。

记得"申诉制度"公布没多久，有一科任组的组长找到副校长，说组内有一名教师要填"申诉单"。原来，学校检查教案后，这名教师的教案被评为二等，她不服气。当副校长愁眉苦脸地向我反映这一情况时，我意识到教育的机会来了。于是，我在"通知单"上写清了申诉的时间、申诉的地点后，让副校长交给这名老师。申诉的时间到了，这名教师却没有来。我派人找到她，并让她拿着教案到校长室申诉。这名教师走进校长室后，不等我开口，就不好意思地说："校长，我取消申诉。我回去认真看了教案，感觉到教案重点部分不详细，确实不如一等的……"我对她说："以后遇事冷静点，先反思，再行动。但如果真是发现不公平，你可得申诉啊。"她笑了，我也笑了。这样，"申诉"变成了"自我反思"，变成了"自我发现"。

可见，我校的"申诉制度"，不仅仅是让老师倾诉心中的不解和困惑，更是让他们在填写"申诉单"和等待与校长约定的"申诉时间"中，去思考和判定自己到底对不对，能不能申诉成功，是否能得到校长对"申诉"的支持。往往在这一过程中，教师就找到了自己的差距。从这以后，学校再没有出现教师向学校申诉的现象。每位教师都以主人翁的姿态对学校发展提出合理化的建议，达到了教师主动、自觉地实行自我管理的境界。"管理流程"的实施中，需要特别注重"两个结合"：

一是制度管理与情感管理的结合。"管"，就是思想上的约束，建章立制，依法行政；"理"就是情感上的疏导，动之以情，晓之以理。学校切实落实未成年人的教育从成年人抓起，将之作为情感管理与制度管理的着力点，紧紧围绕全面育人的工作重点，切实落实抓师德、树新风、推典型的教师队伍管理，落实学校建立的《教师师德考评细则》《指纹考勤制度》《教师一日常规》和《教师备、讲、批、辅细则》，以及《学年考评要求》《教师行为规范要求》等，将每日的考核与每月的评估和期末的总评挂钩。这样就实现了日常管理的科学化、精细化、制度化。我们特别注重教师教案、作业批改、师德等方面的考查，做到月月有检测，次次有总结。这既体现了常规制度的落实，又调动了教师工作的积极性，提高了教师的工作效率，促进了教师品质的提升。

几年来，学校办学规模的扩大，人员的增多，让我们越来越深刻地意识到只有增强学校凝聚力，才能让学校上下一心，开创新的工作局面。为此，我们不断为教师提供发展空间，经常进行榜样激励，不断增强教师的合作意识。在每个教师的生日时学校送去蛋糕和祝福卡，教师家里有困难时会有学校的问候和帮助，教师节学校为教师买了花和巧克力等。每年"三八"妇女节那天，学校中层领导早早就赶到学校，悄悄地在每个教师的办公桌上摆放好为每个教师赶制的个人笑脸镜框，并附赠温馨祝福卡。当第一个教师如往常一样来到办公室时，她不禁惊喜万分，深深地为学校领导的细腻、温情的工作作风所折服。学校努力使每个教师都感受到人文关怀和一家人的浓浓温情……

几年前的一个夏天，我校一名骨干教师为不耽搁暑假中校级领导仅有的几天休息时间，连父亲去世都没有告诉学校。我们得知这一情况后，觉得这个时刻的她最需要的就是来自领导的关怀。我第一时间给她打去了慰问电话，并表示要赶过去看她。她说什么都不同意，也不告诉她家居住的具体位置。后来，学校通过其他途径找到她家。当我亲手把抚慰金交给她时，她热泪盈眶。我知道，她接到的是一份沉甸甸的亲情和友情。

二是目标管理与过程管理的结合。为了实现动态、科学的管理，我们通过并建立了《西五小学教师评估体系》，实施了多层次的网络化管理：校长→书记和副校长→中层领导和学年组长→班主任→教师的五级管理。学校定期组织各层次的管理者培训，强调学年组的整体评价和发展，将过程管理落实到细节当中。学校还特别加强了中层主任带班制，这既促进了中层干部的培养，更提高了校区的管理成效，成果明显。"布置——落实——检查——反馈——反思——评价"的过程，促进教师的自我发展和学校的科学有效管理，在各个校区形成了事事有人干、人人有事做的良好氛围。

关于如何使规章制度落到实处，我校在操作上实行民主管理，以人为本，把工作做细做实，努力做到"无情法律，有情操作"。例如学校规定教师不允许坐着上课、监考，但对于身体不好的教师给予特殊照顾，由教师根据自身情况提出申请，经学校核实情况后做出书面批准。例如我校一位老师，身患多种疾病，腿部常年浮肿，但她坚持上班，不愿因为自己身体原因耽误学生上课。学校针对她的特殊情况特殊对待，给这位老师带来制度之外的人文关怀。

学校为了避免矛盾，要制定相应的规章制度，并加强制度的管理，使制度成为和谐管理的桥梁。这样，和谐就建立在科学管理和制度约束的基础上。

这才是真正意义上的和谐。真正意义上的和谐是思想积极向上，行为自觉统一。

三、绿色管理的流程

1. "突破"状态

学校的绿色管理是一个"圆形"轨迹的"突破状态"。也就是说，它的最终目标是永远无法回到圆形状态的"原点"，永远处于"上升"趋势。（如右图）

可见，"突破"的结果是认知和水平的提高，工作目标的提高，永远高于"原点"。"原点"，就成为新目标定位的一个基点。

2. "上升"轨迹

就在这一次次上升过程中，可以实现"管理突破"。也就是说，上升的定位点与原定位点之间是过程，其目的是实现发展和再发展。（如下图）

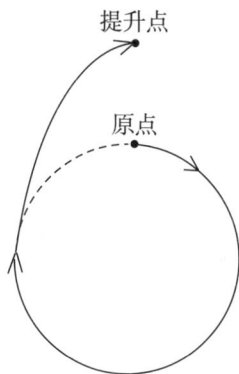

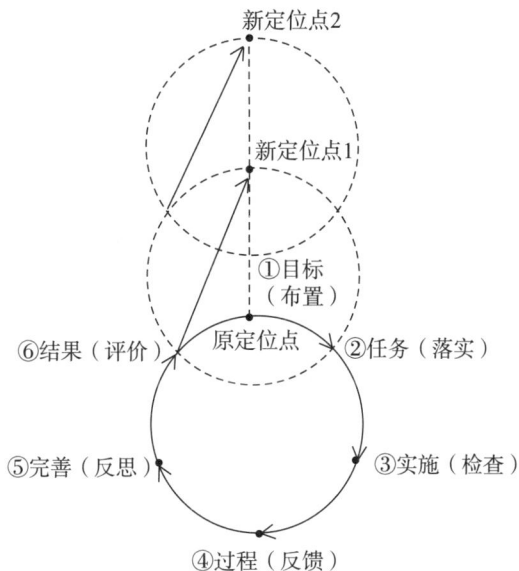

原定位点→新定位点 1→新定位点 2……这一过程，既能体现校长引领教师的发展方向，又能体现教师群体主观能动作用。实际上，这一过程也是校

长办学理念转变为现实的过程。在这一过程中，校长要不断地教育教师、感召教师、引导教师，用自己的办学理念去统一教师的思想，在广大教职工之间形成对于学校发展的共同愿景。这一愿景，不仅仅是校长的事业，也成为校长领导下的所有师生员工的共同事业。

我们这样表示"上升"流程的具体内容：

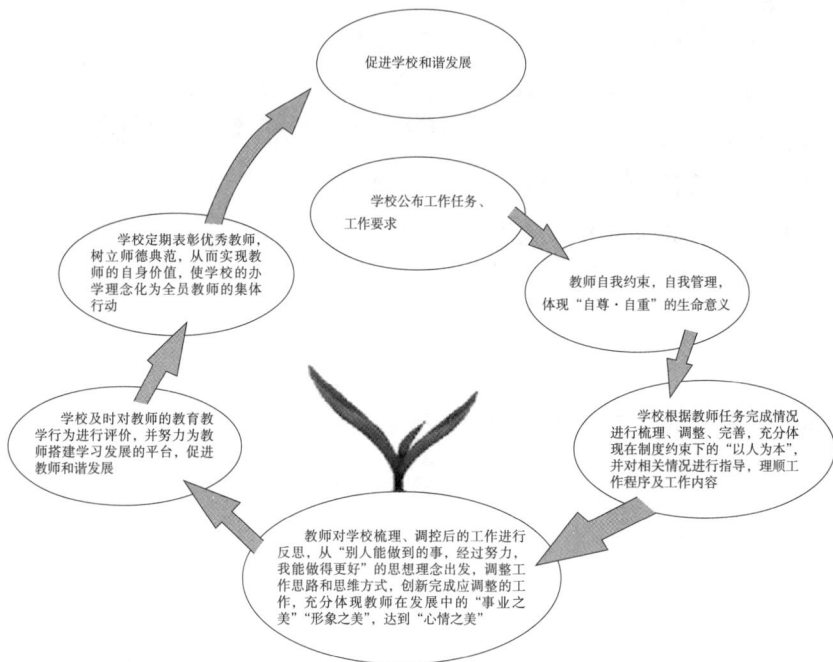

促进学校和谐发展

学校公布工作任务、工作要求

教师自我约束，自我管理，体现"自尊·自重"的生命意义

学校定期表彰优秀教师，树立师德典范，从而实现教师的自身价值，使学校的办学理念化为全员教师的集体行动

学校根据教师任务完成情况进行梳理、调整、完善，充分体现在制度约束下的"以人为本"，并对相关情况进行指导，理顺工作程序及工作内容

学校及时对教师的教育教学行为进行评价，并努力为教师搭建学习发展的平台，促进教师和谐发展

教师对学校梳理、调控后的工作进行反思，从"别人能做到的事，经过努力，我能做得更好"的思想理念出发，调整工作思路和思维方式，创新完成应调整的工作，充分体现教师在发展中的"事业之美""形象之美"，达到"心情之美"

3."理顺"流程

学校管理流程是：首先是学校公布工作任务和工作要求。然后教师通过自我约束，自我管理，体现"自尊·自重"的生命意义。学校根据教师任务完成情况进行梳理、调整、完善，充分体现出制度约束下的"以人为本"，并对相关情况进行指导，理顺工作程序及工作内容。

在此基础上教师对学校梳理、调控后的工作进行反思，从"别人能做到的事，经过努力，我能做得更好"的思想理念出发，调整工作思路和思维方式，创造性完成调整工作，充分体现教师在发展中的"事业之美"和"形象之美"，最终达到"心情之美"。同时，学校还及时对教师的教育教学行为进行评价，努力为教师搭建学习发展的平台，促进教师和谐发展。并且，学校定期表彰优秀教师，树立师德典范，从而实现教师的自身价值，使学校的办学理念化为全员教师的集体行动，促进学校和谐发展。

【附：《西五小学班主任常规管理"管理流程"之反思及评价》】

西五小学班主任常规管理"管理流程"之反思及评价

时间：2011 年 4 月 2 日

姓名	高鑫	所教学科及班级	四年二班语文
三月份班级管理	（用"√"号表示） 第一周获：双红旗（√），卫生红旗（ ），纪律红旗（ ） 第二周获：双红旗（√），卫生红旗（ ），纪律红旗（ ） 第三周获：双红旗（ ），卫生红旗（ ），纪律红旗（√） 第四周获：双红旗（√），卫生红旗（ ），纪律红旗（ ）		总共获： 双红旗（②） 卫生红旗（ ） 纪律红旗（④） 选项：①4 次； ②3 次；③2 次； ④1 次
存在的主要问题	1.学生卫生清扫的力度还不够，学生的劳动分工还达不到科学统筹，对学生清扫的监管及指导还有待提高。 2.个别学生的组织性、纪律性要加强。要针对中年级学生淘气、多动、劳动品质尚未形成等特点，采取有效的教育方法。		
个人认识及反思	班级既是个体，也是集体。如果只把班级看成个体的叠加，在操作上就容易失去整体性。学生相互之间所产生的影响是营造良好集体氛围的能力，也是优秀集体的保证。因此，首先我要用制度去管理班级，教育犯错的学生时，一定要让学生明白，这个惩罚并非来自于教师，而是来自于制度。把卫生包干的制度坚持下去，才能让班级良好的卫生状态长久保持下去。其次，要树立典型和榜样的带动作用，营造良好的班级氛围。再次，要多组织活动，增强班级的凝聚力，激发学生的集体荣誉感，这样才能带领全体学生目标一致地稳步向前。		
校区责任人评价	你们班的卫生清扫任务繁重，但你不计较，能看出你个人觉悟高、有素质。存在的问题找得比较准、分析透彻，个人认识到位。希望你继续努力，科学管理，起到榜样的示范作用。		
评价等级	优		

【附：《西五小学教学开放"管理流程"之反思及评价》（一）（二）】

西五小学教学开放"管理流程"之反思及评价（一）

时间：2011 年 3 月 31 日

姓名	马晓萍	所教学科及班级		三年六班数学
教学开放内容		我所使用的教材是北师版三年数学下《分数的认识》。分数的概念是学生初次接触的重要基础知识。学生接受这个知识需要一个较长的过程，因此教师在教学时要创设情境，激活学生已有知识经验，利用实物操作、直观图形等手段让学生逐步构建对分数的理解。本节课的教学目标是结合具体操作理解分数的意义。因此充分准备学具来辅助教学，是达成本节课目标的重要环节。教师在教学时应充分给学生折、涂、讲的空间，以提升教学效果。		
家长听课人数	（49）人	家长听课状态（用"√"号表示）： 满意（√）良好（　）一般（　）		
		学生听课状态（用"√"号表示）： 满意（√）良好（　）一般（　）		
个人认识、看法及反思		家长开放是学校教育与家庭教育紧密联系的最有效途径。此活动可以让家长对孩子在校学习状态有一个近距离的了解，也可以让我们把优秀的教学技能展现给家长，借此机会也得到家长的认可。 　首先，我们应该对自己严格要求，重视此次教学开放活动。个人认真备课，学年组互动研讨。教师们在交流与研讨中提升自己的专业技术水平。 　其次，在活动结束后，教师应及时与家长沟通、交流，虚心采纳家长的意见，改进自己教学中的不足。 　在本次活动中，我认真准备了这节课，但反思课堂效果时，发现还有不尽人意之处。例如课堂教学中学生动手操作多，但对学生语言表述的培养忽视了，没能及时指导学生用完整的语言表述分数的意义。因此我今后上课时还需注意放慢脚步，关注细节。		
学校评价		教师在课前能够积极组织学年组教师进行集备、试讲，引领学年教师共同研究教学，提高教学效果。你的课堂教学效果很好，学生学习兴趣浓厚、思维活跃，注重学生学习习惯和能力的培养，家长很满意。		

西五小学教学开放"管理流程"之反思及评价（二）

时间：2011 年 3 月 31 日

姓名	谭鹏	所教学科及班级	一年二、三、四班美术
教学开放内容			
家长听课人数	（138）人		
个人认识、看法及反思			
学校评价			

教学开放内容：

《我画昆虫》

　　本节课的学习目标是：让学生通过观察，学会抓住特点，了解自然界中昆虫的种类和特点，知道表现主题的方法。引导学生认识对称的基本特点，发现昆虫的对称。运用现代化教学手段来丰富学生的认知，让学生体验参与学习，发现主动学习的快乐。培养学生观察自然、了解自然的好习惯。

家长听课状态（用"√"号表示）：
满意（√）良好（　）一般（　）

学生听课状态（用"√"号表示）：
满意（√）良好（　）一般（　）

个人认识、看法及反思：

　　《我画昆虫》这节课使学生认识了生活中常见的昆虫，以及生活中没有见过的昆虫。还让学生认识了螳螂的生活习惯，知道了蜜蜂王国的故事，了解了世界上最漂亮的蝴蝶在台湾省，了解了自然界中的奥秘。总之，学生懂得了昆虫有成千上万种，它们是动物大军中很重要的组成部分。由于人类对自然界的破坏，我们身边已有许多小动物灭绝了。这节课不但培养了学生的绘画能力，还进行了热爱小动物的爱心教育。学生们用自己的双手绘画了自己喜欢的昆虫，能够积极发表自己的独特见解，展现了浓厚的学习兴趣。在评价过程中，同学们自评、互评，学习效果很好，家长也很满意！

学校评价：

　　一年级多个班美术学科公开教学效果很好。课前教师的现代化教学课件等教学用具准备充分。课堂上调动学生动手操作的积极性，注重启发学生思维。家长对教师扎实的教学基本功表示赞赏，对教师评价较高。

【附：《西五小学教师阅读"管理流程"之反思及评价》】

西五小学教师阅读"管理流程"之反思及评价

时间：2008 年 12 月 3 日

<table>
<tr><td rowspan="2">自然情况</td><td>姓名</td><td>高明</td><td>所教学科：音乐</td></tr>
<tr><td>阅读书籍名称</td><td>《是什么让教师不断进步》</td><td>阅读篇数：2</td></tr>
<tr><td rowspan="3">检查结果</td><td>学校检查时间</td><td>2008—12—2</td><td>检查领导：丁国君</td></tr>
<tr><td>检查结果
（用"√"）</td><td>（1）优秀（√）
（2）优（ ）
（3）良好（ ）
（4）良（ ）
（5）没进入等次（ ）
（6）没交笔记（ ）</td><td>满意度　（1）非常满意（ ）
（2）基本满意（√）
（3）不满意（ ）</td></tr>
<tr><td colspan="3">

通过一个多月的读书学习，从《优秀教师的课堂艺术》和《是什么让教师不断进步》这两本书中，我深刻感受到了美国作家带给我们的先进教育思想。在阅读中，我仿佛置身于美国的学校和课堂。我的教育理念得到了极大提升。

再次，感谢校领导给予我们这次学习的机会。学校为每位老师选择了这么多适于当代教师学习的优质内容，有效地促进了教师在工作之余养成读书的好习惯。我们在阅读过程中通过写读书笔记的形式，让学习内容记忆更加深刻。这成了一笔相当可贵的精神财富。

在学校开展的"优秀读书笔记展览"中，我看到了自己与那些特别认真阅读学习的老师还存在着差距。因此，我决定在今后的读书学习中，按照丁校长给我的批语继续努力，做到精致读书、深刻反思，使自己在读书中不断收获，不断成长，不辜负学校领导的希望，争做一名学习型教师！
</td></tr>
<tr><td>学校评价</td><td colspan="3">

优秀

评价人：丁国君
</td></tr>
</table>

个人认识、看法及反思

这样的管理流程，能够全面落实学校的具体工作，促进事事有人干、人人有事做的良好氛围的形成，也将使我校的教师素质提升到一个新的发展层次，使学校真正成为教师发展的田园，学生成长的乐园。在教师读书、班主任管理、教学管理等诸多方面，我们都采用了绿色教育的管理流程。反思评价的过程，促进了教师的自我发展，更促进了学校管理的科学性和有效性。

四、绿色管理的模式

校长是思想的引领者，是学校发展的策划者，是教育教学的指导者，是学校管理的操控者。

有位专家给"校长"下了这样的定义：校长是个领跑人——面向现代化、面向世界、面向未来，领着全校教职员工不停地奔跑，领着一茬又一茬孩子不停地奔跑。"领跑人"的办学理念在奔跑中反映，"领跑人"的心智情感在奔跑中展现，"领跑人"的人生价值在奔跑中实现。可见，校长作用之重要，作用之大。"道"家老子在《道德经》第41章中曾说："大方无隅，大器晚成，大音希声，大象无形"。

大方无隅——宏大的形象往往看不出棱角。

这是教育之"道"。

大器晚成——宏大的人才或物器一般比较晚成。

这是人才之"道"。

大音希声——宏大的音律听上去往往声音稀薄。

这是发展之"道"。

大象无形——宏大的气势和景象似乎没有一定之形。

这是校长之"道"。

这句话是说世界上最伟大、最恢宏、最崇高、最壮丽的气派和意境往往并不拘泥一定的事物和格局，而是表现出气象万千的面貌和场景。这句话是老子对于"道"的理论概述，包含着对教育至高无上的诠释：教育之"道"意味着遵循教育规律，用现代教育理念指导教学、指导用人，培养具有聪明才智、高尚人格的人。

校长之"道"是厚德载物。表面看起来校长管理的是小事情，从这些小事中看不出大的道理和成就，也看不出厚德载物的力量和作用，但是校长却需要时时注意在工作实践中吞吐、吸纳外来经验，用榜样的力量来丰富和壮大自己，心存万物、兼容天下，看似无形，其实是泱泱大象。

校长必须要有"三种意识"：一是学习意识，把学习当成一种常规，在学习中丰富思想，开阔视野，学习经验；二是思考意识，把思考问题作为一种习惯。作为校长，不仅要思考学校发展中存在的现实问题，也要思考解决这些问题的办法、策略；三是创新意识，把创新行动作为一种动力，不能简单地"贴标签"，不盲目地否定过去，而是要日有所进，敢于同中求异，也要敢于标新立异。这"三种意识"，正是绿色管理的基础和先决条件。

绿色管理，是学校管理中落实科学发展观的管理，是以人为本的管理，是全面、协调、可持续发展的管理，是和谐的管理。在绿色管理中，校长的作用至关重要。因为校长是学校工作的领导和管理者，直接影响着学校内所有因素和功能的发挥。校长影响着教师，教师影响着学生，学生表现的优劣又影响和决定了一所学校能否获得成功。这一"影响链"直接反映出校长的办学思想和学校管理模式。

绿色管理是求真务实的管理，是目标激励的管理，是凝聚人心的管理。绿色管理的目的是实现校园和谐，需要构建一支业务精湛、爱生如子、乐于奉献的"黄金团队"。

"黄金团队"就是优秀的团队，是和谐的集体，是友爱、健康、充满生机的集体。这就如同个人再完美也是一滴水，而一个优秀的团队则是大海。一个有高度竞争力的组织，不但需要有完美的个人，更需要有完美的团队。一个优秀的团队，能汇聚成一股坚不可摧的力量。这种变化及境界是个人孤军奋战所不能及的。这就是整体功能大于部分之和，产生"1+1>2"的效果。

"黄金团队"是团结的富有战斗力的集体，有进步的思想，热情、实干、创新、勇于奉献，并形成一定凝聚力的集体。

合作（意识）——每个成员寓自己的成功于团队之中；互助（行动）——成员之间互相支持，互相激励，互相帮助；奉献（品格）——成员以大爱为美，这是团队美的基础；超越（精神）——以创新思维，形成新的工作方式，不断获得新的成果；凝聚（内蕴）——只有人心所向，才能披荆斩棘。

一个成功的团队，一个优秀的团队，成员的工作技巧能取长补短，互相支持，共同负责。成员有良好的工作状态，能整合所拥有的资源，创造出很大的合力，产生协同效应，最大限度地发挥集体合作的能量，创造出最大的效益。

1."螺旋上升式定位"模式

校长是"黄金团队"的灵魂。这就是说校长要赋予团队思想、精神，乃至文化引领，校长的决策关系着团队的发展。

我们西五小学在校长思想引领团队发展方面经历了：零定位→升级定位→阔越定位→跨越定位。

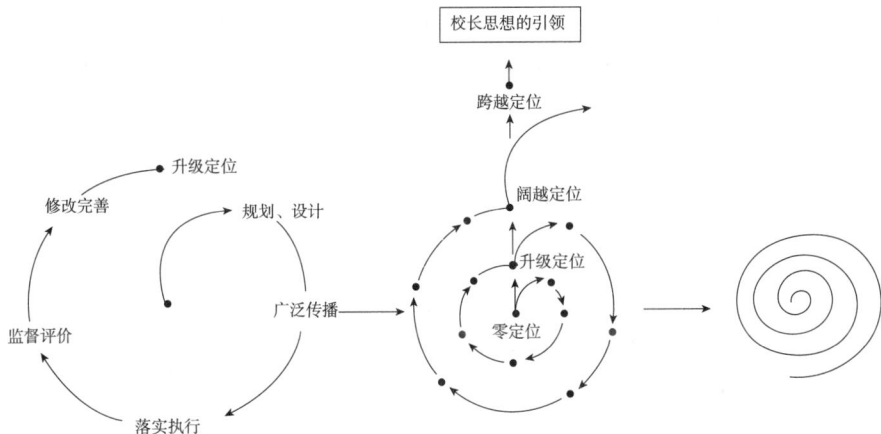

这一思想是怎么实现的呢？

零定位：一个校区；

升级定位：创办了幼儿园（两个校区）；

阔越定位：接收西长校区（三个校区）；

跨越定位：①接收四十一中学（四个校区）；②撤并四十一中学，成立了西五大学区（龙头学校）。

这个过程以"0"为起点，不断扩大、拓展、螺旋上升。我们给这种模式下个定义叫"螺旋上升式定位"。

"螺旋上升式定位"是：定位——规划——传播——执行——评价——提升——再定位。这样循环反复，定位的目标逐渐上升，不断形成新的定位点。在一个新的定位中，团队会一次次地走到一个新的起点，步入阶梯式上升的台阶。这就是"螺旋上升式定位"带来的效应。

在这一系列的发展过程中，如果出现问题就需要调整和管理。调整过程面临选择，选择就是决策，管理就是决策。拿破仑说："做决策的能力最难获得，因此也最宝贵。"一个经得起历史考验的决策，可称之为"黄金决策"。

（1）正确决策

决策面临风险，所以校长在决策前要分析形势，了解有利因素和发展前景，达到化"险"为夷。

例如：
- 接收六马路小学：能有多少孩子入园？（幼小衔接新路——纵向）
- 接收西长春小学：发展到什么规模？（学校阔越化——横向）
- 学校"三位一体"能否实现"集团化"？（整体发展——整合）

可见，校长的决策不仅决定着"黄金团队"的形成，也决定着学校的发展方向。

（2）行动引领

校长的灵魂作用还体现在思想、业务等多方面的引领。这样不仅提升校长在教师中的形象和威信，而且校长也在这一过程中积累经验，完善自我。更重要的是在校长引领的过程中，教师团队在悄悄地发生变化，这就促进了优秀团队的形成。

1994年8月，我担任教学校长工作。我是语文学科的教师，曾多次在省、市做观摩课，也曾在全国教学大赛中获一等奖。当我的语文学科引领水平受到肯定的同时，教师也在怀疑我其他学科的能力和水平。于是，我开始研究数学，努力用自己的钻研精神感染每一位教师。在整个南关区，我是第一个上微机辅助教学课的副校级领导。新的教学方法，新的研究模式，丰富了自己，引领了教学。功夫不负有心人，我的数学课在全国教学大赛中取得了一等奖第一名的好成绩。

当我在学校教师面前进行数学学科说课观摩、评课引领的时候，教师们向我投来的是赞许的目光。我想，这就是现代企业最流行的一个理念，叫作"精益制造"。

在学校发展的过程中，校长的业务水平是一种引领，校长的办学思想也是一种引领。当我校的"绿色教育"新鲜出炉的时候，教师们困惑不解。我亲自带领教师学习、研究，分析"绿"意，分析"绿色"和"教育"相通共融之处。从绿色课堂抓起，延伸至绿色德育、绿色管理、绿色文化，并逐步形成绿色教育的文化体系，学校最终实现了教师自我约束，校园和谐发展的境界。

（3）改革创新

创新是思想提升、学校发展的动力和源泉。

有这样一个故事：许多人都争先恐后地到一个金矿去淘金，但是到金矿必须要经过一条大河。这条大河成了淘金者发展的阻碍。这时，我们是否会换个思维想一想，可不可以买条大船，用来运输淘金者过河，这样可以产生更大的价值，甚至超越淘金者的价值。

就是受这种思维的影响，我校开展了体音美分层教学、英语多媒体互动教学、信息技术新模式课的研究、"3A+1"特色教学、外教团辅助英语教学，等等。在各学科开发校本课程过程中，学校形成了积极进取、无私奉献的团队精神。

（4）规范管理

规范化管理重在提高思想觉悟。我始终这样认为，治校应该治思想，管理应该管行为。管理离不开三方面：①评价（看到成果）；②激励（产生动力）；③信任（创造奇迹）。

例如：《项链理论》

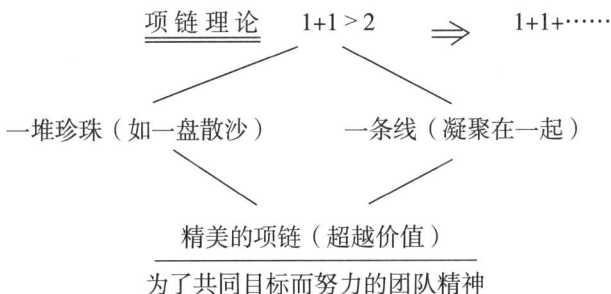

项链理论　　1+1＞2　　⇒　　1+1+……

一堆珍珠（如一盘散沙）　　一条线（凝聚在一起）

精美的项链（超越价值）

为了共同目标而努力的团队精神

如果10粒珍珠的价值是1 000元，那么10粒珍珠串起的项链可能超过1 000元，甚至可达到一万元。这就是超越自身价值的价值，是"1+1＞2"的理论。

在管理的过程中，我们一定要认识到人与人的合作不是人数的相加。合作得好，力量没有极限；合作得不好，合作的力量可以是零，甚至是负数。

在管理中，校长有两个形态：三角形和圆形。

A.当学校处于起步期，学校呈现出"三角形"的形态，校长就像站在顶端的将军，发号施令，呼风唤雨，强而有力地推动着学校向前发展。一句话，"三角形"时期，什么事都离不开校长。

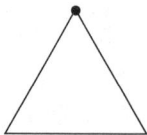

B.当学校走向成熟时，学校组织就形成了同心圆的形体，校长隐含在这个圆形体中，成为主心骨。这虽然弱化了自己，但是却突出了管理组织的强大。在西五小学，校长外出时，学校照样可以开展各种教学及文体活动，可以迎接省督导检查，可以迎接国家司法部检查。一句话，"圆形"时期，每个人都能各尽其能，各负其责。

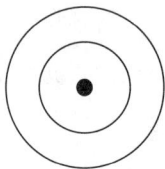

从1998年至今，我在二十三年校长历程中，真真正正地从"三角形"步入"圆形"中，在管理上也从"人治"走向"以人为本"的绿色管理。

2.大雁式"V"型凝聚模式

所谓团队精神，简单来说就是大局意识、协作精神和服务精神的集中体现。团队精神的基础是尊重个人的兴趣和成就。其核心是协同合作，最高境界是全体成员的向心力、凝聚力，反映的是个人利益和集体利益的统一，并进而保证组织的高效率运转。挥洒个性、表现特长，保证了成员共同完成任务目标，而明确的协作意愿和协作方式则产生了真正的内心动力。

在绿色教育取得初步成果的同时，我们也积极构建大雁式"V"型凝聚模式的一体化管理，积极构建高素质的"黄金团队"，使学校各项预定的目标通过个人努力与群体智慧相容，实现"走到一起是开始，融到一起是进步，合作到一起是成功"的管理目标。

（1）群体分析

团队不是一个人，而是一群人——如何发挥群体合力；团队不是一个思想，而是有着丰富的思想——如何形成花园而不是杂草地；团队不是一个水平，是最具差异性的——如何认知统一，形成一致的工作作风；团队不是一个步伐，节奏快慢不一——如何步调一致，实现和谐统一。

这些，不由得让我们联想到了"V"型的雁群："V"构成挡风墙，减少雁群总体花费的力气。领头雁正面迎风，而飞在它后面的雁受到的气流冲击将减弱，因此飞行起来更轻松。为了保证团队的前进，雁群频繁而有秩序地换位。换言之，每只雁都是雁阵中不可或缺的一部分。雁群用鸣叫声来鼓舞头雁。雁群的声音越持久洪亮，头雁就越能够顶着迎面吹来的风耐久地飞行，直到别的大雁来接替它的位置。

"V"型含义：{ 用手势表示成功

雁群南来北往的迁徙过程表示成功

"V"所引发出来的深刻含义是：走到一起是开始，融到一起是进步，合作到一起是成功。所以大雁式"V"型凝聚模式是教师团队的发展模式。

（2）"V"型凝聚模式特点

A.协调：预定目标的实现取决于个人努力与群体努力的结合程度。所谓"要让时针走得好，必须控制好秒针的运行。"

B.和谐：来自同伴的引力，实现同伴互助。

C.顺程：建立目标，重视过程管理。有一句话说得好："别把人梦想成某种人，而应把他们锤炼成某种人。"

构建优秀团队要做到三点：一要深入思考：工作目标大众化，被大多数人接受。二要从点滴做起：从小事做起，以小见大；从低起点做起，逐步提高；从差的方面做起，精益求精；从谁都能做到的做起，开拓创新。三要持之以恒：常规是创新的基础，奇迹往往产生于常规之中。构建优秀的团队不是一朝一夕的事情，也不是唾手可得的事情，它在于多方面的提升和打造。

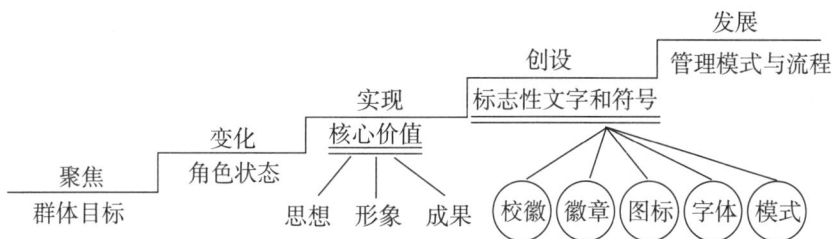

西五小学聚焦的第一个群体目标是音乐电子琴分层教学→体音美分层教学→英语多媒体互动教学→信息教育新模式课的探索等。角色状态整体发生变化。在变化中我们实施了绿色教育，实现了思想提升、形象提升、价值成果创造，最后形成具有团队象征意义的标志性、代表性的文字和符号。标志性符号有纪念徽章和校徽的符号、百年西五图标、学校字体、两个模式符号等。标志性的文字有绿色教育和绿色教育的理念、内涵、育人模式、文化体系等，如体现百年老校的口号：品牌穿超一百年，特色是："三位一体"的"西五教育集团"办学新格局。在聚焦群体目的——变化角色状态——实现核心价值——创设实质性文字和符号的基础上，我校又发展了绿色教育的管理模式与流程。

在构建优秀团队的过程中，我们特别注重教师、中层、副校级的学习培训。学年组组长怎么开展年组工作，副校级领导怎样落实、创新本职工作，值周教师怎么切实可行抓好管理，包括每次我们承担各种现场会、上级检查，我们都对全校老师进行培训和教育，让教师以西五为荣，为西五争光。大学区组建以来，我给大学区中层领导也进行了"如何提高领导力和执行力"的培训，收到了很好的效果。

团队精神，是指团队的成员为了团队的利益和目标而相互协作，尽心尽力的意愿和作风。团队精神是团队的灵魂，是成功团队所体现出难以琢磨的特质。没有人能准确透彻地描述团队的精神，但是每一个团队成员却能感受到团队精神的存在与好坏。

（3）"大雁式'V'型凝聚模式"的价值取向

经过几年的探索，大雁式"V"型凝聚模式使教师群体性形成了很强的凝聚力和向心力。

学科教师融到一起，促进了教师专业成长。学科教师共同参加教学活动，在思想的交流碰撞中，收获了丰富的思想，也促进了教师的专业成长。在南关区教学能手、教学新秀的现场课比赛之前，我们组织了相同学科的骨干教师帮助参赛教师分析学情，剖析教材，设计教案，制作课件。为了不耽误学生上课，她们在下班后主动留下参与这项活动，当最后一个教师离开学校时，已经是繁星满天，明月当空。在这次活动中被评为"教学能手"的张越丽老师感激地说："如果没有这么多教师的共同帮助，我是评不上教学能手的。荣誉给了我，可帮助我的人却默默地付出了很多，我收获了除了荣誉之外更宝贵的情谊。"

学年组教师融到一起，增强了学校的凝聚力。每年的新年联欢会上，各学年组教师群策群力，自编自演精彩的文艺节目。虽然节目不如专业演员那般精彩，却表现出学年组教师的向心力和感召力，使每位教师都被那欢乐的气氛所感染，在欢快的节奏声中，我们西五教师团队成了欢乐和谐的海洋！

学年组教师还"黏合"在一起，一起教研，一起读书，一起参与学校各项活动，一个个优秀的学年组如雨后春笋，不断涌现，增强了学校的凝聚力。

大学区教师融到一起，促进了教育均衡。在"长春市大学区教学研究展示现场会"活动中，大学区各成员校都派出教师积极参与此项活动。在活动准备过程中，我们不分学校，不分彼此，积极参与，共同谋划，取得了这次活动的圆满成功。在这次活动中，共有 14 位教师上了教学示范课，65 位教师参加了教学沙龙和教学论坛。这些活动均受到同行的一致好评。

3.同心圆【INI】向心模式

同心圆【INI】是学校的黄金团队的管理模式，也叫"点面点"模式。俗话说，没有规矩不成方圆。按规矩办事，按规则行事，使管理真正落到实处。

【I】代表1，【N】代表多数。

【INI】代表一切的"一"和"一"的一切，也可以归结为万事不离其宗的"九九归一"。

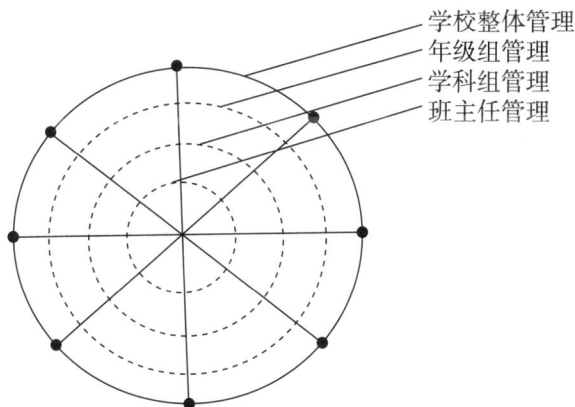

学校整体管理
年级组管理
学科组管理
班主任管理

还可以这样理解：以一点为圆心，以无数个相同的半径确定无数个点，这些点的连线，形成了完整的圆。

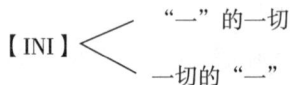

$$【INI】\begin{cases} "一"的一切 \\ 一切的"一" \end{cases}$$

【INI】特指绿色教育和绿色教育带来的多元的文化体系，从而形成学校、教师、学生等多方面的管理层面，这就形成了无数的同心圆。

在绿色管理上，我们采用同心圆【INI】管理模式，努力建设一支师德高尚、业务精湛、能力过硬的教师团队，推进学校绿色教育的发展进程。

（1）什么是同心圆【INI】管理模式

我校的绿色课堂异彩纷呈，其中信息技术教学、"3A+1"特色教学、英语多媒体互动教学、扩展训练、思维训练和体音美分层教学等都形成了鲜明的特色。各学科教师均受过专业的教学训练。这些特色教学的开展，使学校课堂教学质量在一种良性的循环中不断提高，让我校学生享受到了优质的学科教育。

以"1361——我爱我家"德育工程为基点，近年来，我校的绿色德育取得突破性成果，全校学生逐步形成了团结、友爱、助人、奉献的新时代少年儿童应具有的优良品质。如今，我校学生已经具备了较好的社会适应能力，在各项活动中，能够发扬团结、友爱、助人等各种精神，为了团队的成功，奉献自己的力量。

在绿色教育如火如荼的发展进程中，我校逐渐形成了校园文化生态化、学生学习自主化、身体健康意识化、读书成长习惯化的绿色文化体系。校园的每一个角落都散发着浓浓的绿意。这种健康、生态的绿色文化氛围，让孩子一走进学校，便仿佛走进了一个氧气充足的生态园，享受着绿色教育给他们带来的无限欢乐。

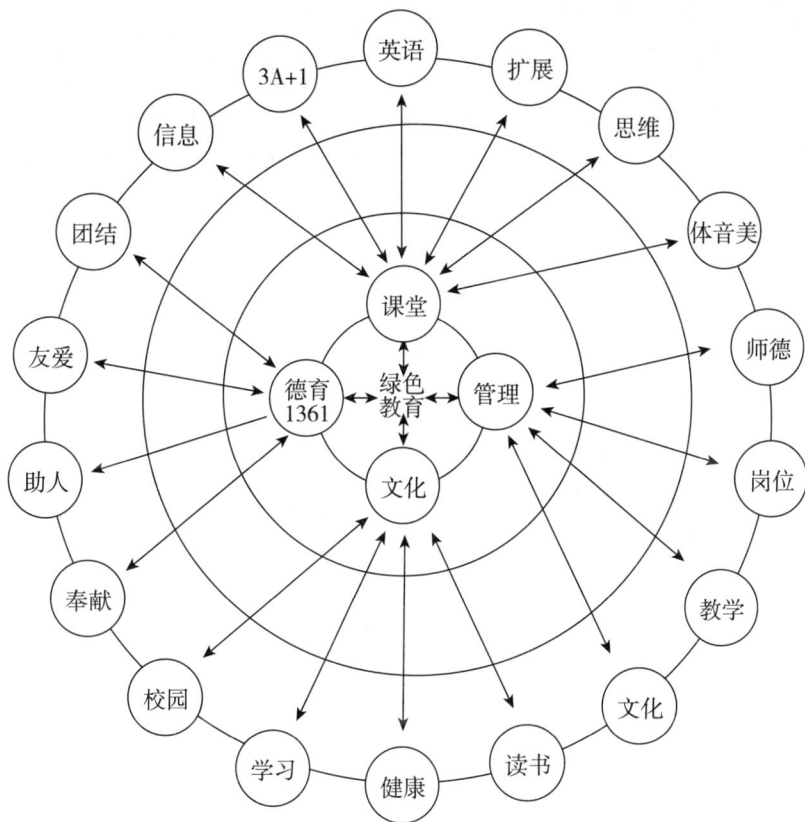

在绿色课堂、绿色德育、绿色文化的形成过程中，我们对教师的师德、岗位、教学、文化等方面都实施全方位的绿色管理，以人文化的管理，让教师感受到在西五工作就是一种快乐、一种享受。这样的绿色管理，让教师工作和生活的幸福指数不断增加，从而形成努力工作、快乐生活的积极向上的生存状态。

绿色课堂、绿色德育、绿色文化、绿色管理，归结起来都是绿色教育的基本存在形式。在以绿色教育为圆心的同心圆上，各项工作有条不紊、互相促进、互相约束、共同进步。我们相信，有绿色教育这个坚实而有力的圆心做基点，这个同心圆一定会越来越大、越来越圆。

同心圆【INI】这一多元的文化体系在构建的过程中，形成了诸多管理层面，也就是构成了无数的同心圆。可以说，绿色课堂促进了各学科教学的发展，绿色德育促进了学校"1361"工程的深入开展。学校管理内涵改变了教师的精神面貌，学校文化赋予校园新的生命力。

　　反过来，各学科教学的发展也促进了绿色课堂的发展，学生品德的形成也促进了学校"1361"德育工程的推进，教师精神面貌的变化也提升了学校管理的内涵，学校假山、凉亭、养鱼池、高山流水、小桥人家等校园环境充实了学校的文化。

　　我们还可以这样想，由一点派生出一个面和无数个点，组成了一个圆。圆上的点又发散成无数个点，这些点又反作用于发散出的圆。同心圆、点面点、【INI】，这在管理上是发散思维的一种体现，反过来是多项思维的一种聚焦。这一模式，也许今天不被看好，但总有一天会让所有的人都认可。这也是我给这一模式定义为"成功模式"的原因：充满自信，追求成功。

　　永不言败的基础是教师一定要有一种意识，那就是——做最好的自己。

　　（2）开展学科教学促进教师发展

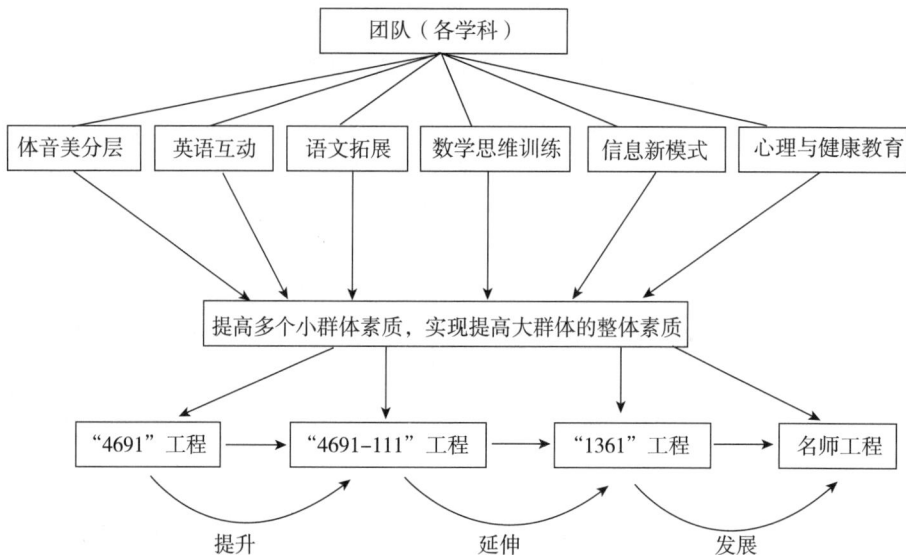

　　2010年，我校成立了由30名国家、省、市、区骨干教师组成的"西五小学名师工作室"，以名师的引领和辐射作用的发挥，感染老师、影响老师，从而形成"敢、帮、超"的团队意识。在市级骨干教师认证中，我校19名教师获得认定证书。在2012年南关区骨干教师认定中，我校29名教师被认定为区骨干教师。

（3）提升学校品质促进教师发展

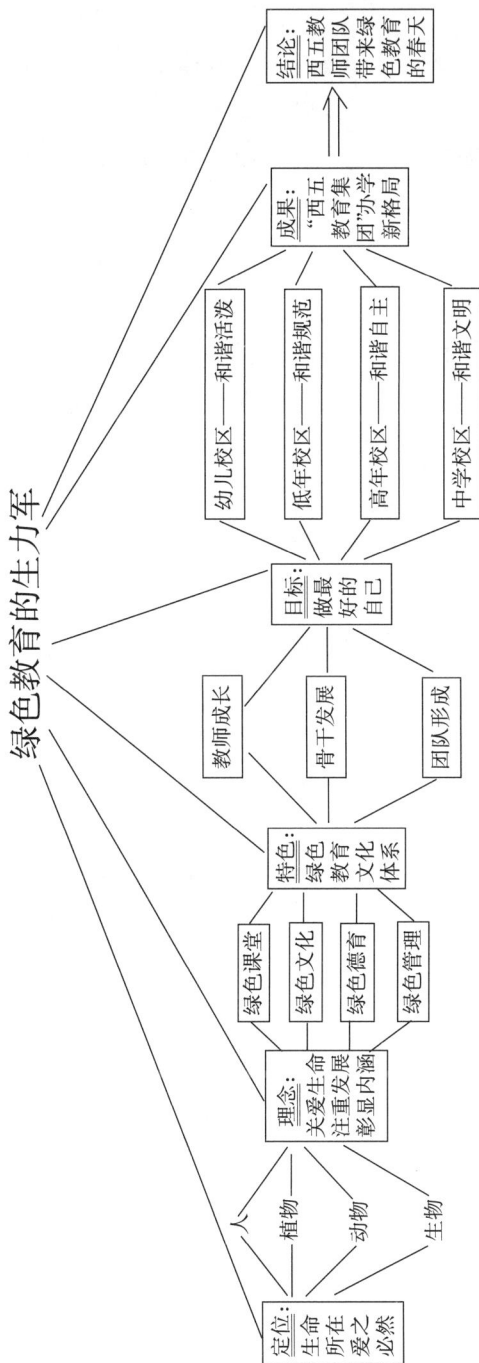

绿色教育的生力军

定位：
生命
所在
爱之
必然

植物　动物　生物

理念：
关爱生命
注重发展
彰显内涵

绿色课堂　绿色文化　绿色德育　绿色管理

特色：
绿色
教育
文化
体系

教师成长　骨干发展　团队形成

目标：
做最
好的
自己

幼儿校区——和谐活泼
低年校区——和谐规范
高年校区——和谐自主
中学校区——和谐文明

成果：
"西五
教育集
团"办学
新格局

结论：
西五教
师团队
带来绿
色教育
的春天

在教师发展的过程中，我们注重抓好两方面内容：师——以生为本；校——以师为本。

（4）学校整体构建了以人为本的管理体制

例如，在教代会上，经学校发展智囊团成员提议，我们制定了学校各项规章制度。一方面深入理解义务教育均衡发展的重大意义，以求在学校建设上达成共识；另一方面加速观念转变，胸怀大教育观，树立对社会教育发展的责任意识。形成一致的观念后，我们制定了各项工作配套的相关保障制度，建立了一个目标明确、制度完善、措施得当、分工合理的学校工作运转体系，成为学校发展的指挥中心，确保学校各项工作顺利开展。

同时，我们还加强学校二级管理机构的组织和建设，即中层主任的职能建设，阶段性分层次开展了集中学习与培训活动。通过谈体会，说收获，他们不断提高工作的领悟力、转化力和执行力。这使学校下达的各项指令畅通无阻，形成了思想统一、步调一致的工作作风，为开创学校良好的工作局面奠定了基础。

（5）同心圆【INI】价值取向

A. 岗位——人人有才，人人有用；

B. 个体——同伴互助，共同提高；

C. 年组——大小群体，激情打拼；

D. 学校——改革创新，硕果累累。

记得我担任校长的第二年，学校要迎接国家级健康教育检查。为了健康教育工作符合检查标准，我亲自组织全校教师进行卫生大清理，从早上一直忙到深夜十点多。有几名老教师已经累得腰酸背痛，我让他们回家休息，但他们执意留下来继续干，这让我十分感动。谁都不是钢筋铁骨，近10个小时的连续工作，谁都会筋疲力尽。老师们这样无怨无悔的付出，正是他们爱校的拳拳之心！在校园文化建设中，我和教师们共同经历了刷大板、刷油漆、冲刷操场水泥地面……而在中午的时候，教师喝小米粥拌红糖、煮鸡蛋，却兴高采烈，干劲十足。尤其在支教活动中，面对交通不便、路途遥远、条件艰苦的农村小学状况，全校教师积极响应。动员大会后的第二天就有94人报名要求支教。如此种种，不再一一赘述。这些平凡而又闪光的事情，总在我们身边悄然发生。所有的西五人都为拥有这么强大凝聚力的集体而深深地感动和自豪。

教师职业紧张而繁忙，为减轻老师们的工作压力，学校于 2008 年 9 月成立了"西五小学阳光·健康俱乐部"。

俱乐部共有以下几个活动分部：手工 DIY 俱乐部、舞蹈俱乐部、书法俱乐部、健身俱乐部。教师可根据自己的爱好自由选择自己喜欢的俱乐部，并进行填表报名。学校根据教师填表情况进行统计，并在一次烛光晚会中进行了俱乐部启动仪式。俱乐部每学期至少活动两次，活动经费由个人和学校共同承担。

学校举办过"赛歌""拔河""小品大赛""歌舞比赛""羽毛球赛""足球联赛"等活动，来增进学校与教师的亲密感。

记得有一次赛歌时，我们分为三组，书记领一组，我领一组，副校长领一组。我这一组人比较多。但是因为我的存在，很多人都放不开。好多年轻人会唱很多歌，就是不敢说出来，问我唱这个行不行，唱那个行不行，我只能说行。但是我看大家的表情，都不太愿意唱。这时候，我就想：我怎样才能融入老师们的情感当中，融入老师的心灵里，跟他们变成一样的人呢？忽然，我想起有一次去旅游，在车上导游教我们的一首歌。"现在我给你们讲一个故事，再给你们唱一首歌"，车内顿时响起了热烈的掌声。

说实话，自告奋勇唱歌，对我来说从小到大还是第一次。为了融入这个团队中，我必须这样做。我首先给老师们讲了一个故事：有一对青年男女恋爱了。两个人很相爱，男孩就找来画家，把女孩画在自己的枕边上。后来，由于市场经济的冲击，女孩变心了，跟着一个大款跑了。男孩非常恨她，于是又找来画家，把女孩画在砧板上，用画画的方式把这种恨表现得淋漓尽致。

接着，我就在大家热烈的掌声中唱起了这首歌"爱你爱你爱死你，找个画家来画你，把你画在枕边上，夜夜抱着你……"唱到最后一句的时候，大家都感到很意外，掌声更热烈了，接着就产生了很多新歌。赛歌的时候，我这组唱的第一首歌就是《爱你爱你爱死你》，其他组全都震惊了。他们马上就研究应该唱点儿有新意的歌。书记那一组唱《两只老虎》，副校长那一组唱《小鸭子》，女教师唱鸭子，男教师表演鸭子……有一个大个儿男老师走在最前面，我说："这哪像小鸭子呀？"他风趣地说："校长，我是大鹅！"

那一次赛歌，大家都很开心。在这样的活动中，我们统一了思想，形成了集体的凝聚力。

自从阳光俱乐部成立以来，教师的幸福指数不断增加。他们工作的热情提高了，干劲增强了。每次活动，大家的积极性都很高。活动之后，大家都能以最饱满的热情，全身心地投入到工作当中，工作效率也大大提高。现在，阳光俱乐部已经成为全校教师最期待的活动。因为大家都能在阳光俱乐部中找到自己的快乐。有一次活动之后，几位教师找到我，拉着我的手感动地说："校长，这样的活动太好了。我们平时工作很忙，在活动中我们感到轻松了很多，再也不用愁眉苦脸地工作了。""阳光健康俱乐部"已经成为西五教师文化发展的品牌特色。学校每年都要精心策划活动方案，组织多项娱乐健身活动，提高教师的幸福指数。2012年3月，我们组织全体教师开展卡拉OK、英派斯俱乐部健身、徒步、烧烤等活动，丰富教师的课余生活；7月，我们结合建党日进行漂流和赛歌活动；暑假前，在校园举行"快乐飞翔"烧烤篝火晚会，组织教师进行拔河比赛、歌唱比赛等。欢乐的笑声响彻校园的上空，留下了美好的记忆。这些活动极大地丰富了职工的业余生活，增强了团队的凝聚力和向心力。

五、"大学区"一体化管理路径

虽然大学区是一个新生事物，但它也是教育在发展过程中的一个必然的历史产物。在促进教育均衡发展的今天，我们所说的大学区不是简单的几所学校的整合，而是在一定的地理空间范围内，以一所优质校为核心，将规模不同、师资不均、硬件配置有差异的几所学校以捆绑的形式，划分为一个公共教育的区域单元。这个区域单元既是一个教育管理的合作体，也是一个教科研活动的联盟体。在层次上，它处于"区"和"校"之间；在内容上，它处于"区内全部教育资源"和"校内单一教育资源"之间。

为顺应教育均衡发展的需要，南关区教育局按学区划分，将我们西五小学与不同层次，地理位置相对集中的六所学校组建成资源共享、交流合作、促进发展的教育共同体——西五大学区。以西五优质校为引领，各成员校积极参与，在办学理念、教学管理、队伍建设、资源开发等方面实行一体化管理，努力使各校在硬件、师资、管理、学风、校风等方面实现资源的流动与整合，以求真正实现学区内七所学校教育水平的共同飞跃。

在实践中，我们认识到建立大学区的目的有两个：共享与发展。共享，是实现教育设备、设施共享，实现课程资源共享，实现人力资源共享。发展，是最大限度地发挥区域内优异学校教育资源的辐射、带动作用，促进区域教育全面、协调、可持续发展。

大学区建立的理念，应该是实现"木桶效应"——在区域内，通过物质资源的整合，以及优质学校人力资源的引领，缩短校际间的差距，补齐"短板"，提升"水位"，提高质量，真正实现均衡发展、和谐发展、跨越发展。

西五大学区由西五、兴盛、东长、回族、北大、自强、富裕（村小）7所学校组成。成立大学区后，我们对各成员校进行了全面的考察和研究，结果如下：大学区6所学校中有4所学校办学规模相对较小，每校教师平均为30人左右。近两年各校招生呈下降趋势，除东长学校现有700多名学生外，有2所学校不足200人，有3所学校300人左右。各校省、市、区级骨干教师的比例不达标，缺少教育竞争软实力。但近几年由于区教育局的持续投入，各校的校园环境和硬件设施较为先进，办学特色鲜明，有着各自的发展优势和基础。

结合大学区各校的现状，我们对大学区工作进行了准确定位，明确了"强化师资、优势共享、内涵拉动、合作共赢"的战略目标，确立了"建立制度保障、整合优质资源、强势积极引领、校际多元合作、缩短质量差距"的工作思路，在教师培训、区本教研、课程开发、文化创建等方面实行一体化管理，实现西五大学区学校的共建、教师的成长和学生的发展。

同时，我们积极树立全新的大教育观、大资源观，把"交流·合作·发展·共赢"作为大学区建设的主题词，积极探索"大学区一体化管理"模式，为推进区域教育的均衡发展，实现有质量的教育公平奠定了坚实的基础。

1.建立制度，确保大学区稳步发展

为了实现大学区各项预定目标通过个人努力与群体智慧相容，我们首先成立了大学区领导小组，制定了大学区校长《例会制度》《学习制度》。一方面深入理解义务教育均衡发展的重大意义，以求在学区建设上达成共识；另一方面加速观念转变，胸怀大教育观，树立对整个学区教育发展的责任意

识。形成一致的观念后，校长例会逐步成为研究学区发展、制定措施、落实计划的研究会。我们先后出台了《西五大学区发展规划》《西五大学区工作实施方案》，制定了与各项工作配套的相关保障制度，建立了一个目标明确、制度完善、措施得当、分工合理的大学区工作运转体系，成为大学区发展的指挥中心，确保了大学区各项工作的顺利开展。

附：【西五大学区工作实施方案】

西五大学区工作实施方案

一、指导思想

为了推进南关教育均衡发展，全面提高我区教育教学质量，发挥名校的引领和辐射作用，西五小学和区内六所小学组建成西五大学区，形成教育教学发展共同体，通过实施"引领·互动·共享·提高"为主题的一体化管理，实现西五大学区学校的共建、教师的成长和学生的发展，促进大学区教育教学水平的整体提升。

二、工作思路

立足校情，发展特色；区域协作，多维联动；资源共享，优质均衡。

三、工作目标

以创建优质、和谐的西五大学区为总体目标，强化师资、优势共享、内涵拉动、合作共赢，使大学区在教师培训、区本教研、课程开发、文化创建等方面不断发展，形成学区教育合力，实现高质量的教育公平。

四、工作措施

1. 实施大学区一体化管理，形成团队建设、文化建设、资源建设的发展模式。

2. 整合大学区优质人力资源，以名师工作室为依托，整体提升大学区教师专业化发展水平。

3. 建设大学区信息化管理平台，开发课程资源，开展教科研活动，提高学区教育教学质量。

4. 加强大学区教学硬件设施的建设和整合，实现优质资源的共享共用。

五、具体工作安排

（一）立足常态教研，提高学区教学质量

1.建立大学区集备制度，建设优秀学科组。

（1）大学区成立集备领导小组，每学期组织大学区全体教师参加开学预备周和期中测试后的集体备课活动。各成员校要组织教师按时参加，保证人数和质量。集备实行备课中心发言组制度，由基地校各学科组提前组织好中心发言材料，成员校教师针对备课内容进行讨论、补充和完善。集备后各校教师要认真完成个性化教案的书写。

（2）在集备基础上，实行网上备课。成立大学区网上备课中心组，建立学科QQ群，由成员校各学科组长组织大学区教师在网上进行交流与互动，及时解决教学中存在的问题。

2.建立大学区教研制度，开展主题教研活动。

充分发挥大学区"伙伴教研共同体"的作用，积极开展学科主题教研活动。各校要按照"确立研究专题——制定研究方案——跟踪课堂教学——交流教研成果——反思教研实效"的流程进行教研。各成员校先在校内进行主题教学研讨，然后选派优秀教师参加大学区的主题教研成果汇报，达到共同研究、共同攻关、共同提高的目的。每学期各学科要在全区范围内进行一次主题教学汇报，定期展示阶段教研成果。

3.建立大学区教学检测制度，共同提高教学质量。

（1）为提高学区教学质量，每个月大学区统一进行语文、数学、英语三个学科的月测试。由龙头校分学科进行试卷命题，大学区内统一时间、进行检测。测试后分头阅卷，及时上报成绩单和质量分析，大学区进行总结和整理。

（2）每学期期中测试后，集中大学区教学校长和学科组长召开一次教学质量分析会，共同分析成绩，查找问题，及时调整工作安排，不断提高学区的教学质量。

（二）立足学区资源整合，实现优质资源共享

1.分学科建立大学区题库。每个月各校要及时上传一个年级的语文、数学、英语测试卷，由基地校做好整理，上传到大学区教学资源网上，各校选择试题进行模拟测试。

2.建立大学区教学资源库。在大学区资源网上分学科设立优秀教学课例、教学叙事、教学课件三个模块，各成员校定期上传相关素材，形成丰厚的教

学资源积累，供各校教师课堂教学应用，以此增强教学的实效性。

3.实行大学区优质资源开放制度。各成员校要积极上报学校硬件设施条件，优良的教学设备、专用教室、教学场馆要处于开放状态，由大学区进行统筹规划和管理。各校如有教学所需，及时提交使用报告，由大学区调控后进行使用，以此实现优质资源的共享共用。

（三）立足师资整体提升，加快学区教师专业化发展

1.加强大学区领导团队建设。

（1）组建由大学区校长、教学校长、中层主任的三级管理机构，制定切实可行的学习制度、培训制度、工作制度。大学区校长要按时参加校长例会，认真学习，提高认识。

（2）要定期开展领导团队的学习与培训，采取自学与集中研讨相结合的形式进行。每年，校长、教学校长要完成不少于3万字的自学笔记，要撰写一篇质量较高的教学论文。大学区努力为其创设外出学习与考察的机会，不断提高领导团队的学识和水平。

2.成立"西五大学区名师工作室"。

（1）组建大学区"名师巡讲团"，组织名师定期开展专题讲座、学科培训、教学观摩等活动，有效发挥名师业务导航的作用。

（2）开辟名师博客专栏，开设名师在线课堂。每位名师每个月要更新博客内容，在网上与教师进行交流与互动，带动学科教师共同钻研教学。

（3）名师要积极承担校内、跨校带徒工作，认真落实"一日影子培训工程"，定期到对口校进行一日教学、教研指导。成员校也定期派出教师走出来到名师所在校进行一日跟踪学习，促进各校青年教师迅速成长。

3.开展大学区读书活动。

每学期大学区统一安排读书内容，下发阅读材料和读书记录本。各成员校要组织教师进行读书学习，定期召开读书汇报会，为教师提供心灵碰撞与智慧交融的平台，增加知识储备，打造书香大学区。

4.开展大学区教师培训活动。

每学期大学区要聘请知名专家、教研员进行教材解读、学科专业知识和技能辅导，各校教师要积极参加，及时记录和反思，不断提高专业水平。同时，为各校优秀教师提供外出学习与培训的机会，不断增长业务能力和水平。

（四）立足区域文化建设，打造和谐大学区

（1）加强大学区精神文化的建设，把"太阳鸟向着太阳飞翔"和"向日葵迎着朝阳成长"作为西五大学区的教师文化和学生文化来构建。各校在发展自身特色的基础上，要挖掘内涵、提升品位，校际联手，共同提升学区的教育质量。

（2）构建大学区大雁式"V"型凝聚模式和同心圆【INI】管理模式，在大学区领导团队和教师团队建设上实行一体化管理，全力打造优质的人力资源。

（3）定期组织大学区教师开展喜闻乐见的文体活动，如郊外徒步、拔河比赛、小品大赛、歌咏比赛等，不断增强教师的凝聚力，提升幸福指数，争做积极向上、阳光健康、充满活力与自信的"西五大学区人"。

六、各项工作保障机制

1. 成立由西五小学校长丁国君任大学区区长，成员校校长为成员的大学区领导组织机构，下设教学校长和中层主任为具体实施层面的二级管理机构。由西五小学负责大学区的常务工作管理，各校要及时提出合理化的发展建议。学区重大决策和活动要经校长例会协商确定。

2. 建立健全各项工作制度，发挥评价的导向功能，调动大学区教师工作的积极性，保证工作的顺利开展。各成员校要听从指挥，步调一致，在工作中充分发挥自身的主体地位，齐心协力，促进学区的整体发展和建设。

3. 建立大学区信息化管理平台，开设网络备课平台、资源共享平台和联络通讯平台，保证成员校间沟通及时、便捷，突破学区管理的时间和地域的限制，实现学区资源的有效整合和利用。

4. 定期开展活动表彰会，促进各校教师参与的热情和工作积极性。对于在工作中表现突出的教师要进行表彰和奖励，优先选派外出学习和培训。在评优评先、晋职晋级上优先考虑和安排。

除此之外，我们还制定了《西五大学区教师培训制度》《西五大学区教师学习制度》《西五大学区教科研工作制度》《西五大学区质量验收制度》《西五大学区集体备课制度》等，不断引领和规范各成员校的教育教学行为，从而增强了校际间的协作与共建，有效促进了区域教师素质的整体提高，促进了区域教育的均衡发展。

如：在大学区建设上，我们做到"三个力求"，培养大学区各成员校教师的主体意识。这"三个力求"是：力求解决实际问题，力求全员教师参与，力求科学规范评价。

另外，在管理方面，我们特别重视大学区的过程管理、成果管理和网络管理，做到：过程管理等级式、成果管理阶段式、网络管理互动式。"等级式"管理，实现管理人性化、制度化；"阶段式"管理，理清目标提升程度，实现管理的民主化、科学化；"互动式"管理，提高教师的参与率，实现管理的全员化、规范化。在这一过程中，各成员校实现学生素质提升，教师专业飞跃、学校内涵发展。

2. 团队建设，促进大学区科学管理

区域教育的均衡，首先应是师资力量的均等。师资水平的质量直接决定区域教育的优劣。为此，西五大学区积极树立"质量兴区，人才兴校"的目标，从大学区校长团队、名师团队、教师团队三个维度，积极构建一体化的管理模式，形成一股强大的教育合力，为大学区发展积淀丰厚的人力资源。

（1）决策先行：提升一体化管理

校长先行，可以看作是"大车头"的理念。"大车跑得快，全凭车头带"，足以证明"车头"作用是任何事物不能替代的。大学区成员校的校长团队，可以说是强强联合的团队，是思想丰富的团队，是仁者见仁、智者见智的团队。提高校长团队的合作意识，是提升大学区一体化管理的根本保证。

大学区的"校长团队"，是大学区的核心力量，是引领大学区各成员校向着既定目标前进的指挥者，是大学区总体规划的设计者，是大学区办学理念的践行者。因此，建设一支优良的"校长团队"，就显得尤为重要。

（2）"学区长"的作用：凝聚人心

建设优良的大学区，必须提高"学区长"的思想认识和管理水平。"学区长"是大学区"校长团队"的班长。这个团队与自己学校的班子团队不同。"校长团队"的成员处于同一级别、同一层面。他们前面有龙头校、学区长，他们的后面各自有一个完整的团队。然而，龙头校的"校长"与大学区的"学区长"，也是有着本质上的区别的。如何发挥成员校校长的主观能动性，让他们的创造性思维灵动起来，产生"1+1>2"的工作效果，这是"学区长"要思考的重要问题。多少年来，我们的国家提出的"科教兴国"战略，这是落实"科学技术是第一生产力"的思想，坚持教育先导地位，加速实现现代化

的重要国策。"现代管理理论认为，管理、科学、技术是现代文明的三大支柱。一个团体、一个企业、一个国家、一个民族，能否生存、发展和繁荣，主要是看是否具有这三方面的能力。"其中，有人把管理称之为第二生产力，也不无道理；也有人认为"技术差距"实际上是"管理差距"，也是可以认同的。可见，管理很重要，而管理一支"领导团队"，也就是"管理者团队"，更为重要。

首先，"学区长"要转变管理行为——特别是强调"以人为本"，尊重成员校校长的建议、意见，由以管理的本质和内涵的变化转化为管理行为的变化。"学区长"在领导这支"领导团队"时，既注重制度下的规范管理，又注重现代背景下的人性化管理；既要有"刚"性标准化管理，又要格外突出较高理智水平的"柔"性管理。最重要的是，"学区长"要依靠民主意愿、个性张扬、权利平等，来激发"领导团队"即各位校长的内在潜力、主动性和创造精神，为大学区整体发展创造一个良好的工作平台。

其次，作为"学区长"必须以较高的思想水准，把对"领导团队"的管理推向新的境界。它应该是以激发人的积极性、创造性为主，以多样化评价、动态性评价为主，以激励为手段，追求多样化、丰富性与创造性。具体说就是："领导团队"人人都是管理者，重大决策参与者，又都是决策的执行者。通过顺应人性，以人为本，将创造出一种高度和谐、友善、亲切、融洽的氛围，使大学区各成员校成为密切协作的团体。这样"学区长"的管理既是控制和协调，又是开发和促进。

再次，作为"学区长"要树立新的管理理念，强化服务意识。"管理的最大价值，不在于做了什么事，而在于发现了多少人和培养了多少人，它的最高境界绝不是约束和规范，更不是居高临下的控制和干预。"从中我们可以体会到，"学区长"就是要通过有效的管理和服务，把大学区"领导团队"的思想凝聚起来。同时，我特别注重将管理的重心更多地转变为方向引导、发现经验、具体帮助和创造条件上，强调人文关怀，强调合作交流，使大学区的"领导团队"虽有各种各样的差异，又能在不同的起点上获得发展。

2010年5月，在"南关区中小学生运动会"上，我们西五大学区的"和谐号"彩车，其设计方案就是大学区"领导团队"智慧的结晶。领导方队、教师方队和学生方队的服装与道具都是大学区成员校校长想出来的。当场上的领导与兄弟学校的校长夸奖西五大学区时，欢乐的表情与自豪的神态洋溢在每个人的脸上。那一刻，我们发自内心的情感表白："西五大学区，和谐一家人。"

2011 年 2 月的除夕夜，中央电视台"春晚"节目开始。当"春晚"的"和谐号"彩车载着主持人缓缓前行，车门打开，主持人手捧鲜花、走到台中……那一刻，是"西五人"最骄傲的时刻。用我们的话说，中央电视台"春晚"的开场设计完全模仿了"西五大学区"。可见，大学区的组合，不能认为成员校是弱者，是包袱，应视他们为财富。各成员校的校长，也是有智慧、有头脑、有潜质的。西五大学区运动会上的"和谐号"彩车和"领导团队"的展示，充分彰显了大学区"领导团队"的超前意识。这是令我们骄傲的。

（3）大学区"领导团队"：问题与情景中实现思想力的提升

"大学区管理"，是时代的要求，是时代赋予教育的特色产物。我们知道管理有三个层次：

第一个层次：让员工把事情做规范。

第二个层次：让员工成为该职位上的专家。

第三个层次：让员工感受到工作是一种生命历程，感受到生命因工作而快乐。

"大学区"的管理境界，也同样有这三个不同的层次。那就是让"领导团队"的每个管理者在规范做事的基础上，成为专家、学者，并感受到大学区的工作是快乐的，是一生中值得回忆的。

在大学区"领导团队"建设上，我们注重把每个领导从"个人——要求式"的行为转变成"团队——自愿式"行为，把转变观念、树立正确的办学思想、打造大学区核心精神转变为"领导团队"的理想和追求，从而形成新的核心力量。

如每次大学区校长例会，都要围绕着一或两个问题进行讨论、商议，从问题出发，以解决问题而终止。我们关注的不是问题的累加，问题数字的上涨。而是在研究问题的过程中，校长与校长之间形成一种友好的、平等互助的合作关系，彼此成为"合作伙伴"。同时，我们还注重引领大学区的"领导团队"树立三种意识：

第一，质量意识：落实责任，敢于负责。

第二，品牌意识：实现学校与学区"双赢"。

第三，服务意识：让服务成为管理的"动力"。

如：2011 年，在庆祝建党九十周年活动中，南关区教育局落实给我们大学区一个新任务：代表教育系统参加南关区政府组织的"庆祝建党九十周年'红歌大赛'活动"。接到任务后，我们马上召开大学区"领导团队"紧急会议，研究解决方法。各成员校的校长们纷纷表示：除非不做，要做必须做好、做精、做出风采。于是，每人有各自的任务：负责找歌曲的，负责落实领唱、指挥的，负责做道具的，负责落实各校人员统计的，负责设计演唱动作的……从显性工作到隐性工作，每个人都以极大的热情投入到"红歌大赛"这项工作中。

在排练的过程中，每个校长都为学校的教师提供了优质服务：水、饭、服装、道具等，样样满足。成员校东长小学是"红歌"训练场地，每一次都安排得让人感动。音响、水果、水，场地卫生，桌椅摆放……都为训练提供方便条件。这些，都说明我们有一种意识：创品牌。

由于各成员校校长落实到位，教育到位，关怀到位，"唱红歌"活动收到了很好的效果。有一位成员校的普通教师说："太震撼了，我感动得直想哭！"还有一位教师说："以前我总认为成立大学区，我们挨累了；现在我觉得大学区让我们自豪了。"

"唱红歌"活动，使大学区全体教师产生了凝聚力。他们以前总是说你们学校怎样了，现在都说咱们大学区如何了。从"你们"到"咱们"，称谓的变化体现了思想的变化，体现了"大学区人"的变化。有个校长说："我校的老师，一提到'唱红歌'活动，就兴奋不已。"可见，活动不仅能改变人，也能塑造人。

群体力量的显示，来源于"领导团队"的引领与指挥。200 人的大合唱队伍，整齐划一的动作，百人同声的效果，都来自于"领导团队"思想力的提升。他们遇到困难不退缩，碰到难题无怨言，以大局为重的品格折服了教工，才使教师团队彰显合力。

再如，在每年一次的"教育系统联欢会"上，我都积极组织"领导团队"创新节目的题材、形式，以思想先导引领行为发展。2010 年新春联欢，我设计了歌舞表演《刘巧儿》。2011 年新春联欢，我设计了情景戏《武大郎相亲》。美妙的歌舞，戏剧性的表演，再加上人物形象的创设和舞台灯光的变化，给人留下了深刻的印象。"领导团队"也在这一次次活动中，展示了自身素质，体现了自身的价值。

（4）成立"名师工作室"，促进一体化管理

针对大学区骨干教师队伍薄弱的现状，我们积极整合大学区省、市、区优秀教师资源，成立了"西五大学区名师工作室"，通过骨干教师的专业引领和辐射作用的发挥，带动学区教师专业素质的整体提高。我们吸纳了大学区各成员校的省、市、区28位骨干教师加入"名师工作室"，不仅明确了"名师"的职责和义务，而且赋予名师优先发展的条件。

为了提升"名师"的自豪感，我们对"名师工作室"的成立进行了特殊的筹备，并召开了隆重的"名师工作室启动仪式"。在启动仪式上，学校安排少先队员为"名师"献花，大学区校级领导为名师颁发证书，每位"名师"都满怀激情地宣读"誓词"：

我志愿做西五名师，全面实施素质教育，履行教师的神圣职责，崇德博学、精业善道；传承文明、启智求真；甘于奉献、勇于创新，为西五绿色教育的蓬勃发展而不懈奋斗！

这些，都将成为"名师"们的难忘历程；这些，也将鞭策"名师"们珍惜现在，更好地创造那辉煌的未来。

"大学区名师工作室"采用个人申请——组织审核——学区批准的方式进行人员的确定。在管理上，实行动态管理，当个人的条件符合"名师"基本标准时，可随时申请加入"名师"行列，这也是我们期盼的。

我们还组建了名师巡讲团，分期分批跨校指导教研组备课，跨校做专题

报告，大学区内定期做教学观摩课。大学区在网站上开辟了名师博客专栏，开设名师在线课堂，为名师间、教师间搭建了业务交流与提升的平台。名师中开展了校内外带徒的"青蓝工程"，共结成 58 个帮扶对子。名师定期深入课堂听课、评课，通过一对一的教研指导，使各校青年教师的教学水平得到有效提高。同时，我们还实施了"名师一日影子培训工程"，即组织"名师工作室"的成员走出去到对口校进行一日教学、教研指导，通过上课、听课、研讨，为成员校教师送去先进的教学理念和教学方法。而成员校也定期派出教师走出来到名师所在校进行一日跟踪培训，学习名师先进的教育理念和教学方法，达到取长补短的目的。名师的流动，打破了以往教研沉寂的局面，激活了名师的业务潜能，实现了优中求优、优师带动、优势互补的发展目标，促进了区域间同伴互助的飞跃与提升。

同时，我们还成立了大学区教研中心，定期开展教研活动。在活动中充分发挥名师的引领、辐射作用，先后进行了大学区各学科优质课大赛、大学区新教师教学大赛、大学区期中质量分析会，打破了以往各校同水平无效教研的局面，实现了校际间的多向交流和多维联动，收到了实效。

2011 年 5 月，我们西五大学区承办了"长春市大学区教学研究活动汇报展示现场会（西五大学区专场）"，分五个会场进行了语文、数学、英语、美术、心理五个学科的教学汇报和教学沙龙、合作论坛展示。本次活动历时三天，参与教师达 65 人次，名师人数占 40%。在活动中，无论是教学观摩课、教师的主题合作论坛或主题教学沙龙，还是专家组的专业引领，都获得听课教师的一致好评。这不仅促进了西五大学区教师的专业成长，也为长春市大学区建设提供了学科主题研讨的范例。本届教学活动得到了市教育局的好评。

2011 年 11 月，长春市教育局教育教学研究室的领导，在西五大学区召开了隆重的表彰大会，受表彰的授课教师和参与教学沙龙、教学论坛的教师倍受鼓舞。一名成员校的教师说："以前，我们小学校的教师参与市里活动的机会太少了，没有锻炼的机会。今天，大学区为我们搭建了发展的平台，我们由衷地感到高兴和表示感谢。"一名成员校的校长说："我们把大学区的事当成自己的事来做，尽全力帮助教师准备，其目的就是让他们快速成长。今天，看到他们手捧证书的高兴样子，我们做校长的感到骄傲和自豪。"

可以说，这次表彰会不仅表彰了优胜教师，也总结了西五大学区两年来取得的阶段性研究成果，同时也向社会各界展示了西五大学区强大的教育合力。

除"名师团队"的专业引领外，我们还在"名师团队"的建设中，注重"领头雁"的作用发挥，让引领成为点，让辐射形成面，点面结合，促进名师团队的快速发展。在此过程中，我们注重抓"两个提高""三个强化"。

"两个提高"：提高修养：自觉学习，把学习作为一种习惯；

　　　　　　提高素养：勇于奉献，把奉献作为一种美德。

"三个强化"：强化师德——思想美是行为美的基础；

　　　　　　强化业务——精湛的教学水平是"好教师"的标准；

　　　　　　强化能力——过硬的综合能力是"名教师"的象征。

这样，培养教师→培养"好教师"→培养"名教师"，自然形成了三个梯队。在相互激励、共同成长中，一批教师进步了，一批名师成长了。

（5）实施区本研培，落实一体化管理

为提高教师的教育内涵，建设学习型的教师团队，大学区开展了学习与培训活动。我们提出了"学习陶行知教育思想，打造书香大学区"的学习目标。大学区统一下发读书笔记，统一布置读书内容——《点击陶行知》，开展了形式多样的读书交流与汇报活动，使教师的知识底蕴不断丰厚。同时，以大学区为单位集中进行了专业培训，先后举行了"西五大学区师德演讲报告会"和《生命自觉与教学文化的再造》专题讲座。我们聘请知名专家和学者为大学区教师讲学、做报告。先后进行了专题心理辅导、家教培训会等，使大学区的教师受益匪浅。教师们不仅得到了业务的指导，同时也得到了心灵的舒展，达到了解除职业倦怠、寻求职业幸福、积蓄前行力量的目的。

为提高大学区的教学质量，建设一支研究型的教师团队，我们打破校际壁垒，成立了以各校教学校长为组长、中层主任为组员、进修教研员为顾问的"大学区教研中心"，建立起"大学区伙伴研修共同体"，承担组织大学区集体备课、集中测试、集中教研三项任务。

第一项是每学期期初预备周、期中测试后，组织大学区教师进行两次阶段性的集体备课活动。集备采用中心发言组制度，由西五各学科组担任大学区备课任务，提前做好准备，通过教材解读——实例分析——交流共享——问题研究——反思实践，引领大学区教师认真备课，解决了成员校学科组教师少，缺少研讨氛围的困难，促进了学区内整体教学水平的提高。

第二项是组织大学区进行统一月测试。由西五小学提供一至六年级的语、数、外三个学科的测试题，发到各成员校手中。大学区内统一时间进行测试，分头阅卷，集中反馈质量分析，深刻查找教学中存在的质量问题，及时进行整改。

第三项是组织开展学科教研。教研员牵头，分别锁定大学区一个学科组，开展主题研修活动。学期初，教研中心在大学区教师中下发调查问卷，反馈教师意见后，和教研员协商，从攻破教学中的主要问题入手，确立一个研究主题，成立大学区课题研究小组，带领各校学科教研组从不同的途径，采用不同的方式进行问题研究。每学期各课题组都要制订详细的实施方案和活动计划。教研员定期到校进行跟踪指导，组织开展教研活动。每学期各课题组在市、区范围内至少进行一次主题教研开放，展示取得的阶段性研究成果。这打破了以往各校教研组故步自封、同水平无效教研的局面，实现了教师间的多维互动和多项交流，收到了实效。

为了推进区域教育均衡，充分发挥优质校的引领作用，我们还通过开展大学区联动教研，有效促进成员校教学质量的提升。先后开展大学区语文、数学、英语三个学科的集体备课活动，举行多种形式的培训和研讨活动，面向全区先后进行了"西五大学区英语集备展示暨南关区英语教学研讨活动""大学区习作教学研讨""西五大学区计算教学研讨暨南关区数学计算教学培训活动""西五大学区构建生命化绿色课堂"优质课评比，促进了大学区师资水平的提高。在南关区大学区教学大赛中，语文、英语获得了学科特等奖的佳绩。

3. 创新载体，提升大学区文化品质

在大学区文化建设中，我们积极进行了和谐扬长、联动发展的实践探索。以西五小学"太阳鸟向着太阳飞翔"和"向日葵迎着朝阳成长"的师生文化为引领，从显性文化和隐性文化建设入手，注重文化的传承、融合和感染。经常开展丰富的文体活动，使学区内各校在组织活动过程中，互相启发、互相促动；教师在活动中互相融合、互相促进，大学区团队精神逐步形成。西五大学区还先后开展了教学沙龙、读书演讲、红歌比赛、郊外徒步等活动。为庆祝"建党九十周年"，大学区开展了红歌演唱活动，在多次集体排练的基础上，我们代表南关区教育局分别在长春市总工会组织的和南关区政府组织的红歌演唱会上，进行了精彩演出。西五大学区强大的演唱阵容，饱满的精神状态，充分展示了西五大学区人的风采，得到了区政府、区教育局领导和市领导的高度赞誉。

2011年6月，在"吉林省大学区现场会"上，西五大学区教育展台、学区长的校长论坛，得到了时任吉林省教育厅副厅长及有关部门领导的高度评价。

2011年11月，"西五大学区"接受了市教育局基教处的检查，以翔实的基础材料及学区建设特色，得到了检查组的高度好评，被评为"长春市先进大学区"。

2011年12月27日，我们西五大学区400多名教工共同联欢。各校经过精心组织，表演了精彩的节目：歌舞、快板、三句半、小合唱、二人转，等等。这都体现了成员校校长的魅力领导。特别是，我校设计的阵容庞大的"龙"

字形群体"面具舞",掀起了整场晚会的高潮。成员校教师被那欢乐的气氛所感染，不由自主地加入其中。在欢乐的节奏声中，西五大学区教师团队成了欢乐、和谐的海洋！

这些，都凸显了西五大学区的集体智慧和力量，形成了独特的大学区文化。

在西五小学的发展过程中，我幸运地遇到了一个又一个理解我、支持我的上级领导。他们看到了我的付出，看到了我的执着，对我的工作先后给予了认可。

4. 合作共赢，助力大学区整体攀升

我们结合学区的现状，对大学区工作进行了准确定位，明确了"强化师资·优势共享·内涵拉动·合作共赢"的战略目标，确立了"建立制度保障、整合优质资源、强势积极引领、校际多元合作、缩短质量差距"的工作思路，在教师培训、区本教研、课程开发、文化创建等方面实行一体化管理。

西五大学区建立了三级管理机构，通过三个统一、三项工作，实现三个飞跃。

◎指挥层——校长团队的"三个统一"：

统一政策，探索学区一体化管理模式；

统一思想，制订学区未来的发展规划；

统一行动，策划、组织学区各项活动。

◎操作层——副校级团队的"三项工作"：

组织、协调开展学区活动，落实学区联动机制；

及时反馈、调整活动安排，发挥引领带动作用；

完成考核、评估相关工作，促进学校优质发展。

◎实践层——教师团队"三个飞跃"：

参加学区学习、培训，实现理念提升的飞跃；

参加区本教研、科研，实现教育质量的飞跃；

交流反思、互动提高，实现一流师资的飞跃。

从2010至今，西五大学区各项工作，特别是信息教育工作有了快速发展，历经三个发展阶段：2010年至2012为起步阶段，2013年至2015为发展阶段，2016年至2018为创新阶段。

【西五大学区第一发展阶段】

创新一体化管理模式，努力构建具有区域特色的大学区文化

——西五大学区 2010—2012 年发展规划

【指导思想】

以《南关区大学区管理工作实施意见》为指导，进一步探索大学区一体化管理模式，在取得已有经验的基础上，完善各项管理制度，明确职责分工，创新活动载体，形成科学、高效的运行机制，在队伍建设、教学管理、学生培养、特色创建上，开创新局面，形成新突破，为南关教育均衡发展作出新的贡献。

【工作重点】

1. 学区常规教研常抓不懈，重质量，提水平；

2. 学区队伍建设多措并举，重优化，促发展；

3. 学区德育建设生动活泼，重过程，求实效；

4. 学区文化创建独树一帜，重特色，成体系；

5. 创立学区特色活动日，重落实，形特色。

【具体措施】

一、健全机构，明确职责，分工合作

完善大学区领导组织机构，形成由龙头校校长任大学区管理中心主任，成员校一把校长任副主任，龙头校副校级领导为秘书长，成员校副校级领导为成员的领导小组，全面策划、协调、组织、开展学区的各项活动，成为学区建设发展的指挥中心。同时，下设大学区四大管理部，即教研管理部、师培管理部、德育管理部、文化管理部，明确负责人和工作职责，制定翔实的工作方案，开展有效的学区活动。加强各管理中心的协调与沟通，密切合作，确保各项工作有序、生动开展，不断深化大学区"交流·合作·发展·共赢"的发展理念。

二、抓好大学区队伍建设，提升素质，优化育人

1. 加强领导班子和中层建设，打造精锐的管理团队

坚持每月大学区校长例会制度，共同研究学区计划，及时反馈工作进展，交流先进经验，确保各项工作优质、高效完成。全面落实教学校长交流日、教学管理专题日、中层主任教研日"三日"活动，通过期初集中视导、学区

集体备课、期中质量分析、教学专题交流等活动，提升大学区教学校长的业务指导能力。加大中层干部的业务培养，每个月以各成员校为基地，由中层主任牵头组织开展学校特色教研，在相互交流学习中，提升教学研究水平。同时，组织开展中层干部议军活动，增强中层团队的凝聚力和工作执行力。

2.加强教师队伍建设，构建一支尚德精业的大学区黄金团队

（1）建设"学习型"学区团队。以"构建高效课堂"为内容，深入开展教师读书活动，通过撰写读书笔记，举行读书汇报会，丰厚教师的知识底蕴。积极创新区本培训的途径和方式，以解决学区教育教学困惑为目的，提高教师专业素养为根本，采用订单式培训形式，聘请知名专家进行业务引领。开展学区内的学习和培训，从教师信息技术能力、教学操作能力提高层面上，进行连续性的技能培训，不断提高教师的教学水平和能力。

（2）建设"高尚型"学区团队。加强大学区教师的职业道德和理想信念教育，在学区中开展"树高尚师德，做模范教师"系列活动。成立大学区"党员之家"，设置党员先锋示范岗，充分发挥党员的率先垂范作用。通过开展新学期师德宣誓，签订师德承诺书，进行"三爱教育"、师德大讨论等，提高大学区教师的师德修养和人格涵养。学期末，评选出大学区模范党员（20%比例）、优秀党员（20%比例）进行表彰奖励。成立西五大学区"贫困生基金会"，建立大学区贫困生档案，六一儿童节召开基金会启动仪式，号召全体教师、党员为贫困生捐款，用自己的爱心善举为贫困生送去心灵的温暖。

（3）建设"骨干型"学区团队。发挥"大学区名师工作室"的辐射和带动作用，结合大学区"名师教学开放日""主题教研活动日"，组织工作室成员完成在教、带教、支教的各项任务。每学期名师要跨校进行教研、专题讲座一次，由培训部统一安排名师活动日程，为成员校教师提供最直接的业务辅导。同时要认真完成校内带徒、跨校带徒工作，通过听评课，促进青年教师迅速成长，学期末举行"青蓝工程——徒弟汇报课"，促进学区骨干力量的形成。为提高名师团队的专业素养，六月份，举行西五大学区"语文名师素养大赛"，通过微型模拟说课（设计、板书、课件），提升名师学科素养，夯实教学基本功。

三、抓好大学区教科研，全面提升学区教学质量

发挥大学区教研管理部的职能作用，整体策划、开展大学区教科研活动，以教研促提高，以研究促发展。

1. 注重常态教研管理，促进教学质量整体攀升

完善大学区集备制度，落实备课管理。采取集中备课与个体备课相结合，面备与网备相结合的方式进行。集备定在期中测试后，采用备课中心发言组引领，由大学区龙头校各学科组为中心发言组，通过教材解读、课例剖析、疑难解答，引领大学区教师整体把握阶段课标，准确解读教材，明晰教学重难点，拓宽教学思路和设计，整体提升教师课堂教学能力。同时，开展网络集备，组建大学区学科QQ群，由龙头校学科组长组织教师在网上进行教学研讨和交流，利用网络优势为教学提供服务。

完善大学区教学检测管理，定期举行月测试。每个月大学区要进行一次月测试，由龙头校分学科进行试卷命题，大学区内统一时间进行测试，分头阅卷、整体进行质量分析。期末召开大学区教学质量分析会，各校的教学校长和学科组长对于本次测试的成绩要进行细致、全面的分析，通过自查整改整体提升大学区的教学质量。

2. 开展大学区主题教研活动，形成浓厚的研究氛围

由大学区教研管理部牵头，组建大学区教研中心组，分为语、数、英、体音美、综合五大学科组，由各成员校教学校长任组长，聘请市、区教研员为教研顾问，明确学科研究主题，制订学科教研计划，采取集备研讨——课堂研究——课后反馈的形式有效开展。每学期，各学科教研组要对外进行一次教研成果汇报，充分展示大学区教科研合力和教师风采。三月份，举行西五大学区"构建高效数学课堂暨名师教学引路课"，以同课异构的形式，深入探索高效课堂教学模式的探索。

四、抓好大学区德育建设，塑造文明守纪的新生代

成立西五大学区德育工作领导小组，制订切实可行的大学区德育工作计划和德育开展形象进度表，促进学生健康成长。

1. 加强大学区学生的养成教育和礼仪教育，形成文明向上的优良学风

开学第一天，为大学区每个学生下发新学期"祝福书签"，送上新学期的美好祝愿，写下新的学习目标和计划。在学区内开展"阳光道德银行"存储活动，引导学生养成好习惯，形成好品德。结合三·八节、母亲节、父亲节、教师节等，在学区内开展感恩教育，举行大学区"感恩教育"征文展，使全体学生受到教育。把每年的六一儿童节，定为"学生活动成长日"，通过开展有意义的联谊活动，丰富学生大爱的情感。

　　结合大学区责任教育研究课题，各校结合实际开展行动研究，形成自己的研究特色。每学期要开展一次"责任在我心中"的"好孩子评选"活动，选出优秀学生在学区内进行事迹巡回演讲。发挥回族小学民族教育的优势，开设大学区民族教育课，每个月为学区内的回族孩子上一节民族文化课。

　　2. 建立"大学区体验教育基地"，培养学生的综合素养

　　充分发挥幸福乡富裕村、省军区独立营的优势教育资源，建立西五大学区"体验教育基地"，组织四、五年级学生到基地开展综合实践学习，进行体验教育。

　　组织四年级同学到富裕村开展综合实践活动，进行劳动教育。每年的六月、十月，让学生深入田间地头，了解农作物的生长，感受春种秋收的幸福，体验劳动的快乐，让学生在实践中学习，在体验中成长。开展省军区独立营体验教育，上学期结合清明节，组织五年级同学和独立营的官兵一起祭扫孙洪泽烈士墓，评选出优秀班级命名为"洪泽班"。下学期组织五年级同学到省军区独立营进行参观体验，感受部队严明的军纪、严格的训练，学习部队战士刻苦训练、吃苦耐劳、保家卫国的优良作风，得到一次心灵的洗礼。

　　五、抓好大学区文化建设

　　加强大学区的文化建设，要深度挖掘各成员校的教育内涵和优势，在弘扬各校特色和个性的基础上，进行优势互补，形成一校一品，校际联手，共同发展。

　　1. 完善大学区网站建设，实现教育资源共享

　　督促网站管理员及时更新大学区网站，丰富网络资源库，组织各校定期上传优秀教学设计、案例、叙事、课件和学科测试题，形成丰厚的教学资源积累，实现资源共享，为课堂教学提供便利，增强教学的实效性。

　　2. 挖掘文化内涵，打造和谐向上的大学区

　　积极构建学区一体化管理模式，建立"大学区文体活动共建日"，组织开展丰富的大学区文体活动，使各校教师在活动中相互交流、相互促进、相互融合，形成大学区蓬勃向上、奋发进取的"太阳鸟向着太阳飞翔"的教师文化。学期末，召开大学区特色办学经验交流会，在相互交流与学习中完善自我。五月份，大学区要全力做好"南关区中小学运动会"的筹备工作，将通过高品质的大学区检阅阵容、观众阵容，昂扬奋进的师生精神风貌，全面接受各级教育主管部门的检阅，充分展示西五大学区的青春活力和精神风采，

形成大学区的凝聚力和向心力。

六、制定大学区评估机制，保障大学区工作良性运转

制定详细的《大学区管理评估细则》，对大学区各项工作的开展实行量化评估。由大学区领导小组对各成员校每项工作的开展、落实、完成情况进行分值量化，学期末进行公示。对于工作出色、成绩突出的成员校予以表彰和奖励，通过科学的奖惩制度，促进大学区工作的扎实推进。

【西五大学区第二发展阶段】

深化"大学区一体化"管理实现大学区跨越发展

——西五大学区 2013—2015 年发展规划

【大学区 2010—2012 年发展综述】

为了实现南关教育均衡发展，全面提高区域教育教学质量，2010 年 3 月，西五小学被南关区教育局确定为"西五大学区"的龙头学校，和区内七所小学组成西五大学区。在南关区率先进行的"大学区"管理改革中，西五大学区树立全新的大教育观、大资源观，把"和谐·共享·发展·特色"作为大学区建设的主题词，积极探索"大学区一体化管理"模式，在教育活动联动、科研活动联动、教学活动联动、师培活动联动等方面不断深入研究，形成了西五大学区的管理特色，取得了丰硕的成果。2012 年，西五大学区被评为"长春市优秀大学区"。

【大学区未来三年发展思路】

一、大学区发展的理性思考

2013—2015 年，西五大学区将以《国家中长期教育发展纲要》《长春市基础教育质量提升工程》实施意见为指导，努力探索"互助共赢—交流联动—有效整合—共同发展"的新型工作模式，继续全力打造"太阳鸟向着太阳飞翔""向日葵迎着朝阳成长"的师生阳光文化，以文化建设为精神动力，逐步实现西五大学区各校的内涵发展、均衡发展、特色发展、优质发展。

二、大学区发展的总体目标

（一）大学区总体发展目标

以创建省级优秀大学区品牌为总目标，坚持"引领促进·和谐共赢"的

发展理念，逐步形成大学区学校教育特色化、师资队伍优秀化、课堂教学优质化、学生发展全面化的均衡发展目标。确立"一个理念、三项原则、四个发展、五种机制"的大学区发展总体目标：

一个理念：文化引领、品牌立身、共享共赢、和谐发展。

三项原则：资源共享原则、优势互补原则、深度整合原则。

四个发展：均衡发展、内涵发展、特色发展、和谐发展。

五种机制：大学区发展一体化、制度建设机制化、交流体验经常化、课堂研究内涵化、教育资源开放化。

（二）大学区三年发展总体规划

2013—2015 年，西五大学区计划做三个方面工作：

第一，名师引领，打造大学区"黄金团队"。

第二，聚焦常态，实现区域一流的教学管理。

第三，凝聚创新，构建大学区特色课程文化。

三、具体目标

（1）引导广大教师树立正确的人生观、价值观、世界观，促进广大教师端正教育思想、更新教育理念，规范教育教学行为，以高尚的品格塑造人，渊博的学识培养人，向社会展示西五大学区教师的良好形象，办人民满意的教育。

（2）打造名校长、名师专业团队，扩大名校长、名师的示范辐射作用。自今年起打造名校长名师专业团队，7 位校长全部加入"丁国君"工作室，未来三年内有 3 至 5 人成为专家名校长。名师队伍人数逐年递增，2013 年末达到 15%—25%，2014 年末达到 25%—35%，2015 年达到 35%—45%。

（3）强化西五大学区研修力度。从 2013 年至 2016 年，实施"三大工程"和"三大系列"，即"教师研训工程""生态课堂工程""名师引领工程"和"师德修养系列""教科研专业化系列""信息化应用系列"。2013 年末区级以上教学管理先进校达到 30%，2014 年达到 50%，2015 年达到 90%—100%。

（4）打造鲜明的学区办学特色，以"一校一品"为载体，联动发展、深度整合。2013 年市二星、三级特色校、市新优质学校达到 30%，2014 年达到 50%，2015 年达到 80%。

四、完成三年发展目标的主要举措

（一）名师引领，打造大学区"黄金团队"

优秀的教师团队成就优质的学校，优质的学校培育优秀的学生，大学区将以"名校长工作室""名师工作室"两大平台，探索"目标规划——专业提升——成果展示"的团队培养模式，建立名校长与区域内学校管理者、名师与区域内中青年教师合作互动、共同发展的平台，实现名校长、名师资源共享的最大化，打造有影响力的大学区"黄金团队"。

1.实施名校长塑造工程，成就全方位管理团队

为推进西五大学区基础教育均衡发展和教育公平，促进学区校长提高管理水平，培养一支具有学区情怀、中国灵魂、世界眼光的创新型校长队伍，全面提高西五大学区总体办学水平，使每一位成员都有所收获，有所提升。

（1）"丁国君名校长工作室"每个成员在未来三年里，面向区域内吸纳3-5名优秀管理人员组成研讨小组。分析、研究组内成员的成长轨迹和个性特点，明确发展方向和目标，提出整体规划，形成一个有结构、有层次的管理者研讨团队。

（2）在工作室主持人的引领下，通过名校长进校指导、区域合作、蹲点学习、课题研究、撰写论文等多种形式开展主题鲜明的教育教学实践活动，能够从宏观角度和微观角度两方面给予工作室成员们深入指导，从而形成从理论到实践、从教育思想到教育行为等多个层面的统一，不断提高每位成员的研究能力和实践能力。

（3）建立"名校长工作站网页"，加强与其他名校长工作室之间的交流，形成有效的对话和展示平台，使之成为名校长工作室的一个动态工作站、成果辐射源和资源生成站。

（4）参与"全国'6+1'小学教育改革发展联盟""中国绿色教育联盟"活动，并结合教育改革创新行为，开展考察观摩活动，实地感受联盟校的办学思想、办学理念，切实领悟其发展内涵，为学校发展寻找新的生命力。

（5）工作室将"课题研究"作为培养"名校长"的重要手段，针对学校发展的重点、难点或热点问题确定研究课题。通过课题研究提升领导力。

（6）及时总结工作室经验，并定期通过简报、网站、出版物等多种途径发布工作室的研究成果，扩大对外宣传和辐射范围，提高知名度和社会影响力。

2.实施名师培养工程，发挥引领辐射作用

利用"名师工作室"为全体教师创设可持续发展的"学习空间""实践空间"和"展示空间"，带动成员校骨干教师"集团作战"，形成各成员校自身的

强势学科，进而辐射大学区所有团队学有榜样、赶有目标，追有劲头。

（1）自身"塑形"，目标高远。要求名师要率先达到自身发展高点，具有与时俱进的全新教学观、学生观、人才观和教学质量观，"博专结合，博中求专"，做到"八个一"（树立一个好形象，练就一流基本功、精通一门学科课程标准、掌握一套教育理论、形成一种独特教学风格、创出一流好成绩、总结一套好经验、获得一流课改成果）苦练内功，争创学科名牌教师。

（2）团队合作，整体成长。加强对学区内名师工作室的管理，打造思想一致、积极向上的学习型团队，充分发挥校内"传帮带"作用。带动骨干教师"团队协作"，通过开展"名师讲堂""名师会诊""解剖课堂""循环跟进"等研究活动，体现名师价值，团体相互作用，彼此激励成长。

（3）主题沙龙，多元分享。积极推崇"学习提升教育智慧，学习成就幸福人生"，深入开展"践行陶行知教育思想"二次读书实践工程，名师工作室成员要积极深入到学陶、研陶、师陶的活动中去，通过"学陶"成为一个终身学习者，通过"研陶"成为陶行知教育思想的追随者，通过"师陶"成为陶行知教育理论的践行者。定期或不定期地组织"研陶报告会""学陶论坛""教学问题研讨会"等活动，围绕主题，百家争鸣，以促进教师专业发展。

（4）区域轮岗，交流联动。立足西五大学区实际，继续开展大学区名师、骨干教师轮岗活动，派出学校要加强与接收学校的沟通与协调，了解轮岗交流教师的工作、学习等情况，及时给予关心和帮助。

（二）聚焦常态，实现区域一流的教学管理

充分发挥大学区教科研联动式、立体化研究网络核心作用，完善大学区"学科中心教研组"管理机制，使语、数、英、体音美、综合五大学科组发挥最大效应，由各成员校教学校长任组长，聘请市、区教研员为教研顾问，组成"大学区伙伴研修共同体"，组织开展大学区集体备课、集中测试、主题教研三项工作，精细管理。

1. 立足集备，研读教材

在学区中开展"一备二研"活动。每学年6—8次，全员参与。具体做法为：一备，即每学期期初、期中测试后，组织大学区教师进行两次阶段性的集体备课活动。集备采用中心发言组制度，由西五各学科组担任大学区备课任务，提前做好准备，以教材解读——实例分析——交流共享——问题研究——反思实践，引领大学区教师认真备课。二研，即面对面研究和网络研究。面对面研究：各学科备课时要以典型课为案例研究教材、研究教法。在集体讨论的基础上，形成教学预案，即"集体＋个性"的教学设计。网络研究：各校教师全员加入名师工作室，大学区QQ群平台，让学区内的老师利用网络的优势集体研究，缩短时间，压缩空间，互相学习，共同提高。

2. 常规检测，提升质量

定期组织开展大学区月单项调研和期中测试。由大学区"命题组"统一精心设计一至六年级的语、数、英三个学科的测试题，下发给各成员校，大学区内统一时间进行测试，分头阅卷，集中反馈，全面检测学区教学质量，针对教学中存在的问题及时进行整改。期中测试后，召开大学区质量分析会，全面总结学区阶段教学质量。

3. 学区教研，凸显主题

各"学科中心教研组"学期初下发调查问卷，征求教师意见后，从攻破教学中的问题和疑惑入手，确立一个学科研究主题，是带领各校学科教研组从不同的途径，采用不同的方式进行研究。

建立大学区"订单式教研"，以构建生态课堂为研究主题的"每人一课、每校一课"教研制度，每学期各"学科中心教研组"都制订详细的实施方案和活动计划，邀请教研员定期到校进行跟踪指导，组织开展教研活动，并在市、区范围内至少进行一次主题教研汇报，展示取得的阶段性研究成果。

五、凝聚创新，构建的大学区特色课程文化

未来三年，西五大学区将树立"大课程"理念，以建设充满活力的"三级课程"（国家、地方、校本）为目标，坚持整合改编、优势提升、资源转化、挖掘创新的原则，再度构建课程框架和内容，形成学区特色的综合性课程体系。

1. 落实国家课程，重在构建生态教学模式

大学区各校要认真落实国家课程，在已有经验的基础上，要致力于突破课程实施的关键环节，即"构建学科生态教学模式"上下功夫，动心思。各校学科组要在学科教学模式上进行积极探索，形成大学区统一的学科模式特色。

2. 开发实践体验课程，形成大学区的区域课程特色

为了丰富学生的学习生活，在学区内开发易做、益智、怡情的区本课程，提升学生的综合素养。

"HPPPY"手工坊：大学区每月开展一次，培养学生的动手实践能力，

如粘贴、剪纸、绘画、泥塑、科技小发明、科技小制作等。

"双S"课程：贯穿大学区学生日常学习，锻炼体魄，陶冶情操。"双S"课程即课前班班有歌声，统一曲目和自选曲目相结合；推行西五大学区柔力球运动，三操有特色，早操、间操、大课间，规定动作和自选动作相结合，建设文体相容、刚柔并济的课程内容。

实践体验课程：利用省军区独立营、幸福乡富裕村、省博物馆、省科技馆等教育资源，组织大学区的四、五年级学生深入学习基地，进行系统的综合性学习。

3. 建设灵动课程，激活学校课程开发内在需求

发挥大学区成员校各自特色课程的优势，给予自主建设的空间，将西五的"3A+1"特色教学、兴盛的"太极柔力球"、东长的"DIY科技制作"、北大的"空竹"、自强的"武术"、回族的"民族课"、富裕的"写字课"，打造成A级精品校本课程，深化学校的发展特色。

《国家中长期教育改革发展纲要》的颁布，把教育摆在突出的位置，我们大学区也将面临更好的发展机遇。总之，我们一定要抓住机遇，改革创新，乘势而上，把西五大学区建设成文明向上的优质样板大学区。

【西五大学区第三发展阶段】

深化学区制综合改革实现大学区跨越发展

——西五大学区 2016—2018 年发展规划

【大学区 2013—2015 年发展综述】

在南关区率先进行的"大学区"管理改革中，西五大学区七所学校树立全新的大教育观、大资源观，把"和谐·共享·发展·特色"作为大学区建设的主题词，积极探索"大学区一体化管理"模式，在教育活动联动、科研活动联动、教学活动联动、师培活动联动等方面不断深入研究，形成了西五大学区的管理特色，取得了丰硕的成果。

有五所学校被评为南关区生态课堂优秀实验校；四所学校被评为长春市心理健康先进校；三所学校被评为长春市新优质学校；两所学校被评为长春市素质教育示范校；两所学校被评为长春市科研基地校；一所学校被评为吉

林省百所特色学校。

西五大学区先后获得长春市先进大学区、南关区"构建大学区一体化管理"优秀大学区、南关区研训优秀大学区、南关区"绘本阅读"优秀大学区、南关区"英语教师才艺展示"最佳大学区、南关区"教师广场舞"最具活力大学区等荣誉称号。

同时，大学区还接受了国家义务教育均衡检查，迎接了日本国际友好交流教育代表团访问，承担了长春市大学区现场会展示。省教育厅总督学孙鹤娟，吉林省委常委、副省长王化文，教育部体卫艺司司长王登峰，国务院办公厅义务教育均衡检查组于卫平等领导对西五大学区工作都给予较高评价。

【大学区未来两年发展思路】

一、大学区发展的理性思考

2016—2018年，西五大学区将以《国家中长期教育发展纲要》《长春市基础教育质量提升工程》实施意见为指导，努力探索"互助共赢—交流联动—有效整合—共同发展"的新型工作模式，继续全力打造"太阳鸟向着太阳飞翔""向日葵迎着朝阳成长"的师生阳光文化，以文化建设为精神动力，逐步实现西五大学区各校的内涵发展、均衡发展、特色发展、优质发展。

二、大学区发展的总体目标

（一）大学区总体发展目标

以创建省级优秀大学区品牌为总目标，坚持"引领促进·和谐共赢"的发展理念，逐步形成大学区学校教育特色化、师资队伍优秀化、课堂教学优质化、学生发展全面化的均衡发展目标。确立"一个理念、三项原则、四个发展、五种机制"的大学区发展总体目标。

一个理念：文化引领、品牌立身、共享共赢、和谐发展。

三项原则：资源共享原则、优势互补原则、深度整合原则。

四个发展：均衡发展、内涵发展、特色发展、和谐发展。

五种机制：大学区发展一体化、制度建设机制化、交流体验经常化、课堂研究内涵化、教育资源开放化。

（二）大学区两年发展总体规划

2016—2018年，西五大学区计划做五个方面工作：

第一，积极探索建立学区课程体系，实现学生学区跨校选课。

第二，启动学校特色发展研究项目，实现一校一品优质特色发展。

第三，启动学区德育建设项目，加强德育研究，培育和践行社会主义核心价值观。

第四，研究建设西五大学区名师工作室，开展课堂教学研究，发挥骨干教师的示范带动作用。

第五，推进"网络空间人人通"项目，使教师和学生应用比例逐年增加，深入探索网络空间人人通应用的有效路径。

三、具体目标

1. 引导广大教师树立正确的人生观、价值观、世界观，促进广大教师端正教育思想，更新教育理念，规范教育教学行为，以高尚的品格塑造人，渊博的学识培养人，向社会展示西五大学区教师的良好形象，办人民满意的教育。

2. 推进"学区教师4691专业发展工程"，建立4个名师工作室，培养6名省市学科带头人，9名省市教学能手，建立1个学习型团队。未来两年内，"4691"工程指数逐年递增。

3. 深化学区教学研究改革，从2016年至2018年，实施"三大工程"和"三大系列"，即"教师研训工程""课程特色建设工程""网络空间建设工程"和"师德修养系列""教科研改革系列""互联网＋教育有效融合系列"。2016年末召开南关区大学区教学改革展示总结会、推进会，2017年末学区教学改革步入正轨，2018年末学区教学研究改革成果初见成效。

4. 打造鲜明的学区办学特色，以"一校一品"为载体，多途径全面提升学区优质教育品牌。2017年新优质学校增加1—2所，2018年末达到4—5所。

四、完成两年发展目标的主要举措

（一）多层次、多样化教师轮岗交流

教师是教育的第一资源。西五大学区将以学区为基本单位，采用学科走教、对口支教、教师交流轮岗等多种形式，建立更广泛、更灵活的人才资源共享机制。积极发挥"321"骨干教师引领工程以及联合教育组教研研究作用，充分利用网络课程资源等形式，盘活存量、形成增量，构建人人都有机会成长、成才、脱颖而出的通道。

（二）塑名培优，构建大学区"黄金团队"

推进"学区骨干教师培养工程"，探索学区教师专业发展"4691"模式，建立4个名师工作室，培养6名省市学科带头人，9名省市教学能手，建立1个学习型团队。遴选名师担当学科工作坊主持人，定期带领教师开展读书交流活动、校际教学研讨、青年学术沙龙、专项课题研究等，创设可持续发展的"学习空间""实践空间"和"展示空间"，为教师不断搭建专业成长的平台。

（三）深化改革，创建区域一流教学质量

1.多维度、深层次做好特色课程实验。发挥大学区成员校各自特色课程的优势，给予自主建设的空间，将西五社团课程、东长的"DIY科技制作"、北大的"空竹"、回族的"民族课"、富裕的"写字课"，打造成A级精品校本课程，深化学校的发展特色。同时，在各校原有开发校本教材的基础上，以生命科学和工程科学为导向，建立学区特色课程，依托创客教育实验室，建立初步的实验课程，逐步深化、提高学生科学创新的核心素养。

2.继续深化"网络空间人人通"师生建设项目。规划"网络空间人人通"工作目标，力争80%以上的老师和50%以上学生拥有实名空间，逐步实现"一生一空间，生生有特色"的任务。加强培训与指导，督促教师进行深层应用，积极鼓励教师间的教研互动，探索师生间的互动方式，鼓励教师、学生及家长利用各种终端进行相互间的互动。利用计算机教室、ipad教室等终端和吉林省资源网络平台提供的资源，在一些班级尝试教学助手优化策略，研究、探索适合培养学生创新能力的教学新模式。

3.依托校本课程，每周拿出一节课安排"国学经典"课，指导学生阅读；根据国家规定的小学生必读与选读书目，开展好"晨读、午阅、暮吟"常态活动，增加学生的读书积累；借助"亲子共读""师生共读"之力，营造一种浓郁、厚实的书香文化校园的特色；充分利用学校图书室、阅览室以及班级图书角，引导学生多读书，读好书，好读书；通过学校图书馆、班级图书角开展好"图书漂流"活动，增加学生的阅读量；通过开展全校性的"诵读比赛"与"读书征文"等活动展示学生的读书成果。

4.聚焦绿色生态课堂，以"每人一课、每周一课、每校一课"为载体，围绕微教研、课例反思、评课观课等主要形式，坚持课题、课堂、课程多维度研究，扎实开展各种教学活动，推进学科常规建设，打造一批具有教学辐射力与示范力的教师，深化课堂教学变革。

（四）文化滋养，修德润心，强化学区德育建设

在学区文化建设中，以西五小学"太阳鸟向着太阳飞翔"和"向日葵迎着朝阳成长"的师生文化为引领，从显性文化和隐性文化建设入手，注重文化的传承和融合。

1. 以培育和践行社会主义核心价值观为重点，拓展深化中华优秀传统文化教育，切实把社会主义核心价值体系融入公民教育体系之中，引导学生树立正确的世界观、人生观、荣辱观。开展系列活动，切实加强青少年思想道德教育。

2. 针对学生发展，开发易做、益智、怡情的校本课程，开展丰富多彩的社团活动。充分利用社团活动教育的特殊性和多样性，加强与各成员校之间的社团交流。借助各种大型会议展示大学区社团特色活动，涵养童心，培育素养。

3. 加强基地建设，充分借助省军区独立营、农村等实践基地的力量。结合学生实际，组织开展军训、祭扫烈士墓和了解新农村等社会实践活动，重视过程管理和教育效果，努力锻炼学生的动手能力、创造能力，培养爱国主义精神和创新品质，为每个学生幸福的未来奠基。

（五）资源共享，保障信息互通

我们要本着"全力而为，积极支持"的原则，建立各成员校设施设备、教育教学资源共享共建机制。

1. 教学资源共享。在原有大学区QQ群下达学区内各种教育教学活动的通知，发布各种教研信息，在达到信息互通的基础上，实施各成员校、学科教研组、教师之间的"信息互通工程"，借助大学区网络平台在线直播，开展大学区研修活动，在线互动答疑，实现学区教学资源的共享。

2. 下发统一的工作本簿、读书笔记、听课记录，实行统一要求，各成员校要安排专人管理，做好大学区工作专项档案，及时收集归档大学区运行过程中各类文件和活动开展的文字、影音资料。

3. 做好学区内外教师、学生、家长层面的宣传工作，及时通过网站、媒体等渠道进行宣传报道，扩大成员校的声誉以及办学影响力。

4. 公开"西五小学微信公众号"二维码，进一步落实学校教育接受社会和大学区监督，实现办学优质化。

五、各项工作保障机制

1. 成立由西五小学校长丁国君任大学区区长，成员校校长为成员的大学区领导组织机构，下设教学校长和中层主任为具体实施层面的二级管理机构。由西五小学负责大学区的常务工作管理，各校要及时提出合理化的发展建议。学区重大决策和活动要经校长例会协商确定。

2. 建立健全各项工作制度，发挥评价的导向功能，调动大学区教师工作的积极性，保证工作的顺利开展。各成员校要听从指挥，步调一致，在工作中充分发挥自身的主体地位，齐心协力，促进学区的整体发展和建设。

3. 建立大学区信息化管理平台，开设网络备课平台、资源共享平台和联络通讯平台，保证成员校间的沟通及时、便捷，突破学区管理的时间和地域的限制，实现学区资源的有效整合和利用。

4. 定期开展活动表彰会，促进各校教师参与的热情和工作积极性。对于在工作中表现突出的教师要进行表彰和奖励，优先选派外出学习和培训。在评优评先、晋职晋级上优先考虑和安排。

总之，《国家中长期教育改革发展纲要》的颁布，把教育摆在突出的位置，我们大学区也将面临更好的发展机遇。因此，我们一定要抓住机遇，改革创新，乘势而上，努力把西五大学区建设成文明向上的优质教育模范区。

六、"三位一体"的集团化管理探究

1. 西五自身的"集团化"

2002年，西五小学接收原六马路小学，建立西五小学实验幼儿园，形成了"幼小衔接一条龙"的办学模式。

2004年，西五小学接收原西长春大街小学，建立西五小学西长校区，形成了"三位一体"的办学新模式。

2007年，西五小学接收原四十一中学，成立西五小学中学校区，形成了一个校长、两套班子、中小幼一体化"西五教育集团"品牌办学新格局。

2010年，西五小学成为西五大学区龙头校。至此，"西五教育集团"规模初现。

2. 政府命名的"集团化"

2019年3月，南关区教育局党委决定将北大、兴盛、西五进行"三校融合"，实施一体化管理。这是促进教育走向优质均衡的有效途径。

2019年5月16日上午，西五小学主校区校园里热闹非凡。这一天，由南关区政府命名的"西五教育集团"正式成立，西五教育集团兴盛学校、北大学校"授牌仪式"隆重举行。

长春市教育局副局长、南关区人民政府副区长以及省教育学院、省教科院、省市电教馆、区教育局和区进修学校主要领导都出席了本次大会。此外，西五小学、兴盛小学和北大小学部分师生和家长代表也参加了本次活动。

西五大学区自2010年成立以来，西五小学充分发挥百年名校的示范、引领与辐射作用，带领成员校共同进步，走出了一条"交流·合作·发展·共赢"的教育优质均衡之路。我们深知，随着南关区城区的不断发展和教育改革的不断推进，百姓对优质教育的渴求程度也日益增强。这要求我们在教育均衡发展的浪潮中，要注重深度融合，在融合中探索，在融合中创新。这也是未来教育的发展趋势。

出席大会的领导先后为"西五教育集团""西五教育集团兴盛学校""西五教育集团北大学校"授牌并合影留念。

我作为校长，代表西五教育集团讲话，其他两所学校的校长分别进行了表态发言。

最后，南关区教育局党委书记、局长进行了重要讲话。局长代表南关区教育局对各位领导多年来给予南关教育的支持、帮助表示衷心感谢！对各位教师坚守教育初心，用爱与责任推动区域教育发展表示由衷敬意！对关心孩子成长、关注学校发展的各位家长代表表示热烈欢迎！同时还表示，南关区教育局党委将以"有利于集团发展、有利于学生成长、有利于教师进步"作为出发点和落脚点，为大学区集团化办学提供有力支持和坚实保障。相信在市教育局的指导和区委、区政府的领导下，南关教育会向着更加高质量发展的方向坚定前行！

目前，"西五教育集团"紧紧围绕"稳定·融合·发展"的工作重点，致力突破"校际融合中的师生分配及部分教师工作岗位调整"的工作难点，朝着"发挥三校各自优势，增强团队凝聚力，努力构建集团化办学新模式"的工作目标迈进。在融合工作中，以"融中求稳、融中求实、融中求优"的原则，通过聚焦、研析、微融、求优等工作策略，力求使融合工作做得更好。

【附：北大·兴盛·西五"三校融合"实施方案】

北大·兴盛·西五"三校融合"实施方案

西五大学区自2010年成立以来，西五小学充分发挥百年名校的示范、引领与辐射作用，带领成员校共同进步，走出了一条"交流·合作·发展·共赢"的教育均衡之路。

但是，随着南关区城区的不断发展和教育改革的不断推进，百姓对优质教育的渴求程度也日益增强。在教育均衡发展的浪潮中，集团一体化管理的优点不断凸显出来。这就需要教育融合，在融合中探索、在融合中创新，这也是未来教育的发展趋势。

2019年3月，局党委决定将北大、兴盛、西五"三校融合"，实施一体化管理。这是促进教育走向优质均衡的有效途径。为了做好"三校融合"工作，现制订如下方案：

工作目标：发挥三校各自优势，增强团队凝聚力，努力构建集团化办学新模式。

工作重点：稳定·融合·发展。

工作难点：校际融合中的师生分配及部分教师工作岗位的调整。

工作原则：融中求"稳"、融中求"实"、融中求"优"。

实施策略：聚焦（问题、主题）、研析（研讨、剖析）、微融（微调、交融）、求优（稳定、顺达）。

实施过程：

一、三校融合，共同制订工作措施及方案

北大、兴盛、西五三位校长聚焦"三校融合"，广开言论，群策群智，共同制订工作措施及方案。先后通过电话会、碰头会等方式沟通、研究，达成共识，充分认识到融合的重要性，增强了完成南关区教育局工作部署的意识和信心，并做好前期南关区"集团化办学"启动相关工作。

二、围绕"融合"，均衡分班

北大、兴盛、西五三校围绕"融合"，结合校情，设想将北大小学一年、二年、三年的学生（三个班 59 人）迁移到西五小学，实行均衡分班；将北大小学四年、五年、六年的学生（六个班共 132 人）迁移到兴盛小学，成为各年级的平行班。

北大小学一览表

项目 学年	班级	班额		分流 状况	备注	总计
一年	1	23 人		西五 59 人	均衡分班	
二年	1	16 人				
三年	1	20 人				
四年	2	4.1 22 人	45 人	兴盛 132 人	平行班	191 人
		4.2 23 人				
五年	2	5.1 23 人	45 人			
		5.2 22 人				
六年	2	6.1 22 人	42 人			
		6.2 20 人				

三、扩大宣传，做好前期稳定工作

通过家长会（北大）、微信（家长群、公众号）等方式，让三校师生共知、共识、共鸣。

四、教师实行"微调整"

以北大小学迁移到西五、兴盛的学生为主，相关年级、学科的教师随学生进行分流，大体安排如下：

1. 整体状况

状况 人员	北大状况	分流状况	备注
全员 28人	领导2人 教师25人（含长病2人、交流2人） 工人1人	西五9人	重新定岗
		兴盛15人 （含长病2人）	随班就岗
		北大4人	留守
其他	外来交流教师5人	全部返回原校	返校

2. 教师队伍调整

（1）调整到西五9人

（2）调整到兴盛13人

（3）交流教师2人

（4）留守人员4人

3. 调整到兴盛的教师15人

4. 交流教师7人

5. 留守5人

五、校长联席

"三校融合"启动后，三位校长"联席联手"到各校区走访、考察、交流、座谈，共话未来发展。

六、制订工作流程计划表，确保工作如期进行

时间	内容
3月11日	"三校融合"谈话
3月14日	北大小学上交教师名单

续表

3 月 21 日	三校校长会议，研究"三校融合"方案
3 月 25 日	三校校长会议，明确"三校融合"的目的、意义、方式
3 月 26 日	申请兴盛参会"6+1"事宜
3 月 27—28 日	预算融合后增加教学设备等所需资金（兴盛）
4 月 1 日	上报所需资金情况说明
4 月 2—4 日	西五、兴盛落实教室和办公室地点
4 月 8—20 日	西五、兴盛落实环境建设
5 月上旬	启动、融合
5 月	（1）家长会（北大） （2）走访兴盛、西五 （3）落实融合常规工作，对原计划进行微调整
5 月末	研究下步"融合"工作

　　无论是西五自身的"集团"，还是政府命名的"集团"，西五都以"龙头校"的身份和形象在引领和影响着成员校。无论是"大学区"还是"集团化"，管理和教学都是以教师的专业成长和优质教育资源的共享为重点，把共同开展教育教学研究作为主要任务，实现学校文化融合、教研同步、课程共享、活动共建等所有软件质量的提升，形成美美与共、和而不同的"学区"或"集团"文化等等。

　　可见，集团化办学就是让一所"超级强校"和所在区域的一些普通学校，通过集团形式进行整合共享，使优质教育得以辐射和发展。"西五教育集团"的应运而生，实现了名校带弱校、校长教师交流、大学区一体化管理，扩大了优质教育资源覆盖面，促进了区域教育均衡发展。

　　在总结"西五教育集团"的丰硕成果之时，我们深刻感悟到"学区化"和"集团化"具有社会发展性，其核心体现在"互融""互容""互荣"。"互融"，是让集团成员学校的文化胎记更加彰显，文化建设彼此交融；"互容"是指西五的绿色教育"以生命孵化生命·以品行影响品行·以博爱成就未来"这一美好的文化内核，将成为所有成员校的文化蕴含；"互荣"就是集团化办学的最终成果，成员校之间相互依托，相互成就，共享美好与荣光。这样，就使学区和集团的成员校都生成了新的文化，并拥有一个共同的名字，那就是"西五大学区文化"和"西五教育集团文化"。

第六章

绿色教育与教师专业发展

　　如果教育有颜色，那一定是绿色！绿色是教育之魂！真正的教育应该是绿色的，也必须是绿色的！

　　"绿色"，不是对"教育"二字的附加和修饰，是对教育本质的深度认识，是对素质教育的提炼和升华。绿色教育意味着师生平等对话，意味着对生命的敬畏和关爱，意味着观照学生的终身发展，意味着教育者必须具有高尚的人格和无私的情怀。。教师作为绿色教育的践行者，不仅承载着开发绿色课程的重任，还担负着传播绿色文化的使命。

一、唤醒教师心灵和行为的自觉

十几年来，我校一直将师德师风建设作为师资队伍建设的一项重点工作来抓。学校以"热爱学生、教书育人"为核心，以"德为人先、学为人师、行为世范"为标准，以"言传身教、为人师表"为准则，强化师德教育，优化制度环境，不断提高师德水平，充分调动了广大教职工教书育人、管理育人、服务育人的积极性，使师德师风建设成为推动学校内涵发展的重要保障。如今的学校，师德建设工作取得了良好的效果，绿色教育形成了文化体系，教师发展态势已具"黄金团队"模式，专家治校、名师执教、特色兴校的办学方略已化为教育行为，凸显了教育实效。

1. 汇集智慧，规范行为

做校长就要致力于构建一个共同学习的场域，将教师们的智慧汇集成团队的共同智慧。要让每个人有想法，让大家有着共同的理想追求。这样，一定会创生出教育的感动。在成就教师的过程中实现校长的理想和追求，在发展学生的过程中造就学校的卓越，在服务社会的过程中积淀长久的文化力。

为了提高教师的师德素养，我校采取了集中学习和自我学习相结合的学习形式，重点加强了两方面的学习：一方面积极组织全体教师学习《宪法》《中华人民共和国义务教育法》《中华人民共和国教师法》《未成年人保护法》《学生伤害事故处理办法》《中小学教师职业道德规范》和《公民道德建设实施纲要》等师德建设及法规政策方面的材料；另一方面针对教师的自身素养进行了学习教育，学校经常开展师德讲座、"践行陶行知思想，做新型人民教师"的师德论坛等活动，增强了教师的职业素养。通过学习进一步更新了教师观念，规范了教师言行。

为增强教师爱岗敬业、教书育人、为人师表的使命感和责任感，我们积极组织教师开展师德建设大讨论活动。利用政治学习时间，紧紧围绕"端正教育思想，更新教育观念，规范教育教学行为，塑造教师良好形象"等主题，开展师德建设大讨论。组织教师开展了《让爱在绿色教育中升华》《大爱无疆真情无价》《精彩一刻钟——我的师德观》演讲活动，并对照市教育局下发的"五条禁令"展开师德师风自查活动，深刻反思，查摆自己有无违规、违纪、违背师德的现象。通过民主讨论取得共识：即每一位教师时刻做好表率，在学生面前树立"严师慈母"的形象，在家长面前树立"最可信赖的人"的形象，在社会上树立"最文明群体"形象，展示坦诚向上、积极进取的精神风貌。始终让教师以"传道、授业、奉献"为己任，视"正己、爱生、敬业"为天职。

多年来，我校始终把师德建设作为学校工作的头等大事来抓，高度重视教师队伍建设，注重西五小学的形象塑造，切实做到了工作"三落实"，即制度落实、组织落实、任务落实。每年在制订工作规划和年度计划时都把师德建设放在突出位置。每学期学校都本着体现育人为本，德育为首，注重实效的宗旨，制订切实可行的师德建设实施方案。一学期一个工作重点，长期坚持抓紧抓好。同时成立了师德建设工作领导小组，强化了师德建设工作的组织领导。学校全面贯彻落实了市教育局《教师从教五条禁令》、教师师德行为"十不准"、教师用语"十提倡"，制定了《西五小学师德师风建设实施方案》《西五小学教师一日常规》《师德师风检查方案》等相关规定，从而在全校范围内形成浓厚的育人意识、服务意识。

党组织在师德建设工作中，充分发挥政治核心和监督作用，党员教师充分发挥先锋模范作用，用自己的言行影响带动广大教师，树立党员先进性形象。工会、共青团、教代会等也充分发挥积极作用，整个学校形成了一个统一领导、齐抓共管师德建设工作的良好局面。

逐步建立了师德规范和师德考核监督新机制。经学校领导班子多次研究，制定了《西五小学教师职业道德规范》《西五小学师德师风奖惩制度》，通过制定、完善、落实师德规范奖惩制度，进一步规范了教师的教育教学活动，教育引导教师自觉履行《教师法》《教育法》等规定的职责和义务，严格遵守《中小学教师职业道德规范》。

同时，我们还建立了教师师德档案和师德考核制度，加强对教师师德的考核。学校为每位教师建立了师德档案。坚持实行教师宣誓与师德承诺制度，组织全体教师开学第一天宣誓，并且签订了《师德建设工作承诺书》《师德建设工作责任书》《禁止乱办班、乱收费的保证书》。通过宣誓、承诺、签订责任书来约束教师的言行。在每个教师心中建立内化自律机制，教师在行动中遵循这些规范时，内心会感到欣慰和愉悦；如果违背了自己的承诺，就会内疚和自我谴责。

我校还建立了学生、学生家长及社会的监督机制。一是成立家长管理委员会，建立了家校联系网，使他们成为沟通学校与学生家庭的桥梁。开设了校长信箱，校长公开电话，师德师风意见箱，及时了解家长的意见，接受他们的监督。对家长反映的问题，限期解决，并于最短时间内给予回复。二是成立师德监督小组，不定期对我校教师的师德进行查访，发现违纪问题，及时处理并在全校教师大会上批评。

对在师德建设方面出现问题的教师，实施师德责任追究制，取消当年的评优晋级资格。学校还采取教师互评、学生评定、家长评定与学校综合评定相结合的方式，定期或不定期对教师师德情况进行考评。

我们曾多次就教师师德师风问题对学生和家长及家长管理委员会成员进行问卷调查，征求他们对师德建设和学校管理方面的意见和建议。并将师德考评落实到学校师资管理的政策导向中，把师德状况作为教学工作考核、专业技术考评、晋级、评优、奖励的重要依据，实行师德师风问题报告制度和严重师德问题一票否决制。

2. 创新载体，丰富活动

宣传教育工作对做好师德建设起着至关重要的作用，为形成优良的师德风范和师德建设的良好氛围，我们在全校范围内开展了丰富多彩的宣传活动。

（1）积极开展"三爱"（爱学校、爱事业、爱学生）系列教育活动，感悟教师的师表形象

在学校的各项活动和大型迎检中，我们看到了西五教师乐于奉献的精神操守。在汶川、玉树地震和重大自然灾害中，全校教师慷慨捐款288,000元。在义务献血中，有107名教师报名，6位教师光荣献血，每位教师用实际行动诠释了师德的崇高。在学校校园文化建设中，无论是楼道墙体的粉刷、工艺

美术作品的制作，还是美化校园的义务劳动……老师们都积极参与，不怕脏、不怕累；在各种大型迎检活动中，广大教师们都能主动早来、晚走，积极贡献自己的力量。这无疑凝聚了全体西五人的智慧与汗水，体现了西五黄金团队的价值所在。

在学校的常规工作中，也时刻体现着西五人以爱西五为荣的高尚情感。在严寒的冬季，天冷雪大，为了及时清理操场上的积雪，避免安全隐患，王成、孔照满、尹蕾等数十名老师积极参加清雪劳动；跟班车的二十多名老师，为确保学生平安，不辞辛苦，任劳任怨……从这些教师身上，我们看到了西五教师朴素无华的情怀，感受到他们爱西五如爱家的真挚情感。

多年来，我校积极组织开展了"把爱心献给学生，把青春献给事业，把真诚献给同事"和"敬业爱生、教书育人"为主题的教育活动，组织教师聆听了王琪教授的师德演讲报告《天下良师的责任》；我亲自为全体教师作了师德专题讲座；组织开展了向师德模范人物学习、师德演讲、班主任经验交流、"双文明学年组"和"优秀共产党员""优秀班主任""优秀教师"评比、"我心目中的好老师"评选和"青年教师教学技能比赛"等活动。通过召开青年教师与骨干教师座谈会，交流工作体会和科研工作经验，增进相互之间的情谊；进一步规范了教师的教育教学行为，有效地提高了教师的师德水平和教书育人的自觉性。

我校通过师德培训等方式教育教师关爱学生和平等对待每一位学生。俗话说："良言一句三冬暖，恶语伤人六月寒。"当学生遇到困难时，要用热情的话语鼓励他；当学生受窘时，不妨说句解围的话；当学生自卑时，别忘记用他的"闪光点"燃起他的自信心。对学生要有友善的态度，与学生交谈常要换位思考，使学生从心底里体会到，老师的所作是为了学生好，是为了学生的发展。只有坚持这样做，才能建立良好的师生关系，才能树起良好的师德形象。我们教育教师要公正、公平地对待每一个学生，满足他们求发展、求进步的需要，使学生从教师的行为中看到希望，受到鼓舞。即使是最差的学生也有他的闪光点，我们在教师思想中树立"没有最差的学生，只有需要完善的教育方式"的育人意识。真正落实绿色教育中"以品行影响品行，以生命孵化生命，以博爱成就未来"的理念。

每年教师节学校都召开师德经验交流会、表彰会，对先进学年组和先进个人等各类先进教职工进行表彰。大力倡导先进人物为人师表、敬业奉献的精神，弘扬尊师重教、学习先进和争当先进的良好风尚。学校在面向全校教师征集师德事迹材料的基础上，整理出版了教师节"师德专刊"，并在《长春日报》《长春晚报》进行了整版宣传，进一步弘扬了我校教师的良好师德形象，提升了社会各界对学校的认可程度。

充分发挥校内宣传媒体的作用，大力宣传和弘扬师德典型，形成浓厚的师德建设氛围。在师德建设中，我们推出了一批敬业爱生、清廉自守、矢志不移的师德形象。他们中有重修身、爱岗位、勤钻研并且持之以恒的师德模范；还有见贤思齐、后来居上的师德新秀；有忠于事业、积极进取的老教师；有用真诚的关怀、高尚的情操、正直的人格培育学生的班主任、辅导员；有诲人不倦、改革创新、不断攀登学术高峰的学科带头人；有默默无闻、任劳任怨、燃烧自己、照亮他人的中层干部。学校开设了榜样示范专栏，不定期地利用宣传板展示荣获教育系统道德模范的教师先进事迹，在教师队伍中大力弘扬正气。

"一切为了学生，为了一切学生，为了学生一切"的育人意识、服务意识在我校已蔚然成风。可以说我校具有一支素质高、修养好、讲学习、讲团结、讲水平、讲敬业、讲原则、讲奉献的教师队伍。

（2）开展"情感暖心"系列活动，促进团队和谐，增强教师凝聚力，共建教师间的情感线

我校多年来十分注重建立制度下的人文关怀。在管理中不断发挥全体教职工民主管理、民主治校的作用，及时召开教代会，鼓励教工为学校发展献计献策，先后通过了"实行教师教育教学申诉制度""设立教师亲情假""成立名师工作站"等重大决定，进一步推进了校务公开，促进了学校和谐发展。学校还为广大教师创设了良好的学习环境。校领导积极带头参加学习，创设读书氛围，充分利用阅览室、图书角，引导教师们自觉学习，鼓励教师多读书，读好书，形成读书光荣，不读书可耻的良好学习风气。

我们还采用多种形式，不定期给骨干教师、全体教师购买图书。为减轻教师压力，工会经常组织教师开展阳光健康俱乐部活动，竭诚为教师解决实际问题。让教师们快乐地学习、愉快地工作，真正做到我爱我家。学校领导经常关怀下属，及时了解教师的疾苦，及时为教师排忧解难。每年春节期间，

校领导都亲自深入到每一位离退教师、特困教师家中走访慰问，把党的温暖送到教师心坎上；我校每位教师过生日时，学校工会都会送上精美的生日蛋糕和真诚的祝福；每逢三八妇女节、教师节、春节等节假日，学校都会给老师发放姜茶、奶粉、巧克力、咖啡等温馨小礼物。

每到教师节，别的学校往往会利用嘉奖、表彰或给教师福利等方式来庆祝，2006年的教师节，我校的庆祝方式却有点不同。9月5日，学校以开放28个课堂的形式拉开了"庆祝教师节主题活动周"序幕，向社会各界展现自己的教学成果，成为我校教师今年过节的"重头戏"，学校也把对教师素质的提升作为给教师的最大"福利"。五年三班的语文课是学说明文《鲸》，在老师的启发下，几名同学巧妙地把课堂变成了"海底世界"，一名扮演须鲸的同学在海里"遨游"时，发现对面游过来的"小鱼小虾"，一口就"吞"了进去。随后，几名扮演凶猛齿鲸的同学则"围攻"过来，把须鲸变成了盘中餐。老师通过鼓励学生自主研究，不仅使学生们生动地了解了各种鲸的习性，更让第一次接触说明文的学生们学得津津有味。

让课堂充满生机和活力，让校园成为学生成长的乐园是我校一直坚持的"绿色教育"理念。因此，在学校的课堂上，师生们闪现出的这种智慧"火花"随处可见。为了让学生懂得珍爱生命，班主任李元兵老师让学生在思品与生活课上每人"当"一次小动物或植物。小蝴蝶、小鱼、小花、小树……课堂上，每个学生都戴起了自己的头饰。"有人捕鱼了，你作为小鱼心情会怎样？""有人正在乱砍滥伐，你是小树会有什么感觉？"随着学生们一个个情节的演绎，李老师也抛出了一个个问题，珍爱生命、人人有责的道理，自然印在了学生的心里。

下课后，李元兵老师对记者说，她已经过了近二十个教师节，但今年最特别。"今年学校的这种安排，让我觉得以后每过一个教师节就等于我们老师在教育教学上要再上一个新台阶了。"

2006年9月6日，《长春日报》记者以《打开学校"大门"，尽展教师"功力"——西五小学这样给教师办"福利"》为题，对学校别样的教师节进行了宣传报道。

（3）开展"万名教师访万家"活动，突出家校合作育人成效

我校每年寒、暑假都开展"万名教师访万家"活动，此项活动的开展，

加强了家校合作的力度，突出了全方位育人的实效性。老师家访的目的不是告状，不是把"皮球"踢给家长，而是充分了解情况，最后在教育过程中解决问题，在这个过程中老师要采取主动，给学生创造改变自己的有利条件，并能抓住契机，促成学生的转变。学生的转变不是一两次家访就能完成的，这需要一个过程，有时还很漫长，老师与家长都需要有足够的耐心静待花开。

3. 率先垂范，榜样引领

在教育路上行走几十年，我不停地追寻着自己的教育理想。我这样看待所肩负的使命："选择了教育就选择了责任，选择了校长就选择了更大的责任。"做校长二十三年，我最喜欢的两支歌是《常回家看看》和《隐形的翅膀》。

1998年12月，从主持西五工作开始，我忙于学校的规划和建设，起早贪黑，有时彻夜不眠，很少有时间回去看望自己的母亲。直到大年三十的晚上，我和爱人去姐姐家看望母亲时，春节联欢会已经开始，当《常回家看看》的音乐响起的时候，我再也控制不住自己，眼泪夺眶而出，我觉得自己没尽到做女儿的义务，可母亲总是很理解地说："你忙吧，我没事！"每当工作忙得没有时间回家看望母亲时，我就会轻轻地哼唱这首歌。这首歌，成了我生命的"主题曲"。

"每一次都在徘徊孤单中坚强，每一次就算是受伤也不闪泪光，我知道我一直有双隐形的翅膀，带我飞，飞过绝望！"这首《隐形的翅膀》带给我无穷的力量。业界人士评论我，说："真是一只喜欢和习惯了飞翔的朱雀，她在自己的流年里忘记了疲倦。"2008年，我荣获"长春市模范教育工作者"称号，长春市教育局在我的颁奖词中这样写道："作为绿色教育的旗手，她的贡献不仅在于缔造了一个教育品牌的凤凰涅槃；她用执着和爱解读了选择付出的关键词：一生一次，一次一生。"

在我的感召下，西五小学的教师们都深知，一个选择教师职业的人，首先要热爱教育事业，其次更要有为教育事业奋斗终生的奉献精神。看，这几个事例让我难以忘记：

一句"我不后悔"说得多么轻松，可这背后又隐藏了多少催人泪下的故事呀！王岷老师不慎从楼梯摔下，造成腰部受伤。此时正值开学前夕，第二天还要召开新生入学家长会，为了不影响学校正常工作，她忍痛坚持布置、打扫教室直到晚上八点多。她每天不能坐着，一站就是一整天，到了晚上，不但尾骨疼，就连腰腿也一起疼，根本无法入睡。这样坚持了一周，她到医院检查发现尾骨已骨折。可王老师还没等养好病，就回到了学生中间，整天忙于学生，竟忘了自己的疼痛，结果日积月累落下了病根。现在腰背部已不知道不疼是什么滋味，遇到阴天下雨，更是像无数钢针扎在脊椎里，疼痛难忍，每晚必须理疗之后才能入睡。她常带病工作有时忙到深夜，虽然孩子两次住院手术，体质较弱，常生病，但每次都是家人带着孩子奔波于各大医院，她从没落过学生一节课，从未耽误过工作。

爱生如子的付春萍老师的班级中有位同学叫李甜甜，父母为了能让她接受更好的教育来到长春开了一家烧烤店，但不幸的是父亲出了车祸，店里生意一直不好，母亲又得了腰椎间盘突出，没人接送孩子上学。付老师知道后，决定由自己接送孩子。那时自己也面临着很多困难，妹妹患了精神分裂症住进了医院，对于本就不富裕的家庭来说住院费成了大问题，为了节省路费，她每天早上六点骑着自行车，从南岭净水厂附近出发，先到建设街接上李甜甜，再到学校，大约需要 1 小时 20 分钟。晚上放学，还要先把她送回家去，才能踏上回家的路。

从小事做起，从细节做起，因材施教的李静宇老师的班级中有个非常调皮的学生，常违反班级纪律。他多次把班级中墙上的纸条弄下来，对其说教也不见效果，于是李老师就让他来管理班级的文化建设，发现破损就一定及时修补上。这个办法果然奏效，那个纸条再也没有掉下来过。可见找到一个有效的途径，一个好的管理方法能起到事半功倍的效果。

担任体育教师工作已有 20 余年的孙爱萍老师，在工作中一直严格要求自己，兢兢业业。教学中更是身正为范、做好表率。要求学生做到的，她会首先自己做到。她以身作则，给学生榜样的力量，使学生在潜移默化中受到历练与教育。为了上好课，提高教学的实效性，她认真钻研教材，并根据新课标，结合学校的实际、学生的身体状况、气候条件和场地器材等，编好本堂课的实效教学工作计划。在教学中，她充分发挥教学的主导作用和学生的主体作用，给学生传授技术动作时，力求准确；讲解动作要领时，做到语言简练，通俗易懂。课堂上，她不断地鼓励学生多质疑，带着问题学习，做到有问必答；她还根据学生不同的个性特点和身体差异，因材施教，注意提高学生上课的兴趣，调动学生的积极性和主动性。在一次支教过程中，当她发现村小的孩子体育知识太贫乏时，她就思考：怎么能让孩子们在接受体育技能的同时也能掌握体育基础知识呢？为此，她准备了大量的资料和课件，利用大风和雨天时间在室内为他们介绍体育常识，让孩子们了解奥运，了解姚明、刘翔，让他们知道体育锻炼给他们带来的好处。为了更好地让村小的孩子也能同样享受到西五的良好教育，她对器材进行了调整，有效利用自己的条件，为学校和学生们做力所能及的事情。

在班级管理中循循善诱的刘艺敏老师的班级中有位同学叫马树良，特别的调皮，打架、贪玩、厌学。通过家访，刘老师了解到他母亲去世，父亲外出打工，跟着爷爷奶奶生活，一家人的生活来源就靠父亲每月寄的几百元钱，生活艰难。针对这些情况，刘老师采取了以下措施：首先指定了专人帮助他学习。然后再和他的家长沟通，让他爸爸常打电话回家，使他在家能享受到温暖。再抓住他头脑灵活的特点给他创造表现自己的机会，还利用放学时间为他补课。刘老师的付出终于有了回报，他的学习不但赶上了其他同学，而且在学习雷锋的活动中被评为先进个人，受到了学校的奖励，现在的他已经成为一名尖子生了。

一路耕耘，一路艰辛，一路欢笑。我校教师兢兢业业教书育人的教师还有许多，如善于注意从点滴之处教育学生的徐艳秋老师，因材施教的曹继云老师，心系学生的石媛老师……老师们用自己的人格魅力谱写了一曲曲爱的赞歌。

爱生活、爱家人、爱朋友、爱身边的一切，是"西五人"美好的品德与追求。爱是千里冰川上的一团火种，爱是茫茫暗夜里指航的灯塔，爱是历经风雨亘古不变的话题，爱是冥冥中心灵殷殷的期望。如果说"爱自己的孩子是人，爱别人的孩子是神"的话，那么西五的教师都是神的化身，因为他们用自己的真爱，用自己的人格魅力传承了人间的真爱，这份爱也将继续传承下去。

4. 干训助力，自强不惜

什么是校长？校长是思想理念的引领者，是学校发展的规划者，是教育教学的指导者。陶行知先生说，校长是一所学校的灵魂。所谓灵魂，即校长的思想理念、精神境界和行为方式是影响学校发展的重要因素。

回眸自己的教育生涯，特别是校长发展历程，是各级培训使我实现了做优秀教师的美好愿望和做专家型校长的美好理想。一句话，干训为校长发展奠基，为教育美好助力。

（1）干训引领我——树理念，有愿景

干训是注入。注入新思想，启迪新智慧，让我们在人与自然、社会与科学之间，能正确认识教育的目的、意义和价值。

可以说，教育是我们从古至今不离不弃的话题，但更是每个孩子人生经历的行为规范和思想品德形成的必然需求。其"育人立德"的本质属性，让我们清醒地认识到，学校办学理念的重要，校长引领学校发展的重要。

在专家讲座与培训的引领下，我为自己制订成长计划，每年至少读三本教育专著，积累自己的读书笔记，研修学习考察，践行教育教学，高位谋划学校发展蓝图。我深知校长不同于厂长、工长，教师不同于工人、职员，其特殊性在于教育不能重来，不能回炉重塑，不能返工重组。站在这个角度，人类才视教育为神圣，才能把教育工作者视为人类灵魂的工程师。教育家苏格拉底说："真正的教育不是灌输而是点燃火焰。"教育就是要点燃学生追求真理的火焰，培养他们明辨是非的能力，激发他们的创新精神。从教育之重要，可见教师之重要和校长之重要。校长的重要在于校长是学校的灵魂，校长的办学思想是学校发展的基础。

在我校从一个校区到三个校区的发展中，我感悟到：学校能否持续发展，很大程度上取决于校长是否有与时俱进的办学思想，这是办学的动力、导向和保障。也可以说，校长的办学思想对外是一面旗帜，对内是一个纲领，对历史是一个展望，对未来是一个目标。

因此，结合"绿色食品"，学校提出了"关爱生命·注重发展·彰显内涵"的"绿色教育"办学理念，至今整整21年，被专家誉为"全国绿色教育第一校"。这21年中，学校实施了八个"三年规划"，学校从18个教学班发展到69个教学班，从一个校区发展到三个校区。在2002年至2007年间，学校先后兼并了两所薄弱小学和四十一中学，构建了一个校长、两套班子、中小幼一体化的"西五教育集团"品牌办学新格局。学校版图的扩大，使百年西五焕发了勃勃生机。

在学校发展的过程中，作为校长，我感受着教育的召唤，感受着面临的机遇与挑战。于是，我大胆地提出"4691—111工程"，对学校发展进行定点、定位，即实施"名校战略"，实现"两个突破"，把西五建成专家治校、名师执教的新型、生态、现代化并具有国际交流能力的品牌学校。思想产生行动，智慧产生力量。当体音美分层教学、外教团辅助英语教学、开放的国际理解课程等新型课程全面开放时，绿色教育的思想理念得到了广泛的认可。

（2）干训助推我——敢创新，求突破

干训是提升。提升新理念，产生新行动，由转变思想到开拓创新的开发与探索，是干训给予我们智慧和力量。每次培训、考察，我都会萌生些许想法和跃跃欲试的劲头儿，总想再试着干点"新鲜事"。

就这样，创客教育快速发展了，科技活动丰富多彩了，机器人、电脑编程、魔抓、电子绘画……新课程达到更高层次了，一批现代"科技小达人""小小创客者"竞相诞生了……

就这样，借助大数据，借助中央电教馆"三通两平台"，学校开展"网络空间人人通"的实践探索，做敢于吃螃蟹的第一人……

丰富多彩的"云端"活动，丰富了师生的学习生活，使家校共育功能更显性，绿色课堂"七彩课程"更具魅力，学校实现了网络空间师生通、生生通、家校通、人人通。2018年，我校师生在北京"信息化教育展会"上，近距离向孙春兰副总理等国家领导人汇报学校学习空间建设与应用情况，获得高度评价。在全区"大数据应用"方面入选的100名教师中，西五小学就有46名教师入选。

三年来，学校接待各种"国培班"学员来校参观考察近26次，到学校进行信息教育考察的有30多个省、市，达4000余人。教育部、司法部、国务院办公厅、中央电教馆也多次来校调研，学校荣获"全国网络学习空间优秀校""中国STEM教育领航学校"、吉林省创客教育基地校、长春市数字化校园示范校等荣誉百余项。西五小学从名不见经传的百年老校，发展到全国知名的窗口校、特色校、示范校，成为"百年名校"。

（3）干训激励我——勇攀登，立潮头

干训是创生。创造奇迹，创造辉煌，创造"教育的真谛在于培养人的价值"，实现"一个好校长就是一所好学校"。从校长入职培训——专家型校长培训——杰出校长培训，我学会了深度学习，学会了行动创新，学会了文化治校。在学校规模发展、课程构建、环境育人等方面，都创造了绿色教育发展与辉煌的历史。学校跨越式发展和校长专业水平的迅猛提升，使"西五经验"有分量，有价值。2015年，人民教育家研究院出版发行了"教育家成长丛书"《丁国君与绿色教育》。同时，我还撰写了《为教育插上绿色之翼》《未来我来》等专著。这些，都标志着校长办学思想走向成熟。干训伴我成长。几年来，我先后荣获省特级教师、省"突贡"专家、市拔尖人才等荣誉 60 余项，享受"国务院特殊津贴"，职称晋升为"正高（二级）"。2019 年教师节，我荣幸地被评为"全国教育系统先进工作者"，并在全省教师节庆祝大会上作为代表发言，作为领誓人带领全省教师宣誓。那一刻，我感到无上的骄傲和自豪！

万花竞放，百舸争流。今天，在信息化的云时代，校长不仅要具有终身学习的意识、开拓创新的思想、百折不挠的精神，还需要积极参加各种培训，享受名家专业引领，从而实现创办"人民满意的教育"这一美好愿景。我们相信，干训给予校长乘风破浪的拔节力量，校长一定会追求教育的美好，挥动着更具魅力的翅膀，展示着"数风流人物，还看今朝"的辉煌。

二、教师专业成长是学校发展之本

在教育改革和发展的新形势下，教师专业化发展走进了我们的教育视野，需要学校规划设计一条可持续发展的教师专业化成长道路，更新教师观念，提升教师能力，创建学校品牌。于是，学校先后提出并实施了"4691"和"4691——111"的名师强校工程，努力建设了一支高素质的教师队伍，提高了学校办学品质。

1. "4691"工程

2001 年，我校提出了培养骨干教师队伍的"4691"工程，即三年培养 4 名思想素质高、业务能力强、有开拓精神的学校中层领导或后备干部；培养出 6 名省、市、区骨干班主任；培养出 9 名区级以上学科带头人；培养一支科研型骨干教师队伍。在实施"4691"过程的过程中，学校注重加强过程管理。

一是加大对中层领导干部和后备干部的培养力度，成为学校发展的中坚力量。通过提出"三个掌握"（掌握大纲和教材、掌握现代教学理论、掌握科学的管理方法）、"三个转变"（工作由命令向协调转变、由随意向规范转变、由被动向主动转变）、"三个创新"（创新工作思路、创新工作内容、创新工作方法），有效培养了中层干部的业务素质和工作转化力、执行力，成为学校的业务尖子和校级"首批学科带头人"。

二是加大班主任培训力度，提高队伍的整体素质。抓理论培训，提高班主任工作的艺术和技巧；抓班级评比，促进班级管理的规范化；抓责任意识的树立，实现和谐师生关系的形成，开创学校班主任工作的新局面。

三是加强骨干教师队伍建设，努力培养区级以上学科带头人。学校严格规范落实"带教"制度，按照"严"（严格要求）、"活"（方法灵活）、"立"（树立典型）、"实"（追求实效）四字方针，把好"三关"（课前备课关、课堂教学关、课后辅导关），努力提高骨干教师的综合能力。其次，学校注重骨干教师的"三级管理"：常规管理，重在创新教学方式；活动管理，重在培养名师风范；特色管理，重在构建课程模式，努力缩短骨干教师与名师的差距。学校还制定了《科研培训制度》，极大调动了教师科研教改的积极性和钻研的热情，为后来"西五小学名师工作站"的建立打下了坚实的基础。

在2001—2003三年间，学校已有23位教师在省、市、区各级教学大赛、业务评比中获奖；有10人成为区"优秀教师"或"教学新秀"；有5人成为市、区"优秀班主任"或"优秀中队辅导员"；有2名中层干部被提拔到副校级领导岗位；有3人成为区"后备干部"。学校骨干教师队伍已显"雏形"。"4691"工程的实施，让我们颇有收获。

2."4691—111"工程

在此基础上，2003年，我校又提出了"4691—111"工程，旨在整体提高学校办学品质，快速实现学校的"建设一个现代化的，具有国际交流能力的品牌学校。"

"4691—111"工程的含义为：

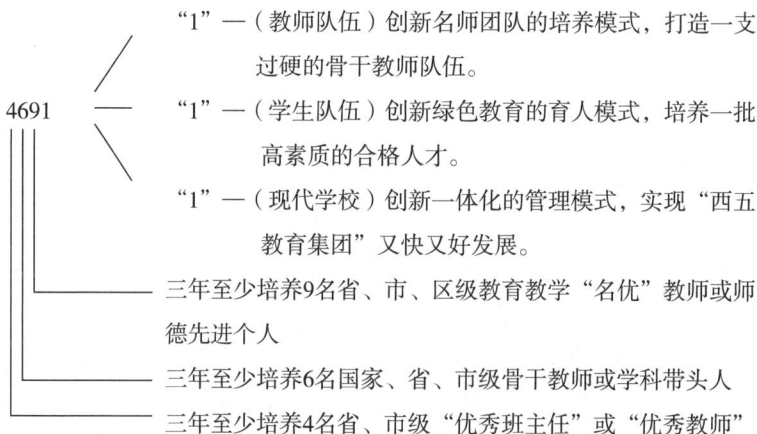

"1"—（教师队伍）创新名师团队的培养模式，打造一支过硬的骨干教师队伍。

"1"—（学生队伍）创新绿色教育的育人模式，培养一批高素质的合格人才。

4691

"1"—（现代学校）创新一体化的管理模式，实现"西五教育集团"又快又好发展。

三年至少培养9名省、市、区级教育教学"名优"教师或师德先进个人

三年至少培养6名国家、省、市级骨干教师或学科带头人

三年至少培养4名省、市级"优秀班主任"或"优秀教师"

　　"4691—111"工程的实施途径，是抓好"三个一"：

　　一是突出一个核心——抓师德、树师表。以"志存高远，敬业爱生，为人师表"为核心，全力进行师德建设，使全体教师真正成为的绿色教育使者，实现德育"全员管理、全面管理、全程管理"的新局面。二是咬住一个关键——抓培训、促成才。为了提高教师的综合素质，学校加强了"五个管理"，从而实现了"五个飞跃"，即加强骨干教师的管理，实现专业引领的飞跃；加强教学尝试的管理，实现同伴互助的飞跃；加强积累学习的管理，实现校本案例研究的飞跃；加强教师培训的管理，实现自我反思的飞跃；加强教师行为管理，实现自我约束的飞跃。三是把握一个重点——抓科研、创品牌。

　　继我校承担的国家"十五"规划重点课题和省级重点课题"信息技术与学科教学整合的研究""基于网络环境下，构建现代教育新模式的实证研究""体音美分层教学的研究"等课题均圆满结题后，2006年至2010年，学校又承担了"十一五"规划国家课题"实施绿色德育，构建学校、家庭、社会和谐德育管理体制的研究""实施绿色教育，加强未成年人思想道德建设的研究"等17项国家、省、市重点课题的研究，全校人人参与课题研究，撰写课题研究报告，搞科研、用科研在我校蔚然成风，为绿色教育的实施提供了科研保障。

　　从"4691"工程——"4691—111"工程，学校的目标发生了变化，培训教师的方式也发生了变化。如图示：

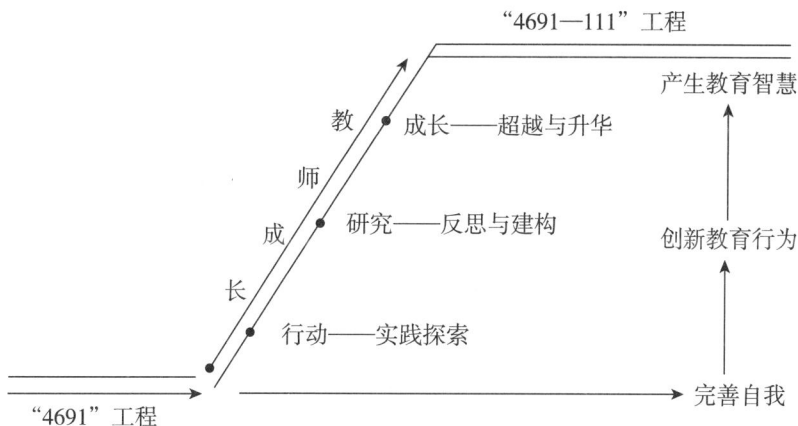

　　在这"梯形"培训方式中，我们注重强化教师的成长要推动团队的发展，

使每个教师都成为学者和专家，成为研究者与反思者，成为教育行为的体现者和教育艺术的创造者，形成了永远向前的"太阳鸟向着太阳飞翔"的教师文化。两轮的"4691—111"工程的实施，学校培养了一批乐于奉献、善于合作、勤于研究、敬业爱生的骨干队伍，铸就了一支高素质、高水平的研究型教师队伍。到 2010 年时，学校已有省、市、区骨干教师 61 人，各级名优教师 58 人，在全国各级教学竞赛中有 180 余人次获奖，为深化绿色教育奠定了人才基础。

三、读书给教师插上飞翔的翅膀

教育是一种深厚而灵动的影响。在教育场域里，教师的素养将直接而有力地影响学生的学习和成长。读书，是教育的根，根不朽，教育的干就苗壮，教育的枝叶就繁茂，健康可持续的教育永远需要不竭的、根本性的滋养——阅读。特别是社会飞速发展的今天，科技已把地球"凝聚"成村，终身教育正把学习演化为人们生活的一种基本方式。学习将成为现代人最大的竞争力和发展力。现代教师穿行于资讯丛林，坐拥着古人无从比拟的"立交"书城，如果还是"板凳坐得十年冷""文章不写半句空"，将再度遭遇"本领恐慌"。

为此，2008 年 3 月，学校组织进行了《西五小学教师读书调查问卷》活动，了解教师读书的基本情况，以便更好地开展工作。通过调查，我们了解了教师读书的基本情况，这种现状，带给了我们更深层次的思考。记得苏霍姆林斯基说："只有当教师的知识视野比教学大纲宽广的时候，教师才能成为教育过程的真正能手、艺术家和诗人。"为此，关注教师的生存状态，强化教师的专业知识，确立教师职业的内在尊严，探求教师专业成长的途径尤为重要，这些都促使我们积极投身于倡导读书的行列。

几年来，我校始终坚持开展师生读书活动，使广大教师受益匪浅。特别是 2008 年 9 月以来，学校教师的读书活动进入了一个新的阶段：广泛阅读，重在读后感悟与反思。学校为教师购买了教育教学、企业管理等多种类别的书籍，开展了多种形式和主题的师生读书活动，促进了教师师德修养和人文素养的提高，更为教师的专业发展开辟了新的途径。

1. 个学，校长引领读书

为了走在教师的前列，我提出：校长读书和班子读书。苏霍姆林斯基说过："校长的领导首先是思想的领导，其次才是行政领导。"校长的办学思想就像舵盘，决定着学校的走向。一个校长在学校、教师、学生的发展中发挥其决定性的、不可估量的作用。校长的办学思想应该具备前瞻性、可行性、持久性、发展性，应当令师生乐于接受，能最大限度地唤起师生的工作学习热情，这就要求校长不断学习。要想改变别人，首先得改变自己，因此读书学习从校长自身做起。校长读书，教师才会读书；教师读书，学生才会读书；校园读书，社会才会读书。这是一句很精彩的话。我曾多次想，目前中国社会读书的缺失，很大程度上是学校里真正的读书氛围还没有形成，而校长又处在这个读书"链"的起点上。

我在要求全校教师每天坚持课外阅读并及时撰写读书体会或教学反思的同时，自己也认真阅读，也坚持写读书感悟和读书心得。从 2008 年 9 月至今，我先后阅读了教育类、企业类、家庭生活类图书 50 余本，有《真北》《教育是一种大智慧》《赢在起点》《你要对谁负责》《与未来同行》《领导智慧》《快乐管理》《黑天鹅效应》等。其中，对我启发最大的就是美国比尔·乔治的著作——125 位全球顶尖领袖的领导力告白《真北》。书中有这样一段话："领导是一场旅程，而不是一个终点。它是一场马拉松，而不是一段冲刺跑。它是一个过程，而不是一个结果。""一个人一旦成为一名领导，你所面临的最大挑战就是要学会激励身边的人，培养他们，并帮助他们学会改变自己。"特别是在第 11 章"磨炼你的领导效力"这一节中，书中说："从某种程度上说，你必须找到属于自己的有效的领导风格，而不能只是一味地去模仿其他人。"读了这些书，我最大的感悟是："我们都有一种潜能，我们都能让自己变得更好。"

此外，还有胡萝卜原则、剥洋葱原则、"鞋子理念"都给了我很大的影响和启发，在开会或学习或与教师闲谈时，我时常将自己读到的经典故事讲给我的老师们，让他们和我一同分享读书的快乐与幸福，更通过这样的读书交流促进和教师之间的情感沟通，深化对教师的精神培养。在阅读中，我撰写了五万余字的读书笔记，同时也领会了书的力量，享受了读书的喜悦，也相信在阅读中自己成长起来了。

2. 共进，班子自觉读书

领导班子是学校的火车头，班子的学习直接影响教师群体。

一要丰富读书内容。学校为班子成员统一购买和推荐了《庄严的工作》《工作就是解决问题》等书籍，要求班子成员利用课余时间认真阅读。为进一步拓展知识面，优化知识结构，成员还可以自选阅读政治、管理类书籍二至三本，并记好读书笔记，定期进行交流汇报。

二要拓宽活动形式。为确保读书活动成效，学校制订了读书活动计划，明确学习进度和要求，在学习方式上，采用了自学、网上学、中心组集体学等方式；在学习形式上，采用撰写读书心得、交流学习体会、开展学习讨论、调查研究、实地考察等活动，进一步增强学习的趣味性和实效性。此外，学校还指定课题，由班子成员在政治和业务学习时间为教师进行专题讲座，以此激发班子成员自学热情，带动全校读书学习的良好氛围。

三要搞好与工作的结合。坚持将读书活动与教育教学工作相结合，与贯彻省市区教育工作精神和搞好当前工作相结合，做到学用结合、学以致用。通过读书，班子成员的理论水平和管理能力得到了提升，特别是在班子学习的过程中，带给全校教师积极的影响，班子和教师之间关于读书这一话题的讨论和交流，进一步激发了教师的读书热情。

3. 互促，教师积极读书

读书，让广大教师受益无穷。学校先后开展了多种形式的读书活动。

一是成立了主题读书活动领导小组，从思想上确立读书活动就是"一把手"工程。通过全校教师的读书动员大会，学校对教师读书提出具体的规定，要求教师做好读书笔记，并把这项工作和教师的业务考核、年度考核结合起来，引领教师走上读书之路。我们的读书口号是："阅读不能改变人生的长度，但可以改变人生的宽度。阅读不能改变人生的起点，但可以改变人生的终点。""让我们的灵魂呼吸在书页里，让我们的生命浸润在书香中"等，并向全体教师发出了以"书香怡人，以书为友"为主题的倡议。

二是制定和推荐书目，让教师在读书活动中有的放矢。学校为教师制订了长期读书活动计划，确定教师读书范围，推荐阅读书目，为教师挑选和购置教育理念、课程改革、教育随笔和企业管理、家庭教育、人生感悟等多种类的书籍。为方便教师的阅读和交流，学校建立了学年读书轮流制和交流制。同时还加大学校的图书经费投入，为教师读书创造了良好的条件。

三是开展读书交流活动，提高教师读书的幸福指数。2008 年期末，学校开展了"读书汇报交流会""读书合作论坛"等，使读书成为教师的学习习惯，更使"读书"过程成为教师寻找教育问题和教育困惑这一解决方案的"设计"过程。学校还倡导教师将读书的感受发布到博客上，促进教师间的读书交流。在读书汇报会上，既有体现团队精神自由组合的学年组读书合作论坛和自由组合的跨学年跨学科的老教师合作论坛，又有主题鲜明、风格各异的个人读书汇报。全校教师全员汇报，多角度展示，人人有特色，充分体现了教师对读书的深刻认识和感受。读书汇报活动，不仅促进着教师个人的专业成长，更推动着学校优秀教师队伍的建设，实现着学校发展的美好追求。

四是强化读书的流程管理。我校倡导的绿色教育是"关爱生命·注重发展·彰显内涵"。为此，学校进一步加强提升教育理念，用教育理念的内涵促进教师"自尊·自重·自律·自强"，从而走向自觉，提升自我发展之路。学校的读书管理流程是：学校公布读书任务和读书要求——教师自我读书、自我管理——学校根据读书情况进行梳理、调整、总结、评价——教师对学校读书的评价进行反思——学校及时对教师的读书反思进行复评——学校定期表彰读书先进个人和优秀学年组。以人为本、规范有序的管理流程，既促进了实现教师的专业成长，又促进了实现学校的和谐发展，使学校的管理理念化为全员教师的集体行动。

王娜老师在她的读书反思中写道："教师人生如登山，每日学习莫等闲；胸中装有知识海，快乐幸福常相伴。"还有张耀辉老师在她读书反思中写道："读书就像蚂蚁啃苹果，刚开始果皮很厚很硬，但只要啃破了皮，很快就会尝到甜头。"年轻教师在一起交流读书体会时说："读书真好，在课堂上时不时能用几句经典的话语，将一个复杂的问题讲得很清楚。"可见，读书带来的幸福与满足洋溢在教师们的脸上，底蕴的丰厚犹如精神的化妆，让每一名教师的身上都透出了一种大气、灵气。

4.共赢，读书助力成长

自开展读书活动以来，我们感受到了教师的变化，更感受到读书促进了教师的发展：

一是读书助推了教师的精神成长。因为读书，让我们的教师有了书香气；因为读书，让我们的思想更深邃。

二是读书提升了教师的素质。"学能增智"，通过读书，教师的观念新了，方法活了，课堂生动了。读书活动使教师的价值取向、利益观念发生了深刻变化。竞争上岗必须以知识为后盾已经在教师中形成共识，越来越多的教师把抓紧时间读书学习，看作是维护自身权益和自我完善的行为，看作是自身生命历程的需要。

三是读书改变了教师的心态。在阅读中，透过一个个教育故事，教师们得出了更多的教育理念；因为读书活动，教师的购书、藏书、读书热情被激活点燃，一股爱读、乐读、共读的热流正在校园涌动。教师在读书中认识到读书不仅是为了寻找乐趣，而且是为了寻找真正属于自己的思考与创造。读书的好处在于不是躺在感知的温床上，而是走在智慧的跑道上。

四是读书唤醒了教师的教育智慧。现在，教师们懂得了运用自己学到的教育故事来处理教育问题。通过开展读书活动，我校领导与教师之间，教师与学生之间关系更融洽了，更和谐了。这一切都是读书带给我们的。

世上不缺少美，但缺少发现。读书让我们发现心灵之美，感受成长的愉悦。三十多年来，无论从教还是做校长，我都一直遵循这样一个道理：什么都可以没有，但不能停止创想。有时我就想，与时俱进是一种告诫，在构筑新时代教育生态文明中，无论何时都不要将自己抛却在时代之外，善于发现，勇于创新，这样的探索才能缔造富有生命力的教育品牌。如若不然，一切只是流于表象和形式，丝毫不会对日渐理性的教育实战产生价值作用。过去我们努力做了，今天我们才敢说：创想，就是一种体验与分享。

可见，绿色教育成就了我钟爱的教育事业，成就了西五教师的专业发展，也成就了西五小学百年老校经久不衰的品牌价值。

第（七）章

云端互联，未来我来

　　绿色教育是可持续发展的教育，是面向未来、与世界接轨的教育。在互联网、云计算、大数据的信息时代，在信息技术与现代教育大变革的今天，创建数字化校园，加快推进教育教学现代化进程势在必行。

　　在绿色教育理念引领下，学校通过现代信息技术与学科的深度融合，不断构建"七彩课程"的发展体系，使"互联网＋绿色教育"成为一个新兴的传播载体和沉浸式教育平台，从而开拓了绿色教育纵深发展的新路径。

　　这些，已成为"绿色教育"的目标和方向。不负使命，未来我来！

一、互联网赋予绿色教育新思想

习近平总书记指出，要推动教育变革和创新，构建网络化、数字化、个性化、终身化的教育体系，建设"人人皆学、处处能学、时时可学"的学习型社会，培养大批创新型人才。可见，教育信息化已经作为推动社会发展进步的先决条件。

1. 落实"数字化校园"规划

在新的形势下，如何通过"互联网+"让绿色教育真正辐射到每一个学生，已经成为现代西五人的新使命。为此，西五小学没有人才要上，没有条件创造条件也要上，这是时代发展的需要，也是教育发展的必然选择。在人力、财物、资源等方面，克服一切可以克服的困难，就如同一个农夫，顶着烈日，冒着酷暑，蹚着水，踩着泥，一步一滑，艰难前行。从2012年开始，西五小学到处学习、复制兄弟学校的做法，一边学习一边实践，一边反思一边改进。教师进步领导表扬，教师困惑领导指导，教师倦怠领导帮扶。在探索的过程中，学校感悟了信息技术的魅力。

为了更好地落实"数字化校园"建设的各项工作，学校成立了创建"数字化校园"工程领导小组，专门进行"数字化校园"的"顶层设计"，制订了学校教育信息化发展规划和教师专业发展的校本培训计划，从总体规划到软硬件的添置，从校园网栏目的开发到信息的采集与整理，从校园网站的管理和维护到师生信息技术的培训和教学，把现代教育技术工作纳入学校整体改革和发展中，做到全员参与，全程管理，全面铺开。

西五小学秉承着"使用比占有更重要"的思想，以"教育不是灌输，而是点燃"的理念，引导教师从数字化学习出发，自己去选择，自己去尝试，自己去构建，常态化地进行教学突破和创新，从以往的微机辅助教学到今天的微课，从过去的"四种新模式课"到目前的翻转课堂，教师改革创新的积极性逐步增强，教育教学质量不断提升。

同时，学校还认识到教师的成长和学校的发展离不开与数字化校园相适应的制度管理。为此，学校建立了图书、阅览、网络教研、师资培训等相关制度，确保数字化校园的创建工作落在实处。

2. 搭建"互联网+"新生态环境

在"互联网+"的时代背景下，西五小学的硬件发展从"建网"入手，采用"边建设边应用、以应用促建设"的方式逐步推进。

一是组建数字化教与学的网络环境。2006—2009年，学校投入近百万元给各个班级配备了电脑、电视和实物展台，安装了交互式电子白板和多媒体自动录播系统，在全区率先实现了"班班多媒体"，校园三网合一；2013年以来，学校又自筹资金70万元购买了交互式多媒体一体机53台；2015年，学校投入33万元，购置155台平板电脑，建设了3个智慧教室。目前，学校有完善的校园网，宽带接入教育城域网，校园广播网络和接收终端已经遍布各个办公室和班级，三个校区均实现了有线与无线双网络全覆盖。

二是用好现有虚拟网络学习环境。西五小学借助省、市教育资源平台，实名注册学生网络学习空间和教师网络研修空间，教师在空间为学生推送作业、答题、微视频等学习内容；学生在空间进行学习交流、问题求助、作品展示等学习活动，充分体现网络的交互性、开放性。师生注册率达100%。

三是校企合作，引进实际需要的支撑平台。如家校互动人人通平台、智慧互动教学云平台、智慧云桌面管理平台、友看人人通平台、方正智慧云系统、英语"一起作业"系统平台，有力地支撑了教育教学的深入研究和管理，实现了软件资源互惠共享。

四是服务与管理信息化、常规化、生活化。学校依托各平台系统的管理效能，配置了6台服务器，分别用于网络、数字校园平台服务和学校网站等管理，开设了微信互动平台和微信公众平台、网站班级留言板、班级的QQ群和微信群等，为"互联网+绿色教育"提供了有力的保障。

3. 构建数字化智慧型黄金团队

为确保"数字化校园"工作的正常运转，西五小学本着"投入、培训、运用"的原则，把"转变观念—学习理论—实践操作—生活运用"作为培训路径，以"骨干带头，青年先行、老年跟上"作为培训基本要求，扎实高效地加强对教师信息技术运用能力的培训。

网上学习：利用教研组活动，对知名教育网站中的"教学理念""教学方式""教学热点难点"等栏目一起浏览、学习、讨论；结合学科网络教研平台，开展大学区和校内年级组的网络研修活动，教师信息技术应用的意识和水平明显提高。

专题培训：学校多次邀请相关信息专家到校进行一体机设备、白板、学科教学平台应用的培训；对"翻转课堂的实践与研究""微视频的制作""教师自主学习任务单"等专题，实行了"以点带面、分步培训"的策略，培训面达到100%。近5年，学校还先后筹措经费40万元，派骨干教师到全国各地参加数字化校园、信息技术与学科整合、教育资源公共服务平台的培训，为教师无障碍进入网络，深入开展教育教学活动奠定了坚实的基础。

课题引领：学校先后承担了"中央电教馆 Think. com 平台的应用研究"，省市"信息技术与学科有效整合及应用研究""基于网络环境下，信息教育新模式课的研究""探索交互式电子白板实效性的研究"等多项课题，促进了学校智慧校园的建设和师生信息素养的提高。2010年，学校承办了"南关区白板教学活动展示"，一批优秀教师脱颖而出。

创生课堂：2015年，学校确定三个班级承担电子书包实验项目，有8个学科、15名教师直接参与。一年间，学校举行了三次家长开放日活动，展示了五个学科的智慧课堂教学公开课13节。在开放现场，教师和家长亲身感受现代课堂教学形式的丰富多彩，感受网络教学对传统教学的冲击与超越。师生的网络互动、信息的双向沟通，都大大提高了学生学习的积极性和主动性。

以研促用："微机辅助教学—网络选修课程开发—现代智慧课堂"的构建，教师们越来越清晰地意识到借助信息技术手段，改变课堂教学模式的重要性和可操作性。学校以微视频设计为内容起点，以翻转课堂为研究目标，以NOC大赛为突破性活动载体，让教师在学习中进步，在研究中成长。近三年，在全国NOC大赛中，学校有21位教师以5个学科、7个网络研修团队分别获一、二等奖，有13人获微课大赛一、二等奖，还有7人分别在数字故事、网站设计、教育博客、创新实践等方面获奖，获奖总计达40人次。同时，在全国信息技术与学科整合大赛中，有35人次获奖。为了实现网络研修的普及和深入，学校模拟全国 NOC 大赛形式，开展"西五校园 NOC 大赛"评比活动，参与面达 100%。

深度融合：教师信息素养的提高，推动了数字化校园的进程。校园德育活动丰富多彩，学生社团的内容与形式也发生了质的转变。多媒体作文、航模、机器人编程、魔抓、魔方、PAD 乐队、电子绘画、计算机编程、微视频制作等课程，都得到了很好的开发，三至六年级还开通了学习空间。同时，围绕学校"绿色教育"这一主题，利用互联网和资源平台，在不同年级开展"国学大讲堂""环保节约""创中国梦""我能行"等教育活动，共同分享"互联网＋绿色教育"带来的快乐。

2017 年 11 月 30 日，吉林省信息技术应用示范区评选专家组和"吉林省中小学教师信息技术应用能力提升工程管理者第二阶段高级研修班"的学员们来到西五小学主校区，共同检阅学校信息技术应用所取得的突出成果。学校教师代表进行了"一师一技"信息技术应用展示，充分体现出西五小学这所百年名校所散发出的具有时代气息的魅力。

数学教师郭爽展示的"一师一技"是《"电子白板"在数学教学中的应用》。

"电子白板"在数学教学中的应用

尊敬的各位领导老师大家好：

我是西五小学的一名数学教师，今天由我为大家来介绍一款课堂教学中经常使用的一种教学软件，电子白板。

电子白板有两个重要的功能，第一个功能需要点击第二个键，界面里边有个工具选项，工具里面有一个视频展台，这个功能在直接连接视频展台之后，可以呈现出我们数学书等需要讲解的一些文本资料，投到屏幕上，可以用笔进行圈圈点点，突出讲解的重点。

第二个功能是与电脑进行切换，我们点击下边栏的第三个键，就可以直接切换到电脑屏幕，在我们教学时可以随时播放一些 PPT，WORD 文档，视频等，如果我们不需要电脑显示，那我们切回到白板，再点击第三个键就回到白板界面。

白板最主要的功能还有一个是以板书的形式呈现的，比如说在教学"53+24=77"时，我们直接点击一支笔，在白板上进行书写板书。下面还有一个是拉幕功能，点击"拉幕"，它的功能就是遮挡，我们可以把答案进行遮挡，如果不用了，可以点击右下角✘进行关闭。还有一个功能是探照灯功能，它与拉幕功能很相似，也具有遮挡的作用，只不过呈现的面积不同而已。点击探照灯功能，按住椭圆边缘线进行拖拽，可以调整显示屏幕面积的大小，这个在教学时可以增加神秘感，如果不用了，可以点击右下角✘进行关闭。因为我是一名数学教师，所以我在数学课堂上应用了一些数学工具辅助教学，比如用直尺来测量线段的长度：我们用一支笔，先画出一条线段，再点击直尺，直尺与线段零刻度对齐，这样可以非常直观地读取线段的长度。如果不用了，再点击直尺就自动返回去了。不需要线段了，我们用橡皮擦可以进行擦除，也可以按返回键来进行撤销。

还有一个功能键是量角器，点击之后就可以把量角器投到屏幕上，量角器的左下角有个三角，可以拖拽调整量角器的大小。在我们讲解认识量角器的时候，把它进行放大，看，屏幕上量角器远远要比学生手中的量角器清晰明了，非常直观地看出来0刻度线以及内圈外圈的度数。量角器的右下角有一个圈，点击进行旋转，可以旋转到任何一个角度，那么下面我就来演示一下用量角器来测量三角板中的一个角的度数：点击三角板，拖拽量角器，移动，使量角器的中心点与三角板的第一个角的顶点对齐，其中一条边与0刻度线对齐，另一边所指向的度数就是三角板中这个角的度数。如果不用了，我们点击量角器、三角板，自然就退回去了。在数学课堂上，画几何图形是非常不容易的，那么这个功能键就为我们提供了一个方便的条件，点击这个键，这里边有很多我们需要的图形，比如说等腰三角形、等边三角形、正方体、圆柱体、圆锥体。下面我来画一个圆柱体：点击在屏幕上进行拖拽，就可以画出一个规则的圆柱体，点击拖拽圆锥体，就可以画出一个圆锥体。

今天由于时间的关系，我只介绍了在数学课堂上使用白板时的部分应用。其实白板中还有很多功能键，在其他学科课堂中都可以被广泛地应用，如果您有兴趣可以进一步地进行探索。今天我就为大家介绍到这里，谢谢大家。

数学教师尹蕾、臧治、赵瑞雪展示了集体备课的"一师一技"《"一起写"office在数学教学中的运用》。

"一起写" office 在数学教学中的运用

"一起写" office 拥有协同文档、表格、演示、表单、网盘，是简单好用的企业基础服务软件。

"一起写"可以改变你的协同工作方式，让实际工作完成得更快、更巧。

服务于协同基础办公，让你更优雅地协作，同时为团队合作提供实时通信服务。

今天，我们为大家介绍一款名为"一起写"办公软件。"一起写" office 是一款新型的完全基于云端的 office 软件，相对于传统 WPS 和 office 而言，它的最大优势就是实时协作和多屏幕共享。作为一款跨设备、跨平台的互联网软件，"一起写"可为学年组、学科组打造一个基于互联网的、共同协作的交流、互动、学习、分享的平台。

比如说，在文档功能方面，一位教师利用文档上传了一篇教学设计与大家分享，其他学科教师都可以查找、浏览、学习，老师们可以根据自己班级学生的认识规律和年龄特点进行修改完善教学设计，共同备课，研课，实现了资源共享，从而发挥了网络教研的优势。

比如说，"一起写"还提供了可以协作和分享的在线表格编辑器，教师可以随时制作学生考勤表和电子成绩单，向学生在线公布，不用担心数据遗失。

又比如说，在教学单元后，由学科组长分工利用"一起写"软件共同完成一份单元测试卷。首先，我可以点击"添加人员"按钮，将学科组内的成员添加为协作者，之后利用"一起写"的分享功能将文档分享给组内成员，邀请组内的老师协作一起完成。组内教师可以进行分工合作，尹蕾老师负责填空题、选择题，赵瑞雪老师负责选择题和计算题，我负责画图题和解决问题。老师们可以上网查找资料，在同一个视图内同时对文档进行编辑，可以随时随地地完成自己的命题板块，我们彼此能看到大家命题的内容，并且可以随时调整和修改以及编写自己的命题板块，做到题型全面、不重复不遗漏、知识灵活、考察技能，最后通过学科组讨论得出最终的版本。在这样的交流协作分享的过程中，老师们可以锻炼自己检索、收集、加工信息的能力，并在一起制作文档的过程中了解与人合作的重要性，更能提升老师们的教研协作能力和信息素养。

"一起写"软件的平台界面设计十分简洁，功能设置简单明了，易于老师和学生的操作使用。它不仅仅是一款文字处理软件，它支持多人在线编辑，进行内容协作，避免文件传输的烦琐过程，实时进行云协作，提高团队工作效率。它还是支持教师备课、教研、评价等多方面的有力工具。

在云时代的今天，"一起写"office无论是文档协同、笔记信息分享还是实时沟通，都可以通过其轻松实现。"一起写"良好的合作性、互动性、移动性，为在线教育平台系统提供了必要的补充。

音乐教师王娜、语文教师任婧、英语教师彭菲、信息技术教师金欣进行了团队"一师一技"《"小程序"在教学中的运用》汇报展示。

"小程序"在教学中的运用

程序软件的运用提高了学生上课的兴趣和学习效率，让课堂教学达到事半功倍的效果。下面由我先为大家展示钢琴模拟软件。

王娜：今天我为大家展示的是钢琴模拟软件——手机钢琴老师，它支持多点触摸、同时按键。

当你点击左上角的字母时，在屏幕的键盘上会出现大写的英文字母CDEFGAB，这些字母是音符的音名 ，C是do、D是re……这里标注的C4，就是平时我们学生唱的中央C。课堂上，通过教师的直观演示，学生很容易就能掌握什么是音阶上行，音阶下行。

在屏幕的正中央有一个乐器库，它可以模拟很多乐器的音色，学生可以根据不同的音乐作品，选择合适乐器表现音乐。例如我在讲歌曲《小星星》这首歌时，学生喜欢用八音盒这个音色表现星星一闪一闪的情景……课堂上对于节奏感不太好的学生还可以借助软件中节拍器的功能，帮助他们解决学习中遇到的问题，下面我给大家演示一下……课堂上通过学生的实际操作练习，可以解决识谱、节奏、旋律创作等难点，在提高教学质量、教学效率的同时，让学生在玩中学、乐中学。

除此之外这里还存有很多打击乐器的音效，例如我在讲欣赏《鸭子拌嘴》一课时，通过软件的运用不仅激发了学生的想象力，同时还培养了学生的创造能力和音乐表现力。

这个软件还装有打击套鼓，学生可以根据音乐作品的风格选择适当的鼓点为歌曲伴奏。模拟竖琴这一功能可以让学生感受不同的和弦带来的不同的音乐效果。它还支持录音功能，可以导入 MIDI、音乐娱乐等。

这是一个集学习和娱乐于一体的软件，希望通过我的展示，能为你的课堂带来帮助。

任婧：尊敬的各位领导、老师，大家好。我是语文教师任婧。今天我要向大家介绍一个手机 APP，百度汉语。

作为一名低年级的语文教师，在汉字教学中，汉字笔顺对于写好汉字至关重要。有家长向我反映，孩子的笔顺经常写错，有时候自己也叫不准，又不知该如何辅导。下面我介绍的这款手机 APP 就解决了这些问题，下面我为大家介绍我是如何使用百度汉语的。

首先从应用中搜索百度汉语，打开这个界面，我们可以用三种办法搜索汉字。可以将要查找的汉字直接输入到搜索栏中。在孩子平时学习阅读中遇到不会的字时可以用第二种方法，涂抹识字。将不认识的字拍照，上传，将不会的字涂抹出来，点击识别，就可以找到这个字。

百度汉语是百度推出的一套智能汉语查询与学习的工具，依托海量的汉语数据和智能化的汉语识别技术，为用户提供全面、权威的汉语数据和智能高效的汉语查询服务。

百度汉语支持汉字、词语、成语、诗词等诸多内容，同时运用问答、语音等人工智能技术，为用户提供了多种高效的交互方式，让不识字、提笔忘字、不会做题等烦恼一扫而光。百度汉语同时也推出了生词本功能，方便学生提高汉语学习的效率。

百度汉语不仅可以识别准确的字词、成语和诗词，给出对应的内容，还可以通过输入字词、成语和诗词的类型，给出对应的结果集合。比如，在移动网页版的搜索框中输入"五行属火的字"，百度汉语将给出五行属火的字，并且还能根据笔画数进行筛选；再如，在移动网页版的搜索框中输入"AABC式成语"，百度汉语将给出 AABC 样式的成语，如念念不忘、欣欣向荣等。

在百度汉语移动网页版中，为用户准备了猜字谜和成语接龙的汉字小游戏，让用户在娱乐中掌握更多的汉语知识。比如，在移动网页版中搜索成语"一心一意"，结果页中即有成语接龙模块，点击"接龙小游戏等你来挑战"即可开玩。

彭菲：以上老师介绍的软件或多或少都需要网络和设备的支持，对于一些没有这样条件的学校来说，有没有一种软件不需要网络，学生也不需要任何设备，就能够有效地促进课堂的交互呢？下面我就来介绍这样一款软件，Plickers。这是一款即时学生反馈系统，使用方法非常简单，老师只需要一部智能手机和几张打印的 Plickers 专属卡片，学生回答老师问题时，只需要举起 Plickers 卡片，老师用手机一扫，学生的答案就一目了然了。那么如何使用和操作呢？下面我就来演示一下，为了各位领导和老师能够看清我的操作，我将手机和电脑连接。

首先打开手机上的软件商店，搜索 Plickers，下载安装，在这里，我已经安装完毕了，打开 Plickers，选择班级，点击加号，点击加号左侧的 create 来创建问题。在这里，假设本节课我讲授了各种乐器用英语的表达方式，那么我想检查一下学生是否已经掌握，我设置这样一个问题：钢琴用英语怎么表达？接下来我设置四个答案，这样一道题就设置完毕了。下面请各位领导和老师配合我一下，大家手中都有一张 Plickers 专属卡片，卡片的四个边分别印有 ABCD 四个选项，你选好其中一个选项之后，将选项向上并面对着我举起来。大家可以看到屏幕上出现的就是反馈到我手机上的结果。根据反馈的结果，我能够即时了解，全班同学对于该知识点是否已经掌握，然后即时地修改教学设计。

以上的操作是完全不需要连接网络的，我刚才使用网络是为了更好地展示手机操作。

那么如果我想把这个结果，用最便捷的方式反馈给家长，应该如何做呢？下面请我们学校的信息老师金欣老师进行介绍。

金欣：各位领导、老师，大家好。接下来我通过一个简便的方法帮助彭菲老师解决这个问题，这就是今天我要和大家分享的小技能——草料二维码的生成。

二维码最大的优点就是方便简捷，不需要过多繁杂的操作，我可以通过一个小小的手机完成二维码的生成。

1.首先打开"微信"程序，找到"发现"选项，然后选择"小程序"，在"小程序"里我们可以搜索对我们有帮助的小程序，在这里我们输入"草料二维码"。

2.点击打开"草料二维码"，我们可以把文本、图片、网址、视频、名片等信息生成相应的二维码信息。

3.这里我们以彭菲老师上课的统计图为例，演示一下图片是怎样生成二维码的。点击"图片"，然后找到我们的图片，点击"生成二维码"，这样这张图片的信息就被生成了相应的二维码。

4. 大家可以打开手机上的"扫一扫"，验证一下二维码的信息。

可以说，今天在我们生活中随处可见大大小小的二维码。您走在我们的校园里，会在班级、走廊、功能室门口等角落发现大大小小的二维码信息，二维码已经成为我们学校的一种文化，班班有"码群"，校园有"码墙"，学校有"码书"，您只要轻轻一扫，就能浏览共享这些信息。

我们四位教师展示的软件易学易用，供在座的各位老师参考使用。下面我们以每人一句话的形式结束今天的汇报：

金欣：二维码为我们的教育教学带来了更多的惊喜，希望通过我今天的分享，也能给您的教育教学带来乐趣和无限的可能，感谢您的聆听和关注。

彭菲：总的来说，Plickers 是一款能够有效促进课堂交互的好工具，会令我们的英语课堂变得生动有趣。

任婧：有了这些小程序，仿佛使我们的教育之路更加平坦，也使我们的教学更加便捷，高效。

王娜：博采众长，软件的有效运用才是成功教学之路，让我们的课堂变得更加精彩。

二、基于互联网，实现"网络空间人人通"

网络学习空间推动初期，学校总体规划了师生信息的采集与整理，平台管理、师生培训等层阶式推进模式，做到全方位，为师生在互联网环境下的成长奠定了坚实的基础。

1. 整体改革，循序渐进

2014 年，我们把工作重点放在"设"和"立"上。全校师生在"吉林省教育资源公共服务平台"注册率达到 100%。建立教师学习空间 119 个，班级空间 38 个和 1 500 个左右的个人学习空间。

2015 年，我们把工作重点放在"建"和"通"上。着力提高教师应用网络学习空间的能力和水平。

2016 年，我们把工作重点放在"培"和"用"上，把空间建设推进大学区层面。召开了"西五大学区网络学习空间人人通启动仪式",推选出学生"班级导师"28 名,"空间引领教师"37 名。这样,以个体带动学科,以学校带动学区,以强带弱,使大学区空间建设工作得到很好的发展。

2017 年,我们把工作重点放在"带"和"优"上。注重构建学习空间"人人通"的教学体系,逐步形成了"基于网络空间环境下的混合式学习和个性化学习"的教学新模式。

2018 年,我们把工作重点放在"深"和"融"上。学校承办了中央电教馆"网络学习空间人人通"全国英语教师专项考察活动,先后两次承办东师理想网络空间专项培训活动。学校被评为"中国 STEM 教育 2029 创新行动计划种子学校"。

2019 年,我们把工作重点放在"传"和"创"上。学校被评为"中国 STEM 教育 2029 创新行动计划领航学校"和全国"网络学习空间人人通"应用优秀学校。我被聘为中国教育科学研究院吉林 STEM 教育协同创新中心专家库成员。

2020—2022 年三年间,我们以"三年规划"的形式,把工作重点落在"强化常规"和"突破升级"上。学校继续深入推进网络空间建设与应用工作,荣获"长春市中小学数字校园建设与应用示范校"。我入选中央电化教育馆培训中心智慧教育培训项目专家库成员,被聘为智慧教育培训项目校长导师,学校承担"加油未来"领航者培训项目跟岗实践任务。

为了更好地促进空间建设工作,我们把"学习空间"的设计和建设纳入学校整体改革和发展中,成立了以校长为管理层"数字化校园"建设工作领导团队,教学副校级领导分管教学应用工作,电教主任具体负责平台建设与管理。从总体规划到软硬件的添置,从学校到师生信息的采集与整理,从资源平台的管理和维护到师生的培训,做到全员参与,全程管理,全面铺开。

同时,我们以市区两级政府建设中小学数字校园为契机,从"建网建端"入手,采用"边建设边应用,以应用促建设"的工作思路逐步推进。我们还通过组建数字化教与学的网络环境,引进实际需要的支撑平台,达到了服务与管理信息化、常规化、生活化。

2.策"码"奔腾,影响广泛

如今,在西五小学美丽的校园里,只要你拿起手机扫二维码,就可以走进建在云上的校园七彩时空,走进师生们共同营建的精神家园。这样的二维码在西五小学已经形成了"码客码群""码客码墙""码客码书"的新校园文化，成为师生们沟通学习、联通心灵的纽带。

2015 年 12 月，西五小学成功举行了"长春市中小学信息技术应用成果展示现场会"，推广了数字化校园建设的先进做法，起到了引领示范的作用。《中国教育报》《长春日报》《E 教中国》分别进行了宣传报道。

推动网络空间建设提高绿色教育品质
——访长春市南关区西五小学校长丁国君
记者 屠洪波 宋 清 赵 禹

丁国君，长春市南关区西五小学校长、正高级教师、吉林省特级教师、中国绿色教育创始人、享受国务院特殊津贴专家、吉林省劳动模范……在十多年的绿色教育探索与实践中，西五小学在丁国君的带领下，教育信息化经历了从微机辅助教学到"互联网＋绿色教育"的时代变迁。

作为国家、省教育资源公共服务体系应用试点校，西五小学在"网络学习空间人人通"工作上先行先试、率先实践，取得了突破性的进展。

记者：西五小学作为全国首批"网络学习空间人人通"示范基地校，率先进行了很多有效的尝试和探索，那么，当初为什么要进行这样的尝试？

丁国君：西五小学始建于1909 年，是一所百年老校。2001 年，学校率先在全国范围内提出"关爱生命·注重发展·彰显内涵"的绿色教育办学理念，成为"全国绿色教育第一校"。

伴随着10 余年绿色教育的探索与实践，我们发现传统教育遇到了诸如校际间、城乡间学校发展不均衡、不公平，师生学习研究不高效、不开放，学生天性个性彰显不充分、不完善等瓶颈问题，严重束缚了教育的发展，在"互联网＋"的信息时代，我们能不能用技术来破解当前教育中存在的困难？经过思考、分析、调研，我们达成这样的共识：以网络空间应用为切入点。

记者：确立了目标后，学校是如何推进"网络学习空间人人通"建设和应用的？

丁国君：网络学习空间推动初期，学校总体规划了师生信息的采集与整理、平台管理、师生培训等层阶式推进模式。

2014 年，我们把工作重点放在"建"和"通"上，全校师生在吉林省教育资源公共服务平台注册率达到100%；2015年，我们把工作重点放在"培"和"用"上，着力提高教师应用网络学习空间的能力和水平；2016年，我们把工作重点放在"带"和"优"上，把空间建设推进大学区层面，以个体带动学科、以学校带动学区、以强带弱，使大学区空间建设工作得到良性发展；2017年，我们把工作重点放在"深"和"融"上，注重构建"网络学习空间人人通"的教学体系，逐步形成了"基于网络空间环境下的混合式学习和个性化学习"的教学新模式。同时，我们以市区两级政府建设中小学数字校园为契机，从"建网建端"入手，采用"边建设边应用，以应用促建设"的工作思路逐步推进。

记者：空间建设的终极目标是为了应用，西五小学在提升师生们的应用能力上做了哪些工作？

丁国君：首先是强化培训，促进应用。我们本着"以用促建，全员参与，共同成长"的原则，把"观念、理论、操作、实践"作为培训路径，以"骨干带头、青年先行、老年跟上"作为培训的基本要求，立足运用，分层推进。通过专家指导、以赛促培、课题引领、以研促用等方式激发了教师的积极性和创造性，促进了网络空间建设和应用的稳步推进。

其次，变革课程，推动应用。"互联网＋绿色教育"使学校课程构建由标准化走向个性化和特色化。学校鼓励教师积极创设独具特色的学习模式，努力实现以学生为中心的开放学习和个性化学习。通过创建互动课堂、智慧课堂、"两合创新"课堂（融合课、整合课）、创客空间等提升学生利用空间学习的兴趣和能力，推动教学方式的深度转变。

再次，深度融合，创新应用。为了让网络学习空间更好地服务于教育教学，学校努力探索空间建设与发展的形式，利用云端备课、云端一体化教学、家校互动平台等不断开拓师生的视野，提升师生的信息化素养。

记者：作为"西五大学区"的龙头学校，西五小学如何引领学区其他学校教育信息化的发展？

丁国君：为了加强校际间教师网络交流，我们推出了直播课堂、在线教研、名师云课，实现了先进教育理念共建、优质教育资源共享。

例如，"西五大学区"成员校富裕小学，是一所城乡接合部学校，距离西五小学20多公里。自从大学区开通网络教研活动以来，该校也搭上了这一新型教研模式的快车，解决了传统集中式教研存在的活动次数少、时间安排紧、教研内容杂、教师互动不足的问题，促进了区域教育优质、均衡发展。

记者：学校未来的发展愿景是什么？

丁国君："网络学习空间人人通"给教师搭建了学习与探究的平台，使教师有更大的空间去展示和交流，不仅教师的信息技术应用能力显著提高，而且教学理念也明显提升，教学成果接连不断。

面对新时代，迎接新挑战。西五小学将继续秉承绿色教育发展理念，融合新技术，创造新模式，全面提升绿色教育品质，向着现代化学校的发展目标一路前行！

《E教中国》2018年

小学校大"空间"

——长春市西五小学"云端"建"家园"

记者 刘 文 赵准胜

"我喜欢史佳凡的《夏日缤纷》，她观察得很细致"；"我喜欢王云达的《景色优美的兴城》，写出了对大海的向往和渴望"……

这是在吉林省长春市西五小学六（7）班新学期作文课上，语文教师陈居峰利用"网络学习空间"进行教学的场景。在微机教室里，学生们一边在"空间"里"围观"，一边争着"点评""空间"里小伙伴儿的作文。

"在我们学校，应用'网络学习空间'进行教育教学已成为常态。"西五小学校长丁国君说，"我们充分应用'网络学习空间'，旨在培养学生在信息化环境下的自主学习能力，突破课堂单一教学形态，提高教育教学质量。"

早在2001年，西五小学就开始倡导"绿色教育"。随着信息化教育的突飞猛进，西五小学一直在探索：如何将绿色教育融入互联网矩阵，适应新时代的发展。

丁国君仍然清晰地记得，刚开完应用"网络学习空间人人通"启动大会，就有一名班主任来到校长室表示对网络这些内容不感兴趣，问能不能别着急推这个事儿。

面对教师的困惑和抵触，丁国君给教师们交了底：咱们搞这个"网络学习空间人人通"，可以低起点、慢速度、小步走，先把空间建起来。这样，教师们的抵触情绪少了，兴趣也就上来了。

班主任李静宇老师在指导学生建空间时，为激发学生兴趣，开展了"晒一晒，我的爱"空间应用大赛活动。她说，一场大赛之后，全班学生不仅都建好了自己的空间，而且每个空间都个性十足。

有了成功的例子，全校师生便纷纷效仿，班级空间、个人空间如雨后春笋般建起来，师生注册率达到100%。一个"生"在云端的师生"空中家园"就这样诞生了。

空间建完了，有的教师犯了愁：学生回家就进空间，唠得挺热闹，完成作业却不认真了。家长也反映：孩子回家迷恋空间，担心影响学习……如何有效应用"网络学习空间"成为新的难题。

在破解这一难题的过程中，西五绿色教育3.0发展新模式应运而生，学校将信息技术与教育教学有效融合，利用"网络学习空间人人通"把教与学推向深度变革。

"利用空间教学，对于我们来说，简直就是如虎添翼。"语文教师高鑫深有感触，她的"问题—合作式"课前导学得到学生的认可，由原来的教师"灌"变成了学生学习成果分享，课堂教学因此变得生动有趣，学生的学习自主性大大增强。

教师们尝到了"融合"的甜头，还探索出了"生活实践""参与对话""游戏沉浸"和"个性探究"等多种"空间应用"学习模式。

学校因势利导，运用空间变革课堂教学，开展"微课视频"和"导学案"相配合的、以"翻转课堂"为教学新形式的教改研究项目，以及微课大赛、校园NOC等系列活动，大大激发了教师参与教学改革的积极性和创造性。

此外，作为"西五大学区"龙头校的西五小学，把"网"进一步拉大，延伸创建了"大学区学习家园"。大学区内的六所成员校的所有班级、师生都关联起来，织就了一张更大的"网"。在这张网上，各学校随时可以在线观课、同步听评课，实现了个体探究、集体研修、资源共享的西五大学区教研新生态。

《中国教育报》2018年10月9日

2017年，西五小学被教育部和中央电教馆授予"全国网络学习空间'人人通'基地校"；2018年，成为"全国网络学习空间'人人通'示范基地"。

2017年11月，西五小学承担"吉林省中小学信息技术应用能力'十百千'提升工程示范校验收"展示活动。之后，迎接了"吉林省信息技术应用能力提升第二阶段高级研修班"成员来校参观考察，研修班学员对西五小学的信息教育、创客教育、空间课程产生了极大的兴趣，纷纷与学校建立信息交流联系，促进了空间建设的发展。

截至 2018 年 8 月，已有 8 个"国培班"校长团队和 2 个"国培班"教师团队来校参观考察，参观人数达千余人。来自全国的这些骨干校长和骨干教师对西五小学"网络学习空间人人通"工作进行深入调研，对网络学习空间建设给予高度评价。此外，还有重庆、宁夏、黑龙江等 20 多个省市的学校来校参观考察学校办学理念，深入调研"网络学习空间人人通"工作及成果，推动了学校信息教育的深入发展。

三、课堂教学走向"云端"

"绿色课堂"是我们永恒的追求。理想的绿色课堂，是一首诗歌，用师生情感的流动变化奏出这首歌美妙的旋律；理想的绿色课堂，是一片云，用行云流水般的自由去构建语文课堂张扬的人文精神。它拥有的是"蓦然回首，那人却在灯火阑珊处"的发现，拥有的是"山重水复疑无路，柳暗花明又一村"的意外收获，拥有的是"心有灵犀一点通"的和谐共鸣，拥有的是"此时无声胜有声"的心灵释放，拥有的是"精骛八极，神游四方"的思想流淌……

1. 提升教师应用的能力水平

西五小学的教育信息化，走过从微机辅助教学到"互联网＋绿色教育"的时代变迁。随着大数据、云计算、人工智能时代的到来，信息教育促进课堂变革，已成为时代发展的必然。为此，学校努力探索"学习为起点、资源为支撑、研究为宗旨"的研训模式，不断开拓创新技术、融合智慧、提升能力的新路径。

（1）深入思考，定位教育信息化的新目标

2012 年，西五小学遵照国务院《大力推进信息化发展的若干意见》，制订了"加强教师信息素养，提升教师应用能力"这一绿色教育发展目标，并对学校信息化工作进行统筹规划，先后投入 300 多万元，用于资源配置，完善了各功能室装备。

同时，学校把提高教师信息技术应用能力作为立脚点，确立了"以建设促发展、以应用促提高"的原则，实施"五个注重"策略，即注重普及、注重运用、注重开发、注重创新、注重融合，为促进教师专业成长奠定了坚实的基础。

（2）深入研究，探索师培研训的新模式

为了更好地落实《国家中小学教师信息技术应用能力标准（试行）》，学校把"强化培训，促进应用——课程变革，推动应用——深度融合，创新应用"作为培训路径，以"骨干带头，青年先行、老年跟上"作为培训要求，采取网上学习、专家指导、课题引领、以赛促培、以研促用等多种培训形式，先后开展了白板应用、数字化教学、学科平台、微视频制作、希沃教学助手、微云、手绘思维导图等多项技能培训，培训率达100%。

同时，学校开展了"一师一技，百师百技"展示活动，一师一技达100%，一师多技达95%。学校还注重将教师技能的应用形成具有价值取向的"二维码文化"。目前，班班有"码群"、校园有"码墙"、学校有"码书"。

（3）深层挖掘，创新信息应用能力的新路径

绿色教育赋予学校新的生命力，"互联网＋"又赋予了学校发展的时代性。为了使"互联网＋绿色教育"的学科课程更具特色，学校借助吉林省教育资源公共服务平台，开展了互动课堂、智慧课堂、翻转课堂的深入探索，构建了"同体异类、同向异教"的"复式融合"教学新模式，开创了我校课堂教学改革的新局面。

同时，学校还将创客教育纳入综合实践活动之中，趣味电路、3D打印、VR体验、多媒体作文、格物斯坦机器人、计算机编程等校本课程都得到了很好的开发和生成。

（4）深度融合，再造"云端"教与学的新方式。

为了更好地开展智慧校园建设，我们把"学习空间"纳入学校整体改革与发展中。学校依托中央电教馆"三通两平台"，将信息教育、创客教育与"云端"教育相结合，助力网络备课、在线课堂、云端一体化教学、家校帮等教

学模式的转型，实现了"网络学习空间"班班通、生生通、师生通、人人通。目前，学校应用教学助手上课的教师达 100%，推动了课堂教学的深度变革。

网络学习空间从"建"到"通"，从"培"到"用"，从"带"到"优"，从"深"到"融"，都体现了在新技术背景下，注重课堂、教师、学生三者的转变，形成了"绿色教育 3.0"的发展新模式。

学校还注重学区联动，共建共享。2016 年，西五大学区召开了"网络空间人人通启动仪式"，承办了"长春市中小学信息技术应用展示汇报"活动。学校不仅与大学区开展网络教研，还与全国"6+1"联盟学校进行了远程"网络沙龙"活动。这些，都有力地推动了"网络学习空间人人通"工作的进程。

2. 实现信息技术的深度融合

绿色课堂的生命活力来自课程。学校本着"一切为了每一位学生的发展"这一思想，开展了多学科、多形式、多类别的基础课程和校本课程研究，不断丰富绿色课堂的内涵，让每个生命的个体得以点化、润泽、延展。同时，注重信息教育的"三融"——融入、融合、融化，将信息技术与课堂教学模式相结合，实现了线上线下深度融合，构建了全新的绿色教育七彩课程文化，使学生在学习中感受到求知的愉悦、创造的欣喜，让教学过程成为师生生命历程中共享的幸福旅程。

"一个平台"：学校借助与中央电教馆相对接的吉林省教育资源公共服务平台。

"两种结构"：指"绿色教育 + 互联网"环境下的智慧课堂发展模式和空间课堂创新模式。

"三大历程"：指绿色教育 1.0 时代——微机辅助教学、绿色教育 2.0 时代——四种信息技术与学科整合的新模式课、绿色教育 3.0 时代——智慧空间、创客同步发展的课程。

"四种融合"：指以信息技术为支撑的课堂教学变革，是基础与发展的融合、教学与技术的融合、创客与特色的融合、线上与线下的融合。

"五个阶段"：指西五小学在信息教育发展历程中的起步阶段、初探阶段、建构阶段、发展阶段、创新阶段。

"六种模式"：借助信息技术开展的生活／实践式、参与／对话式、问题／合作式、游戏／沉浸式、网络／自主式、个性／探索式六种"空间应用"学习模式。

"七彩课程"：围绕培养学生信息素养、提高学生信息能力开展的互动课堂、智慧课堂、翻转课堂、两合课堂、空间课堂、创客课堂、云课堂。

这里，"一个平台"为课程发展提供了支撑，"三大历程"和"五个阶段"是"七彩课程"从探究到完善的过程；"两种结构""四种融合""六种模式"，是"七彩课程"的构建方式，其辐射性、包容性、拓展性皆在课程当中交互，在课堂教学中呈现。

3. 构建云端教学的"七彩课程"

"七彩课程"是培养学生信息素养，提高学生信息能力和水平的课程，是信息技术与教育教学深度融合的课程。西五小学绿色教育的"七彩课程"是互动课堂、智慧课堂、翻转课堂、"两合"课堂、空间课堂、创客课堂、"云"课堂。

（1）互动课堂

互动课堂打破了传统的单向教学模式，结合电子白板等多种互动教学工具，实现了师生互动、生生互动、人机互动。这种现代化课堂教学模式，使学生"动"起来，教学"趣"起来，难点"易"起来，重点"显"出来，提高了课堂效率，减轻了学生学习负担，真正让生态的绿色课堂成为现实。

在使用交互式电子白板过程中，学校从课题研究入手，分三个阶段进行探究。

第一阶段选择实验课题，确定实验教师，制订研究方案，引进设备，收集相关资料，分析发展动态，更新教育教学理论，为实验打下坚实的基础。

第二阶段开展课题研究，提高教师对教学资源的开发能力，提高教师应用白板技术进行课堂教学的设计能力。

第三阶段深入实验，采用理论与实践相结合，在"增强教学有效性的课堂教学策略"上深入研究。针对"白板技术"，在应用能力上下功夫，普及应用，用出特色。

我校王岷教师借助电子白板的辅助功能，充分激发了学生的学习兴趣，调动了学生学习的积极性和主动性。课程伊始，她利用课件神秘地出示孩子们喜欢的卡通人物——（遮幅拉开左面）当孩子们兴奋地和喜羊羊打招呼后，王老师趁势导入：同学们，灰太狼在羊村设置了很多难关（遮幅拉开右面），喜羊羊想请爱动脑筋、爱学习的小朋友们帮助他一起闯关。

在拼音教学中，她发现有些学生总是将一些长得很像的字母弄混。为了检查学生是否牢记了这些字母，她借助多媒体设计了一个情境——（打开聚光灯）天黑了，灰太狼用望远镜寻找着羊儿，他发现了什么字母？（操作：圈住易混的 b、d、p、q）"如果你读对了，灰太狼就找不到你了。"这样的情境设计，既吸引了孩子的注意力，又突出了教学重点。

课堂上有很多练习题，她都请学生到白板上操作。这种直观演示，既面向全体学生呈现出正确答案，又调动了学生参与的积极性，巩固了学生拼读音节的准确性。学生看到画出的线条自然变直，潜移默化地养成了学生规范书写的习惯。对于一些有难度的题，学生可以一目了然地看清答题过程，特别易于低年级学生模仿、接受和理解，有效解决了教学中的难点。

当学生们通过自己的努力，闯过了一关又一关，这个时候的拼音已不再是枯燥抽象的学习内容，而变成了一种快乐的回忆。

可以说，多媒体在整节课每个环节的教学中都发挥了至关重要的作用，不仅创设了学生乐学的氛围，将知识化难为易，更是教师高效教学的最佳手段。

围绕着"交互式电子白板"教学的深入探究，学校在 2012 年开展了语文、数学、英语三个学科的"观摩研讨课"35 节，并针对课堂中的问题进行了专题交流和研讨。

2013 年 10 月，王岷老师参加了"长春市电子白板教学大赛"，精彩的课堂教学及电子白板的灵活运用，得到了在场专家和领导的一致认可，取得了一等奖的好成绩。这次教学大赛，使我们明晰了利用交互式白板进行教学的构建方式，有助于促进学校信息化教育的深入发展。

（2）智慧课堂

"智慧课堂"是教育部"十三五"规划中为实现教育信息化"三通两平台"

中"人人通"的应用及普及而大力实践和推广的信息化教学模式。"智慧课堂"依托平板电脑实现"人人通"运用，充分体现教学的自主性、高效性、互动性，实现了课前导学自主式预习、课中趣味互动教学、课后高效训练及微课程作业辅导等核心功能。

"十二五"以来，云计算、大数据、互联网、移动计算、3D打印等新技术不断涌现。为了促进师生信息素养全面提升，不断优化教学、管理的流程和效能，使教学更加个性化、教育更加均衡化，我校以信息技术为纽带推进教育教学的稳步提升，借助方正平台、吉林省教育资源公共服务平台，开展了"智慧课堂"教学。

（3）翻转课堂

翻转课堂的教学模式以建构主义为指导思想，以自主学习、协作学习和探究学习的学习方式为主。教学过程中，学生利用教师提供的优质资源，在教师引导下使用资源、建构知识。

基于微课的翻转课堂教学模式，学生的学习更为轻松，不必担心会遗漏知识点，在学习中遇到的问题，可以通过平台工具与教师或学生交流互动。在学习一段时间后，教师可以发布相应的测试，巩固和复习所学的知识。

对于教师来说，翻转的是教学理念，改变的是课堂角色；对于学生而言，翻转的是学习方式、学习习惯；对于学校，翻转的则是教学形态，教育生态也会随之发生彻底改变，办学质量也能得到显著提高。

学校围绕"翻转课堂的实践与研究""微视频的制作"等专题，依据"以点带面、分步培训"的培训策略，先后举办了十余次翻转课堂全员教师培训、名师"自主学习任务单"培训，培训面达到100%。信息技术的应用受到了广泛关注，教师善于用技术、乐于用技术，课堂上呈现了以学为主的教学方式，鼓励学生自主、合作、探究学习。

（4）"两合课堂"

"两合课堂"是综合利用现代教育技术，充分开发学生的学习潜能，训练学生的创新思维，培养学生的创造能力的新型课堂，它包括单一学科整合课和多个学科融合课，统称"两合课堂"或"两合创新课堂"。"两合课堂"

追求在内容选择上源于教材、延伸教材、超越教材。

单一学科整合课，就是在同一学科内实现知识的整合。通过整合改变教学方式，活化学科内容。

多个学科融合课是以教学内容为基点，将看似没有联系的学科进行有机融合，不仅体现出大胆向传统课堂教学模式挑战，寻求各学科同题知识作为授课的内容的特点，而且以新颖的教育教学方法、令人耳目一新的学科融合复式课程结构，使课堂精彩纷呈、新品迭出。

2015年学校首次开展了"两合创新课"研讨活动。活动历时3天，93位教师积极参与。他们精心选择课题，深入钻研教材，研究教法学法，巧妙设计教案，制作多媒体课件，认真研究单一学科大整合、多学科融合切入的路径和方法，让学生感受到课堂趣味性和综合性，努力把最优秀的课堂教学展示给学生。此项活动突出展示了多学科融合，形成了创新课的亮点，掀起了研究融合课的高潮。

（5）空间课堂

"绿色教育"赋予学校新的生命力，"互联网+"又赋予了学校发展的时代性，"互联网+绿色教育"使学校课程建构由"标准化"走向"个性化"和"特色化"。"空间课堂"就是互联网与绿色教育有机结合的创新产物。

在"空间课堂"创设过程中，学校注重加强对教师的培训，开展研训与研讨、培训与培优、学段与学科、码客与码群的推动活动，教师团队梯次发展，空间课堂异彩纷呈，学校网络空间建设逐步深化。

（6）创客课堂

为了深入贯彻落实《教育信息化2.0行动计划》，我校大力开发创客教育，其目的就是培养学生信息素养和团队精神，让每个孩子都有创造能力。

① "编程猫"

中国教育技术协会设立了"十三五"规划专项研究课题——"基于游戏化学习的课堂教学创新应用模式研究"，吉林省将"编程猫"作为该专项课题研究平台。2017年5月，我校成为该课题组成员。

"编程猫"是一款面向 8 岁以上少年儿童开发的趣味编程软件。"编程猫"可以用来创作故事、动画、游戏、音乐和艺术,通过图形化编程,引导学生了解、掌握编程语言中的循环、判断等多种基础结构,开发孩子对编程的学习兴趣和热情。

2018 年 3 月 16 日,"编程猫"课题组受邀来到长春市西五小学主校区,参加由吉林省电化教育馆主办的关于此课题研究的专项培训会。

西五小学四年级的学生全员参加了"编程猫"课程学习,每周一次的课堂教学吸引着学生的兴致。自从"编程猫"走进了课堂,孩子们的自律性更高了,教师布置完任务后他们都能自觉完成。即便是有领导来参观,孩子们也毫不紧张,骄傲地向每位领导讲解自己的得意之作。日常信息课,孩子们也能精心制作作品,全年级 200 多名学生都有自己的成型作品。特别是雷希伦的作品"飞机大战"、王楚浩的作品"超音蝠过关"、唐柳的作品"你画我猜"等最为精彩。通过学习"编程猫"的图形化编程课,学生可在平台上创作出游戏、动画、故事等,以有趣的方式玩转 STEAM 学科。

2018 年 5 月,西五小学经过校内初赛,选拔出 36 名优秀选手代表学校参加了"吉林省中小学信息技术创新与实践——编程项目"的比赛。经过一番激烈地角逐,所有学生全部获奖,其中 9 名同学获得一等奖并获得参加全国决赛的机会,9 名同学获得二等奖,18 名同学获得三等奖。暑假期间,入选国家级比赛的学生,赴深圳参加全国"编程猫"决赛,有 3 名同学获得国家级一等奖,3 名同学获得三等奖。

②创意编程

2015 年,西五小学在学生中开展了"Scratch"课程——电脑编程。通过三年不断地努力,学生在课程学习中掌握了 Scratch 各个类别指令的使用技巧,在自己理解的基础上,能够写出简单的小程序。通过不断探索,对 Scratch 运用有了更深刻的认识,并能够用 Scratch 制作简单的动画、小游戏。他们学到了编程的精髓——算法,成为编程小专家。如曲俊其同学设计了"切水果人体感应"游戏,周敬婷同学设计了"愤怒的小鸟"冲关游戏,王好同学设计了"打砖块"游戏……

三年来，学生参加了国家、省、市各级"Scratch"编程比赛，取得了可喜的成绩。四年级周敬婷、王好、张轩等7名同学入围全国大赛，其中二年级孟珂晗同学在全国"Scratch"编程比赛中荣获最佳设计奖。2017年，李明桥同学获得省赛冠军，曲梁同学获得季军，胡馨远等9名学生分获二、三等奖。

③机器人

随着时代发展，信息技术、现代生物技术等新技术正迅猛而深刻地影响着人类的生产和生活方式。因此，加强技术教育，深入推进创新精神和实践能力的培养，是贯彻落实"科教兴国"战略决策的需要。"机器人"教育是一项新兴的科技教育方式，对提高学生动手实践能力，培养学生合作和创新意识，增强学生探索精神有很大帮助。

机器人制作是青少年科技教育的一种手段，对培养青少年科技创新意识和提高青少年的实践能力具有极大帮助。西五小学"机器人社团"成立于2017年3月，在机器人社团里，学生能够主动参与科技学习和锻炼，体验实践操作的成功与乐趣，形成创新的意识和习惯，同时社团也为学校学生提供了一个了解最新技术、开阔视野和展示创新成果的平台。这个平台有助于普及科技文化知识，丰富学生课外生活，提高动手实践能力，培养学生探索和创新精神，增强学生协作意识。

机器人课程分为低年级的睿博机器人、中高年级的格物斯坦机器人和创意机器人三种，涉及理论、编程和组装。机器人课程是探究课程，在主动探究外部世界的过程中，要将探索所得的新知识融入原有的认知结构中，通过顺化功能，形成新的认知结构。特别是组装的过程，会为学生带来更多的可能性去创造和发现。教师创设学习的情境，帮助学生在与情境中的人、事、物相互作用的过程中主动学习知识，学会动手搭建机器人，学到机械、电子、传感、控制等多种技术，提高动手能力，学会遇到问题自己解决。

特别是创意机器人涉及电子电路、机械结构、编程等具体知识，难度比以往的活动有较大提高，能够全面考查学生相关的理论基础和知识水平，以及动手、创意、合作能力和创新思维等，对实际动手能力以及编程思维等多个方面也提出了新的挑战。

2017 年 7 月，学校组织学生赴青岛参加"NOC 第十五届全国信息技术实践与创新大赛"。参赛的 8 名学生全部获奖，4 名学生荣获一等奖，2 名学生获二等奖，2 名学生获三等奖。

2017 年 11 月，学校组织 21 名学生参加了长春市首届创客大赛。参赛学生分为七个小组，一个组获得了一等奖，六个组获得了二等奖。成绩只能代表过去，孩子们得到了锻炼，迅速地成长了起来！

④ 3D 打印

3D 打印是一种以数字模型文件为基础，运用粉末状金属或塑料等可黏合材料，通过逐层打印的方式来构造物体的技术。在引进 3D 打印机后，西五小学的孩子们体验到新创客资源带来的快乐。孩子们学习了与 3D 打印相关的基础知识和 3D 打印技术，有效激发了创新意识和兴趣。3D 打印课程，不仅为他们搭建了创意与实体的桥梁，也为孩子们创造了近距离接触前沿科技的机会。

3D 打印分为 3D 打印机和 3D 打印笔。3D 打印笔的功能，比"神笔马良"的笔还要神奇。它不仅能在平面作画，还能让作品呈现立体感。经过一段时间的实践和探索，孩子们基本掌握了控制打印笔的力度和角度，绘制出眼镜、小黄人、蝴蝶等创意作品。

3D 打印技术的引进成为西五小学创客教育的新亮点，为构建创客西五奠定了基础。在每年的运动会中，孩子们纷纷把平时制作的 3D 作品赠送给前来参观学校"一校一品"的领导们。在学校大型活动中，来学校参会的领导和同仁们也会收到西五孩子们的 3D 打印作品。这一件件创客作品，构成了西五创客的新资源、新生态。2017 年 6 月，学校被评为吉林省中小学校创客教育研究基地。

（7）"云课堂"

"云课堂"是基于云计算技术的一种高效、便捷、实时互动的远程教学课堂形式。使用者只需要登录互联网界面，进行简单易用的操作，便可快速高效地与全球各地学生、教师、家长等不同用户同步分享语音、视频及其他数据文件。近几年，西五小学一直借助吉林省教育资源公共服务平台，让教师和学生在多元化、全方位资源空间里开展个性化教学。教师可以从平台调取海量资源进行云备课，同时在区域内、国内进行相应的远程互动研讨，形成网络教研、网络课堂、直播教学、异地互动，实现学校、区域内、国内、异地资源的共建、共享、共赢。

①网络课堂

网络课堂是指基于互联网的远程在线的互动课堂。几年来，学校对于网络课堂进行深入研究，全校师生借助网络，通过观看专家讲座、课堂教学实录、教师辅导等，实现了学生个性化学习，优化了教师的课堂教学。

满足泛在学习，根据学生情况，自主收集名师云课，通过泛在学习，满足师生的个性需求。实现"云课"引领，教师汲取名师课堂精华，根据自身教学特点进行深度整合，使课堂教学更加精彩。助力个性成长，学生可以浏览教师上传的"图片欣赏""视频资料"等，根据自己不同的基础水平自主选择学习内容，进行个性化学习。

②直播课堂

直播课堂采用的是最先进的网络直播教学模式，可容纳万人同时在线。学校借助云平台把教师上课的精彩内容、视频、音频同步传输，家长、其他教师、教研员可以进行网上同步观摩与交流，实现信息传递异地同步的无缝对接。

家长坐在家里或单位的电脑前，就可以同步观看孩子的课堂学习，孩子的一举一动尽收眼底，还可以发表观课感受，实时互动分享；教研员不用奔波，在办公室便可进行网上同步观摩，并进行课后点评；西五大学区各成员校的教师也不用车马劳顿，仅需坐在自己的电脑前，便可轻松观摩课堂，进行线上研讨，优质教育资源得到了充分交流与共享。

网络直播课堂，是我校运用现代教育技术进行跨时空教学教研活动的尝试和创新。比如，美术学科谭鹏老师在教学《四季的树》一课时，采用了直播课堂形式，家长、教研员异地观看，实时评价，与教学现场进行互动，收到了良好的效果。

【附：《四季的树》教学设计】

《四季的树》教学设计

【教学内容】

本课选用了电子书包让学生在观察和探究中自主学习。利用吉林省公共资源平台通过四季的树的特殊形象巧妙地进行翻转课堂，通过制作四季树的挂盘，让学生从色彩、树叶、形状上体验和表现四季的变化。

【本课分析】

（一）学情分析

本课选用了学生熟悉并喜爱的树作为这节课探究的内容，本课选用了电子书包让学生在观察和探究中自主学习，让学生体会对称美。

（二）学情分析及教法体现

我以"求稳中求新"为本课定位，运用平板电脑授课。因为"兴趣是刺激儿童学习的好形式"，他们只有对事物产生了浓厚的兴趣才会注意力集中，参与主动，投入积极，从而获得知识经验。

（三）教学目标

1.通过制作四季树的挂盘，让学生从色彩、树叶、形状上体验和表现四季的变化。

2.培养学生绿色环保的意识——种树、爱树，懂得树木对人类的重要作用。培养运用电子书包收集资料、整理作品的能力。

3.发展学生的观察能力、想象能力及动手实践能力，体验吹画和添画的快乐。

（四）重点难点

教学重点：根据色彩、落叶等四季变化进行大胆合理地想象，用嘴吹出形态各异的树干。

教学难点：电子书包的学生评价与发布；如何更好运用彩泥添加的方法表现四季树的基本特征。

【资源准备】

电子书包、交互式课件

【教学过程】

教学内容	技术使用
一、创设情境，激发兴趣 出示色环，复习色彩的世界、三原色、三间色，检查思维导图。 请同学们抢答三原色：红、黄、蓝；三间色：橙、紫、绿。 色彩给我们的生活带来了什么变化？看看多多老师的课堂是什么样的。 二、运用平板电脑讨论出新知 ①导入 同学们都知道，一年中包含了四个季节——春、夏、秋、冬，而每一个季节的到来，都会给大自然换上不同的装束。随着四季的变化，四季也给同一棵大树换上不同的衣裳，一起去看看、听听同学们收集的资料、汇报。 （课件展示同一棵树四季不同的变化，并请学生说说每一个季节中，树叶的颜色是怎么变化的） ②游戏：《我的发现》 今天老师就要带领同学们在挂盘上画树，制作挂历。在这次活动中，我们要学一种新方法，不用笔，用嘴画。 吹树的步骤与方法：第一步吹出树枝、树干，先用笔蘸颜料滴在纸的下半部分，然后用嘴对这颜料向前吹，树枝时改正方向吹，慢慢吹出树干、树枝的形状，吹时要用力适度，主干粗，吹时用力小一些，树枝细，吹时用力大一些。学生自选挂盘的颜色，老师准备的纸盘中有各种各样的颜色，每种颜色分别代表一个季节，拿到挂盘的小朋友把它作为创作的艺术材料。 ③画一画、查一查（图片放大） 探究出新知：让学生通过平板学习方法，看看摸摸，反复观看，学生发言总结方法。 提问：如果让你们来表现四季美景，你会表现哪个季节，怎么表现？ 老师介绍一种简便方法：彩泥添加的方法，点线面构图方法。 学生自学、汇报。	整合点与软件 平板电脑展示主页 注重创设情境，以情导情，首先利用微课展示四季的变化。 课件演示作品，陶冶情操，欣赏这节课的整理内容。 通过欣赏—感受—体验来唤起学生对四季的情感反应，鼓励学生不受束缚，大胆去表现，尽情发挥自己的想象力。 学生点击学习各个部分的名称，真正做到了自主学习。 我的发现 运用监控功能展示每个孩子的作品，对比欣赏作品。利用计算机作为认知工具，学生进入老师提供的投屏进行展评。

续表

三、自主创作，自由表现 　　分层作业要求：手工表现以四个季节进行分组创作，教师巡视指导，引导学生用颜色表现四季中的美。（学生可以用各种方法创作，另外，学生的分工、合作要注意指导、培养） 　　四、评价 　　听音乐坐回座位，拍照上传作业，注意抓住作品中的闪光点。 　　时间不早了，让我们和美丽的大森林拍张照留个纪念吧！ 　　面对美丽的大森林你们有没有什么话说？（进行人文、环境教育） 　　同学们，在我们生活的土地上，经常会出现乱砍滥伐树木的现象，大片的绿地变成了沙漠，小鸟失去了家园。所以在每年的3月12日人们都要以各种形式的植树活动来让全社会的人们都知道要爱护树木，我们的小朋友也要从小爱护树木，做个环境保护小卫士。（课件展示学生绘画植树的情景，出示"植树造林，保护环境，珍惜每一寸土地"的标语，引领学生一起来读）愿小朋友的生活也像四季树的颜色一样绚丽多彩，愿你们像小松树一样茁壮成长。	运用监控功能展示每个孩子的作品，对比打分。  　　利用计算机作为认知工具，学生进入老师提供的投屏进行展评，充分表达自己的见解，提高学生自学能力。 

　　总之，整合智慧，开拓创新，深度融合，是"互联网＋绿色教育"的新目标。我们相信，西五小学一定会以坚定有力的步伐，改革创新的精神，乘势而上，拥抱科技，全力助推学校绿色教育品牌化的进程。西五人任重道远而势在必行！

四、现代西五，走向辉煌

在信息化建设的进程中，西五小学不断超越自我，真正实现了跨越式发展。

1.高端——论坛汇报

2018年4月15—16日，中国教育技术协会在广州颐和国际会议中心召开

2018年中国教育技术协会年会、第六届会员代表大会第三次会议暨第三次理事会、常务理事会，同期举办教育信息化高峰论坛。

会上，我作为受邀嘉宾参加论坛，并进行《云上故乡——百年西五和她的"网络空间"》主题汇报。

我汇报了西五小学在探索空间建设与应用的整整四年时间里，经历的从谋求发展、挖掘典型、提升内涵、收获成果等几个时间段。我通过五个典型案例的讲述，向大家呈现了学校网络空间建设与应用的发展历程，讲述了网络空间的故事传说《云上故乡》。

故事一：2014 晨雾中起航

如今，在我们西五小学美丽的校园里，只要你拿起手机扫二维码，就可以走进建在云上的校园七彩时空，走进师生们共同营建的精神家园。这样的二维码在我们学校已经形成了"码客码群""码客码墙""码客码书"的新校园文化，成为师生们沟通学习、联通心灵的纽带。

就是在这样一个个鲜活的二维码的背后，蕴含着全校师生拥抱互联网、融入新时代的既兴奋又温馨更自豪的故事。

2014年，一个难得的机遇降临西五。有一天，学校收到一份《吉林省教育资源公共服务平台建设将全面启动》的通知。翻过红头文件那薄薄的几页纸，我感受到了一种新的气息。多年的教育经验告诉我，这个项目一定是突破常规教学的有效手段，也是打破绿色教育瓶颈的破冰之刃。当时我们也是困惑重重：依托省教育资源公共平台能不能给学生提供一个展示自我的新天地？

能不能成为优化教与学的新载体？能不能成为家校共育的新平台？带着这一串新问号和新期待，我们开始了在迷茫中追寻，为绿色教育插上互联网之翼的希望与梦想之旅。

在省电教馆的鼓励和指导下，我们首先对学校进行"云规划"，并率先在吉林省召开了"应用'网络学习空间人人通'启动大会"，确定了2014年网络空间建设重点放在"建"和"通"上，做到低起点，慢速度，小步走。

我还清晰地记得当时的情形，作为一校之长的我也一脸迷茫，那些习惯运用传统教学模式的广大教师也一头雾水，学校更缺少信息技术专业人才。

面对诸多困惑，我们不仅要在迷茫中前行，还要在前行中探索，更要在探索中走出一条属于我们的网络空间之路。

起步之初，麻烦接踵而至：先是一名班主任面带愁容地找到了我："校长，我对网络这些内容实在不感兴趣，咱校能不能别着急推动这个事儿？"

另一位年龄稍大的老师则向我告饶："校长，您让我教学，搞校本教材的研发都行，我可不可以选择不参加网络空间建设这件事儿？"

面对教职员工的困惑和抵触，我没有犹豫，也没有退缩。在经历了一番思考之后，学校召开全校大会，我对大家说："其实我也是挺犯愁，对咱们来说这的的确确是个新领域。然而，谁都不是无师自通，不探路永远没出路。"

接下来学校召开各层面的座谈会、研讨会。很快全校教师达成了共识。我们认识到：在互联网时代，西五小学作为大学区的龙头校、长春市窗口校，要抓住机遇迎难而上，否则我们就要愧对正在一天天长大的孩子们。

历经一系列研讨和准备后，我们确立了"校领导统筹规划，电教主任负责平台的管理与维护，班主任负责指导学生建设空间，全校教师积极参与、广泛应用"的工作模式，举全校之力全面推进平台建设。

教师缺少理念，我们就派他们出去考察学习；教师缺少技术，我们就请专业老师来校培训。老师们的兴趣上来了，信心强了，干劲足了，我们的工作迈出了宝贵的第一步，就像是雨后春笋一般，全校各班级的网络空间建起来了，各具特色，异彩纷呈。

然后我们又组织开展了"我的空间、我做主"大比拼活动，动员全校四至六年级师生积极参与，大胆创新。正当我们苦于寻找典型时，一个班主任脱颖而出。她就是李静宇老师，众多敢吃螃蟹的人中的佼佼者之一。

李静宇老师班级的空间可谓内容丰富、异彩纷呈。班级各项活动的开展，孩子们的学习和业余生活等都体现得淋漓尽致。

这样的佼佼者在我们学校，不止一个人，而是一群人，全校师生人人有空间、人人建空间，教师和学生注册率达百分之百，空间访问量达60多万人次。

一个"生"在云端、"长"在网上的西五师生永远的"精神家园"，就这样奇迹般地诞生了。

故事二：2015 找到主航向

我校的网络空间之舟虽已起航，然而主航向在哪里？班级空间和个人空间建成后，路该咋走，我和全校老师又一次陷入了纠结。

有的老师说："我们班有些学生回家就进班级空间，唠得倒是挺热闹，可完成作业倒不认真了。"

还有的老师说："家长反映孩子回家迷恋空间，担心影响学习。"

面对来自四面八方的压力，学校班子成员与教师座谈、讨论、研究，又一次达成共识，那就是"一切新技术都应该为教学服务"，网络空间建设的根本是教师利用空间教，学生利用空间学，实现教与学双赢。

围绕这一核心，2015 年我们把工作重点放在了"培"和"用"上。我们以培训促应用，以应用促提升。采取"骨干带头，青年先行，老年跟上"，分层推进。我们尝试探索了生活／实践式、参与／对话式、问题／合作式、游戏／沉浸式、网络／自主式、个性／探究式六种"空间应用"学习模式。校园里随处可见教师应用空间上课，学生应用空间自主学习，家长在空间纷纷点赞的喜人景象。

那一年，我们学校全面实现了网络空间的有效应用。学校还倡导运用空间变革课堂教学，开展了以"微课视频"和"导学案"相配合的，以"翻转课堂"为教学新形式的教改研究项目，以及微课大赛、校园 NOC 等系列活动，激发了教师参与教学改革的积极性和创造性。我校很多教师都先后尝试了借助网络空间的翻转课堂、智慧课堂和创客课堂进行备课、上课。那个阶段，课堂改革与创新成为教师的最爱。

同时，我们也欣喜地看到，网络空间教育正引领着西五小学这所建在南关老城区的传统学校，阔步跃入新境界。

2015 年 12 月，我校成功举办了"长春市中小学信息技术应用成果展示现场会"，推广了数字化校园建设的先进做法，起到了引领、示范的作用。

故事三：2016 云间扬新帆

面对网络空间新生活、新常态，我们将 2016 年工作重点放在"带"和"优"上，把空间建设推到大学区层面。西五大学区开展了在线课堂，开设了网络课堂教研活动，在线观课，互言互评，实现了个体探究、集体研修、资源共享的教研新生态。

在大学区网络教研中，我们还与天津河东实验小学、云南玉溪第一小学开展了"云直播课堂"，推出了在线互动网络教研新模式，实现了校际间和跨地域教师交流，优质教育资源共享。

西五大学区的老师们都受益于这样的网络教研方式。有一位老师在感言中这样说：感谢大学区为我们提供这样的交流方式，让我们有机会和其他城市的老师共同交流、共同切磋。这样我们能取长补短，让彼此都受益匪浅。

2016 年 11 月，学校召开了"西五大学区网络空间人人通阶段成果汇报"，省电教馆副馆长王喆与大学区教师、家长、学生代表进行了"家校访谈"活动。在访谈中，教师、家长和学生各抒己见，争先恐后地讲述了网络空间为学习带来的新变化。

长春诸多新闻媒体以《"云上西五"网络空间结硕果》为题，全面报道我校教改成果。

这一年，教育部和中央电教馆两次深入西五进行专题调研和实地考察并给予深度指导。

故事四：2017 纵浪入深海

2017 年，推进网络空间深度融合和创新发展，成为我校网络空间建设的主旋律。

语文教师汪晓薇，依托"网络空间"优化教与学，课前导学通过空间微视频的形式，让低年级的学生尝试自主学习，主动探究，实现了学习内容可视化、教学过程交互化。

美术教师谭鹏通过"空间作业"和教学助手，适度呈现学生的学习成果，给学生更多交流与表达的机会，多渠道实现学生的"群体成长"。

还记得网络空间建设的佼佼者李静宇老师吗？四年的实践与探索，这个小小的虚拟空间，给这个班级，这些孩子，这个老师带来了革命性的改变。2017年，李老师所带的班级被评为省、市先进班集体。在"吉林省空间评比大赛"中，班级空间、教师空间均获最佳个人空间，全班45名学生的学习空间均获一、二等奖。李老师也在全国优质课大赛中获一等奖，并先后被评为吉林省中小学信息技术应用创新型教师、长春市教学名师。

2017年，我校先后迎接省国培班学员以及来自贵阳、宁夏等省内外兄弟学校参观学习20余次，两次迎接中央电教馆国培班参观考察。

让我们记忆最深刻的是，2017年11月30日，我校承担"吉林省信息技术应用能力提升工程示范校"验收工作。作为示范校，我校以二维码的形式展示了学生空间、班级空间、教师空间、学校空间，还突出展示了学生丰富多彩的创客活动，如：创意编程（编程猫、魔抓）、VR角、微视频、电子绘画、沙画、泥塑、3D打印、机器人、机关王、搭建、趣味电路、车模、航模；还展示了教师的"一师一技"：例如三位数学教师"一起写"教研展示，张越丽老师利用希沃授课助手进行习作教学讲评，高鑫老师利用调查问卷网进行班级教育教学管理以及课堂教学应用。网络教研软件、家校沟通软件、手机小技能等应用程序，让与会嘉宾们眼前一亮，充分体现出百年名校散发出的时代魅力。

故事五：花盛漫云端

回望几年耕耘路，我校师生携手经历了一次次难忘的网上冲浪，每一个细节都充满独特神秘的数字化魅力，弥漫着奇异甜美的数字化气息。

2015至2017三年间，学校在全国NOC大赛中，33位教师、6个学科、13个网络教研团队，分别获一、二等奖，有28人获单项奖。在国家"一师一优课"评选中，我校区优课142人、市优课79人、省优课46人、部优课16人。在全国信息技术与学科整合大赛中，我校有35人次获奖。同时我校还荣获长春市数字化校园示范校、长春市信息化工作先进学校、长春市基础教育质量提升工程教育信息化典型学校、吉林省创客教育研究基地、吉林省中小学教师信息技术应用能力提升工程"十百千"示范校、全国教育技术研究实验校、全国中小学信息技术创新应用示范校、教育部网络空间"人人通"培训基地校。

漫步云端，如饥似渴；展望未来，豪情满怀。一部部学习终端、一节节智慧课堂、一次次创新实践，都折射出一个鲜活的理念：教育改革永远在路上。放眼明天，如何将创客教育、协作学习、项目式学习与网络空间深度融合，将成为我校努力探索的新方向。进入新时代，迎接新挑战，西五小学将一路向前。

2. 高位——成果展示

2018 年 5 月 5 日，"第三届全国基础教育信息化应用展示交流活动"在北京农业展览馆举行，长春市南关区西五小学荣幸出展。通过教师代表和学生代表的展示汇报，西五小学网络空间建设被成功地推向全国。西五小学学生手持平板电脑，现场向与会人员介绍西五网络空间建设成果，令展区人气爆棚，获多方点赞。

2018 年 5 月 5 日上午，吉林省教育厅相关领导参观了吉林展区西五展位，西五小学师生向嘉宾介绍学校、师生、班级空间，西五小学展位人气爆棚，得到多方点赞。

2018 年 5 月 5 日下午，中共中央政治局委员、国务院副总理，教育部党组书记、部长等莅临西五小学展位。长春市西五小学学生向国家领导人介绍学校空间建设，获得高度评价。

2018 年 5 月 6 日上午，教育部教师工作司教师发展处主任亲临西五展位，听取了学校网络空间典型成果介绍，频频点头称赞。中央电教馆培训中心主任来到西五小学展位，拿出手机扫码学校网络空间，对学校下一步发展给予高度期待。中央电教馆基础教育资源部处长，人事处处长也亲临西五展位，对学生介绍的网络空间很感兴趣。

3. 高效——空间通达

西五小学依托吉林省教育资

源公共服务平台，扎扎实实开展"网络学习空间人人通"工作，从培训到建设，从应用到推广，从融合到创新，从开拓到通达，走出了一条具有时代特色的空间之路。目前，学校实现了"网络学习空间"师生通、生生通、家校通、人人通。在2012年南关区"大数据应用"方面入选的100名教师中，西五小学就有46名教师。

西五小学的绿色教育所展现出来的"绿色风暴"，从表面上看，这是校长以绿色教育办学理念为目标，在追求着自己的教育理想；而从更深远的意义上看，这是校长带领西五人用他们的智慧和辛劳，用他们的热情和执着，在探索教育的真谛，从而引领学校更好地发展。

从1999年学校管理方式的改革，到2001年绿色教育的提出，再到2011年绿色教育形成的文化体系，西五小学走过了一个艰苦奋斗的过程，走过了勇于开拓、大胆创新的过程，也走过了从"名不见经传"到发展抒写"西五品牌"百年辉煌历史的过程。

绿色教育从提出到今天整整二十一年。二十一年间，西五小学在悄悄地发生着质的变化。在这个不断发展和完善的过程中，校长和西五人共同经历了百年校庆的辉煌时刻，经历了学校规模不断扩大的发展过程，也勾画出我从为人之师到为校之长，拼搏向上的成长轨迹。我坚信：无数风光在险峰。

浏览自己的荣誉过往，都是一些被爱注册过的光芒。罗列是一种印证，同时也是一种最有效的警醒。现在，我把所有的痕迹收藏好，充满信心地追寻自己新的人生使命。

第八章

主题愿景，绿程如虹

2021 年，是教育"十四五"规划的开局之年。面对绿色教育的丰硕果实，我们不得不把眼光放得更远……

2001 年至 2022 年，整整二十一年的艰难探索与研究，我们丰富了绿色教育的思想理念和内涵，使绿色教育以独特的魅力在全国范围内产生了巨大的影响。

未来，我们将深度思考绿色教育的价值取向，深度挖掘绿色教育的精神内核，寻求绿色教育新的生长点，拓宽育人途径，突显教育的本真和绿色教育的特色。未来，我们将以"绿色发展"为着力点，发扬绿色文化；以"主题目标"为项目点，构建幸福家园。未来，绿色教育任重道远，但我们仍会奋力开拓！

一、绿色教育面临新挑战

绿色教育是生命的教育，是为学生一生奠基的教育。我们秉承"教育的真谛在于培养人的价值"的核心理念，努力探索绿色教育未来的发展方向。

面对未来，机遇与挑战并存。西五小学的绿色教育将面临五个挑战：

挑战之一：办学理念提升问题。绿色教育自提出之日起，就以其前瞻性、深远性显示出勃勃生机。十二年的行动研究和实践探索，使其内涵得以丰富，体系得以完善，成果得以凸显。如何结合国际教育动态和国内南、北区域教育的发展现状，深入挖掘绿色教育的内涵，使学校管理精细化、课堂教学生态化、德育活动多元化、校园文化品质化。

挑战之二：集团化办学问题。绿色教育具有可持续发展性，体现在遵循教育规律，落实《国家中长期教育改革和发展规划纲要》及绿色教育的纵深发展。在此背景下，正确处理传承文化与加速发展的关系，探索集团化办学模式，突破办学瓶颈，实现学校发展规模化、可持续。

挑战之三：未来学校建设问题。根据国家《教育信息化2.0行动计划》的相关精神，数字化校园与信息技术应用能力，"网络学习空间人人通"与在线教育，都给我们提出了新的要求。落实信息技术与学科教学的深度融合，开发校本课程，创新载体完善"七彩课程"教学模式，实现从专用资源向大资源转变，从提升学生信息技术应用能力向提升信息技术素养转变，从应用融合发展向创新融合发展转变，让学校发展走向高端、高位、现代化。

挑战之四：教师发展问题。绿色教育使教师团队在不断更新理念、实践创新、反思提升，得到专业发展。如何构建与绿色教育纵深发展迫切需求相适应的"绿色"教师团队，达到每个教师爱岗敬业、积极向上、乐于奉献、追求卓越。

挑战之五：学生成长问题。绿色教育，给予学生生命拔节的力量。如何立足未来社会对人才的需要，调整与绿色教育发展相适应的育人模式与评价体系，使学生在体魄、心智、情感、技能、素养等方面均有所提升和发展，为学生的幸福成长奠基。

二、行动研究的理论基础

未来三五年，绿色教育的行动研究将以国内外相应教育理论为基础，进一步丰富绿色教育内涵和绿色教育思想，使绿色教育更具育人的魅力。

1. 借鉴国外相关教育理论

杜威的教育哲学。20世纪初期，美国著名的哲学家、教育家约翰·杜威创造性地确立了四个教育哲学命题：教育即经验的不断改造；教育即生活；教育即增长；教育是一个社会的过程。他主张营造一种生活的环境，使人一面学习，一面生活。只有这样的学校教育才是最具有良好效能的教育。

卢梭的自然教育。十八世纪，法国启蒙学者、教育家卢梭倡导自然、自由的教育，认为应当遵循自然——按照儿童的天性与年龄特点去教育他们，并强调教育的目的在于发展人的一切天赋力量和能力，同时，这种发展必须是全面的、和谐的，必须遵循自然的法则。

发达国家的"森林教育"。森林教育作为一种自然教学的方式起源于20世纪50年代斯堪的纳维亚半岛，通过为儿童、青少年及成年人提供定期的户外实践机会，以提升和发展其自信心与自尊心的教育性过程。

马斯洛的需求层次理论。1943年，美国心理学家亚伯拉罕·马斯洛提出了需要层次理论，将人的需求分为五种，像阶梯一样从低到高，按层次逐级递升，分别为：生理上的需求，安全上的需求，情感和归属的需求，尊重的需求，自我实现的需求。人的最高层次的需要是自我实现的需要。

2. 借鉴国内相关教育理论

以"孔子教育思想"为代表的古代教育理论。早在2000多年前的春秋战国时期，我国伟大教育家孔子就提出了仁的学说，"仁"包含一切美德。他主张"爱人"，要求统治者体察民情，爱惜民力，"为政以德"。他注意"因材施教"，善于启发学生思考问题；教育学生要有老老实实的学习态度，要谦虚好学；要求学生时常复习学过的知识，以便"温故而知新"。

以"陶行知生活教育思想"为代表的近代教育理论。20世纪初，陶行知提出"生活即教育""社会即学校""教学做合一"等教育理论。他指出：生活教育是生活所原有、生活所自营、生活所必需的教育。教育的根本意义是生活之变化，即生活无时不含有教育的意义，它是与人生共始终的教育。

新课程理论。新课程是国家课程的基本纲领性文件，是国家对基础教育课程的基本规范和质量要求。新一轮课程改革将我国沿用已久的教学大纲改为课程标准，反映了课程改革所倡导的基本理念，标志着我国基础教育课程改革进入新的阶段。

生态课堂理论。生态课堂是以学生为主体，强调每一个学生的需求、欲望和意识，兼顾学生的个性发展，通过现代课堂教学手段，实现教学与学生发展的真正统一的课堂。它与传统课堂教学模式不同，生态课堂强调让学生健康成长，努力适应学生的个性发展，使其成为理想课堂，为学生的全面发展奠定基础。生态课堂，尊重学生，突出学生的个性，学生在课堂活动中积极主动。

三、绿色教育目标定位

认真贯彻落实《国家中长期教育改革和发展规划纲要》，坚持全面、协调、可持续的科学发展观，以人为本、求真务实，大力推进优质教育均衡发展，坚持绿色教育的基本理念，进一步提升并深化绿色德育、绿色课堂、绿色文化、绿色管理理论架构，全力打造人文化、生态化、富有时代特质的精品学校，努力实现有教无类、人人成才、师生幸福、人民满意的西五绿色梦、中国教育梦。

1. 提升办学理念

多年来，绿色教育的办学理念，已经成为现代化品牌学校的定位与形象传播的基石。依据国际教育趋势、国家教育政策、学校文化积淀等众多因素，突破原有的固定思维模式，让教育回归本真是我们的美好愿景。

未来三五年，学校将以"健康·生态·启智"为统领，进一步凝聚全校师生缔造现代化名校的理念精髓，与时俱进、改革创新，打造品质卓越、生机盎然的现代化品牌名校。

（1）树立"一个中心"，把绿色教育理念和内涵转化为教育价值

教育理念：关爱生命·注重发展·彰显内涵。

教育内涵：以生命孵化生命，以品行影响品行，以博爱成就未来。

教育价值：教育的真谛在于培养人的价值。

（2）提升两种文化，使师生精神文化具有示范性

教师文化：以德高为师、身正为范的品格，使"太阳鸟向着太阳飞翔"的教师文化更具正能量。

学生文化：以积极、蓬勃、向上的精神，使"向日葵迎着朝阳成长"的学生文化更具发展性。

（3）深入探究"三种模式"，全面实现科学、高效管理

提升"螺旋上升式定位模式"的评价管理，实现教师自我约束、自我发展、自我成长。

提升"大雁式'V'型凝聚模式"的内驱力，丰富现代教育环境下"同伴互助式"发展空间，促进教师团队整体提高和发展。

提升"同心圆【INI】向心模式"的管理流程，科学管理学校多元文化体系的"聚焦"与"发散"，实现办学成果最大化。

（4）打造"四种校园范式"，让校园成为师生成长的乐园

打造阳光校园，让广大师生极具幸福感；

打造现代化校园，全方位实现教育教学现代化；

打造平安校园，让孩子们健康、快乐地成长；

打造名优校园，创办人民满意的教育。

2. 规划发展愿景

未来三五年，学校将发挥有利资源，以"健康·生态·启智"为统领，开发生命潜能，提升育人品质。以践行"陶行知教育思想"为主导，培养研究型教师，培育个性化学生，努力把学校建设成理念先进、文化一流、生态显著、与国际教育接轨的办学品位最优、学校品牌最佳、特色品质最精的"三品"学校，让每一个孩子都成为校园"最健康、最阳光、最快乐"的人，使

校园真正成为师生幸福成长的家园，精神向往的圣地。

我们将以绿色为基调，以幸福为中心，以生活为主题，以厚重文化为立脚点，构建"幸福文化"，探索"幸福价值"，开展"幸福追求"的行动研究。通过"幸福文化"，让教师具有职业幸福感，让学生具有成功快乐感，让家长具有教育满意感。

（1）学校目标

打造理念先进、文化高品、质量上乘、生态和谐的"名优精品校"。

（2）校长目标

在学习中提升，在实践中超越，成为理念超前、管理人文的"教育名家"。

（3）教师目标

每位教师都成为在教育教学中传授知识、播种希望、分享幸福的使者，从而形成师德高尚、业务精湛、勇于创新的"教育家型"名优教师队伍。

（4）学生目标

幼儿园：通过认知行为教育，培养幼儿体会生活幸福、社会美好，使之成为有强烈的好奇心和求知欲望的"幸福鸟儿"。

小学：通过课程开发与实践探索教育，培养学生主动学习、大胆创新，使之成为思想积极向上、行为习惯良好、身心健康并具有可持续发展动力的"快乐天使"。

（5）家长目标

使家长掌握科学的家教方法，并积极参与到学校教育教学和发展建设工作中，成为促进学生发展和学校和谐的桥梁和纽带。

3. 寻求新的生长点

未来三五年，为了进一步传承绿色教育，寻找新的发展点，增添学校发展后劲，把学校办成现代化品牌名校，我们将深度挖掘绿色教育的精神内核，全力构建"思想引领、文化润泽、环境孕育、课程发展、民主治校"的绿色教育育人体系，用国际视野和民族胸怀不断丰富和拓展学校办学内涵，深入探索集团一体化办学模式，以卓越的教师队伍、高效的人文管理、独特的课程体系、和谐的办学环境，着力打造现代化的品牌名校。

（1）凝聚精神文化

我们深知，学校特色的内涵和核心就是一种特有的校园文化和校园精神。

围绕绿色教育的核心理念，未来三五年，我们将重点凝练校园精神，建设彰显学校特色的"绿色文化"。

回归教育本源。探索让学校教育回归教育本源的办学思路，实现学校办学品质新的提升和发展。进一步完善组织管理架构，将管理任务分解到人，明确职责，形成工作合力。进一步完善岗位聘任制度，并建立一整套具有民主性和人文性的制度，充分调动教师改革创新的工作主动性和积极性，增强学校可持续发展的内驱力，促进三个校区全方位的良性互动和教育教学水平均衡发展，使每位教师爱岗敬业，幸福成长。

传承百年文化。充分挖掘和传承百年西五文化精髓，使绿色教育办学理念引领全校师生共同进步。全体教师自觉进行职业规划设计，爱岗敬业、乐于奉献；全体学生能够自我教育、蓬勃发展，学校管理从"有为"逐渐走向"无为"。

重塑生态环境。根据三个校区校园的整体特点和发展需要，重新规划、设计、创新楼内外的校园文化。楼内以"绿色"内涵为基调，突出教育教学成果特色，用艺术设计彰显西五厚重底蕴。楼外以"生态"发展为引领，突出大自然的清新与美丽、古典文化的文明与传承，以古代"四大发明"、老子的"道德经"、西五的"百年发展史"陶冶师生情操，使校园成为师生的幸福乐园。

架构集团模式。完善"西五教育集团"一体化管理，探索架构"横式纵向链接式"集团化办学为主要策略的改革模式。"横式"是指三个校区一体化管理，"纵向"是指学生从3岁到12岁小学毕业，在西五小学"幼儿园——小学"的成长过程。为此，学校提出做足"10年幼小衔接教育"，规划学生个性成长的"链接式"的教育方式，实现有"的"规划，有"意"培养，有"效"探索，有"标"达成。未来三年要实现的目标是：幼儿认知能力强，活泼、健康、阳光；小学生实践能力强、思维敏捷、积极向上、富于创造。

（2）打造优质团队

未来三五年，通过"名校长工作室""名师工作室"的引领，全力打造教师"黄金团队"，探索"目标规划——专业提升——成果展示"的绿色团队培养模式。继续开展"4691—111"工程，建立名校长与区域内学校管理者、名师与区域内中青年教师合作互动共同发展的平台，学校将实现名校长、名师资源共享的最大化，打造有影响力的品牌团队。

①发挥引领辐射作用，让"工作室"成为校长、教师成长的加油站。

未来三五年，"名校长工作室"的每个成员将面向自己学校或区域内吸纳两至三名优秀管理人员组成研讨小组，分析、研究组内成员的成长轨迹和个性特点，明确发展方向和目标，提出整体规划，形成一个有结构、有层次的管理者研究团队。在工作室主持人的引领下，通过名校长进校指导、区域合作、蹲点学习、课题研究、撰写论文等多种形式开展主题鲜明的教育教学实践活动，不断提高每位成员的研究能力和实践能力。同时，建立"名校长工作站网页"，加强与其他名校长工作室之间的交流，形成有效的对话和展示平台，使之成为名校长工作室的一个动态工作站、成果辐射源。

"名师工作室"将为全体教师创设可持续发展的"学习空间""实践空间"和"展示空间"，带动成员校骨干教师"集团作战"，通过多种形式的学习、培训、研讨活动，促进名师快速成长，形成各成员校自身的强势学科，进而辐射大学区所有团队学有榜样，赶有目标，追有劲头。同时，"名师工作室"积极搭建"传帮带"、教研交流、国内访学等平台，积极探索品牌学校教师发展的经验，走出一条适合本校教师专业成长的发展之路。

②实施校本研训工程，打造最智慧教师团队。

未来三五年，学校将以终身学习为主要理念，以"培养、优化、辐射"为指导方针，关注教师的差异化发展，加强校本研训一体化，让处于不同发展期的教师均拥有不同的发展目标，注重校本研修，充分发挥名师、骨干教师、成熟教师的带动作用，加快对青年教师的培养，充实学校中坚力量。

学校将以"新理念、新课程、新技术、新策略"和师德教育为重点内容，科学合理地设计培训方式、开发研训资源、精选研训内容，最大限度地满足不同层次和不同学科教师的发展需求，使全体教师都能在校本研训中学有所获，学有所成。

学校将充分利用教学研究会，开展专题读书、学习、培训活动，指导教师学以致用；同时，利用网络研修平台，实施远程教育，拓宽教研活动空间，实现资源共享，提高教研活动效率。

学校将大力推进"以绿色教育内涵式发展提升学校育人价值"的课题研究，积极营造全员参与的科研氛围，建立教研与科研整合的生态研究机制，坚持研究的"草根性"和"小型化"，形成人人有课题，项项有研究的良好局面。

（3）创新课程建设

未来三五年，聚焦课堂改革，积极探索"绿色生态课堂"的教学模式，丰富课程的内涵和功能，让课堂改革成为学校发展的脊梁。全力推行启发式、探究式、讨论式、参与式、问题追溯式等教学方法，创新教学过程，让学生学思结合、知行统一。

学校将完善个性化发展的校本课程体系，构建"特色引领、多元发展、精致高效"的课程文化。结合学校开设的校本课程，确定不同年级的课程设置内容与数量，做好校本教材的设计，通过特色校本课程的编写及课程实施，打造五至十名在区域内有影响的特色教师。

学校将探索生态教学模式，建构"绿色·生态·启智"课堂。依据"尊重、唤醒、激励"的核心理念，建构"生态主体导学模式"，实现课堂的"生本""情智""高效""可持续发展"。

学校将构建"户外课堂"，把教学拓展到大自然中。每个学期至少选取两三个学科，根据授课内容，因班应变、因地制宜，不拘泥于特定的授课地点、授课模式，带着学生在富有生命力的大自然里上课。

学校将加强教学质量监控，建立学校"绿色指标评价体系"。学校建立绿色指标评价体系主要关注两方面：一是针对学生的学业进步、学习兴趣、学习习惯、学习方法、品德行为、身心健康等指标；二是针对教师的教育观、教育方式、师生关系等。学校将建立上述内容的数据库，跟踪学生从3岁入幼儿园到12岁小学毕业的综合素质发展，及时向教师提出相关的教育教学建议，促进教师改进、优化教育教学过程。

（4）深化育人模式

未来三五年，学校将以培养适应社会发展需要的合格公民为长远目标，努力实现德育教育导师化、德育组织网络化、德育队伍专业化、德育评价科学化、德育资源最优化的发展目标，积极创建"关爱生命质量与成长价值"的绿色教育的育人模式。

学校将进一步完善学校德育评价体系，加强德育科学研究，构建"自治管理、自主发展、自信成长"的德育模式，将绿色德育的最高境界"无声教育、自主教育"贯穿到每一个教育细节，落实到每一处教育空间，切实把学生培养成具有正确的社会主义价值观、品学兼优、乐观向上的后备人才。

学校将构建生活化、多元化德育环境。立足生活、社会实际，创建"生活德育""人本德育"实践教育模拟现场，有计划、有组织地开展丰富多彩的德育主题教育活动和富有时代气息的社团活动、拓展课程，充分发挥德育活动的影响力和持久性，提升活动的品质和效应，促进学生全面发展。

学校将整合校园、家庭、社会的德育力量，形成三方横向贯通、纵向衔接的三位一体新教育格局。大力推进家长学校建设，发挥家庭教育主渠道作用，利用学校增设的"家长会课程"，积极开展"家校直通车"系列培训活动，全面实施"阳光德育进万家"工程。

学校将进一步凝聚校园精神，传递社会正能量。树立学校正面典型，以点带面，让社会正能量在校园无限传播。每年定期组织开展"最美西五教师"系列评选活动，通过制作宣传片、校内巡讲、总结表彰等形式，将"真善美"和"博爱"的行为聚焦、放大，让校园真正成为学生"张扬个性的乐园、陶冶情操的花园、道德成长的家园"。

（5）突显引领作用

未来三五年，西五小学将继续发挥"龙头校"引领作用，建设和谐、向上的西五大学区和集团化办学新体制。

一是以发展的理念，走向共赢。结合大学区各校优势和办学特色，发挥名校长、名师工作室作用，开展学区教育、教学、科研的学习、培训、交流。通过大学区教科研活动，夯实教学基本功，提升教师学科素养，努力建设"骨干型"学区团队。

二是将加强文化建设，促进学区内涵发展。深度挖掘各成员校办学思想和教育内涵，研究其发展趋向，走"活动育人"之路。结合成员校"一校一品"的办学特色，凝练学区"共进"文化，把生态课堂作为教师科研方向，把"健康、阳光、快乐"作为学生发展目标，把柔力球作为学区运动项目，广泛开展校际联手活动，实现优势互补，共同发展。

三是开发拓展空间，与成员校协同发展。发挥大学区"龙头校"的优势，积极探索"集团化"建设新模式，坚持优势互补、联动发展的原则，深度整合学区教育教学资源，带动薄弱校向前发展，践行大学区和"西五教育集团"的"龙头校"使命。

未来三五年，绿色教育任重道远。我们将以过去二十年的研究成果为基础，以国内外现代教育思想为研究方向，以绿色教育为"根"，将绿色教育理念根植于教育沃土。我们相信，再过三五年，绿色教育一定会以它特有的魅力展现在我们面前——根深叶茂，花团锦簇。

十载岁月一瞬间。西五小学第二轮绿色教育未来三五年的行动研究，将以"十九大"精神为指南，努力创办人民满意教育，实现中华民族的伟大复兴。今天，站在历史新的起点，我们将团结奋进，拼搏创新，以西五小学百年文化的发展促进西五品牌建设的腾飞，将西五小学建设成与国际教育接轨的现代化、示范性、集团型名牌学校。

第九章

绿色教育，价值彰显

一位哲人曾说：你想很快看到漫天绿色，你就种草；你想储备栋梁之材，你就种树。绿色教育是生命的教育，是为学生一生奠基的教育，是关爱生命质量与价值的教育，是为栋梁之材育"根"的教育。正因为绿色教育的本质特性，我们用行动研究的成果证明：我们选择了种树！

今天，绿色教育呈现在我们眼前的不仅仅是森林般的生命色彩，更是根深叶茂的生命活力，彰显了"百年名校"的荣光与辉煌。绿色教育得到了专家的认可、社会的赞誉。辉煌的成果与时代的验证，使西五小学历百年风雨培英育俊，承千载文明继往开来。

美好与未来同在，梦想与希望同行。绿色教育肩负国之重任，助力民族发展，赋能时代未来。

百年西五，绿程如虹！

紧跟时代，勇往直前！

专家述评

"绿色"是教育之魂
——长春市西五小学实施绿色教育10周年述评
赵准胜

什么样的教育是"一流的教育"？获得第二届全国教育改革创新奖的刘长锁先生说："一流的教育应该是'森林式'教育。森林为鸟儿葱茏了绿荫，涵养了水源，汇聚了营养，它为鸟儿准备好一切，包括必需的挫折和创伤。虽然比鸟笼更适合成长，但是森林仍不是鸟儿最后的天堂。注视鸟儿飞向更高更远更美的地方，森林会永远守望鸟儿的幸福，放飞鸟儿的希望。学校就应该是像森林一样的地方，为学生提供适合其发展和需要的教育。"

无独有偶，长春西五小学丁国君校长几年前在谈到自己的办学理念时说："我们选择了'种树'，因为我们知道绿色教育的形成非一日之功，它还需要真功实效，根深叶茂。给孩子们一片洁净的教育天空，让他们能享受到清新的绿色教育，是我永恒的教育追求。"丁校长把她的绿色教育理念概括为"关爱生命、注重发展、彰显内涵"，其内涵是"以生命孵化生命，以品行影响品行，以博爱成就未来"，其育人模式为"关爱生命质量与价值"。

显然，森林式教育和绿色教育有着异曲同工之妙。

我想，真正的教育应包含智慧之爱，应触及人的心灵深处。德国哲学家雅斯贝尔斯认为"教育是人的灵魂的教育，而非理智知识的堆积"。如果教育不能触及人的灵魂，未能引起人的灵魂深处的变革，就很难称其为真正的教育，更不能称其为一流的教育。因此可以说，教育是有灵魂的，有灵魂的教育意味着追求无限广阔的精神生活，追求人类永恒的终极价值：真、善、美、公正、自由、希望和爱，以及建立与此有关的信仰。这样的教育必然成为负载人类终极关怀的有信仰的教育，使受教育者成为有灵魂有信仰的人，而不只是热爱学习和具有特长的准职业者。

长春市西五小学的绿色教育所展现出来的"绿色风貌"不禁让我们赞叹。表面上看，这是丁国君校长以绿色教育为办学理念，在追求着自己的教育理想；而从更深远的意义上看，这是丁国君校长带领西五人用他们的智慧和辛劳，用他们的热情和执着，在探索教育的真谛，践行着触及每个学生灵魂的教育。

一、绿色教育：素质教育的提炼与升华

无论我们如何强调素质教育的重要性，很多惯性的观念却依然存在着：比如经济学家视教育为经济增长的第一工具；家长则把教育视做子女求职求利的第一步；学校把升学率作为扩大影响，评价学校总体实力的重要标准……

虽然，素质教育实施了很多年，但很多家长们还是不惜血本，纷纷把孩子送到各种补习班。表面上，孩子在学习，而事实上家长剥夺了孩子应该游戏的时光，剥夺了孩子作为童年最不可缺少的玩的权利。在很多家长的眼里，孩子毕竟是孩子，还必须依照大人的想法去做，才合乎规律，才是正常的。在那些课外班经营者看来，孩子的世界是"白板"一块，你在上面填充什么，孩子就成为什么。按此观点，孩子俨然是机器，任你装任何东西，多多益善。

丁国君校长认为："绿色代表着生机与活力，萌发着希望与神奇。学生就像绿色禾苗，他们的成长需要无污染的土壤环境，需要健康的营养内容，更需要高品位的园丁充满生机色彩的耕耘过程。'绿色耕耘'，就是要使我们的教育，拥有真正的生机与活力，就是让学生真正享受素质教育的快乐。"

在绿色教育理念之下，"尊重、关怀、感悟、理解、关注、服务"是设计教学的前提，"自然、温暖、活泼、和谐"是绿色课堂追求的目标，在课堂上构建一种开放的、和谐的、愉悦的，使学生主动意识能得到真正凸显的，能调动学生整个精神世界的新型课堂。在课堂教学中最大限度地发挥出学生的主动性和创造性，让学生以积极的心态主动参与，从而培养学生学习的自信心、兴趣、方法、习惯。在绿色教育理念之下，"无声教育"是绿色德育追求的最高境界。没有批评，没有指责，有的只是润物无声的心灵滋润和行为的悄然转变，使学生在无声的教育中实现人格的自我塑造。在绿色教育理念之下，学校逐步形成了"向日葵迎着朝阳成长"的学生文化和"太阳鸟向着太阳飞翔"的教师文化。

长春西五小学倡导的绿色教育不是一个仅局限于环保范畴的概念，其核心是关爱生命的质量，关注学生的全面发展。绿色教育首先是人本的教育，爱的教育，生命的教育，是集赏识教育、创新教育和人文教育为一体的教育；绿色教育是具有生机和活力的教育，是为学生终生发展打下良好成长基础的教育。因此，绿色教育倡导的是人文素养与科学精神相融合的教育；追求的是生态和谐的教育；体现的是环境育人的隐性教育；注重的是基于民主的尊重的教育；崇尚的是健康的无污染的可持续发展的教育；落实的是新课程背景下让校园充满生机活力，让班级充满成长气息，让课堂充满智慧与挑战的教育。

绿色教育，不是对"教育"二字简单的附加和修饰，是基于西五人对素质教育的理解和坚持，基于西五人对教育事业的热爱，在时代的召唤和身体力行的教育探索与实践中才诞生了这样的办学理念。

与素质教育相比，绿色教育这一概念更加鲜明地凸显了教育的本质。由此可以说，绿色教育是素质教育的提炼与升华。绿色教育，意味着教育应该是绿色的，而非灰色的，更不是黑色的；意味着教育应该摒弃所有陈腐的、落后的教育观念，使师生平等交流和对话，杜绝任何形式的体罚和歧视；意味着教育必须解脱功利主义的束缚，充满对生命的敬畏和关爱，观照学生的终生发展；意味着教育者必须具有高尚的人格和无私的情怀……

二、绿色教育：对童年生态危机的观照

学校教育是抵制童年生态被破坏的最重要的方式和手段，学校是大可以按照幼苗成长的特点施以阳光和雨露的地方。走进西五小学校园，我们会看到学校的每一条走廊、每一面墙都装饰着师生自制的艺术作品，每个教室都养着各种花草、金鱼和小鸟……自然、生命和文化构成的绿色生态环境每时每刻都在传达着绿色教育的理念。

杜威曾说："成人有意识地控制未成熟者所受教育的唯一方法，是控制他们的环境。"儿童一来到这个世界便和这个社会发生了紧密的联系。一方面要接受成人的长期抚养和教育，另一方面，儿童又在自觉不自觉中面对各种社会文化现象。因此，儿童的心理年龄特征的发展必然受到社会和教育条件的制约与影响。在传媒文化高度发展的今天，儿童们面临着不能承受之重。

美国社会学者尼尔·波兹曼在《童年的消逝》一书中，对电视文化进行了严厉批判。他指出印刷时代的儿童是对成人世界毫无所知的群体，而当今的电视文化严重破坏了童年生态，电子媒介正肆无忌惮地揭示着一切秘密，因而童年的纯真状态丧失了。在现代传播技术尤其是电视机面前，儿童能看到、看懂几乎所有原来唯独成人拥有的事物，二者之间的界限已经模糊，甚至已经消失，于是"童年"也逐渐消逝。尼尔·波兹曼运用心理学、历史学、语义学等，深刻地揭示了被掩盖在熟视无睹的日常生活下的"童年"消逝的命运。在他看来，电视文化是童年消逝的罪魁祸首。

进入 21 世纪，互联网的全球普及导致了更加严重的童年生态危机，也许尼尔·波兹曼都未曾想象。信息化时代的儿童过早地感知到成人世界，他们"拒绝童年"，虚假的成熟使他们过早地丧失儿童的想象力、儿童的纯真。试想，一个孩子如若不能在一个与孩子天然的生理和心理的发展特征相应的成长环境中生活、成长，那么，就如同一株嫩芽在茂密的杂草中试图展露尖尖角，无法得到它所需要的阳光雨露，或夭折或畸形发育，即使它很幸运地长大了，也不过是一株荒草，无力开花结果。

丁国君校长以"绿色教育"为办学理念，为孩子们进行"无污染"的教育，充分体现出具有深刻洞察力和前瞻力的教育者对童年生态的真诚观照。不仅如此，她还努力尝试抵制和克服当下不利于童年成长的"灰色生态"，营造孩子们健康成长的"绿色生态"环境，在所有学科教学中渗透和体现着环保理念、人文理念以及与周围世界包括环境、动物、植物和谐相处，共存共生的理念。

随着科学技术的飞速发展，人类已不得不面对童年生态的危机，教育面临着更加严峻的挑战。因此，固有的教育理念需要创新，教育工作者也必须对童年生态环境加以观照，才能施以更为理想的教育。绿色教育不仅对童年生态的危机做出了积极有效的观照，而且给每一个教育工作者带来了重要的启示。

三、绿色教育：对功利性教育的诘问

1985 年，牛津大学有着 350 年历史的大礼堂出现了严重的安全问题。经检查，大礼堂的 20 根横梁已经风化腐朽，需要立刻更换。可是，每一根横梁都是由巨大的橡木制成的，如果想要保持大礼堂 350 年来的历史风貌，就必须只能用橡木更换。

然而，要找到 20 棵巨大的橡树太难了，即使找到，每一根橡木也要花费至少 25 万美元。这令牛津大学领导一筹莫展。这时，校园园艺所来报告，在校园发现了数棵高大的橡树。原来，350 年前，大礼堂的建筑师就考虑到后人会面临的困境，当年就请园艺工人在学校的土地上种植了一大批橡树，如今，每一棵橡树的尺寸都超过了横梁的需要。

一名建筑师为何在 350 年前就有如此的匠心和远见？这个故事很容易让我们产生联想：我们的教育是否也该像那位园艺工人那样提前种好橡树，以利后人呢？我们的教育是不是应该拨开急功近利的迷雾，全心全意地为学生的终身发展奠基呢？

"我们选择了种树，因为我们知道绿色教育的形成非一日之功，它还需要真功实效，根深叶茂……"丁国君校长倡导并践行的绿色教育恰恰是对功利主义教育的反诘，宛如几百年前那位伟大的建筑师，而西五小学的教师们恰似几百年前辛勤种植橡树的一群园艺工人……丁国君校长和西五小学的教师们选择了种树，看重的不是眼下的"一片绿"，而是未来的"根深叶茂"；看重的不是考生卷面的成绩，而是学生将来的发展。

在国内，对"童年消逝"表示担忧并加以研究和呼吁的人首推朱自强教授。与尼尔·波兹曼不同，朱自强首先强调的是功利主义的教育在威胁"童年"："儿童的童年生态在功利主义的应试教育的破坏下，正面临着深刻的危机，童年的许多愿望和权利正在被功利主义的应试教育无情地剥夺。"他认为："给童年生态造成最为根本、最为巨大的破坏的是功利主义的教育"，同时指出，"成人必须敬畏儿童的生命形态，因为在儿童的自然的人生感受里蕴含着绿色的生态性，童年是成人的物质资源和精神资源……"

皮亚杰也曾批评功利性教育的弊端："教育者首先只关心教育的目的，而不关心教育的技术，只关心培养出来的完人，而不关心儿童以及其他发展规律。"这种狭隘的教育主义最突出的特征就是"急功近利"，这是影响教育健康发展的巨大障碍。其具体表现为：过度看重结果而淡化教学过程；过于看重知识的接受而忽视能力的养成；过度看重成绩的提高而忽视健康人格的塑造；过于看重外在的表现而忽视内在的本质。

绿色是生命的标志，是和谐的标志。在西五人心中，绿色教育的核心是关爱——关爱生命的质量，关爱人的全面发展。因此，可持续发展的绿色课堂，无声的绿色德育，温馨优雅、内涵丰富的绿色文化，稳定有序、充满和谐的绿色管理，既是西五小学现实的追求又是未来的愿景。

　　绿色教育应该是狭隘的教育主义观念的清新剂，是对急功近利教育的强力反诘。在绿色教育的理念下，绿色课堂、绿色德育、绿色文化、绿色管理构成了特有的西五校园文化。在这种校园文化背景下，分数不是重要的，学生没有优劣之分。在这种文化背景之下，西五小学的绿色教育是生命的教育、人本的教育、爱的教育，是润泽心灵的教育。

　　通过对绿色教育的理解和实践，使人们更容易透过教育活动看到教育的本质，更容易发现素质教育的重要性、紧迫性、复杂性，更容易冲破狭隘的功利主义教育观，回到人本主义的教育轨道。

　　四、绿色教育：思想成就思想者

　　在黑格尔哲学中，同一个事物从自在阶段到自为阶段的发展是由存在到思维的转化和由低级阶段到高级阶段发展的结果。基于此，王彤教授用"自在、自为和自觉"来指称教师发展的不同阶段。回顾丁国君从教师到校长的成长历程，从提出绿色教育到绿色教育实践，再到提炼绿色教育内涵，恰恰透视出一位教育工作者从自在、自为到自觉的成长之路。

　　早在 20 世纪 80 年代，丁国君已经是长春市小有名气的语文教师，那时候她就主张"用短时、高效的方法让孩子爱学、乐学，使学生学得轻松，玩得痛快"。可见，在她心底早已默默地埋下了绿色教育的种子。走上领导岗位后，她对教育的理解逐步发展为"教育也要排污，让孩子们接受无污染的教育"。2000 年，丁校长由"绿色食品"广告引发思考，由"牛肉排酸"想到为"教育排毒"。经过一段时间的质疑、研讨、交流，绿色教育的种子在西五小学逐渐得以发芽，2001 年春天终于破土而出：丁国君正式提出了"绿色教育"的办学理念。

　　"别人把思考看成压力和负担，而我把思考看作是收获和锻炼。"丁校长刚提出绿色教育时，人们想到的只是单纯的环保，并不了解绿色教育究竟是什么，只以为是带着学生走出去，宣传环保知识，认为是小题大做。

　　丁校长坦言，学校刚开始实施绿色教育时，很多家长也不认可，认为学校在搞花样、摆架子、走过场，担心学生学习知识落不到实处。当然，也有部分领导不太理解，就连丁校长本人也只是一种方向性的认识，也只是"摸着石头过河"。

　　思想来源于实践。不学习，就不会有思想的根基，不实践，就不会有思想的源泉，不反思就不会撞击触发思想的灵感。厚积方能薄发，如果没有刻苦钻研的学习过程，没有几十年的教学、管理实践，丁校长也就不能有"绿色教育"的提出。

思想回归实践。提出"绿色教育"后，丁校长带领教师们马上投入到教育实践中。从实践到思想，从思想到实践，西五小学刮起了"绿色风暴"，并且一刮就是十年。这十年中，西五小学经受了"交通事故""迁校事件""剥夺评优资格"等考验，丁校长也曾经历无奈、彷徨，但是有一种教育信念、一种美好理想始终支撑着她，为了实现"绿色教育"梦想，丁国君校长硬是挺过来了。

思想成就思想者。实施绿色教育，使西五小学解放了思想，抓住了机遇。这十年中，西五小学率先创办了校办少年宫，率先创办了校办幼儿园，实现了集幼教、小教、校办少年宫"三位一体"的办学模式，用十年的时间实现了"阔越式"发展。在绿色教育中，师生充分收获了快乐、进步和成长，学校也收获了诸多荣誉，成为新闻媒体追逐的对象……事实证明：绿色教育是优质的教育，是一流的教育，是启迪学生心灵的教育。

也正如西五小学总结的那样，绿色教育是全新、全鲜、多元的教育，是现代教育中的"高层次"教育，它不仅建立了和谐、平等、民主的师生关系，而且也构建了培养学生创新精神和实践能力的教学方式和学习方式，它赋予了教育更加丰富的现代文化意蕴。

绿色是教育之魂。真正的教育应该是绿色的，也必须是绿色的。这里的"绿色"是对教书育人的观念、方式方法、目标指向以及必须观照不断变化着的教育生态环境的哲学意义上的高度概括。因此，绿色教育的办学理念是教育探索的结晶，其中蕴含着对素质教育的提炼和升华，对童年生态危机的观照，对功利性教育的诘问……

几年前，一位资深记者在新闻报道中这样写道："随着采访的深入，我愈想抽身则欲罢不能。我完全被丁校长提出的'绿色教育'所折服，深感她的教育理念——'关爱生命·注重发展·彰显内涵'是那么的超前，深感西五小学的育人模式——'关爱生命质量和价值的绿色教育'是那么的富有内涵。在别人眼里，西五小学是一所著名学校；在我的眼里，西五小学是一所时代名校。"

2011年底，在"第二届中国教育改革创新奖·校长论坛"上，《中国教育报》副总编李功毅先生说："丁国君校长的绿色教育让我们感到耳目一新，更让我们看到了中国教育工作者的努力探索与创新。关爱生命、关注成长，应该成为教育工作的出发点和归宿"。

《中国教育报》徐启建主编说："丁国君是最先提出绿色教育并以此为办学理念的校长，以长春西五小学为龙头的'全国绿色教育联盟'有望成立，届时我们希望能够在长春西五小学召开'全国绿色教育联盟成立大会暨首届中国绿色教育论坛'。"

可以想象，西五小学的绿色教育风暴大有席卷大江南北之势⋯⋯

丁校长和西五小学用十年的实践和探索告诉我们："绿色"是教育之魂！因此，绿色教育也应该成为我们共同的教育理想和追求。

2012 年 1 月

"西五人"在创造特色办学的历史
——长春市西五小学"绿色管理"述评

林　森

走进西五小学，"翻阅"西五小学 10 年的"绿色教育"办学历史，给人以格外清新、美好的感觉。这里有令人刮目相看的先进办学理念，这里有令人啧啧称赞的学校管理改革，这里有令人满怀希望的教师发展模式，这里有令人致敬的办学创业事迹，这里有令人感怀至深的动人肺腑故事⋯⋯走进西五小学的绿色教育，她给予我们诸多的新启示。

一、特色办学——"绿色管理"需要"专家"办学的校长

"一个好校长就是一所好学校。"这是规律。一个专家校长就是一所成功学校。这也是一个规律。从"西五人"特色办学的骄人成绩中，我们首先获得的重要启示就是这样一个重要的教育规律。

透过西五小学创新、有效、科学的"绿色管理"工作，我们看到了一位孜孜以求美好教育事业的"专家"校长——丁国君！她，有独特的办学思想，有"教育大爱"的激情，有教育理论的"修养"，有创新办学的"智慧"，有坚实改革的"行动"。

（1）独特的办学思想

苏霍姆林斯基说："校长对学校的领导首先是思想的领导，然后才是行政的领导。"西五小学的特色成功教育离不开丁国君校长独特的办学思想——

"绿色教育"思想。自 20 世纪 80 年代我国提出实施"素质教育"以来,一批批踌躇满志的校长积极投身办学改革,不断创新探索,成功地开辟了一个个践行素质教育的新路径。像"生命教育""尊重教育""幸福教育""快乐教育",等等。今天,西五小学孜孜以求的"绿色教育"又给我们呈现了一朵素质教育成功办学的"奇葩"。而这正是丁国君校长办学思想实践的结果。

丁校长和西五人的"绿色管理"的主要理念是,采用积极有力的方式方法理顺各种职能部门,达到稳定、有序而充满活力的状态,使每个人都实现自我约束、自我提升、自我发展,使学校各项工作高质量运转。绿色管理是人格和谐、人际和谐、校园和谐的建构过程,后一个层次的和谐总是要建基于、依赖于前一个层次的和谐。绿色管理是保持旺盛的生机与活力的管理。

以笔者所见,可以说,"绿色管理"理念既是对传统科学的管理理论思想的继承,更是一种理论与实践上的创新发展。它在管理的"目标、流程、评价"等几个阶段都注入"绿色"——生机与活力;在管理的"人、财、物、事、时间"等各方面都赋予"绿色"——生机与活力。它既是一个贯穿"绿色"生机与活力的理念系统,又是一个勃发"绿色"生机与活力的实践系统。管理的重要功能是"调动人的积极性",绿色管理最有利于激发人的生命力、积极性;管理的重要意义是"促进自我实现",绿色管理最有利于师生开发潜能"实现自我";管理的重要流程是"营造和谐的团队氛围",绿色管理最有利于关注每个人的"身心"健康、快乐;管理的重要追求是"向上的文化",绿色管理最有利于促进师生提升"人文化"水平;管理的重要目标是"高质效",绿色管理最有利于实现学校"优质教育效率"最大化。

(2)"教育大爱"的激情

教育被誉为太阳底下最光辉的事业,教育人被誉为"阳光",照亮别人。教育的神圣、教育人的神圣就在于像太阳、像阳光,给人以无限的光明与温暖——大爱。人们对伟大的教育家陶行知的最高评价是"爱满天下"。人们对古今中外所有的教育家以及对教育有所贡献的人的褒奖都离不开这个阳光般的"爱"字。丁国君校长也是一样,她也是一个满怀"教育大爱"的人。作为教师,她爱学生,爱得真挚,用"爱生如子"来形容,一点也不为过;作为校长,她爱教师、爱办学,爱得真诚,用"甘愿奉献一切"来说明,一点也不夸张。丁国君校长的"教育大爱"其突出的珍贵之处还是这浓浓的"绿色"——"教育大爱"的激情。人是精神性动物、情感性动物,热情的工作精神是丁校长最为宝贵、感人之处。正是这"教育大爱"的激情让丁校长兢兢业业地工作，多年来，她默默付出、潜心钻研，她不求名利与回报的执着精神超出常人。正如丁校长自己所说的："回顾自己的成长和学校的发展，我总是感觉有一种力量在推动自己，总是有一种热情在心里奔放。"

（3）教育理论的"修养"

校长的办学思想、成功的办学作为都不是凭空产生的，它来自于丰实的教育理论"修养"。善读书是丁校长的良好习惯。特别是任校长以来，丁校长研读了大量教育理论书籍，同时涉猎企业管理等书籍，她把研读陶行知等教育家的办学思想作为自身提升的必修课程，在学习——实践——提升中开拓自己的特色办学道路。搞科研项目是丁校长的特殊工作兴趣。近年来，丁校长主持了《优化教学过程，减轻学生课业负担》《整合教学资源，探究教学新模式》《培养名师策略的研究》等二十多项课题研究，从浅入深，由表及里，使学校课堂活跃了，课程丰富了，教师乐教、学生乐学了。积极参加培训学习是丁校长"自觉"的自我"充电"渠道。不管是区级的、市级的，还是省级的以及国家级的培训活动；不管是短期的会议式、专题式培训，还是长期的骨干、综合性培训，只要有机会、有可能她都不放过。由于从内心里重视教育理论的修养，从实际行动上认真坚持教育理论修养，丁校长很快成长为一位有丰富的教育理论武装的，懂教育、懂管理、懂师生、懂家长的教育行家。

（4）创新办学的"智慧"

校长成功办学的关键之处就在于其创新办学的"智慧"，即把自己的办学思想、教育思想有效地运用于学校办学和教育教学实践中。在西五小学方方面面的工作发展中，我们都会不时地看到丁校长办学"智慧"的影响力。诸如学校规划发展的智慧：她提出"建设西五小学幼儿园"，主张"建设西长校区"，认定"接收四十一中学"，规划"建设西五教育集团"等等。诸如学校精细管理的智慧：她提出运行"西五管理流程"，提倡实施"教师校内申诉制度"，支持设立"教师亲情假"，设立校长信箱、校长公开电话……她引导一位中层领导规范报表，帮助一位班主任化解与家长的矛盾冲突，助力后勤人员解决门口化冰难题等等。工作就怕"有心人"，从大事到小情，从校内到校外，作为西五的带头人、一分子，丁校长时时处处都在用心去工作，一个个智慧的"点子"产生了，一个个"难题"智慧地化解了……

（5）坚实改革的"行动"

工作是干出来的，事业是干出来的。正如列宁所言："看一个政党不是看它的宣言，而是看它的行动。"丁国君校长给我的第一印象，也是最深刻的印象就是她的"能干"。自任校长以来，她主持制订了五个"学校三年发展规划"，主持学校内部管理体制改革，3A+1课程实验研究，信息技术四种新模式课的开发，中澳电子琴实验以及学校"三位一体"新的办学模式构建等多项学校重大改革，使学校得到了快速、大规模的发展，由一所780多人的小学变为2 800余人的集"幼儿园、小学、中学"为一体的"西五教育集团"。她主持开发了"名师工程"、教师发展与管理流程、大雁式"V"型凝聚模式和同心圆【INI】向心模式等四个教师发展项目和培养模式，精心打造出一支特别能"战斗"的"黄金教师团队"。她经常深入教学活动第一线，指导、帮助教师200余人次。她用心研究学生，从学生课堂状态，到学生课外活动内容，到每日清扫，到阳光体育等，她细心关注、爱心呵护，成为学生的知心人。她还主持了与日本、新加坡、澳大利亚、美国、加拿大、肯尼亚等国友好学校的国际合作项目和交流活动，不断宣传学校、提升学校的办学层次。她时常没有节假日，一年到头总是"痴狂"地投身于学校的工作中，即使累病了，住院躺在病床上或拄着双拐也照样工作。如此大的工作"量"，如此多的工作"业绩"，如不是亲眼所见，令人难以置信。走近丁国君校长，真正让我们感动的、敬佩的就是她的这些踏踏实实地被工作所记述的真实的教育故事。

在我的近著《教育家办学导论——校长专业化发展的策略与使命》一书中，对"教育家型校长"所具有的优秀品质做了基本归纳，最主要的品质是"有爱心、有胆识、有激情、有思想、有学问、有能力、有毅力"等，可喜的是，丁国君校长已具备了这些主要品质。在这里，我期待丁国君校长在10年特色办学的道路上继续走下去，走向"教育家办学"的更高层面，办出高水平的优质教育、人民满意的教育、造福子孙的教育，办出"名校"。

二、特色成功办学——"绿色管理"演绎"学校管理'三重奏'"

现代学校管理理论发展认为，学校管理经历了三个重要发展阶段："经验管理""科学管理"和"文化管理"。"三种管理"（或者说是"三个阶段"）是由低到高发展的三个层次（层级）。一般而言，学校的管理发展都要经历这三个层次（层级）。西五小学的"绿色管理"打破了学校管理发展的这个一般"递进"发展规律，超越了"三种管理"的内涵，形成了"共存共作"的相互运行的新的作用关系，可以说，某种意义上创新了学校管理发展的已有理论。

西五小学的"绿色管理"经历了"制度管理""民主管理"和"文化管理"这样三种形式的管理，表现为进一步丰富管理的内涵，如提出"民主管理"，更加完善管理发展"递进"逻辑，如由"制度"到"民主"再到"文化"顺理成章，尤其是三者的"共存共作发展""相互运行作用"的过程与关系，更好地揭示了学校管理发展的实际，可圈可点。

"没有规矩不成方圆"。一所优质的学校、高效的学校，一定有科学、有效的各项规章制度。西五小学当然也不例外，借"内改"的东风，在丁国君校长的带领下，经过全体师生的努力，建立了适合西五小学发展的系列制度，诸如"校长负责制、教职工聘任制、岗位责任制和结构工资等级制"，还有以人为本的"教师一日常规"等，使学校走上绿色制度管理的科学发展轨道。实施制度管理的西五小学，各项制度齐备，制度面前人人平等，学校事务井然有序。

在施行"制度管理"的基础上，西五人又给"民主管理"理念赋予新内涵，即管理者在"民主、公平、公开"的原则下，唤醒人的主体意识，弘扬人的主体精神，发挥人的主体能力，协调各组织的各种行为达到管理目的。用丁校长的话说，这是一种群众参与下的多数人管理多数人的管理。民主管理更能凸显绿色管理的特色。西五人创立并实施了一个重要的绿色管理流程：①学校公布工作任务，工作要求；②教师自我约束、自我管理，体现"自尊·自重"的生命意义；③学校根据教师任务完成情况进行梳理、调整、完善，充分体现在制度约束下的"以人为本"，并对相关情况进行指导，理顺工作程序及工作内容；④教师对学校梳理、调控后的工作进行反思，从"别人能做到的事，经过努力，我能做得更好"的思想理念出发，调整工作思路和思维方式，创新完成应调整的工作，充分体现教师在发展中的"事业之美""形象之美"，达到"心情之美"；⑤学校及时对教师的教育教学行为进行评价，并努力为教师搭建学习发展的平台，促进教师和谐发展；⑥学校定期表彰优秀教师，树立师德典范，从而实现教师的自身价值，使学校的办学理念化为全员教师的集体行动，促进学校和谐发展。可以说，这一过程，既能体现校长引领员工的发展方向，又能体现教师群体主观能动作用。实际上，这一过程就是校长办学理念转变为现实的过程。在这一过程中，校长不断地引导教师，教育教师，感召教师，以自己的办学理念去启发教师的思想，在广大教职工之间形成对于学校发展的共同愿景。这一愿景，不仅仅是校长的事业，它也成为校长领导下的所有师生员工的共同事业。

在成功实施"制度管理"和"民主管理"的同时，西五人并不满足，他们继续追求更高水平的绿色管理——"文化管理"。西五人对"文化管理"的认识与践行也有自己的独到之处，赋予其特有的"绿色"。西五人认为，文化管理重在和谐管理。实施和谐管理，促进学校和谐发展，是他们的理想和目标。和谐管理的核心是人，人的和谐是社会和谐的基础。管理者的人际和谐，即管理者与被管理者是一对矛盾统一体。管理者管得自得，被管理者乐于接受并主动配合，使管理者与被管理者二者之间关系协调，这是管理者的艺术。具体而言，校园和谐最为关键的因素是人。人的和谐与否，决定了校园和谐的成败。校园中的人，主要由领导干部、教师、学生三类人构成，而其中领导班子的和谐是关键中的关键，干部关系和师生关系是基础。作为一个管理者，需要协调的关系是多方面的，既有日常工作中的分歧和矛盾，也有难以避免的突发事件；有同级领导之间的横向协调，也有上下级之间的纵向协调；有自己权利范围的内部协调，也有权利不及之处的外部协调，等等。妥善处理各处矛盾关系，协调好各方面的工作，才能保证各环节行动步调的一致性。特别需要给予肯定的是，西五人以系统的哲学视域，明确了今天学校"和谐"管理的过程，即由"人格和谐"到"人际和谐"再到"校园和谐"的科学建构过程。三个过程相互联系、相互作用，后一个层次的和谐基于、依赖于前一个层次的和谐。

西五人在演绎着"制度管理""民主管理"和"文化管理"这绿色管理的"三重奏"。其实，西五人能提出这样的一些管理理念已经非常了不起，况且他们还付诸成功的学校管理实践，不得不让人们为他们叫好！

三、特色成功办学——"绿色管理"创造培养高素质教师团队的新路径

关于学校教师队伍建设，历来是人们关注的话题。学校的发展，需要一支高素质的教师队伍。只有建设一支高素质的教师队伍，才能使学校不断发展提升，走上成功办学之路。西五小学的教师队伍建设和学校发展的业绩历程向人们证实了一个重要的教育规律：一个高水平的"专家"校长，带出一

支高素质的"专业化"教师团队，创办人民满意的高质量的教育。

如何建设一支高素质的教师队伍？西五小学的"绿色管理"实践：制订、实施前瞻的"绿色规划"，探索、尝试有效的"绿色模式"，打造、发挥上进的"绿色机制"，组织、开展多样的"绿色活动"，为我们提供了有益的做法与经验。

（1）制订、实施前瞻的"绿色规划"

早在2001年，西五小学就提出并实施了培养骨干教师队伍的"4691"工程，即三年培养4名思想素质高、业务能力强、有开拓精神的学校中层领导或后备干部；培养出6名省、市、区骨干班主任；培养出9名区级以上学科带头人；培养一支科研型骨干教师队伍。成功的改革实践让西五人尝到了"4691"工程的甜头：学校有23位教师在省、市、区各级教学大赛、业务评比中获奖；有10人成为区"优秀教师"或"教学新秀"；有5人成为市、区"优秀班主任"或"优秀中队辅导员"；有2名中层被提拔到副校级领导岗位，有3人成为区"后备干部"。在此基础上，2003年西五小学又提出了"4691—111"工程，即三年至少培养4名省、市级"优秀班主任"或"优秀教师"；三年至少培养6名国家、省、市级骨干教师或学科带头人；三年至少培养9名省、市、区级教育教学"名优"教师或师德先进个人；打造一支过硬的骨干教师队伍；培养一批高素质的合格人才；创新一体化的"西五教育集团"。通过实施"4691—111"名师工程，培养了一批乐于奉献、善于合作、勤于研究、敬业爱生的骨干队伍，铸就了一支高素质、高水平的研究型教师队伍，为实施绿色教育，开辟德育新路奠定了人才基础。

（2）探索、尝试有效的"绿色模式"

为有效建设高素质的教师队伍，丁国君校长率领西五小学教师们开发了三个重要"模式"："螺旋上升式定位模式"：定位——规划——传播——执行——评价——提升——再定位。这样循环反复，定位的目标逐渐上升，不断形成新的定位点。在一个新的定位中，团队会一次次地走到一个新的起点，步入阶梯式上升的台阶，产生"螺旋上升式定位"效应。大雁式"V"型凝聚模式是教师团队的发展模式。"V"型的雁群可以减少雁群总体花费的力气，领头雁正面迎风，而飞在它后面的雁受到的气流冲击将减弱，因此飞行起来更轻松，保证团队的前进。"V"所引发出来的深刻含义是：走到一起是开始，融到一起是进步，合作到一起是成功。同心圆【INI】向心管理模式，由一点派生出一个面和无数个点，组成了一个圆。圆上的点又发散成无数个点，这些点又反作用于发散出的圆。同心圆、点面点在管理上是发散思维的一种体现，反过来是多项思维的一种聚焦。采用同心圆【INI】向心管理模式，有利于建设一支师德高尚、业务精湛、能力过硬的教师团队。这三个模式是丁校长和教师们的重要创新，是形成西五学校教师专业化发展的有效机制。

（3）打造、发挥上进的"绿色机制"

丁国君校长坚信高水平的人才需要高素质的教师，高素质的教师需要高定位的发展平台。为进一步加强教师队伍建设，建设一支"研究型""专家型"的名师团队，促进学校教育教学能够更好、更快地发展，在丁校长的倡导、扶持下，西五小学于2010年成立了"西五小学名师工作站"，建立了更加强有力的教师队伍建设机制。名师认真履行工作站成员职责，积极完成"在教、带教、支教"任务，高效完成"四课一讲"活动，充分发挥名师的引领和示范作用。学校组织他们积极参加各类教育教学竞赛，让名师在比赛中成长。学校给名师加任务、压担子，承担更多的教学开放和带徒、带教工作，使一大批名师成长起来，使学校形成了点、线、面相结合的教师专业化发展新格局。"名师工作站"的机制促使教师素质迅速提升，在2011年中国教育学会组织的"全国首届百优名师评选"中，有三位教师被评为"百优名师"，3位教师被评为"成长中名师"、1名教师获提名奖。在长春市骨干教师重新认定考试中，学校以19人入选的成绩位居南关区第二。在"南关区第六届教学能手、教学新秀评选"中，学校3位名师被评为教学能手，3位名师被评为教学新秀。

（4）组织、开展多样的"绿色活动"

丁国君校长长期的学校管理实践形成了她坚定的"人文化"管理的信念。她深知教师职业紧张而繁忙，为了减轻老师们的工作压力，她亲自组织、参加教师绿色活动。2008年9月她主持成立了"西五小学阳光·健康俱乐部"，组织、开展教师的各种绿色活动。俱乐部开发了几个活动分部：手工DIY俱乐部，舞蹈俱乐部，书法俱乐部，健身俱乐部。教师可根据自己的爱好自由选择自己喜欢的俱乐部。自从阳光俱乐部成立以来，教师的幸福指数不断增加，工作的热情提高了，干劲增强了。各种活动的开展成为调适教师工作、学习以及生活中身心压力的"减压器"，教师能以积极的心态、饱满的热情，全身心地投入到工作当中，工作效率大大提高，生命幸福指数不断提升。对每次俱乐部组织的活动，教师参与的积极性都很高。现在，阳光俱乐部的活动已经成为全校教师最期待的活动，因为大家都能在阳光俱乐部中找到自己的快乐。

四、特色成功办学——"绿色管理"开创实现教育均衡发展的新模式

今天，"教育均衡发展"的话题引人关注。《国家中长期教育改革和发展规划纲要（2010—2020年）》明确指出："优先发展，育人为本，改革创新，促进公平，提高质量……把促进公平作为国家基本教育政策。教育公平是社会公平的重要基础。教育公平的基本要求是保障公民依法享有受教育的权利，关键是机会公平，重点是促进义务教育均衡发展和扶持困难群体，根本措施是合理配置教育资源……"的确，当前的教育均衡发展问题是教育包括社会面临的一个重大课题，越发引起政府和社会的广泛重视。如何有效破解这个"难题"？如何走出一条切实有效的教育均衡发展之路？西五人成功创新探索的"一体化"的经验，努力尝试建构的"大学区"的做法等，为我们提供了宝贵的启示。

西五小学的发展其实是一个"自然"和"必然"的过程。从2002年起，为求学校的生存发展，西五小学走上了"自然"——"兼并发展"之路，同时，在扩大办学中也走向了"必然"——"教育均衡发展"之路。

西五小学走过了这样一个"兼并发展"办学之路：2002年接收原六马路小学，创办"首家"校办幼儿园，给学校带来最大的利益——生源增多，使西五小学迅速发展起来。2004年5月，接收了原西长春大街小学，建设了"西五小学西长校区"，不仅扩大了办学规模，也使一所落后学校成为一所好学校。西长校区的建立，使西五小学突破了"幼小衔接一条龙"的办学模式，实现了一个学校、三个校区、三位一体的办学新格局。到2006年，接收西长校区后的第二年，学校名望度进一步增强，但校舍处于饱和状态，学校校舍的"紧缺"程度到了电子琴房、图书室、阅览室、实验室都成了教室的状况。2007年，为了解决学校的校舍问题，又接收了长春市四十一中学，成立了西五小学中学校区。由此，西五小学从一个班子、三个校区、"三位一体"的教育模式，再次发展提升，形成了一个校长、两套班子、四个校区、中小幼一体化的"西五教育集团"办学新局面。

西五小学的发展并未因"西五教育集团"的辉煌业绩而停步，急教育均

衡发展需要之所急，按照南关区教育局建设"大学区"的规划，西五小学又与不同层次、地理位置相对集中的六所学校组建成新的教育共同体——西五大学区。以西五优质学校为引领，各成员校积极参与，在办学理念、教学管理、队伍建设、资源开发等方面实行一体化管理，努力使各校在硬件、师资、管理、学生、校风等方面实现资源的有益流动与整合，以求真正实现学区内七所学校教育水平的共同飞跃。

大学区成立了领导小组，制定了大学区校长《例会制度》《学习制度》，先后出台了《西五大学区发展规划》《大学区工作实施方案》，制定了各项工作配套的相关保障制度，建立了一个目标明确、制度完善、措施得当、分工合理的大学区工作运转体系，确保了大学区各项工作的顺利开展。

大学区目标定位明确，以"强化师资、优势共享、内涵拉动、合作共赢"为战略目标；工作思路清晰，以"建立制度保障、整合优质资源、强势积极引领、校际多元合作、缩短质量差距"为工作主线。大学区人积极树立新的大教育观、大资源观，把"和谐、共享、发展、特色"作为大学区建设的主题词，在教师培训、区本教研、课程开发、文化创建等方面实行一体化管理。

西五大学区成立后开展了一系列富有实效的工作，如组织"名师工作室"活动，参加区运动会，唱红歌，承办"长春市大学区教学研究活动汇报展示现场会——西五大学区教学专场"等等。2011 年 6 月，在"吉林省大学区现场会"上，西五大学区教育展台、学区长的校长论坛等均得到省市区有关部门领导和同仁的高度评价。2011 年 11 月，"西五大学区"以学区建设特色，被评为"长春市先进大学区"。

今天，为实现西五大学区学校的共建、教师的成长和学生的发展，西五大学区的教育人正积极探索"大学区一体化管理"模式，为推进区域教育的均衡发展，实现有质量的教育公平而努力。

回首西五小学十年的"绿色教育"，西五人为我们谱写了一曲动人的教育诗篇。在丁国君校长绿色管理办学思想这面旗帜的引领下，西五人走向了绿色课堂、绿色德育、绿色文化的新时期。展望西五小学未来的"绿色教育"，西五人正孜孜以求谱写中国教育改革的新篇章。在丁国君校长绿色管理办学行动的感召下，西五人正创造着西五小学的教育历史，创造着长春、吉林教育的历史，创造着中国教育的历史。

2012 年 1 月

社会评价

徐徐"绿色"之风吹暖孩子心灵

《长春日报》记者 康磊

【新闻提示】

绿色，代表着生机与活力；绿色，是纯净，没有污染的代名词。提起"绿色校园"，许多人首先想到的是学校里绿树成荫、清新整洁的环境。但在南关区西五小学，"绿色"并没有仅仅停留在校园环境上，从校园文化到德育工作，从课堂教学到科研和学校管理……三年来，该校的"绿色教育"已经渗透到教书育人的每一个环节中。

在这里，教师们率先向教育中的种种"不绿色"行为说"不"，为孩子们营造了健康、和谐、快乐的成长环境，用"绿色"的教育滋润孩子的心灵，塑造他们的品格。随着新课程改革的深入，"绿色教育"已在每名教师和学生的心里扎了根。无论是课堂上还是日常生活中，每个孩子的进步与成长都能得到老师的关注，师生们沐浴着生机勃勃、清新纯净的"绿色"之风，享受到学习与成长的快乐。

"绿色德育"如春雨滋润童心

"时时是育人之时，处处是育人之地，人人是育人之师。"在西五小学，教师们时刻注意规范自己的语言、行为和仪表，用自己的言行去教育学生，用自身的魅力去感染学生。"绿色德育"成为学校塑造学生美好心灵的教育，教师们更是抓住一个个教育契机，引导孩子们学会关爱，懂得责任，拥有面对错误的勇气和改正错误的决心。教师们用自己的教育艺术赢得孩子的信任与尊重。

镜头一："绿色教育"是教师用爱、尊重与宽容唤醒学生的心灵——老师帮她找回勇气一天，李老师班上有一名女孩没有来上课，家长也没打电话请假，为此李老师拨通了女孩家的电话。电话那头传来低沉的声音："是李老师吧？我是她的姑姑，孩子生病了所以没上学。"那声音虽然努力说得低沉，却分明带着童音，面对稚嫩的童音和同样稚嫩的谎言，李老师心想，这孩子不上学应该是有原因的，她正一个人在家，如果当场戳穿，她可能会因为不敢面对家长和老师而离开家。于是，李老师决定缓冲矛盾，给她反省的机会，便在电话里说："是吗？那得赶快带她去医院，告诉她不要担心，好好休息，明天我给她补课。"

放下电话，李老师马上联系了女孩的母亲，叮嘱其在问清孩子不上学原因的同时鼓励孩子主动找老师说。第二天女孩来上课时低着头，始终不敢看老师的眼睛。中午，李老师找到她，没有多问只是认真地给她补课。时间一分一秒地过去了，女孩的眼睛湿润起来，她轻轻地说："老师，我错了。"李老师没吱声，只是用鼓励的目光望着她。她接着说："老师，昨天早上我肚子疼，妈妈上班着急没管我，可后来真得疼得厉害了，我就留在家了，因为害怕，我撒了谎，对不起。"李老师拉过女孩的手说："孩子，老师在为你生病而担心的同时，更在耐心等着你的真诚和勇气。犯错误并不可怕，可怕的是没勇气去面对它。现在老师很高兴，因为你战胜了自己，勇敢承认了错误，老师相信你会改正错误。"女孩认真地点点头。

镜头二："绿色教育"是教师以发展的眼光看待学生，更多关注生命的价值——从"淘气包"到"小师傅"

张越丽老师的班里有一个学生，学习成绩不错，就是每当老师不在时，他总会和同学因一点小事发生争执。张老师一找他谈话，他就哭着说："老师我错了，老师我错了。"然而，不管老师苦口婆心地教育还是声色俱厉地批评，均不见他有变化，错误仍照犯不误。在一次次苦心策划的转化计划都失败后，张老师开始反思自己的教育方式："对于他这样的孩子，怎样才能发挥它的优势，唤起他对别人的宽容与爱心呢？"

一天中午，张老师请这名学生给一个学习吃力的同学当师傅，每天帮对方学习。其他同学都很羡慕，争着说："我要当师傅。"可偏偏只有这个学生对老师给他的"殊荣"不领情，并对张老师说："老师，你让我给他当师傅我觉得有点累！"因为他平时贪玩，所以张老师听出了这话的弦外之音。

所以顺着他说："是啊，当师傅能不累吗？关键是当师傅的乐趣很多呀，再说，只有有爱心又出色的人才会当好师傅。"就这样，这个学生似懂非懂地开始了第一次为人师的经历。不一会儿，他把给"徒弟"写的字头拿给老师看，张老师发现他写得特别认真。那之后，每天中午，"师徒俩"总在一起学习，那名学生与其他同学的关系也越来越融洽了。

"绿色课堂"如乐园点燃童趣

课堂是学校教育的主阵地，为此，西五小学把"绿色课堂"作为实施"绿色教育"的突破口。教师们根据学生发展的需要来设计教学，力图在40分钟内带给学生一个自主学习、积极创新、自由发展的空间，使教学过程成为师生共同成长的重要历程。课堂上，每位教师用心地为学生营造轻松、愉悦的情感体验氛围，紧紧抓住学生的兴趣点，激发他们的学习欲望。同时，教师们还努力成为点燃学生情感的"火把"，用自己的激情去调动学生的情感，在学科的教学中给学生更多的人文关怀和精神营养。

镜头一："绿色教育"是关注每个孩子的成长与变化，用教育的艺术引导他们的行为——"量身定做"的批评

尹蕾老师的班上有一名女生学习成绩不错，美中不足的是有时马虎。尹老师曾批评过她几次，但是效果始终不明显。一次数学测试前，尹老师叮嘱学生："这次测试只有计算题，希望你们能认真计算，仔细检查。考得好的同学我会给你们一个惊喜。"

成绩发布了，学生们考得不错，都盼望着老师带给他们的惊喜。尹老师对喜欢踢足球的同学说："为了表彰你们认真的学习态度，老师给你们一个足球，希望你们在学习之余多锻炼身体。"对有不同兴趣爱好的学生，尹老师都给予了不同的奖励。这样的奖励使学生们欣喜若狂。此时，那名女生低下了头，表情中有后悔也有羡慕。于是，尹老师走到她面前，惋惜地说："我知道你很喜欢书法，还特意为你准备了一本字帖，但是由于你在这次考试中的疏忽大意，也许它只能作为下次的奖励了。"听了老师的话，那名女生的眼中充满了期待。在以后的学习中，她认真了许多。尹老师这次"量身定做"的批评取得了比以往都好的效果。

"教师在批评时要讲究艺术性，不该用挖苦、告状、预言、比较、体罚等粗暴的批评方式伤害学生。"尹老师说，批评时和颜悦色，循循善诱，同样能让学生们从心底认识错误，接受批评。

镜头二："绿色教育"促使教师从学生的角度考虑问题，关注学生的情感体验——一分钟的价值

刚开学时，付春萍老师班上的学生在学习、纪律方面表现得都不错，可过了一段时间，学生们有点松懈，尤其是早读的时候，有的学生交完作业后不是聊天就是坐着发呆。"一日之计在于晨"，看到学生们不懂得珍惜大好时光，付老师十分着急，在班上强调了多次，可收效欠佳。

考虑再三，付老师决定换一种方法解决问题。她在班里进行了一次小测试。首先让班里的古诗背诵"大王"给同学们背古诗，时间为1分钟，全班同学负责计数。"开始！"付老师一声令下，台上的学生背了起来。"停！多少首？"学生异口同声地说："8首！"并向台上的同学投去美慕的目光。接着，付老师又请出两名学生，一个是早上爱聊天的，让他抄写词语；一个是经常早上睡不醒的，让他拍球。两人同时进行，时间也是1分钟。随着一声"开始"，两人使出浑身解数，飞快地写着、拍着，1分钟内他们分别写了5个词语，拍了110个球。最后，付老师又让全班学生朗读课文，1分钟过去了，学生们读了两个自然段。

小测试结束了，付老师问道："同学们，在这次测试中，你们发现了什么？""时间都是1分钟。"学生喊道。"1分钟看起来很短，但我们可以做这么多事。"见时机一到，付老师说："同学们，时间对谁都很公平，不会多给谁1分钟，也不会少给谁1分钟。"听了老师的话，教室里一片寂静。此后，让付老师头疼的早自习问题没有了，学生们都能自觉地把这段时间利用起来。付老师认为这次成功要归功于"绿色教育"的理念。这一理念让我认识到要从学生的角度去考虑问题，注重学生的情感体验。

"绿色科研"如神匙开启潜能

"绿色教育"也促进了西五小学科研教改的发展，使该校在全面实施素质教育的过程中，形成了鲜明的办学特色。在"绿色教育"理念的引领下，

该校积极探索网络环境下的新模式课，形成了独具特色的主题信息课。有效促进了信息技术与学科整合。主题信息课设置为选修课和必修课，在选修课上，学生们可以根据自己的特长、爱好、能力和对教师的情感倾向，跨学科、跨班级、跨年级选择有关课程。在这种"绿色教育"中，学校为学生提供"菜单"，学生们掌握"点菜"权，得到了广阔的发展空间。

为了充分开发学生的潜能，该校还进行了"多元智能情境化教学"校本教研的探索与实践，使具有不同优势的学生都能在多元的情境化教学中得到培养与发展。体音美分层教学就是该校的一大特色，在不同层次的教学中，学生们尽情彰显个性，展现才华，体验成功的快乐。

镜头一："绿色教育"让每个孩子都拥有展露才华、表现自我的机会——课堂上的"多彩"春天

不同的孩子具有不同的潜能，但只有在适当的情境中才能充分发挥出来。在一节《走过春天》的语文课上，老师带着学生们走进大自然，通过视觉、听觉等去感受春天。为了在课上给学生创设一个直观的情境，老师首先在黑板上画了一幅杨柳依依、鸟语花香、河水潺潺的美丽图画，接着教室里又响起了轻快悦耳的音乐，老师就在这样的情境中声情并茂地为学生们朗诵了一段朱自清的散文《春》。

有了这些铺垫与渲染，学生们不知不觉地走进"春天"，并开始跃跃欲试地想要表达自己对春天的感受。于是，老师决定让学生们各显其能：有的朗诵散文和诗歌，有的演唱与春天有关的歌曲，有的用画笔描述春天景色，有的制作关于春天的电子作品……快乐的课堂成了学生们放飞想象，展示特长的舞台。

镜头二："绿色教育"要让不同的学生享受到最适合自己的教育——三名教师共上一堂课

不同班级的学生在一起，三名美术老师共同上课，这节"新鲜"的美术课《生活中的花》给记者留下了深刻的印象。课上，来自同一年级三个不同班级的学生坐到一起，三名美术教师从硬币上的花朵图案讲起，你一句我一句，相得益彰，向学生们介绍不同的花代表的不同含义。随后是学生们自己动手的时候了，教师们结合自己的特长组织了中国画、手工制作和儿童画三个小组，学生们根据兴趣、爱好自由选择，用自己最喜欢的手法来表现花朵的美丽，

并将自己的作品展示给其他小组的同学。这样的分层教学，满足了不同学生的发展需求，使学生们在课堂上学得劲头十足，兴趣盎然，并且在最适合自己的教育情境中体验到了成功的快乐。

"绿色教育"，老师学生都受益

镜头一："老师给我回信了"

"现在，我和老师之间的感情越来越深了。"西五小学六年三班的一名男生告诉记者，这是学校实施"绿色教育"后他最深的感受。"记得有一段时间，不知是什么原因，我觉得老师对我有些冷淡，于是鼓起勇气给老师写了一封信。很快，老师就给我回信了，不仅说了我最近的表现，还鼓励了我，这让我重新振作起来。现在，我有什么烦心的事都愿意和老师说，她就像我们的大朋友。"

六年三班班主任石媛告诉记者，原来这名男生非常出色，以前一直担任班干部，老师和同学都很信赖他。可是，在一次同学们都积极参与的班干部竞选中，这名男生却不愿意竞选。石老师说："他对班级活动的这种态度让我感到失望和疑惑，但我并没有直接找他，而是采取了冷处理的方法。当孩子感到我对他态度的变化时，便主动给我写了信。我在回信中告诉他，作为这个班级的一员，就应该在力所能及的情况下多为集体、为同学服务，发挥自己的才干，锻炼自己的能力。"之后，石老师又与他单独谈了一次，解开了孩子心里的"小疙瘩"，后来，他主动向老师递交了竞选申请书。

镜头二："我为欺骗学生的行为自责"

"在以往的教学中，由于理解上的偏差，我确实有过一些'不绿色'的行为，比如当时有'孩子是夸出来的'的这个观点，我就曾经在课堂上不适当地使用了夸奖。"杨玉丽老师告诉记者，当时，她毫不吝惜地用最美的语言来夸奖学生，甚至在学生出现错误时也想方设法找出其闪光点来夸。

杨老师拿出一本三年前写的班主任评价手册。"我当时写这本评价手册时可是煞费苦心，每一篇评语都想用最美的语言来夸奖、鼓励学生，有的甚至用散文的形式来表达。可前不久，我把它拿出来再读时，最大的感受是有一种反胃的感觉，还有一种深深的自责和愧疚。"为此，她重新对表扬与批评进行了定位，在现在的"绿色课堂"上，她仍然尊重学生，但也有批评，不过是善意的，讲求艺术的批评。

专家咋看"绿色教育"

在西五小学日前举办的"长春市实施绿色教育、构建和谐的育人体系"课题现场研讨会上，市教育局副局长周国韬和市教育局科研所所长柏云霞都对该校实施的"绿色教育"给予了肯定。

周国韬说："西五小学提出的绿色教育，是针对我们中小学多存在的问题开展的，它体现的是一个整体的改革，涵盖了学校的各项工作，从孩子们取得的飞跃性进步上，我们看到了'绿色教育'的成果。"

"'绿色教育'是素质教育的体现，是针对素质教育实施过程中出现的一些'不绿色'行为和认识误区，而提出来的一种优化教育。"长春市教科所柏云霞所长认为，该校"绿色教育"体现的基本理念，都是素质教育的理念，是新课程的理念。在实施过程中，教师要做到爱学生、尊重学生、了解学生，科学施教，讲究教学的艺术，以"关爱生命"为主线，赋予教育以生命的本性。

《长春日报》2005 年 12 月 27 日第 6 版

绿色是改变学校的力量

《中国教育报》记者　张以瑾　赵准胜

"再大的学校，也是小，因为世界太大了；再小的学校，校长也是大，因为校长太重要了。"12 年前开始做校长时，丁国君就想做一名"大校长"。当时的长春市南关区西五小学只有 720 名学生，而且又老又破，籍籍无名，几乎没有人相信这里能够承载丁国君的激情和梦想。

然而，小学校成就了"大校长"，"大校长"也改变了小学校。从最初的"减负"行动开始，丁国君提出"绿色教育"并在实践中将其发展为"关爱生命·注重发展·彰显内涵"的理念体系。在绿色教育理念的引领下，西五小学不仅实现了自身的"阔越式发展"，形成集幼儿园、中小学和校办少年宫为一体的学校品牌，而且成为推动区域教育均衡发展的"龙头校"。

绿色是教育理念，"先搞清楚啥是绿，绿色是什么"

"无污染的教育"让学生爱学、乐学。事出皆有因，如果追溯绿色教育的精神源头，要从丁国君做教师时说起。20 世纪 80 年代末，丁国君已经是长春市小有名气的语文教师。她对教育的理解是：要让学生"学得轻松，玩得痛快"。

当了校长后，她抓的第一件事就是"减负"，要求教师向课堂 40 分钟要质量，用短时、高效的方法让孩子们爱学、乐学。在这个过程中，她也在思考西五小学的办学理念和发展目标。

有一天在办公室翻报纸，丁国君看到一家肉食加工厂打出"绿色食品"的广告，说牛肉经过排酸后，味道更加可口。她对身边的教师说："教育也要排污，让孩子们接受'无污染的教育。'"正是这个不经意的契机，引发了西五小学的绿色教育行动。

2001 年 3 月，学校举行"绿色教育"启动仪式，当地媒体派记者来采访，但是仪式开始时记者们还是守在校门口。丁国君很好奇，不料记者说："你们一会儿不是要带学生们上街捡垃圾吗？"丁国君连忙解释："我们的绿色教育，并不是环保教育……"其实，当时对于绿色教育，她也说不出太多，只是有一种方向性的认识。

为了深入研究绿色教育的内涵与价值取向，丁国君组织教师进行讲座，开展合作论坛。大家对于绿色教育提出了五花八门的看法：有人说孩子就是小苗，课堂是土壤；有人说，绿色教育要顺应儿童天性；还有人说，绿色教育要以发展的眼光看待学生……

这样的"头脑风暴"是一个集思广益的过程。"绿色教育是以反思传统课堂教学为前提的，比如教学方式是不是科学、合理，教学过程是不是最有效、最简洁，教学效果能不能活跃学生思维，激发学生潜能。"丁国君说。

在绿色教育理念的引领下，学校致力于课堂教学改革，先后实施了信息技术和学科教学整合、体音美分层教学以及"3A+1"特色教学，打造了独具特色的"绿色课堂"。

西五小学的主题信息课将信息技术和学科教学进行整合，对教学内容进行重组、合并、压缩，依据各学科特点，创编出贴近学生生活的教学内容，开设了必授必修、选授必修、选授选修和选授特修四种新模式课。

其中，由教师挂牌上课，学生自由选择的选授选修课特别受学生欢迎。按规定，各科教师在每月第一周的周一申报选授选修课的具体内容，提交教学设计，自荐教学主题。学校统一安排时间向学生展示教师们的授课内容，让学生在任课老师的指导下选报自己感兴趣的课。

尽管是语文教师出身，但作为校长，丁国君从不"偏科"。在她的推动下，西五小学的教学改革也覆盖了体、音、美等"副科"。从1998年开始，学校开始进行二至六年级"体音美分层教学"实验，按每个人的兴趣爱好，把同一班的学生分成A、B、C三组，上课时打破班级界限，把同一年级相同组别的学生组成新的教学班进行分层授课。

采访期间，记者观摩了西五小学的一节体育课：在绿树成荫的操场上，两个班的学生在3位体育老师的带领下，组成篮球、扇子舞和足球3个组，分区域进行学习。由于每个学生都选择了自己喜欢的项目，一招一式都学得很投入，老师们也教得格外用心。

为了激发学生潜能，西五小学还进行了"3A+1"特色教学的尝试，即在语文、数学、英语的课内学习基础上，每天多开设一节奥数训练课、英语实践课和语文古诗词诵读、名著赏析实践课等，进行课程延伸及其与生活实践的整合研究。在此基础上，学校还增设了国画、书法、二胡、京剧等艺术课程，以此培养学生的艺术兴趣和特长。

丁国君说，学校要注重培养学生的不同爱好和个性，这才是注重人的发展，才能凸显教育的本性。

绿色是发展思路，"阔越式发展"做大优质教育资源

尽管"阔越式发展"在词典上查不到，但丁国君还是很喜欢用这个词。一所又老又破的小学校在几年间发展为拥有4个校区、近3 000名学生的大学校，从西五小学的发展历程看，确实难以找到比"阔越式发展"更形象的说法。

有人说西五小学总在搞扩张。不过，很少有人理解她作为校长的难处：

学校办好了，越来越多的家长千方百计送孩子来，这其实为学校发展提出了更高的要求。

从1999年至今，西五小学已经连续实现了4个"三年发展规划"。创办了长春市首家校办少年宫；2002年兼并了六马路小学，创建了全市首家校办幼儿园，实现了幼小衔接一条龙；2004年兼并了西长春大街小学，实现了一个校长、三个校区、四块牌子的办学新模式；2007年至2010年兼管长春市第四十一中学，形成了中小幼一体化"西五教育集团"办学新格局。

在丁国君看来，西五小学的发展是一个自然成长的过程。如果以绿色教育理念来诠释西五小学的发展，恰恰能够体现学校作为一个组织所应有的成长价值，而这背后是优质教育资源的内在张力。

当初创办西五小学实验幼儿园时，有人说丁国君尽做不切合实际的事情，但她考虑的是幼小衔接问题。为了避免校办幼儿园"小学化"，幼儿园在师资配备、教学内容、环境布置等方面都做到了以幼儿为本位。

以园舍建设为例，幼儿园所在地是原先的六马路小学，丁国君根据幼儿特点制订楼体改造方案，亲自带领美术教师设计、喷涂外墙图案。楼内设计也进行创新，3个楼层分别以粉色、蓝色和绿色为主打色调，楼梯以粉蓝绿彩条衔接，看上去各有特点又浑然一体。

西五小学实验幼儿园根据幼儿年龄分为启能班、益智班和智能学前班，在教学上追求"自然成功的过渡"，摸索出一系列独特而有效的教学方法，有效地解决了幼小衔接问题。

现在，西五小学实验幼儿园已成为长春市一类一级幼儿园，吉林省幼小衔接实验基地，在园幼儿600多人。最让丁国君感到欣慰的是，每年小学新生入学后，都有老师反映，来自西五小学实验幼儿园的孩子能很快适应小学生活。

在学校"阔越式发展"过程中，丁国君提出"围绕一个中心（绿色教育），明确两个工作重点（深化课程改革、创造优质教育），把西五小学建设为专家治校、名师执教的现代化、生态式，具有国际交流能力的优质品牌学校"。

作为一所区属学校，西五小学的优质化发展促进了南关区乃至整个长春市的教育均衡。在长春市大学区建设中，西五小学被确立为大学区龙头校，所在学区也被命名为"西五大学区"。不久前，长春市首届"大学区教学研究活动汇报展示现场会"在西五小学举行。在西五小学的辐射和带动下，西五大学区在师资培训、区本教研、文化共建和资源共享等方面成为全市学校学习的对象。

西五大学区的长春回族小学校长韩涛说，学区里的所有学校无论大小强弱，都是民主、平等、互动的共同体关系，大家联手建设优质教育资源，共同推动区域教育均衡发展。

从创建一所学校的优质教育资源，到1个校长、4个校区的集团化办学，再到带动整个区域的教育均衡发展，丁国君所倡导的绿色教育在发挥现实影响力的同时，也不断丰富着自身的内涵和价值。

绿色是管理思想，每个成员都是主动的参与者

丁国君给西五小学的定位是成为教育"品牌"，但在平时的管理中她更强调"风气"。她的逻辑很简单：没有好的风气，就不可能培育出学校品牌。

到西五小学参观的人都会发现：尽管学校有4个校区，但是每个校区都清洁卫生、环境优雅、秩序井然。于是，经常有人问丁国君，你们怎么能把4个校区管得一样好？

丁国君认为，治校要治思想，管理要管行为。在学校这个生态环境中，首先要依靠制度来提升人员素质。

在多年的管理实践中，她探索出两种"螺旋上升式"管理模式：一是大雁式"V"型凝聚模式，即"走到一起是开始，融到一起是进步，合作到一起是成功"。学校在学年组建设、教研协作体发展上成功采用这一模式，实现了"同伴互助"的飞跃与提高。二是同心圆【INI】向心模式，学校以打造过硬"班子"和"支部"为核心，带动各部门的协调发展。

在具体管理过程中，西五小学完善了岗位责任制、教师聘任制、教育教学评估奖励制度和中层领导分层定岗带班制，通过实施绿色管理流程："布置—落实—检查—反馈—反思—评价"，做到目标管理与过程管理相结合，确保了教育教学工作高效运行。

学校管理不能没有制度保障，但是如果仅仅依靠制度压力，很难把分散的校区管理得有条不紊。作为西长校区的主管校长，西五小学副校长杜颖对此深有体会，她说："不同校区之所以能做到一体化管理，除了依赖于有效

的制度，学校还注重激发每个成员的责任心和进取心，让每个人都成为学校管理的主动参与者。"

为了贯彻民主治校的理念，每年的教代会，学校都鼓励教职工为学校发展献计献策。在 2011 年 3 月的教代会上，全校 135 名在岗教职工提出了 118 条建议和意见。学校归纳整理出有效提案 18 个，合理化建议 41 条，经校领导班子研讨后再对全体教师做出详细答复。

在阐述绿色教育理念时，丁国君说绿色教育是"无声的教育"。如果深入观察西五小学，可以从两个方面感受到这种"无声"：一是环境和氛围对人无声的影响，学校的每一条走廊、每一面墙都装饰着师生自制的艺术品，每个教室都养着各种花草，还有金鱼和小鸟……自然、生命和文化一起构成了学校环境，也无声地传达着绿色教育的理念。二是人对学校环境和文化无声的维护，学校不设"大扫除"，但整个校园看不到纸屑垃圾；如果请师生们谈谈他们对学校的感受，听到最多的说法就是"学校像个家"……

作为这个"大家庭"的领头人，丁国君也在追求一种"无声"的影响："当管理者每天出现在教职工面前，如果他的精神状态能够感染着员工，对员工的热情和关怀让人难以忘怀，信任就自然而生。"

然而，这种"无声"很多时候伴随着辛劳甚至委屈。说起学校的一幕幕往事，无论酸甜苦辣，丁国君总是微笑着娓娓道来，让你感受一种"大校长"的气度。只是有时候她会突然停下，拿起纸巾擦拭一下眼角。

"每一次都在徘徊孤单中前行，每一次就算受伤也不闪泪光，我知道我一直有双隐形的翅膀，带我飞，飞过绝望……"丁国君总觉得这首歌是唱给她听的，因为她经历了许多别的校长没有经历的挫折，也得到了许多别的校长不曾得到的收获。

《中国教育报》2011 年 5 月 31 日第 5 版

网络空间建设挺进全国第一方阵
——西五小学策"码"奔腾上云端
记者 陈璟

四年前，以倡导绿色教育享誉全国的西五小学，开拓性地加入吉林省"网络学习空间人人通"应用试点工程，校长带头，师生同心，开启了一场充满艰辛的网络教学革命之旅。如今，西五小学的网络空间建设结出累累果实，一跃成为全省乃至全国小学网络学习空间建设的新样板、新高地。

教学楼的楼道墙上，一块块黑白色的"二维码"整齐地排列着，形成长长的"码墙"，一直延伸到走廊的尽头。学校不光有"码墙"，还印了"码书"。翻开学校二维码目录，校园文化、校长文化、社团展示、主校功能室、学年组文化、班级文化等内容一应俱全。

"码墙"和"码书"，仅是西五小学网络学习空间建设的一方标志。这一标志牵连着的是西五小学师生整整4年心系"云上空间"的探索与收获。

1. 起跑："晒一晒，我的爱"

"网络学习空间人人通"建设之初，全校师生对此一筹莫展，敢碰的不多。年轻教师李静宇决定先带着孩子们"吃吃螃蟹"。她一边带孩子们建立有特色的个人空间，一边在班里开展"晒一晒，我的爱"空间应用大赛。一场大赛之后，全班学生都爱上了打扮个人网络空间这件事。然后她把主题教育、拓展训练、有趣话题等制作成微视频上传至班级空间，激发学生利用空间学习、交流、分享的兴趣，引导学生记录学习和成长的过程。令李静宇老师无比欣慰的是，这个班级的网络空间，很快成为学生们展示自我、交流互动的大舞台，师生之情、同学之情通过互动更深更浓了。

2017年，在吉林省教育资源公共服务平台优秀空间评比大赛中，李老师的个人空间获得了优秀奖。有5个学生的个人空间分别获得一、二等奖。

一个班带动了整个学校，截至目前，西五小学教师和学生空间注册率达100%。

2. 巨变："颠覆传统课堂"

"网络空间给传统的课堂教学模式带来颠覆式的改变。"让西五小学五年七班语文老师陈居峰深有感触的是，曾经让她质疑的这件事，给她的教学带来了巨大的改变和收获。

"网络空间教学对于老师来说，简直就是如虎添翼。"陈居峰老师说，空间内配置了海量的精品学习资源，她把学生们分成小组，动员各小组利用空间搜集与所要学习新课相关的内容，比如一篇文章的写作背景、作者小传、作品评价等。到真正上课时，原来的老师一人讲解、学生集体倾听的教学模式，变成了学生们网搜资料、分工合作、精选素材、集中呈现等环节，除了老师的讲授，把更多的时间用于学生现场利用网络设备分享学习成果上，让课堂教学变得生动有趣，让学生们学得不累、学得扎实。

五年七班的一名学生说，不光是老师授课的方法变了，老师还会把重要的学习资源、作业的优秀模本上传至班级空间，让同学们借鉴学习，感到学习太方便、太有趣了。

"推行网络空间建设，最核心的一个目标就是要真正促进'教与学'质量的提升。我们鼓励老师大胆创新，改革施教模式，引领的是一场转变教育观念、教育创新的新实践。"丁国君校长说。

3.收获："学生是最大的受益者"

从4年前师生触"网"，历经从建到通、从培到用、从带到优、从深到融的探索历程，西五小学的网络空间建设内涵更加丰富，一系列精品教改成果脱颖而出：

语文学科带头人汪晓薇老师，依托网络空间，在课前导学环节增加空间微视频，引领低年级学生尝试自主学习，实现了学习内容可视化、教学环境虚拟化、教学过程交互化。美术老师谭鹏通过"空间作业"和"教学助手"呈现学生学习成果，让学生更多地交流和表达，多渠道实现学生的"群体成长"。老师们通过云端备课、在线课堂、网络沙龙，实现了备课资源、微课、课件、评价的共建共享。

西五小学还通过打造直播课堂、在线互动网络教研等形式，让西五大学区6所成员校共享优质教育资源。通过积极参与'网络学习空间人人通'试点，西五小学的教育教学融入了网络时代的先进理念，有力激发了每位学生的创新精神和想象力，学生成了空间学习最大受益者。

……

《长春日报》2018年5月22日

盘点"专家评述"和"社会评价"，绿色教育的力量与价值得到了专家们真诚、科学、理性的评价；盘点教育理念发展，我们对绿色教育坚定的信念与创新的精神得到了社会公正、高度的赞誉。

过去，我不止一次地思考，怎样的教育才有力量？那就是教育要有人性。

教育要尊重人，教育要让人成为一个真正有理性、有良知、有道德感、有理想、有追求、有生命激情、能够不断成长的人，这才是最好的教育，这样的教育才有力量、有价值。

绿色教育称得上有力量、有价值，因为我们有正确的方向——绿色教育的理念是"关爱生命·注重发展·彰显内涵"，绿色教育的内涵是"以生命孵化生命·以品行影响品行·以博爱成就未来"，绿色教育的价值取向是"关爱生命质量与成长价值"，绿色教育的目标是以爱育爱、立德树人、培养"全人"。如果教育没有这样的力量和价值，那不仅整个社会不会发展，整个人类也就不会存在了。

记得有一次听专家报告：一个美国的小学校长，他是"二战"的幸存者，做校长以后，他会给每个新任教师写一封信。他说："亲爱的老师，我曾经亲眼看到不应该发生在人类身上的事情：毒气室由学有所长的工程师建造；儿童被学识渊博的医生毒死；幼儿被训练有素的护士杀害。想到人类历史上惨绝人寰的一幕幕，我一直在思考教育到底应该是什么。在你们光荣入职的这一天，我的请求是你要帮助学生成为一个有人性的人。"

我曾读到《中国教育报》一篇热评文章《教育的力量在于点亮人生》，说的是很多大山里的孩子遇到了好的教育、好的老师（不管是线下的，还是线上的），他们的命运就改变了。就像那个刷屏的"搬砖男孩"魏凯伦，教育真正点亮了他的人生。当收到国防科技大学录取通知书时，他还在工地搬砖，他大喊："山，山，我走出去了！"多么让人泪目！现在毕业了，他毅然申请赴疆，用自己的理想和行动改变更多人的命运，真正让自己成为一束光。

有人说感动于真正的教育，它让我们流泪。这就是教育的力量和魅力！整整二十一年的探索，绿色教育以促进生命成长的力量，成为让我们感动的教育。绿色教育以阳光特质、以人为本、可持续发展、健康无污染的本质属性，焕发了多少教师的激情，点亮了多少孩子的心灯，获得了多少社会同行的认可。我想说，如果教育有颜色，那一定是绿色！因为，绿色是教育之魂！

什么是教育？教育是引领别人进步的思想，教育是行动创新发展的激情，教育是爬过万水千山的喜悦，教育是追寻厚德载物的幸福。

　　绿教如歌，绿程如虹。回味绿色教育果实，感受绿色教育美好，透过满天绿色，我看到了广阔无垠的森林——绿荫如盖覆宇宙，郁郁葱葱顶天地。那么深厚凝重，那么挺拔昂然，令人神往……教育的力量在于塑造心灵，教育的价值在于培育栋梁。如果教育有翅膀，我要飞翔！

绿之翔

有一种色彩可以飞翔，

有一种力量可以信马由缰，

有一种温暖生成了翅膀，

有一种品牌光芒，

在教育的天幕上——
芬芳成行。